程河清——著

立新不破旧

清末新式官报史

山西出版传媒集团

山西人民出版社

图书在版编目（CIP）数据

立新不破旧：清末新式官报史／程河清著．

太原：山西人民出版社，2024.11. -- ISBN 978-7-203
-13508-1

Ⅰ. G219. 295. 2

中国国家版本馆 CIP 数据核字第 2024UZ7348 号

## 立新不破旧：清末新式官报史

著　　者：程河清
责任编辑：李　鑫
复　　审：翟丽娟
终　　审：贺　权
装帧设计：阎宏睿

出 版 者：山西出版传媒集团·山西人民出版社
地　　址：太原市建设南路 21 号
邮　　编：030012
发行营销：0351-4922220　4955996　4956039　4922127（传真）
天猫官网：https://sxrmcbs.tmall.com　电话：0351-4922159
E - mail：sxskcb@163.com　发行部
　　　　　sxskcb@126.com　总编室
网　　址：www.sxskcb.com

经 销 者：山西出版传媒集团·山西人民出版社
承 印 厂：山西出版传媒集团·山西人民印刷有限责任公司

开　　本：890mm×1240mm　1/32
印　　张：13
字　　数：360 千字
版　　次：2024 年 11 月　第 1 版
印　　次：2024 年 11 月　第 1 次印刷
书　　号：ISBN 978-7-203-13508-1
定　　价：78.00 元

如有印装质量问题请与本社联系调换

# 序

在晚清中国这一特殊的历史节点上，新式官报的兴起与发展不仅是媒介变革的产物，更是政治、社会、文化多重因素交织的结果。程河清的《立新不破旧：晚清新式官报史》一书，正是对这一独特历史现象的深入剖析，为我们揭开了新式官报在清末新政改革中扮演的角色及其背后的历史逻辑。本书的出版，无疑将对中国近代史研究、新闻传播史研究和文化史研究产生积极影响，对于相关领域的学者和研究人员而言，是一部不可多得的参考著作。

一是选题独特，视野宏阔。在两百余载波澜壮阔的中国新闻事业史长河中，传教士报刊、政党报刊、民营报刊等的兴盛，均受到了充分的关注，然而晚清时期的新式官报却未得到学术界应有的重视。作者以宏阔视野和创新勇气，首次对清末新政时期涌现的新式官报进行了系统性剖析，全景式地展现了这些官报从诞生、兴盛至逐渐淡出的历程。全书不仅追溯了新式官报的历史根源，还细致梳理了其实践轨迹、组织架构、内容特色、权力动态及传播机制，填补了近代中国新闻史及报刊专题史研究领域的一项重要空白，为后来者提供了一个全面洞悉晚清新式官报演变历程的窗口，也为学术界贡献了一份宝贵的思想资源。

二是挖掘深入，阐述透彻。通过细致爬梳各种报刊、档案与文献史料，作者对晚清新式官报进行了全方位、多层次的辩证分析，显出较为深厚的学术功底。将新式官报置于晚清社会变革的大背景下进行审视，不仅厘清了媒介形态自身的演进脉络，还运用新与旧、内与外、上与下、官与民等多维视角，深刻揭示了清末新式官报的核心本质。所以，本书巧妙地将官报置于政治、经济、文化等多领域交织的复杂网络之中，展现其与各种社会要素之间错综复杂而又相互影响的动态关系，深刻揭示了这些看似开明的尝试背后所隐藏的守旧思维与本质矛盾。这些内容与形式、开明与保守之间的张力与冲突，展现了既中肯又富有洞察力的分析，体现了作者对于历史细节的精准把握和高远立意。

三是创新鲜明，启迪深远。本书的核心立论"立新不破旧"深刻而独到，揭示了晚清新式官报在倡导新式教育、改良社会风气、鼓吹"预备立宪"等现代化进程中的积极尝试，同时敏锐地洞察到这些革新背后根深蒂固的守旧倾向。在研究方法层面，本书运用了文献研究、比较研究与个案研究等多种方法，构建起一个多维度、立体化的分析框架。特别是，通过与日本官报及本土民间报刊的共时性对比，精准定位了新式官报在中国近代报刊史上的独特地位与影响；通过对官报局内部组织架构、人事变动及权力博弈的个案观察，客观展现了晚清政治生态中官方媒介的复杂场景。这些创新性的研究策略与视角，深化了学界对晚清时期媒介与社会变革关系的理解，为后续探讨中国近代媒介与政治互动模式开辟了新的研究路径，展现出显著的学术价值与深远的启示意义。

作为程河清硕士及博士阶段的导师，我深感荣幸，见证了她论文创作的全过程与不懈钻研。她频繁往返于镇江、上海、北京等地，执着地搜寻那些散落各处的珍贵史料。日复一日，月复一月，对文章精雕细琢、见微知著。程河清所展现出的敏锐历史意识、执着创新求索以及深刻自我反思，不仅令我深受触动，更为她在新闻史研究领域的卓越潜力和坚实学术功底而赞叹。

期待她在未来的学术道路上更加精进，取得更多优秀成果。

是为序。

张晓锋

2024 年中秋写于南京

# 目　录

# 导　言

　　庚子国变后，清廷面临严重的统治危机。八国联军入侵京师期间，慈禧太后携光绪皇帝仓皇外逃。在下令痛剿义和团、与西方列强议和的同时，慈禧以光绪名义下诏罪己，所谓"近日衅起，团教不和，变生仓猝，竟致震惊九庙，慈舆播迁，自顾藐躬，负罪实甚"。她呼吁各级官员挽救朝廷于危难，"国家设官，各有职守，不论京外大小文武，咸宜上念祖宗养士之恩，深维主辱臣死之义"，进谏直言，"视国事如家事"①。在各方因素驱动下，改革提上日程。

　　1901年1月29日，慈禧太后以光绪之名颁布变法上谕，希望整顿国家，"盖不易者三纲五常，昭然如日星之照世。而可变者令甲令乙，不妨如琴瑟之改弦。伊古以来，代有兴革。即我朝列祖列宗，因时立制，屡有异同"。上谕明确表示要学习西方，"取外国之长，乃可补中国之短"②。此举至少表明，清廷决定进一步拓展改革深度。

　　新政上谕颁布后，各地督抚持观望态度，未有回应。1901年4月，朝廷再次发布上谕，催促朝廷大员和封疆大吏表明立场，"其未经陈奏者著迅速条议具奏，勿再迟延观望"。与此同时，中央政府成立了

--------

　　①《四川总督奎俊札》，载中国社会科学院近代史研究所《近代史资料》编译室主编：《近代史资料专刊：义和团史料（下）》，北京：知识产权出版社，2013年，第878页。

　　②《变法上谕》，载赖骏楠编：《宪制道路与中国命运：中国近代宪法文献选编1840—1949（上卷）》，北京：中央编译出版社，2017年，第251页。

督办政务处，"派奕劻、李鸿章、荣禄、崑冈、王文韶为督办政务大臣，并著刘坤一、张之洞参预政务"[1]，筹备变法事宜。为此，清廷还专门成立新政改革行政管理机构，向官员们表示欲求更张的决心，推动改革开展。

官方宣布设立督办政务处后，各级官员纷纷上奏，各抒己见，其中影响最大的当数张之洞、刘坤一联衔上奏的"江楚会奏三疏"[2]。1901年7月，慈禧太后称赞了刘、张二人奏折，"惟有变法自强为国家安危之命脉，亦即中国一线之转机。予与皇帝为宗庙计，为臣民计，舍此更无他策"[3]，再次强调推行新政刻不容缓。此后，清廷相继推行了一系列新政措施，各项体制内部变革次第展开。譬如，外交方面，改总理各国事务衙门为外务部，位列六部之前；经济方面，成立商部，负责管理全国农工商业贸易发展与经济改革；教育方面，推行"癸卯学制"，对学校管理和学生考试等内容进行规范化管理等。

建立新式官报便是新政期间清政府官方在媒介层面的重要创新。戊戌变法时期，官书局出版的《官书局报》和《官书局汇报》是近代官报的滥觞，后因维新变法失败而停刊。新政上谕颁布后，创办官方报刊的想法再次被提上日程。管学大臣张百熙最先呼吁"公家自设官

---

① 《胡惟德致枢垣俄报载俄廷宣告东省议约停顿文稿电》，载王彦威、王亮辑编，李育民等点校整理：《清季外交史料（九）》，长沙：湖南师范大学出版社，2015年，第4841页。

② 有关"江楚会奏三疏"内容分析，详见陈旭麓：《近代中国社会的新陈代谢》，北京：生活·读书·新知三联书店，2018年，第217页。

③ 《李鸿章致枢垣俄外部拒绝罗丰禄使俄电》，载王彦威、王亮辑编，李育民等点校整理：《清季外交史料（九）》，长沙：湖南师范大学出版社，2015年，第4948页。

报"①，希望清廷利用报刊，展开宣传。袁世凯也倡议创办官报局，"似宜通饬各省，一律开设官报局"②。由此，创办新式官报遂成为新政改革的重要项目。

新式官报与新政改革相伴相生。作为官方传播体系的关键一环，报纸的创立和运作，既是改革内容，又能反映新政实施过程的多重面相。所以，新式官报与清末政潮、思想及社会变革之间，有着千丝万缕的联系。对清末新式官报进行专项、系统的分析，不仅能够深入了解其在历史进程中起到的作用，丰富报刊史研究的整体内涵，也能为史学界观察清末社会、研究清末改革问题等，提供别样观察窗口。

近年来，清末新政、"预备立宪"等议题成为近代史研究的重要内容，硕果颇丰。但是，有关政治转型时期官方媒介的机构组织与运作方式，或官方媒介在改革历程中所起到的作用等问题，尤其针对清末出现的新式官报，仍缺乏具体研究。对清末官报的研究，最早可以追溯到戈公振所著《中国报学史》。戈公振在该书中梳理了清末官报的发展历程，介绍了清末官报的内容、种类，并评价了自古以来的官报。他认为，中国官报不发达的原因在于官报"乃与官阅也"③，导致民众对国政不谙不知，中国文化难以传承。此后，中国新闻史、报刊史以及近代史等著作、论文中，陆续将晚清官报纳入研究范围内，如方汉奇的《中国近代报刊史》（1982年）、《中国新闻事业通史》（1992年），倪延年的《中国古代报刊发展史》（2001年），刘家林的

---

① 张百熙：《敬陈大计疏》，载谭承耕、李龙如校点：《张百熙集》，长沙：岳麓书社，2008年，第17页。

②《遵旨敬抒管见上备甄择折》，载天津图书馆、天津社科院历史出版社研究所编，廖一中、罗真容整理：《袁世凯奏议上》，天津：天津古籍出版社，1987年，第272页。

③ 戈公振：《中国报学史》，湖南：岳麓书社，2011年，第65页。

《中国新闻通史》（2005年），吴廷俊的《中国新闻史新修》（2008年）、《中国新闻事业史》（2009年），王天根的《晚清报刊与维新舆论建构》（2008年）等等。

目前，对新式官报最为全面的研究当属李斯颐的《清末10年官报活动概貌》一文。李斯颐纠正了将《北洋官报》视为新式官报起点的看法，认为"官报肇始自1896年官书局出版的《官书局报》和《官书局汇报》"。同时，李斯颐驳斥了官报是为抵制革命派宣传活动而开办的观点，因为"官报与革命派报刊之间几乎没有交锋"，官报主要批判的是国内改良性质的民营报刊，并非革命派报刊。创办官报的目的在于沟通上下、中外之情。①该文提出了较多独创性观点，为日后的学界研究起到了重要作用。

此后，针对新式官报的研究多以个案为主，研究其运行机构、社会交往以及传播内容等问题。

首先是针对新式官报的个案研究。《北洋官报》作为地方官报典范，自然成为重要研究对象。翟砚辉探讨了《北洋官报》与直隶新政的关系，认为两者之间既是因果关系，也有互动关系。②姜海龙将《北洋官报》与《申报》《京报》进行对比。他指出，创办新式官报之举是官方对现代报刊的模仿和回应，但是由于民间报刊早已事先抢占舆论市场，导致官报未能建立起舆论的权威性。③杨莲霞从阅报社、文体风格、发行渠道以及刊物形态四个方面对《北洋官报》进

---

① 李斯颐:《清末10年官报活动概貌》,《新闻研究资料》1991年第3期。

② 翟砚辉:《〈北洋官报〉与直隶新政》,河北师范大学硕士论文,2011年未刊稿。

③ 姜海龙:《〈北洋官报〉与晚清〈京报〉、〈申报〉关系述论》,《新闻与传播评论》2016年。

行考察，着重阐释新式官报的进步性一面。①此外，还有若干硕博士论文以《北洋官报》为研究对象，针对报刊内容、政策宣传等方面进行探讨，不再赘述。②还有一些研究以其他地方官报为对象，探讨报纸与晚清社会活动、知识传播以及政治转型的关系。如万雅筑从经济学视角出发，分析了《商务官报》中资讯搜集、流通与传播的制度化过程。③

其次是针对新式官报的整体性研究。张小莉将地方官报归为"北洋型"和"湖北型"两类，认为前者道德色彩不太明显，后者强调思想导向与意识形态。④与以往研究官报派销的方式、弊端等内容不同，李卫华注意到派销模式的积极一面。她认为，派销补充了立宪报刊传播的地域和阶层盲区，对立宪思想向下延伸产生了影响。⑤邵志择则从信息控制的角度出发，指出新政官报"在具体运作手段上只是官僚方式的一种体现"⑥。涂凌波点明，"官报的运作是官僚制惰性的极端

① 杨莲霞：《媒体视野下的清末阅报社：以〈北洋官报〉为中心的考察》，《史学月刊》2018年第2期。

② 详见都海虹：《〈北洋官报〉研究》，河北大学博士论文，2018年未刊稿；任苏清：《〈北洋官报〉与清末新政的宣传报道研究》，宁波大学硕士论文，2018年未刊稿；苏飞虹：《清末新政语境下〈北洋官报〉中"教育改革"内容的媒介呈现研究》，安徽大学硕士论文，2019年未刊稿。

③ 万雅筑：《〈商务官报〉与清季经济资讯网络(1903—1911)》，台湾师范大学硕士论文，2012年未刊稿。

④ 张小莉：《清末"新政"时期文化政策》，北京：人民出版社，2010年，第248页。

⑤ 李卫华：《简论官报与清末立宪思想的传播》，《信阳师范学院院报(哲学社会科学版)》2011年第5期。

⑥ 邵志择：《近代中国报刊思想的起源与转折》，杭州：浙江大学出版社，2011年，第154页。

情景"，报纸最终成为权力本身。<sup>①</sup>唐志宏则看到了地方官报背后隐藏的权力格局，"地方官报的产生表示皇权控制地方力度逐渐松弛，地方有凌驾中央的趋势"<sup>②</sup>。

如上所述，近年来的官报研究出现了一些独到观点。这些研究展示了官报研究的历史多样性，为我们全面了解晚清史提供了新窗口。

新式官报与新政改革相伴相生，所以对新政改革的相关研究也影响着学界对新式官报的认知。史学界近年来从教育、文化以及公共事业等不同角度探讨新政起到的实际性作用。如周永明认为电报的运用迫使清末政治变得相对公开透明，达到了中国王朝统治史上前所未有的程度。<sup>③</sup>司昆仑总结到，新政改革看重机构的改变，以及城市空间实实在在的变化。由于省级官方机构给予资金补贴，新政政策实施在城市得以广泛接纳。而在农村地区，某些政策则加重了民众负担，甚至间接导致清廷崩溃。<sup>④</sup>这些研究启示我们，新政施行了大量立新破旧的改革措施，有些政策推动了社会转型，而有些政策往往将负担转移到百姓身上，导致改革失败。

还有相关研究讨论了人事、权力格局与新政改革之间的关系。如李细珠通过地方督抚与新政改革之间的一系列研究，认为在此背景下，形成了"内外皆轻"的权力格局。随着新政和预备立宪的开展，清廷不断加强中央集权，束缚督抚权力，但与此同时清政府的实际效

---

① 涂凌波：《现代中国新闻观念的兴起》，北京：中国传媒大学出版社，2016年，第145页。

② 胡春惠、薛化元：《近代中国社会转型与变迁》，台北：台湾政治大学历史学系，2003年，第329页。

③（美）周永明著，尹松波、石琳译：《中国网络政治的历史考察：电报与清末时政》，北京：商务印书馆，2013年，第195页。

④（美）司昆仑著，王莹译：《新政之后 警察、军阀与文明进程中的成都（1895—1937）》，成都：四川文艺出版社，2019年，第43页。

力随着统治集团内部矛盾激化而被削弱。新政期间，清廷并没有建立强有力的中央集权，而地方督抚也并未获得更强大的势力。所以，清末新政从制度上使权力交接失控。①麦金农通过研究袁世凯与中央朝廷的政治关系，表明袁世凯声望的建立有赖于朝廷信任，而与西方列强保持良好关系又成为袁世凯巩固自身势力的重要环节。通过地方改革，袁世凯得到地方士绅的支持，扩大了个人权威与影响。②这些研究表明，新政期间的督抚与中央政府关系微妙，权力分配暗流涌动。

从信息即权力的视角来看，媒介的出现可能会引起权力变更。麦克卢汉认为，媒介构筑了人们生存环境，信息能够改变权力格局，"任何传送信息的新媒介，都会改变权力结构……只要新媒介在各地同时可资利用，就有可能只改变结构而不至于造成崩溃"③。所以，据此看来，掌握媒介的群体、党派或个人，就拥有了改变权力的可能性。如季家珍对《时报》的研究指出，新兴报刊的主笔们将自身置于官与民之间的中间阶层，一方面努力将统治阶层的权力核心下移；另一方面又试图让民众的力量向上贯通。同时，政治家们以创办政论媒介的方式，发展出一种媒介协商的新途径。④因此，在研究官报的同时，不能仅将其视为媒介，更需要考虑到媒介延伸出的权力以及报刊如何形塑新的政治关系。

除此之外，还有一些英文文献对清末新式官报以及清朝官方传播

---

① 李细珠:《地方督抚与清末新政:晚清权力格局再研究(增订版)》,北京:社会科学文献出版社,2018年,第564—565页。

② (美)斯蒂芬·R.麦金农著,牛秋实、于英红译:《中华帝国晚期的权力与政治:袁世凯在北京与天津1901—1908》,天津:天津人民出版社,2013年。

③ (加)马歇尔·麦克卢汉著,何道宽译:《理解媒介:论人的延伸》,南京:译林出版社,2019年,第120页。

④ (加)季家珍著,王樊一婧译:《印刷与政治:〈时报〉与晚清中国的改革文化》,桂林:广西师范大学出版社,2015年。

体系进行研究。主要代表作为 Roger Thompson 的论文 New-Style Gazettes and Provincial Reports in Post-Boxer China: An Introduction and Assessment [1] 和 Mokros E C. 的博士论文 Communication, empire, and authority in the Qing gazette [2], 等等。

为了更清楚地探寻新式官报历史坐标, 拙著将官报置于更宏大语境下分析, 了解新政整体的实施情况、中央与地方关系以及政权建设等诸多问题, 从而更好地理解新式官报的定位。因此, 拙著以1896年到1911年出现的新式官报作为研究对象, 试图理清清末官方媒介传播格局, 了解媒介在政治改革中起到的作用。

第一, 通过全方位研究新式官报, 能够切实了解新政时期官方传播体系的运作模式以及官方如何利用新式媒介来传播讯息, 借此思考晚清官方建构了何种信息传播系统。

实际上, 创立新式官报具有转折性意义, 以此为标志, 前后两个时期清政府沿用了不同传播体系。在新式官报尚未出现之前, 中国早已有一套完整严密、自上而下的官方信息传播系统。在历代王朝的政治架构中, 以邸钞、邸报为代表的古代报纸起到了重要作用。清前期的邸报制度体现如下特征: 其一, 邸报内容生产机构和发行机构分属两个不同主体。一方面, 信息经过皇帝筛选后下发至地方。六科每日派员去红本房领取由内阁发布的被皇帝批准的各类章奏, 随后, 相关人员在六科廊房整理、编辑奏折, 形成邸报。另一方面, 提塘报房根

---

① Thompson, Roger. New-Style Gazettes and Provincial Reports in Post-Boxer China: An Introduction and Assessment. Late Imperial China, vol. 8 no. 2, 1987, p. 80-101. 此论文的中文译名, 可直译为《后义和团时代中国新式官方报纸与地方报纸:介绍与评价》。

② Mokros E C. Communication, empire, and authority in the Qing gazette. Johns Hopkins University, 2016. 此书的中文译名, 可直译为《清代邸报中的通讯、帝国与权威》。

据邸报情形，将来自京师的邸报发向全国各地。以邸报作为信息载体，地方官员可以通过读报了解中央政情。清代中后期，提塘报房开始名存实亡。提塘为了省力省钱，把大部分邸报编辑、发行业务，交给民间报房来经营。①这就意味着报纸流通环节呈现出亦官亦私的性质。由于报纸发行和传播主体不统一性，导致报纸性质模糊。此时，官方不承认邸报的政治合法性，而民间却将其视为官方讯息传播者。这种尴尬境遇意味着需要一份完全由官方控制的报纸来传播官方信息。其二，官方传播体系主要依靠政治力量运作。邸报仅是传播介质，不具备大众传媒公开性、流通性的特征。有研究甚至认为清代邸报只是一种官文书，而非古代报纸。这一看法指出，邸报信息传递仅停留在官僚体制内部，不能广泛传播。②清朝后期，尽管民间报房的崛起与京报大量发行突破了传播上的藩篱，但这种方式不属于官方主导的传播体制，只能称为民间信息传播。

鸦片战争后，伴随内忧外患、纷扰不断，与政治、军事、外交有关的大量公文涌入各级官署，清廷统治机构也随之飞速膨胀。其结果不仅使皇帝改变了惯例，甚至在"万寿"等大节也审阅章奏，而且使上下所有官厅都充斥了等待处理的公文。③这些"周转不灵"的迹象表明，改变官方传播模式已迫在眉睫。与此同时，近代化报刊开始大批涌现。从鸦片战争至甲午战争前夕，各地共出版外文报刊八十余种，中文报刊七十种（海外不计）。④这些外报、商报、民报在当时舆

---

① 孔正毅、王书川：《清代"邸报"版本问题初探》，《新闻与传播评论》2015年第1期。

② 廖基添：《邸报是古代报纸吗？——中国古代报纸发展线索再梳理》，《新闻与传播研究》2010年第1期。

③ 丁之方：《清代的公文制度及其演变》，《史林》1989年第4期。

④ 童兵、林涵：《20世纪中国新闻学与传播学 理论新闻学卷》，上海：复旦大学出版社，2001年，第15页。

论市场产生了重要影响。譬如,《申报》对地方官事的报道涉及政务,一度导致报纸与地方官员关系恶化(详见正文)。①所以,当时建立近代官方传播媒介不仅仅是体制变更的需要,更是舆论管控的方式之一。

自创办时,新式官报便体现出与传统邸报不同的特征。这种新面貌亦是新政实施成果的外化。报纸由报局人员专门管理,面向大众发行,官方信息从此成为公开传播内容。为了扩大报刊影响,清廷采用了一系列新式传播方式。政府主导、官报局创办的官方阅报社通过白话文宣讲与演说,在客观上起到了启迪民智、开通风气的重要作用。

第二,通过研究新式官报,可以了解官报与新政之间的关系。传媒与社会发展关系甚重,探讨官报内容传播及官报局开展的传播活动,有助于考察媒介在晚清社会由传统向改革转换过程中扮演的角色与作用。新政各项政策的顺利实施离不开官报展开的政策宣传、舆论引导以及思想规训。内容层面,为了配合新政实施,新式官报在经济上动员民众发展实业,在政治上宣传宪政,在思想上传播科学知识,与清末政潮、思潮变动同气连枝,不乏进步意义。

新式官报既脱胎于古代报纸,又借鉴了西人办报经验。作为新旧体制的混合物,传统与现代两种观念反映在官报创办理念、内容设置、传播渠道等多个方面。这些时代性特点导致官报呈现出"半新半旧"的矛盾样态,也在侧面展现了新政改革在保守与趋新中摇摆前进的艰难。

第三,通过研究新式官报,可以探寻媒介与政治互动关系。一方面,能够进一步看清当时行政权力分化与集中,了解督抚如何介入报刊创办、形塑地方报刊格局的基本形态。另一方面,新式官报的制度化过程为理解媒介如何嵌入政治、影响政治提供了新思路。

---

① 卢宁:《〈申报〉与晚清政府 近代转型视野中报纸与官吏关系的考察》,上海:上海科学技术文献出版社,2012年。

新式官报经历了"先地方，后中央"的发展历程。新政正式实施后，地方官报最先开办。最具盛名的当数1903年由袁世凯亲自操办的《北洋官报》，报纸发行不久便成为其他报刊样板，"一切亦以北洋官报为最详备"[①]。随后，清末新政改革呈现出"地方先行"特征，即"都城省会及风气开通之繁盛地方先行试办，以立模范"[②]。当时，许多重要新政措施首先从直隶试办，然后再制订章程向全国推行。新式官报的推广，亦遵循类似逻辑。《北洋官报》与《南洋官报》是早期地方创办新式官报之典范，外务部明确表示，"南北洋官报如能畅行，各省亦可逐渐推广"[③]。南京、天津两地官报风行后，其他地方官报接连开办，报纸内容、种类、题材不一，但发展迅速。创办官报是地方督抚施行新政的内容之一。督抚作为朝廷重臣，在清末新政改革上扮演了重要角色。由地方官员主持创办的地方官报与中央官报呈现出不同特征，有的呈现出宣教的思想特征，有的展露出"以报为学"的特点，还有的倾向支持"预备立宪"改革等。官报内部的差别与分野，与其主笔和官员不无关系。研究其中人脉资源与不同派系之间的复杂关系，将有助于我们窥测清末改革时中央与地方之间权力格局与统治体系的内部矛盾。

地方官报开办初期，报纸展现的是"新闻纸"的媒介性质，及时刊登地方新闻、战争新闻以及电报。1906年中央官报《政治官报》成立后，官报的媒介性质逐渐减弱，《政治官报》改为《内阁官报》后，官报性质被重新定义成了"行政机关"，负责公布各项文牍章程。地

---

[①]《督宪袁准吉林将军咨调查北洋官报成案章程札饬本局查照文》，《北洋官报》1907年第1286期。

[②] 张元济：《读史阅世》，北京：新世界出版社，2012年，第68页。

[③]《外务部遵议商约吕大臣等奏酌拟近今要务折》，《北洋官报》1903年第146期。

方官报亦遵循中央官报体例改革，全国新式官报遂成为各省、各部门宣传行政机关，官报性质由最初的媒介转变为行政工具。官报这一制度化过程体现了媒介与政治相互融合、相互渗透的复杂关系。

既有研究往往只看到新式官报迂腐陈旧的一面，鲜有关注其历史进步性。一旦跳出政治史逻辑的预设，从新闻学、传播学与历史学等多个角度深刻剖析官报，将有助于全面了解其发展脉络、社会网络及历史影响。所以，拙著基于一个重要问题展开，近代中国，报刊是舶来品，一个处在新旧转型期的政府如何使用新型传播媒介？作为与政治改革相伴的新生事物，新式官报如何发挥其"新"（思想、媒介）的作用，又是如何与"旧"（势力、制度）博弈？作为新事物，它在运行过程中如何被旧的体制所束缚，又如何适应新环境？

"新"与"旧"这对矛盾贯穿了新式官报从成立到消亡的全过程，人们既可以从报纸的发展脉络看到新旧因素的相互融合，也可以看到它们的冲突与博弈。所以，官报中"新"与"旧"因素在不同维度的表现，可拆分成四个问题展开思考：

第一，新式官报诞生于自上而下的新政改革，其创办与发展，承接了既有的以邸报为核心的传播体制，又受到西方办报思路的影响。处在新旧观念的共同作用之下，新式官报的创办思想和具体实践如何体现出"新"与"旧"的交汇融合与互相改造？这些问题的回答集中于第一章与第二章。

第二，内容层面，新式官报如何体现新思想与旧制度下的意识形态冲突？官报旨在开通风气，大量刊登与新思想、新文明相关的内容，倡导新式教育、改良风气以及动员改革。但是，这些文本背后蕴含着"中学为体"的思想，认为西方的器物、文明不如中国传统制度。这些新旧之争如何体现在报纸的内容传播与文本呈现方面，又反映出怎样的思想取向？这些问题的回答集中于第三章。

第三，人事运作方面，官报主办者既有保守派官员，也有改革派官员，报纸主笔既有旧式文人也有新式留学生，这些新派或是旧派人员如何主导官报发展方向？他们的个人政治意向、学术渊源怎样影响了官报内容的安排？督抚，作为地方主政者，他们的权力如何渗透到官报局的权力运作？中央政府又是如何夺回官报控制权？这些问题的回答集中于第四章。

第四，传播网络方面，官方采用新手段来构筑发行网络，比如创办白话官报、阅报社与宣讲演说，运用新式邮政来运送报纸。然而，种种新途径在施行过程中却被旧制度束缚。旧的财政、驿传制度如何牵掣官报运输网络扩展，对报纸实际传播效果产生了何种影响？这些问题的回答集中于第五章。

概言之，拙著试图呈现晚清新式官报创立、发展与消亡的整体图景，通过考察官方媒介与政治改革、权力格局以及官僚制度之间的错综复杂关系，揭示作为新媒体的官报如何进入中国，又如何与旧制度、旧势力、旧思想进行博弈，展现清末新政在施行层面面临的新旧制度之间的冲突与矛盾。

为了不引起歧义，本书需要明确界定"官报"一词。回溯"官报"的历史，最早"官""报"二字各有指涉，并不是作为一个整体使用。如，"二十四日又据本官报称：探得永宁宣抚司长官王尧、王甫松等，领兵防守本抚连界播地三锅庄、柏杨坪"①。在此，"官报"指某官员上报某事情。

近代媒介出现后，官报的含义逐渐丰富，主要包含了三种意思。第一，"官报"指官方发出的电报。当时，电报分为官报、局报、私报、军报、商报，官报属于其中级别最高的。发报次序是官先商后，

---

① 《平播全书》，载贵州省文史研究馆编：《续黔南丛书·第1辑上》，贵阳：贵州人民出版社，2012年，第79页。

各位督抚大臣所发电报属于头等官报。如，张之洞的奏折中写道，"惟自梧州至桂林省城，相距七百余里，……若非设立官报，不足以通消息而速军机"。①这里"官报"指梧州和桂林之间的电报。第二，"官报"指的是各地官场上流通的政治消息，如"苏垣官报，苏抚宪前赴江宁监临试事……"②第三，"官报"指的是外国政府报刊，即Gazette，常译为公报。譬如，载振访英期间介绍了英国官报，"往游刷印局。局长先导游印报处，有官报数种，略如北京邸钞"③。这里，载振认为英国官报类似于邸钞，相当于政府的官文书。当时，中国报界对西方官报亦有引介，如《教育杂志》曾发表《英国之官报》一文，"英国政府发行官报，……其内容时由皇帝皇后之寄稿，及内阁大臣发表意见而已"④。再如，如清末教科书《澄衷蒙学堂字课图说》举例，官报已是西方报界重要种类之一，数量蔚为大观。

《澄衷蒙学堂字课图说》一书中对"报"字的解释⑤

① 张之洞：《添设各路电线折（光绪十三年十一月二十七日）》，载周伟民、唐玲玲选编：《张之洞经略琼崖史料汇编》，海口：海南出版社，2015年，第41页。

② 《苏垣官报》，《益闻录》1879年第21期。

③ 载振、唐文治：《英轺日记两种》，载李文杰、董佳贝整理：《中国近现代稀见史料丛刊（第4辑）》，南京：凤凰出版社，2017年，第151页。

④ 《英国之官报》，《教育杂志》1910年第2卷第9期。

⑤ 刘树屏编：《澄衷蒙学堂字课图说（下）》，北京：新星出版社，2014年，第268页。

近代报刊流行后，舆论界出现了"官办报馆"提议，官报一词便开始流行。在此，须为新式官报进行概念界定：

一，清末时期邸报和官报并存，尽管邸报同样刊布文牍，但因其主要在官僚体制内流动，不面向广大民众，不能称为新式官报。譬如，1900年创办的《行在邸抄》仅在朝廷内部传阅，不属于新式官报。八国联军侵华后，慈禧太后和光绪皇帝逃至西安。1900年8月，慈禧太后、光绪皇帝等"仍驻宣化"。这段时间内，内宦吴永"上折条陈十事"，其中一条便是"请刊行在朝报，俾天下知乘舆所在"，后"奉谕交军机大臣商酌采用，请旨施行"①。不久后，便创办了《行在邸抄》。该报以记载皇帝谕旨、臣僚奏章和朝廷政事为主要内容，每次印一小册，约十余页，末尾附有关于陕西政务的"辕门抄"，直到1901年4月停刊。②值得注意的是，兼有邸报和新式报刊性质的报纸，应视为新式官报，如《滇南钞报》。1903年，云南《辕门钞》改出《滇南钞报》，是云南官书局编印发行的日刊。③该报由云贵督署创办，除刊登皇帝谕旨、奏章、督抚衙门奏折和云南要事以外，还抄登当时外地报纸刊载的国内外新闻及西方新知识，也刊登少量昆明地区的商业行情、广告等。④报纸虽保留了邸钞特点，但由官报局发行，刊登

———————

① 《庚子西狩丛谈》，载中国史学会主编：《中国近代史资料丛刊·义和团（三）》，上海：上海人民出版社，1957年，第417页。

② 陕西省地方志编纂委员会编：《陕西省志·报刊志》，西安：陕西人民出版社，2000年，第139页。

③ 万启盈编：《中国近代印刷工业史》，上海：上海人民出版社，2012年，第254页。

④ 云南日报理论部编：《云南百年》，昆明：云南教育出版社，2004年，第148页。

广告、转载新闻，又体现了新式官报的特征。①可见，有些名为"辕门抄""钞报"的报纸，虽然名称上保留了邸报的名号，但是从内容和形式来说，报纸却体现出近代报刊性质，尤其是刊登广告这一举措，明显区别于古代官报，可以视其为新式官报。

二，鉴于一些官商合办的报纸性质较为复杂，须根据其具体运作状况判别。一方面，若报纸由官方主导开办，委任官员办理，仅吸收商股作为资金来源，应视为官报，如《商务报》。1903年，商部成立后，清政府以光绪皇帝名义，饬令商部郎中吴桐林"司理商报事"②。据主编吴桐林回忆，报纸创办初主要依靠商股，"先招商股二万两，俟商部成立，再添官股二万两。由庆王面奏，奉旨允准在案"③。报纸以派销为发行方式，发行范围为"各省府州县"④。不久后，袁世凯要求将该报改为官报，"现拟按照奏定章程，重加整顿，改归官办，另派本部主事章宗祥办理，改名商务官报"⑤。据此可以判定《商务报》性质为官办。

还有一些自称商办，实被官方操控的报纸也应属于官报，如《武昌日报》。1907年，赵尔巽出任湖广总督时，以"鄂省向无报纸"为由，委任王仁俊"就湖北官报局附出《武昌日报》，力除官报积习，为代表舆论之机关"。⑥《武昌日报》多由官方派送，仅向湖北湖南两

---

① 有关《滇南钞报》广告的论述，详见云南省地方志编纂委员会总纂、云南省新闻工作者协会编的《云南省志·报业志》，昆明：云南人民出版社，1997年，第33页。

②《北京商务报叙例》，《商务报》1903年第1期。

③ 陆阳：《唐文治年谱》，北京：生活·读书·新知三联书店，2013年，第84页。

④《改良商务报将次出版北京》，《申报》1906年4月5日。

⑤《袁世凯为改办商务官报事札津商会》，载天津市档案馆编：《袁世凯天津档案史料选编》，天津：天津古籍出版社，1990年，第218页。

⑥《鄂督饬办武昌日报》，《新闻报》1907年12月13日。

省所派，日达两千份。①报纸在出版预告中云："本报以通达下情，增广见闻为旨，……官报附送不取分文，出版之日送阅三日。"②由此可见，《武昌日报》应是官报。

上述报纸虽吸纳了商股或是以商报名义开办，但基本因循官报体例，沿用派销的发行方式，与其他地方官报无异，应将其视为官报。

另一方面，被官方收买、采取官商合办形式的报纸不属于官报。新政时期，地方官员为了扩大官办报纸的范围，采取"官商合办"的方式，通过收购民间报馆商股，以操纵民办报纸"立言"。如1906年10月18日，《公论新报》创刊，自称"官商合办之报"。报中《述本报宗旨》称："本报开办之初有官款之拨助，出报之后有官销之定额，准诸报例是为官商合办之报。"1908年，日本以两千元秘密收买《公论新报》，假借该报鼓吹铁路商办，③所以该报成为日本在华的舆论势力之一。因这份报纸的性质不断发生转变，不能将其定义为官报。

三，地方政府创办的县报应属于官报。如《海城白话演说报》，该报由海城县知事管凤和创于1906年10月，以县衙名义出版，是近代东北第一家县报。报纸全部采用白话文，通俗易懂。管凤和在任期间，积极推行新政，创办《海城白话演说报》便是措施之一。④

由地方自治局、咨议局等地方自治行政机构创办的报纸虽处于官方控制之下，但不能视为官报。清末筹备地方自治时期，各地出版了

---

① 武汉地方志编纂委员会主编：《武汉市志·新闻志》，武汉：武汉大学出版社，1991年，第27页。

② 刘望龄编：《辛亥首义与时论思潮详录(上)》，武汉：华中师范大学出版社，2011年，第221页。

③ 刘望龄：《黑血·金鼓——辛亥前后湖北报刊史事长编：1866—1911》，武汉：湖北教育出版社，1991年，第196页。

④ 辽宁报业通史编委会编：《辽宁报业通史(第一卷)：1899—1978》上册，辽宁：辽宁人民出版社，2016年，第46—48页。

大批报纸，如《江苏自治公报》《吉林自治日报》《河南自治报》，等等。这些报纸由地方自治公所、自治筹办处发行。如《湖北自治公报》以湖北自治筹办处为发行所，以自治筹办处各职员为编辑员、由自治筹办处发支经费。[1]该报创刊后，向官方"请款"，得到了资金支持。[2]这些自治报纸虽有官方背景，又或多或少得到了官方政治、资金支持，处于官治与自治之间，但是就自治局性质而言，仍属于"地方议会"，因此这些报纸不能视为官报。

随着立宪呼声加强，清廷1907年10月命各省设立咨议局。咨议局性质相当于临时议会，"以咨议局为决议机关，督抚为执行机关"[3]。咨议局既不同于联邦议会，也有别于地方自治，不能完全称为官方机构。因此，咨议局创办的一系列报纸不是官报，譬如，赵尔巽特饬湖北咨议局创办的《宪法学报》。[4]

四，劝业会、劝业公所创办的报刊应属于官报。1907年，商部改成农工商部，各省设农工商务局由中央任命官员——劝业道主持局务，分管各省的劝业活动。1908年，设置劝业道，每省一人，管理全省农工商矿及各项交通事务。劝业道的办公机构，即劝业道及其下属办公的衙门，被称为劝业公所。劝业道创办的报纸，如《江西实业杂志》《奉天劝业报》《江宁实业杂志》《劝业公报》等，应属于官报。

值得注意的是，官商合办的劝业会的机关报不能视为新式官报。譬如，南洋劝业会是我国历史上第一个全国性的大型工农业产品博览会。组建南洋劝业会当月，即出版内部刊物《南洋劝业会通告》。为及时报道南洋劝业会，扩大南洋劝业会影响，时任劝业会总办的陈琪

---

① 《湖北自治研究公报简章》，《湖北自治公报》1910年第1期。

② 《禀督宪办理自治公报文》，《湖北自治公报》1910年第1期。

③ 《咨议局章程释义》，《预备立宪公会报》1908年第17期。

④ 《饬办宪法学报》，《吉林官报》1907年第73期。

同劝业会审查长杨士琦等商议筹办《南洋劝业会旬报》。经过半年多努力，《南洋劝业会旬报》正式出版。该报又称《劝业会旬报》或《劝业旬报》。[1]报纸由南洋劝业会事务所编辑，南洋军事书报社排印，以"联络全国实业界，共谋南洋劝业会之发达"为宗旨，无营业性质，不收报费，经费暂由南洋劝业会事务所经费项下支用。[2]由于报纸费用不是全部来自官款，且性质介于官办与民办之间，所以不是官报。

五，劝学所创办的报刊应当属于官报。劝学所是清末教育改革的一个重大突破，为了更好地处理地方学务，学部于1906年颁行《奏定劝学所章程》，规定了劝学所的相关管理办法，要求各厅州县于城内择地特设公所一处，"凡本所一切事宜，由地方官监督之"[3]。"官督绅办"是地方劝学所的重要特征，劝学所既需要执行中央赋予的教育行政事务，但在办学事务上又体现出一定自治色彩。1911年，学部颁布《改订劝学所章程》，定劝学所为教育行政辅助机关，劝学所的官办性质增强。[4]因此，本书将劝学所创办的报纸视为地方官报。

纵观新式官报发展历程，既可以看到新思想、新理念涌入社会带来的缓慢改变，也可以看到旧制度是如何一步步侵蚀并同化新事物，让其失去原有活力。但这一段被人忽视的历史，恰恰展现出新政改革中的张力与颓势。

---

① 南京市地方志编纂委员会编：《南京报业志》，上海：学林出版社，2001年，第36—37页。

② 《劝业旬报简章》，《劝业会旬报》1909年第1期。

③ 《学部奏定劝学所章程》，《时报》1906年6月3日。

④ 有关劝学所性质的研究，详见刘伟：《官治与自治之间：清末州县劝学所述评》，《近代史研究》2012年第4期。

# 第一章　内生与外力：
# 新式官报思想形成的历史渊源

新式官报是夹杂着新旧、中外多重因素的产物。古代中国的官方传播制度为官报思想形成提供了内在基础，奠定了官报刊登谕旨奏疏的基本传统。近代报刊传入中国后，改变了媒介与政治的交往关系。新闻的公开性特征意味着其面向所有民众开放，与邸报在官僚体制内部流动的传播途径形成了鲜明对比。在政体变更、西方入侵等现实困难驱动下，办报成为改革家们呼吁的开启民智、振兴国力的方式之一，中国迎来了史上第一次国人办报之高潮。众声喧哗中，民间和官方言论皆提出"官设报馆"之说，支持官方办报。新式官报成立后，官方媒介思想在实践中成型，由保守走向开放。官方报人希望官报能够宣传政令，启发民智，成为新政改革舆论之工具。在日本官报理念影响下，新式官报的性质最终被定义为"公布法律命令之机关"，具有行政效力。可以说，新式官报思想的最终奠定离不开传统文化、新政改革与日本官报理念三重因素的影响。

# 第一节　古代中国传播制度提供的内在基础

信息是国家政治事务的核心，是统治者决策的基础。新式官报未出现之前，中国已形成了一套完整严密的官方信息传播系统。古代官方传播制度在内容、制度两方面为新式官报思想的形成提供了内在基础。以邸报为代表的媒介负责传递信息，统治者借此公开政务信息，贯彻君主旨意。传统官方传播制度为多部门协同运作机制，以制度化形式确保了信息的内容审查和层级流转。

## 一、内容层面：刊登谕旨奏议的基本传统

古代中国，信息流通方式多种多样。官员可以向皇帝呈递奏折，汇报周遭动态；君主可以派人巡按视察地方，实地搜集信息；士大夫之间可以写信，互通有无，传递音讯。在传统中国社会的政治架构中，信息的控制与流通是维系上下关系、社会稳定的重要环节。"古代报纸"，便是其中一链，是承载信息、沟通上下的媒介。自唐朝起，中国已形成以古代报纸为载体的官方信息传播体制，并在历代发展中日臻完善。直至清朝中后期，以邸报为核心的传播体系发挥着上传下达的主要功能，维系着统治者的决策与政策实施。

虽然学界对唐代"进奏院状"之性质一直存有争议，但大多认同其刊载公文谕旨的特征。以方汉奇为代表的学者认为，"进奏院状"则是古代官报。但它是驻扎在首都的进奏官向派遣他们的各地藩镇传报朝廷信息的官报，而不是中央官报。"进奏院状"记录了皇帝起居

言行，朝廷政策法律，官员升黜任免，臣僚章奏疏表等内容。[①] "进奏院状"的读者大多是封疆大吏，地方官员借此获取朝廷信息。方汉奇指出，"进奏院状"带有某种公文的色彩，但不等同于一般公文。它所提供的是中央朝廷最新的信息和情报，且往往比正式公文更早，但报纸内容属于朝廷政事活动，与收阅者没有直接关系。[②]因此，"进奏院状"可以被视为原始状态的报纸。以张国刚为代表的学者认为，现存的两份"进奏院状"只是公文而不是报纸，"进奏院"在唐代只是各自向本镇（指藩镇）发回公函。他指出，"进奏院状"被用来传递诏令、文牒，报告情况，其作者是唯一的，发行对象是唯一的，内容是个别的，行文款式与唐代其他公文完全相同。从内容到形式上看，"进奏院状"与报纸无共同之处，只能被称为"政府公文"。[③]李彬综合以上两派观点，认为，既应该看到"进奏院状"的公文特征，也应看到其所具备的新闻特征。他主张，唐代"进奏院状"在中国新闻史上的定位应该是新闻信。[④]概言之，"进奏院状"之性质始终是联结上下的媒介，内容与朝廷动态、战争信息、章奏疏表等官方信息有关。

此后的古代官报基本延续了刊登谕旨奏议的传统，以政治信息为主要内容。邸报一词流行于宋代。宋代邸报内容大致源于三方面：一是有关皇帝起居及治国理政的活动；二是有关官员升迁罢黜的动态；

---

① 方汉奇：《从不列颠图书馆藏唐归义军"进奏院状"看中国古代的报纸》，载《新闻学论集》第5期，北京：中国人民大学出版社，1983年。

② 方汉奇：《新闻史的奇情壮彩》，北京：华文出版社，2000年，第44—46页。

③ 张国刚：《两份敦煌"进奏院状"文书的研究——论"邸报"非古代报纸》，《学术月刊》1986年第7期。

④ 李彬：《唐代文明与新闻传播》，北京：新华出版社，1999年，第96—97页。

三是有关边郡胜利的军情战报。①宋代邸报成为朝野间沟通信息、交流政治的重要渠道。元代是否有邸报，至今仍不详。曾虚白认为，宋代邸报既已普遍流行，至元代不可能遽然停止。依照曾虚白的观点，元代邸报于士大夫阶层中非常流行，并时有社会新闻，以娱读者。②明代邸报由中央负责管理，又称邸钞、朝报、除目、京报等，面向政府官员和士大夫发行，内容包括皇帝谕旨、皇帝起居、官吏任免、臣僚奏章等信息。清代中前期，邸报的内容较为广泛，涉及皇帝活动与健康、皇帝动态、皇帝谕旨、官员任免奖惩、文教与社会文化、经济动态、军事报道、刑事案件、社会新闻、自然灾害、外交往来等方方面面，但以臣僚奏折部分所占比例最大。③

历朝历代的官方报刊皆以谕旨奏章为基本内容。对于中央政府而言，通过发行邸报，相关政令、奏章可以批量下达至地方。对于群臣官吏而言，古代官报成为其获知官方新闻的重要载体。清末官方舆论在阐述新式官报性质时，通常以古代官报做类比，认为两者本质相近。《吉林官报》发刊词曾云，古代报刊与近代官报类似，所谓"朝报是宋时已有报之名，明人且集邸钞为书，皆官报类也"。④《南洋官报》亦云，邸报作用与近代报刊无异，"中国古昔虽未尝设报，而其实乃不啻有报也。且吾中国之报之萌芽于古昔，为官为民，特未尝大备其规模也"。⑤所以，古代官报登载谕旨奏议的基本传统，在新式官报创办后亦得以延续。几乎所有新式官报的开办章程都再三强调刊登

① 刘大明：《宋代新闻传播与政治文化史稿》，北京：中国传媒大学出版社，2017年，第12—13页。

② 曾虚白：《中国新闻史》，台北：三民书局，1966年，第85—86页。

③ 史媛媛：《清代前中期新闻传播史》，福州：福建人民出版社，2008年，第65—78页。

④《吉林官报发刊词》，《吉林官报》1907年第1期。

⑤《说官报》，《南洋官报》1904年第50期。

谕旨奏疏。《江西官报》规定，上谕奏疏等为固定栏目，"上谕及本省奏疏、文告、章程、绅吏条陈、政事、月报固已"。[①]《湖北官报》专设"每日阁钞"一栏，刊登上谕"以广传步而资遵守其发钞之奏折亦同"。[②]

尽管随着时间的推移，官方信息流通范围有所变广，普通民众可以透过小报对政事了解一二，但朝廷严格管理信息的收集和传播，媒介只能在限定范围内传播信息。在皇权高度集中的清朝，信息流通更是处于官方监管之中。

## 二、制度层面：官方把控信息传播流通

古代官报的传播流通受到政府机构的把控。唐代"进奏院状"由地方官员操持管理，其发行流转皆按照藩镇长官→进奏官的顺序点对点传播。宋朝，邸报发抄已成为国家法定制度，中央政府将都进奏院改为中央官署机构。太平兴国八年（983年），诸道进奏院合并为都进奏院。宋太宗诏令于大内近侧置都进奏院，隶属于门下后省，成为中央政府的官署部门。[③]《宋史》记载，进奏院"隶给事中，掌受诏敕及三省、枢密院宣札，六曹、寺监百司符牒，颁于诸路。凡章奏至，则具事目上门下省。若案牍及申禀文书，则分纳诸官司。凡奏牍违戾法式者，贴说以进"。[④]一方面，进奏院需要汇总各种文书奏章，"总天下之邮递，隶门下后省"。[⑤]另一方面，进奏院需要传递政令，"凡

---

①《江西报例》，《江西官报》1903年第1期。

②《凡例》，《湖北官报》1905年第1期。

③有关都进奏院的创设，参见赵效宣：《宋代驿站制度》，台北：联经出版事业公司，1983年，第225—228页。

④李之亮：《宋代京朝官通考2》，成都：巴蜀书社，2003年，第632页。

⑤倪延年主编：《中国新闻法制通史（第5卷）史料卷上》，南京：南京师范大学出版社，2015年，第51页。

朝廷政事施设、号令赏罚、书诏章表、辞见朝谢、差除注拟等，令播告四方。令通知者，皆有令格条目，具合报事件誊报"。[①]朝廷下发的文告、案牍，经由进奏官传送至全国各地，其中便包括邸报。值得注意的是，北宋进奏院在运行过程中，开始实行"定本"制度。咸平二年，宋真宗下诏："进奏院所供报状，每五日一写，上枢密院，定本供报。"[②]定本制度要求进奏院将已编好的邸报样本先呈给枢密院审查，审查通过的称之为"定本"。枢密院将定本返给进奏院，进奏院再根据定本将信息发布到地方。在此过程中，进奏院必须严格按照定本限定的内容进行发布，不得随意增删。定本制度的形成，意味着官方有意识地以法定制度规范媒介传播，传播信息层层管理。

明代邸报管理体制与宋朝有所差别，朝廷未设"都进奏院"，邸报发抄经过通政司、六科、提塘三个环节。先由通政司汇集各类奏章和地方消息，再由六科收集和发布相关诏旨和奏章，最后提塘根据六科分类抄送的内容，经筛选后传抄四方。总体来看，明代各级部门分工明确，邸报发抄已成为制度化存在。

清朝邸报大体延续明朝旧制，形成了皇帝→内阁→通政司（六科）→提塘→地方督抚的传播路径。首先，皇帝拥有最高决策权。所有发抄谕旨、奏折以及题本等文件，须由皇帝亲自决定才能传递。内阁大臣执行皇帝意旨，负责上传下达。对上，内阁需要起草批示各部各省的公文奏折；对下，内阁需要将皇帝批示的奏折发给通政司（六科），以便各部门执行。内阁之下是通政司。通政司的职能体现在两方面：其一，它需要将收集的各省题本进行校阅，送至内阁，"掌受

① 倪延年主编：《中国新闻法制通史（第5卷）史料卷上》，南京：南京师范大学出版社，2015年，第51页。

② 倪延年主编：《中国新闻法制通史（第5卷）史料卷上》，南京：南京师范大学出版社，2015年，第37页。

各省题本，校阅送阁"①；其二，它需要将皇帝批示的奏折传至各部并将可以公开的谕旨、奏章交由提塘抄录。六科是通政司具体负责发抄谕旨、奏章的重要机关。最后，提塘负责前往六科，抄录谕旨、奏章，将邸报由中央传到地方。

从始至终，官方严密控制邸报的流通环节。任何私自泄露、传播官方信息的行为都被视为犯罪。雍正、乾隆年间，曾多次发生提塘泄密事件，引起统治者警惕。雍正五年十月，刑部奉旨将在押案犯、已革职的四川按察使程如丝斩决。然而，在部文未到达前五日，程如丝竟自缢身亡。经查，由于京钞泄露，导致谕旨外传。四川巡抚宪德奏请革除提塘，以防京钞泄露。雍正批复："提塘管理京报，设立久矣。岂能尽革不用，但伊等借邮传之名，作奸滋弊习以为常，如奉旨正法之人，可以豫通消息，亦可将奉旨宽宥之人，先期设词吓诈，此等弊端，不可不加防范。应如何定例，俾紧要事件不致先期漏泄，或以官员承充提塘，分别赏罚，定其考成，著九卿确议。"②可见，雍正清楚地意识到提塘这一部门在信息传播方面起到的重要作用，不同意宪德废除提塘的奏议。于是，他开始计划对提塘进行管理与考核，加强信息传输途中的防范机制。雍正六年，雍正提出："未经御览批发之本章，一概严禁，不许刊刻传播。如报房与书吏彼此勾通，本章一到，即钞录刊刻图利，及捏造讹名，并招摇诈骗情弊，各照例分别治罪。"③可见统治者的信息管控力度逐步加强，严禁邸报泄密。然而，

---

① 倪延年主编:《中国新闻法制通史(第5卷)史料卷上》,南京:南京师范大学出版社,2015年,第63页。

② 仇润喜、刘广生主编:《中国邮驿史料》,北京:北京航空航天大学出版社,1999年,第248页。

③ 倪延年主编:《中国新闻法制通史(第5卷)史料卷上》,南京:南京师范大学出版社,2015年,第67页。

乾隆年间，提塘再次发生多起泄密案，且呈现出愈演愈烈之趋势。[1]种种事件表明，看似严丝合缝的官方传播制度实则暴露出诸多弊端。泄密事件屡禁不止，反映出中央与地方、官方与民间冲突不断，也为官方传播系统变更埋下种子。

正如韦伯所言："中国的邸报制度，是皇帝向上天和臣民所做的一种连续性的工作报告，是由他的卡里斯马资格中产生的特殊责任的经典性表述。无论公报本身的真实性、描述的全面性多么可疑，这种做法都不失为一种创举。它为舆论给官员政务施加压力打开了一个相当厉害的安全阀，这个安全阀常常很有效。"[2]

古代官方传播体系主要依靠政治力量运作，信息由上至下的流通经过了官僚机构的逐层管控。所以，中国古代官报的内容与运行特征，为创设近代新式官报奠定了部分基础。

---

[1] 具体研究详见马维熙:《清雍乾之际驻京提塘泄密问题研究》,《内蒙古大学学报(哲学社会科学版)》2016年第6期。

[2] (德)韦伯著,张登泰、张恩富编译:《儒教与道教》,北京:人民日报出版社,2007年,第95页。

# 第二节　新式报刊的传入及其影响

在中国古代官方信息传播格局下，信息发布主体源于官方，一般民众只有通过官方媒介才能接收信息。即使民间小报，也须以官方邸报所载内容为蓝本。信息的发布、采集权掌握在官方手里。这种不对等的传播格局，在晚清得以转变。西方传教士将新式报刊传入中国，带来了现代化的信息传播方式。新式报刊面向所有民众开放，统治阶级难以垄断信息。新式报刊所具备的公开性、民间化等特征极大地改变了信息传递方式。大众传媒挑战了政府权威，新闻泄密案频发，导致清廷保密系统式微；民间报刊舆论参与政治议题讨论，试图影响清廷决策，却引发官僚群体不满。新式报刊的来临，引发了社会变迁。

## 一、新式报刊打破官方信息垄断

中国最早出现的近代报刊由外国传教士、商人创办。1815年，英国传教士威廉·米怜在马六甲创办了《察世俗每月统记传》。该报以宗教宣传为主，兼有一些介绍西方文化、科技知识的文章和少量新闻、评论。办报目的是灌输新知，宣扬宗教，"本报宗旨，首在灌输知识，阐扬宗教，砥砺道德，而国家大事之足以唤醒吾人之迷惘，激发吾人之志气者，亦兼收而并蓄焉"。所以，该报首要任务即传教，"以阐发基督教义为唯一急务"，同时兼顾科学，"智识科学之与宗教，本相辅而行，足以促进人类之道德"①。1815年至1838年间，马礼逊、米怜、麦都思等传教士在中国周边地区以及广州、澳门、香港等地创办了第一批近代中文报刊。这些报刊面向普通民众发行，从形式到内容明显不同于传统邸报。尽管意在宣扬教义，"最大是神理，其次人道，又次国俗"②，但最早一批中文报刊的出现对之后国人自办报刊产生了重要影响。

1833年，《东西洋考每月统记传》在广州创立，由传教士郭实腊（也译为郭士立）创办并担任主编。报纸虽为宗教报刊，但除了介绍基督教教义外，专门设有言论、新闻专栏，刊登科学知识、社会新闻。与《察世俗每月统记传》阐发基督教教义的诉求不同，《东西洋考每月统记传》旨在以西方文明征服中国人思想。正如郭实腊指出："这个月刊是为维护广州和澳门的外国公众利益而开办的。它的出版意图，就是要使中国人认识我们的工艺、科学和道义，从而清除他们那种高傲和排外的观念。刊物不必谈论政治，也不要在任何方面使用粗鲁的语言去激怒他们。这里有一个巧妙的表明我们并非'蛮夷'的途径，这就是编者采用摆事实的方法，让中国人确信，他们需要向我们学习的东西还是很多的。"③他希望用传递科学、事实的手段，潜移默化地使中国人尊崇西方文化。

1815年至1842年鸦片战争结束期间，外国人在南洋和华南沿海地区共创办近代报刊十七家，其中中文六家，外文十一家。④除了传教

---

① 转引自戈公振：《中国报学史》，长沙：湖南大学出版社，2014年，第60页。

② 朱移山编：《中国新闻传播史文选》，合肥：合肥工业大学出版社，2016年，第28页。

③ 转引自宁树藩：《〈东西洋考每月统记传〉译述》，《新闻大学》1982年第5期。

④ 方汉奇：《中国近代报刊史》上册，太原：山西人民出版社，1981年，第10页。

士之外，外商办报的积极性也高涨，以赢利为目的的商业报刊逐渐兴起。这些报纸广泛刊载新闻、商业信息、言论等，并逐期转载京报信息，较为著名的有《上海新报》《申报》《新闻报》等。为了盈利，各大商业报刊彼此展开竞争，在编辑出版、内容版式和经营方式等方面进行改革，促进了近代报刊的发展。其中最著名的当数1872年英商美查兄弟创办的《申报》。该报重视新闻、论说文章，辟有文艺副刊和广告栏目，开始从事企业化运作。与早期传教士报刊相比，近代商业报刊大力扩展阅读内容，并重视新闻时效性，开始具备新闻采访、通讯、副刊、广告等要素。

新式报刊在中国问世，挑战了官方传播系统，具体体现在三方面。

首先，新式报刊信息来源多样，追求新闻时效性。报馆在本地外地派遣大量访员，力求报道最全面最新鲜的新闻——"将中国境内各紧要消息采录无遗"。[1]新式报刊消息源于访员的自行搜集。如，当时《申报》分销处基本遍布各大城市，分销处办事员兼顾其所处地区的采访任务。随着《申报》外地访员数量不断增多，报纸发行地区不断扩展。1881年，该报在北京、天津、南京、武昌等地设有17个分销处。1887年，又增添保定、营口、烟台等15个分销处。[2]新式报刊格外强调新闻及时速效，尝试使用电报传送新闻。1882年1月16日，京报所载谕旨第一次由天津电传至上海申报馆，《申报》成为首家使用国内电讯的中文日报。1883年中法战争爆发，为了获得更准确的战地新闻，《申报》雇用俄国人前往越南，到法国军营中去探访消息，再发电报到香港，经厦门传到上海。此例开启了中文报纸"号外"的先

---

①《搜访新闻告白》，《申报》1875年7月9日。

② 徐载平、徐瑞芳主编：《清末四十年申报史料》，北京：新华出版社，1988年，第57—58页。

河。①

第二，新式报刊面向所有人开放，读者数量庞大。传统邸报以官
员、士大夫阅读者居多，普通民众不喜阅看，"邸报之制，但传朝廷
之政事，不录闾里之琐屑而已。故阅之者，学士大夫居多，而农工商
贾不预焉，反不如外国之新报人人喜阅也"②。相比之下，新式报刊
面向社会各阶层开放。为了照顾普通百姓阅读需求，申报馆推出用白
话文写的《民报》。其发刊告白称："此报专为民间所设，字句如寻常
说话；每句及人地名，尽行标明，庶几稍识字者，便于解释。"③申
报馆此后不断拓展宣传方式，并发行画报。读者不需要任何文字基
础，便能通过阅画一目了然。最著名的当数《点石斋画报》，该报创
办于1884年，是中国第一本时事风俗画报，内容活泼，形式新颖，广
受欢迎。

第三，新式报刊比邸报内容丰富，涵盖了社会方方面面。《申报》
将其与邸报进行对比，认为邸报以奏疏为主，"上而诏旨，下而章疏，
以及召见臣工、黜陟官员、改革旧制、日行政令，均许列于邸报。官
至州县，罪至流徒以上，无不亲见亲决，甚至拣发微员亦须引见，京
控各案亦须奏闻……故不发抄，始不列于邸报，此则我朝之法制
也"④，但新报内容范围广泛，"彼西洋各国之新报，亦系传述各国国
家之事，上自朝廷，下及闾里，一行一言一器一物。无论美恶精粗，
备书于纸"⑤，所谓上下官民之事，皆登于报。由于统治者掌握信息

① 上海图书馆编：《近代中文第一报〈申报〉》，上海：上海科学技术文献
出版社，2013年，第73页。

②《邸报别于新报论》，《申报》1872年7月13日。

③ 曹聚仁：《上海春秋（修订版）》，北京：生活·读书·新知三联书店，2016
年，第148页。

④《邸报别于新报论》，《申报》1872年7月13日。

⑤《邸报别于新报论》，《申报》1872年7月13日。

发布权，重要信息不得泄露，所以邸报刊载的内容少之又少。但近代商业报刊则深受西方办报模式影响，希望能向读者汇聚各类信息，报纸内容不受过多限制。

新式报刊的出现，打破了官方的信息垄断。新闻成为报刊的主要内容，不似邸报，仍以谕旨、文牍为主。从空间上看，报纸新闻分为国际、国内和本地等方面，不止于本土信息。从内容上看，报纸涉及各行各业、民生动向，如灾害民情、经济涨落、政治事件等内容。近代报纸辟有论说、教育、实业、军事、矿务、财政、女界、小说、丛录等众多栏目，内容丰富，体裁多变。

早期近代报刊的兴起，影响并形塑了甲午之后的国内报刊，所以新报开辟了与邸报完全不同的道路。近代报刊具备消息、通讯、评论等新闻要素，不以邸报作唯一消息来源。新报拥有搜集、发布信息的渠道，打破了邸报的垄断地位。近代报刊面向全社会发行，上至官员，下至百姓，皆能购阅，具有广泛的社会性。不论内容、形式、体例及受众，新式报刊皆有别于传统邸报，它们的创办标志着中国新闻事业由古代向近代的转变。

据有关资料表明，鸦片战争至甲午前夕，各地共出版外文报刊80余种，中文报刊70种（海外不计）。[①]但社会各界对其各有所图：传教士用以传教、商人用以盈利、政治家用以言政。与之形成鲜明对照的是，尽管新式报刊风头正盛，但清政府似乎并未考虑将新式报刊纳入官方信息渠道。为什么清廷在最初较为排斥新式报刊？其主要原因，一是担心新闻纸可能会泄露国家机密；二是认为新闻纸频发参与政治议题的讨论，易引发舆论轩然大波，不利于民心稳定。

---

① 童兵、林涵：《20世纪中国新闻学与传播学（理论新闻学卷）》，上海：复旦大学出版社，2001年，第15页。

## 二、新闻纸泄密案频发引发的政治危机

鸦片战争后，多次发生新闻纸泄密案，从而影响了清廷外交、军事事务，官僚内部深感不满。

1859年，两江总督何桂清上奏，洋人不论何事，皆登于报纸，广为传播，所谓"各夷不论何事，必在夷馆作一说贴，刊刷传播，名曰新闻纸"。当时，这些"新闻纸"泄露了中国军情，如将天津炮台绘制成图印于报上，何桂清认为此举"情殊可恶"①。官员们由此看到新式报刊背后存在的巨大隐患，"至新闻纸固多无稽之谈，亦往往日后有验者"，所以有损朝廷机密，导致"民心益加惶惑"②。因此，统治者与官员在奏折来往中格外注重保密，唯恐有碍外交。1862年，北京在给曾国藩、李鸿章、左宗棠等大臣们的上谕中明示，"外国人喜于探听消息，一切交涉外国事件寄谕稍有泄漏，即据为口实，生出无数事端。该大臣等均能密之又密，甚为欣慰，不可稍涉大意。将此由六百里各密谕知之"③，强调奏折保密工作的重要性。不过，尽管官员们严格遵守保密措施，但泄密案仍屡发不止，影响清廷外交。

1868年，曾国藩上奏秘折被上海新闻纸传抄，时人议论纷纷。据官方调查，总理衙门次年闰四月接到上海新闻纸，才发现奏折已被洋人传抄。新闻纸内容与奏折完全重合。清政府调查发现，"总税务司

①《钦差大臣何桂清奏英法二使已回上海并录呈新闻纸折》，载齐思和等编：《第二次鸦片战争（四）》，上海：上海人民出版社，1978年，第167页。

②《钦差大臣何桂清奏英法二使已回上海并录呈新闻纸折》，载齐思和等编：《第二次鸦片战争（四）》，上海：上海人民出版社，1978年，第168页。

③《附录密谕：饬妥为驾驭助剿洋人洋船并防涉外寄谕泄密十月二十四日》，载《曾国藩全集·奏稿五》，长沙：岳麓书社，2011年，第213页。

赫德将抄折呈出"，而赫德坚称与他无关，"系由领事官抄寄"①。曾国藩为此请旨自罚，"查密封陈奏之事，臣未能格外慎密，以致被人传抄，疏忽之咎，实无可辞"②。但两宫并未深究，认为"此事若再追究，诚恐欲盖弥彰，转于大局无益"。北京方面由此发布上谕，告诫各部官员须格外慎秘，"中外交涉事件，遇有奉到密寄谕旨及总理衙门密行文件，并该将军、督、抚等密奏折件，若复稍涉大意，至有泄漏，则机事不密，咎有攸归"③。但从这一事件，可知新闻纸可以通过各种途径搜集信息，甚至刊登保密奏折，导致奏折的发抄流传不再被邸报垄断。这极大地挑战了邸报的信息发布权，给清政府统治当头一棒。如总理衙门指出，外报公布机密奏折是洋人先发制人之策，所谓"我谋未定，彼已预防，转恐肆其诡谋，为先发制人之计，种种衅隙，从此而生"④，意在挑衅中国政府。

同治十三年的香港新闻纸泄密案更为典型。该案始于日本侵占琉球群岛。琉球自明朝起，历世皆受册封，因临近日本，一直被觊觎。1609年，日本将军德川秀忠命人侵占琉球，干涉当地事务，从此以后，琉球实为"中日两国之属邦"⑤。1871年，琉球原住民六十六人遭遇飓风，飘落台湾，其中五十四人被掠杀，十二人由台湾地方官保

---

①《附总理各国事务衙门原折抄件》，载《曾国藩全集·奏稿十》，长沙：岳麓书社，2011年，第163页。

②《泄露机密自请议处折（七月廿二日）》，载《曾国藩全集·奏稿十》，长沙：岳麓书社，2011年，第162页。

③《附录密谕：着于中外交涉事件格外慎密等事（八月三十日）》，载《曾国藩全集·奏稿十》，长沙：岳麓书社，2011年，第162页。

④《附总理各国事务衙门原折抄件》，载《曾国藩全集·奏稿十》，长沙：岳麓书社，2011年，第163—164页。

⑤吴寿彭、徐达行、吴祺合编：《帝国主义侵略中国史》，南京：军政部总务厅，1930年，第69页。

护回至琉球。日本以此为由，决定向台湾出兵"征讨生番"。1874年，日本政府命西乡从道为台湾事务部都督，率海陆军出兵台湾。清政府听闻后，以"生番系版图之地，何故不照会即遣兵"诘责日本政府，[1]同时任命船政大臣沈葆桢为钦差，处理台湾事务。

1874年5月14日，清廷发布上谕，令沈葆桢"不动声色"地前去调查，并做好迎战准备，强调台湾"地方本系中国辖境，岂容日本窥伺？该处情形如何，必须详细查看，妥筹布置，以期有备无患。……著派沈葆桢带领轮船兵弁以巡阅为名，前往台湾……一带察看，不动声色，相机筹办"，要求将此指示"由六百里各密谕知之"。[2]当时，清廷未将谕旨发抄，以图保密。沈葆桢受命后，同年6月14日与福州将军文煜、闽浙总督李鹤年联衔上奏《筹台湾防务大概情形折》，提出"联外交、储利器、储人才、通消息"等策略，[3]主张购买洋枪巨炮等军火，抵御日本入侵。不料，香港《华字日报》全文刊载了上述谕令以及沈葆桢四月十九日递送的奏折，[4]上海新闻纸随后转载，引起轩然大波。

清廷高度重视这回新闻纸泄密案，分别发出两道谕旨，命人严查泄密源头。同年8月2日的上谕称，"近阅香港新闻纸，将该大臣等四

---

① 转引自吴寿彭、徐达行、吴祺合编：《帝国主义侵略中国史》，南京：军政部总务厅，1930年，第70页。

② 张本政主编：《〈清实录〉台湾史资料专辑》，福州：福建人民出版社，1993年，第998页。

③《筹台湾防务大概情形折》，载丁守和等主编：《中国历代奏议大典》，哈尔滨：哈尔滨出版社，1994年，第499页。

④ 据沈吕宁研究，未查到沈葆桢四月十九日奏片内容，他推测该奏折内容应与其五月初一日奏折内容大致相同。详见沈吕宁：《同治十三年(1874年)香港新闻纸泄密案》，载朱华主编：《船政文化研究(第5辑)》，福州：海潮摄影艺术出版社，2008年，第120页。

月十九日奏片刊刻等语，此等紧要事宜岂容稍有泄漏？……嗣后遇有中外交涉事件，务当益加慎重，不得稍涉疏虞，致干咎戾"①，同治帝意在警示大臣督抚们，慎重处理与外交相关的奏章谕旨，不得外漏机要之事。9月5日，清廷再次发布上谕，命两江总督李宗羲严查泄密案，"军机处封发寄信谕旨，各省奉到后自应加意慎密，况系中外交涉事件，岂容稍有漏泄。"②这两份史料表明，近代报刊的大众化、时效性特征更加扰乱了官方战略部署与政策施行，导致清廷保密工作愈发困难。

接到谕旨后，沈葆桢上奏表示，愿意承担泄露之过，要求将自己交部议处。1874年10月29日，李宗羲汇报了调查结果，指出上海新闻纸皆转载自香港的《华字日报》，香港的信息则源于福州，"臣复加查核上海《林华书院新报》《上海汇报》，一系五月二十三日刊发，一系五月二十八日刊发，均系照钞香港《华字日报》。至香港《华字日报》，则系五月十二日刊刻，并已载明消息来自福州"③。于是，福州方面继续彻查。12月19日，福州将军文煜、闽浙总督李鹤年、福建巡抚王凯泰上奏调查情况。他们查到，所有三月二十九日谕旨及四月十九日奏片，均登在《华字日报》上。并调查了报纸主笔下落，"查香港《华字日报》发端于德臣洋行之新闻纸馆，平日京报等件俱其首录，询诸该馆西人，以为出自主笔之人，续查出主笔陈贤，即陈蔼

①《同治十三年六月二十日密谕》，载顾廷龙、戴逸主编：《李鸿章全集·奏议六》，合肥：安徽教育出版社，2008年，第71页。

②《同治十三年七月二十五日密谕》，载顾廷龙、戴逸主编：《李鸿章全集·奏议六》，合肥：安徽教育出版社，2008年，第77页。

③黄濬：《花随人圣庵摭忆（一）》，太原：山西古籍出版社，1999年，第482—483页。

亭，广东新会县属潮连司人"①。这封奏折初步打探到《华字日报》的人员构成，不过由于读音类似，将陈霭亭姓名写错。随后，各地督抚大臣一直试图引渡远在香港的陈霭亭。直到1875年，中日两国签订中日条约三款，此次新闻纸泄密案才不了了之。

尽管整件事因新闻纸泄密而起，但有趣的是，在与日方谈判时，总理衙门大臣奕䜣却参考了新闻纸上的看法。他在奏折中写道："新闻纸中，屡谓该国欲将此项人众，安置台番境内。是以该使臣每以兵民难服为词，此中实有难言之隐。今如一无所得，措置良难。若此辈留存中国边境，患亦不可胜言。"②由此看出，不管官员们对新闻纸抱有何种态度，这一新式媒介已是人们了解外界的重要渠道，不可能因为政策管控或高压集权将其扼制或摧毁。

但香港新闻纸泄密案是近代报刊与清廷政事冲突的一个缩影。随着近代报刊的迅速发展，朝廷外交事宜不再"秘而不宣"，即使加密谕旨，也有可能被外泄。该案最后无疾而终，却反映出各种错综复杂的利益纠缠，清政府已难以把控。当时，办报主体有外商、传教士与中国国民，利益主体呈现多元化，报刊背后势力复杂，查处一份报纸或其主笔并非轻而易举，需要权衡多方利弊。正如陈衍弟子黄濬评价"泄密案"，称"当时沪报率转录港报，而港报则以洋行司发行，其访员则又以教会为多，布防托庇殆甚密，可见当时报纸，已存反诋清廷之地步"③。

①黄濬：《花随人圣庵摭忆（一）》，太原：山西古籍出版社，1999年，第483页。

②《同治十三年九月二十二日总理各国事务恭亲王奏》，载蒋廷黻编：《近代中国外交史资料辑要（中）》，北京：东方出版社，2014年，第119页。

③黄濬：《花随人圣庵摭忆（一）》，太原：山西古籍出版社，1999年，第485页。

可见，出于谋利、言政之需求，新闻纸依靠搜集朝廷新闻吸引读者，不再满足于简单抄录邸报内容，这意味着清廷的保密工作危机重重。

### 三、新式报刊参与讨论政治议题

风行通商口岸地区的《申报》《新闻报》，对地方事务的报道、评论难免涉及政务，进而引起地方报纸与地方官员关系恶化。许多官员都曾斥责民间报刊，如上海道台要求英国驻上海领事发文查禁《申报》，称："上海英国租界有英商美查于上年创设申报馆，所刊之报，皆系汉文，并无洋字。其初原为贸易起见，迨后将无关贸易之事逐渐列入，妄论是非，谬加毁誉，甚至捏造谣言，煽惑人心，又复纵谈官事，横加谤议，即经职道函致英领事饬禁，未允照办。"①这份公文明确指责《申报》妄议朝政，捏造谣言，希望严禁报纸。再如，曾国藩在与李鸿章的来往信中称，新闻纸败坏其声誉，"昨赫德来见，言外国每疑国藩素恶洋人，不愿中外通商久已，传播各口，屡见于新闻纸"②。

左宗棠似乎是最痛恨《申报》的一位官员。他多次批评报纸捏造事实，造谣污蔑，不足为信，"新闻纸《申报》则真赝错杂，不足按也"③，还称其胡言乱语，"沪局新闻纸公然把持国政，颠倒是非，举世靡靡，莫悟其奸。而当事者不但不加诃禁，又从而信之，甚且举以

① 转引自杨天石：《晚清史事》，北京：中国人民大学出版社，2007年，第94—95页。

②《复李鸿章（同治九年七月二十四日）》，载董丛林选编：《曾国藩督直文选》，秦皇岛：燕山大学出版社，2017年，第428页。

③《与湖广总督李筱泉制军》，载《左宗棠全集·书信三》，长沙：岳麓书社，2014年，第148页。

入告，成何事体，可为浩叹！"①左氏认为假消息致使人们是非不分，信谣传谣。他还痛斥报纸主笔多为无赖之徒，妄议朝政，所谓"近时传播新闻纸本英人设局，倩江浙无赖之徒所为，侈谈海务，旁及时政，公造谣言，以惑视听，人所共知"。②

为什么左宗棠最初如此痛恨《申报》？这与《申报》的新疆战事报道大有关系。③同光之际，中国面临着严重的边疆危机。1865年初，中亚浩罕汗国将领阿古柏率军入侵新疆南部，占领了南疆各城。1867年，阿古柏在南疆建立伪政权。1870年，阿古柏攻下达坂城、吐鲁番和乌鲁木齐，袭取玛纳斯，控制了新疆绝大部分土地。与此同时，1874年，日本派兵侵占中国台湾和琉球。一时之间，清廷内部爆发"海防"和"塞防"之争。

李鸿章主张缓办新疆防务，认为海防重于塞防。他在奏折中指出，在财政紧缺的情况下，出兵新疆并不值得，所谓"近日财用极绌，人所共知，欲图振作，必统天下全局，通盘合筹而后定计。新疆各城自乾隆年间始归版图。无论开辟之难，即无事时岁需兵费尚三百余万，徒收数千里之旷地，而增千百年之漏卮"，况且新疆地理位置特殊，西方列强虎视眈眈，"且其地北邻俄罗斯，西界土耳其、天方、波斯各回国，南近英属之印度，外日强大，内日侵削，今昔异势，即勉图恢复，将来断不能久守。……揆度情形，俄先蚕食，英必分其利，皆不愿中国得志于西方"，所以中国难以固守。李氏认为，依中

---

① 《与刘克庵》，载《左宗棠全集·书信三》，长沙：岳麓书社，2014年，第50页。

② 《答李筱轩侍御》，载《左宗棠全集·书信三》，长沙：岳麓书社，2014年，第508页。

③ 详见刘增合：《"舆论干政"：〈申报〉与同光之际的西征新疆举债》，《新闻与传播研究》2015年第7期。

国目前力量，实控不及西域，必须专注海防，"况新疆不复，于肢体之元气无伤，海疆不防，则腹心之大患愈棘，孰重孰轻，必有能辨之者"①。左宗棠则主张二者并重："东则海防，西则塞防，二者并重。今之论海防者，以目前不遑兼顾西域，且宜严守边界，不必急图进取，请以停撤之饷匀济海防。论塞防者，以俄人狁焉思逞，宜以全力注重西征，西北无虞，东南自固。此皆人臣谋国之忠，不以一己之私见自封者也"②，海防塞防皆有必要。左宗棠的主张，得到军机大臣文祥等人的支持。

针对这一重大外交政策，《申报》多有意见。1874年之后，该报频发社论，探讨国事，但报纸内容以批评左宗棠西征为主，具有明显的倾向性。③譬如，在《论喀什噶尔事》一文中，作者云："中国有限之财，供新疆无穷之费，岂计之得哉？……闻出关将士不下万人，而兵勇之劳苦，转输之艰难，其费用实难枚举。"退一步言，即便守住新疆，日后还须费巨资补贴，更加浪费，所谓"克复之后，不仍然岁费帑银，何益于国"④？

在清廷商议是否出征新疆的这段时期，《申报》又接连发表多篇社论，如《书论喀什噶尔事后》《译论征喀什噶尔之失》《论征新疆》《论西报述喀什噶尔事后》等文，其核心大意皆主张缓办新疆防务，支持海防。如一篇文章指出，"台湾……屡次交战，总未见能得手，亦不免为喀什噶尔之役有大虑矣"，极力主张按兵不动，还说"我国

---

①《同治十三年十一月初二日（发）直隶总督李鸿章奏》，载蒋廷黻编：《近代中国外交史资料辑要（中）》，北京：东方出版社，2014年，第194页。

②《元年三月初七日（发）（四月十二日）陕甘总督左宗棠奏》，载蒋廷黻编：《近代中国外交史资料辑要（中）》，北京：东方出版社，2014年，第195页。

③ 详见刘增合：《"舆论干政"：〈申报〉与同光之际的西征新疆举债》，《新闻与传播研究》2015年第7期。

④《论喀什噶尔事》，《申报》1874年11月11日。

亦不如静养其力，与其启无用之费，不如力求内治，慎理国富之为美"①。所以，在海防与塞防的观点上，《申报》与西方列强所持立场大体一致，引起左宗棠不满。1875年，他在与李筱轩的来往信件中驳斥了《申报》观点，指出："即如所录喀什噶尔……通商英、俄一事。查喀什噶尔地原新疆南路，近为安集延所部帕夏所踞。……土耳其本印度所辖，三十年前已为俄、英分踞矣。先本佛教，后改天方，不待此时始归英、俄也。安集延本亡国之余，俄人亦不恃其助以挠中国。前俄人在兰州言之甚明，新闻纸所载不知何据？"②左氏认为新闻纸的报道连新疆地区的基本情况都没厘清，所言无凭无据，纯属造谣。

1875年，左宗棠被任命为钦差大臣，督办新疆军务，拥有筹兵、筹饷和指挥全权。在其借款西征期间，《申报》再次发表评论数篇，试图营造举借外债弊大于利的舆论，强调西征新疆耗费巨大，"劳师糜饷，不胜计数。即使安静无事，而设官养兵之费，岁亦将及百万，实无毫末有益于中国之处，徒足为中国之累"。接下来，《申报》继续强化先前论调，认为左宗棠筹饷颇难，"现闻左伯相欲尽平新疆之地，而喀什噶尔……尤为悖逆异常，负固不服，非费重饷，用大兵竭数年之力，不能望其成功。但兵虽易集，而饷实难筹"。甚至以传闻力证借债之议不可行，"传说业已奏请饬令两江总督沈制军，向西商借贷银一千万两，以供西征之资，仍以关税之项，作抵十年为期，本利一概归还，但闻西商现均不愿，设法力辞"。在《申报》看来，一方面，外商不愿意提供借贷；另一方面，借钱西征只会耗费无穷无尽，难以善后，"以有用之财，取其不毛之地，已属失算。况兵连祸结之后，一千万银尚不能敷，又将何法以善其后"？假设以关税做抵押，那么

<hr/>

①《译论征喀什噶尔之失》，《申报》1875年6月16日。

②《答李筱轩侍御》，载《左宗棠全集·书信三》，长沙：岳麓书社，2014年，第508页。

江浙一带经济则会备受打击，"并传闻沈制军之意，亦以为海关税项所用甚广，即江南一省亦赖之所有，防海诸事均在此项取用。今一旦令抵借款，则诸项久将何筹，是以亦不愿为此事"。综合以上各种因素，该文认为，西征无益，"本朝取之每岁关内，各省均须协济西饷，而新疆毫无利益，不过多劳朝廷西顾之忧而已"。所以，为西征筹饷算是白费力气，"用天下之全力与借西国之银两，以征服之，即使克加所愿，畏我兵力，暂尔归顺，大军一退，彼又反覆，亦在意料之中"①。这篇时评旗帜鲜明地表达了自身立场，批评政府举债行为。尽管左宗棠本人多次痛斥《申报》，但该报仍点评时政，畅所欲言。

时隔二十四天，该报再次发文驳斥《循环日报》支持西征的观点，重申自己论调。《申报》强调，第一，新疆取之尚易，守之实难，非各省财力能支撑，"今新疆……诚如中外新闻所言，实为亚欧两洲之门户。中国不抚而有之，则欧洲诸国必起而争之。然中国取之尚易，而守之实难，非竭关内各省之财力不足以守"。第二，《申报》建议清廷"不如与欧洲各国商议，中国与欧洲各国均不必据有其地。……以为亚欧两洲枢纽……使为两洲不侵不叛之臣"②。

从出兵新疆一事可以看出，报界频频讨论政治议题，意在影响清廷决策，但此举引发不少官员不满。但这些商业报刊大多拥有外商背景作为"庇护伞"，清廷不能逐一查处或禁办，只能小范围进行干涉。所以官员们大多视报纸为祸害，袁世凯曾云，"中国各报馆，大半有文无行之士，作奸犯科之徒，倚托洋商，影射煽惑，迹其诪张为幻，

---

① 《论借饷征回事》，《申报》1876年3月3日。
② 《再论借贷征回事》，《申报》1876年3月27日。

几使官家无如之何"①。吕海寰、伍廷芳二人认为，"中国上海一隅，
日出报纸不为不多，未经官为检查，又无《报律》以范围之间"②。
江西巡抚夏㸑在奏折中提到"近来上海各报，草野传闻，每多失实，
其谬妄最甚者，乃至离经叛道、鼓煽浮嚣，实为生心害政"③。他们
的态度表明，新式报刊的出现及其讨论、干涉政治问题之举，让官方
认为新闻纸"生心害政"，因此怀有排斥之心。正是基于此种心态，
甲午之前，清廷政府一直忌惮报纸的舆论威力，不曾考虑创办官方报
刊。

---

①《遵旨敬抒管见上备甄择折》，载天津图书馆、天津社科院历史出版社
研究所编，廖一中、罗真容整理：《袁世凯奏议》（上），天津：天津古籍出版社，
1987年，第272页。

②《外务部遵议商约吕大臣等奏酌拟近今要务折》，《北洋官报》1903年
第146期。

③《署江西巡抚夏㸑遵办官报片》，《江西官报》1903年第12期。

# 第三节 "官设报馆"观念的出现

19世纪30年代末，林则徐前往广州禁烟。为搜集敌方情报，他组织了一批翻译团队，展开译报活动。在其影响下，地方官员开始搜集西人新闻纸，翻译报上内容，并将这些作为决策依据。第二次鸦片战争后，中国知识分子充分认识到现代报纸在影响舆论、培育民智等方面的作用。他们纷纷创办政论报刊，宣传思想。媒体与政治活动开始紧密相连，甚至吸引了张之洞等清廷要员参与。在种种宣扬报纸、报馆益处的声音中，出现了"官设报馆"之说。在知识分子和部分朝廷官员的影响下，官方对报纸的态度逐渐发生转变，由最初的抗拒走向接受。

## 一、译报传统奠定了官方对近代报刊的初步认知

为了掌握"夷情"，林则徐在处理广州禁烟事务时期开展了译报活动。他组织的一系列翻译外文书报的活动，奠定了官方对近代报刊的初步认知。

1838年12月，林则徐奉诏前往广东查办海口事件，受命查禁鸦片。1839年3月，林则徐以钦差大臣的身份抵达广州，处理禁烟事务。考察完当地情形后，林则徐发现，洋人摸清了中国底细，设法对付中国人，中国官员却"不谙夷情"，所谓"奸夷习知其故，相率效尤，

沿海文武员弁不谙夷情，震于英吉利之名，而实不知其来历"①。两国在交涉中，信息来往明显不对称。林则徐抵粤后，第二天便拜访了梁廷枏，向他请教海防和战守事宜。梁氏精通英文，将多年积累的"夷务"资料送与林则徐，建议他组织人员搜集和翻译外文资料。从1839年3月中旬到1840年11月下旬，林则徐招募了一批精通英文的青年组建起一个翻译团队，专事翻译西文，供决策者参考。②翻译之一，便是帮助马礼逊、米怜创办《察世俗每月统记传》的梁发的儿子梁秩（进德）。这一举动是官方译书译报活动的开端。

林则徐组织的译报工作主要是从外文报刊上翻译资料，开始时"零星译出"，稿件散漫，后来为便于查阅保存，"兹令抄齐统订数本"，装订成册。③林则徐在给广东巡抚怡良的信中多次提及译稿，并将译件送其阅读，如"昨译出最近之新闻纸，顺送一览，可乘便与厚庵一阅"④"兹附去新闻纸译就两本，藉奉解颐"⑤。林则徐在信中曾云，可以借译报之机，采探敌情，但"其中颇多妄语，不能据以为

① 《附奏东西各洋越窜夷船严行惩办片》，载中国史学会主编：《中国近代史资料丛刊·鸦片战争（二）》，上海：上海人民出版社，1957年，158页。

② 苏艳：《从文化自恋到文化自省：晚清中国翻译界的心路历程》，武汉：华中师范大学出版社，2018年，第6—7页。

③ 《致怡良道光二十年七八月间（1840年）于广州》，载林则徐全集编辑委员会编：《林则徐全集·信札卷》，福州：海峡文艺出版社，2002年，第246页。

④ 《致怡良道光十九年十二月十四日（1840年1月18日）于广州》，载林则徐全集编辑委员会编：《林则徐全集·信札卷》，福州：海峡文艺出版社，2002年，第187页。

⑤ 《致怡良道光二十年正月三十日（1840年3月3日）于广州》，载林则徐全集编辑委员会编：《林则徐全集·信札卷》，福州：海峡文艺出版社，2002年，第191页。

实，不过借以采访夷情耳"①。林则徐还将这些译报呈给道光皇帝阅览。他在奏折中说，译报是为了更好地了解"夷情"，有利于战事，所谓"现值防夷吃紧之际，必须时常探访夷情，知其虚实，始可以定控制之方"②。

装订成册的译稿统称《澳门新闻纸》，或《澳门月报》，后被魏源收入《海国图志》第八十一至八十二卷。《澳门新闻纸》的翻译来源主要是《广州周报》《广州纪事报》《新加坡自由报》（Singapore Free Press）等外商报刊，内容多与中国时政、国情或禁烟相关事务有联系。③尽管林则徐后来被革职查办，但他仍坚持以译报探测"夷情"的想法。林氏叮嘱新来广州主持战争的靖逆将军奕山，"夷人新闻纸"类似于中国传统塘报，"有夷人刊印之新闻纸，每七日一礼拜后，即行刷出，系将广东事传至该国，并将该国事传至广东，彼此互相知照，即内地之塘报也"。通过翻译新闻纸，可以开通眼界，"彼本不与华人阅看，而华人不识夷字，亦即不看。近年雇有翻译之人，因而辗转购得新闻纸，密为译出，其中所得夷情，实为不少，制驭准备之方，多由此出。虽近时间有伪托，然虚实可以印证，不妨兼听并观也"，暗含"睁眼看世界"之意。④

---

① 《致怡良道光二十年七八月间（1840年）于广州》，载林则徐全集编辑委员会编：《林则徐全集·信札卷》，福州：海峡文艺出版社，2002年，第246页。

② 《两广总督林则徐奏为责令澳门葡人驱逐英人片（道光二十年二月初四）》，载中国第一历史档案馆编：《鸦片战争档案史料（二）》，天津：天津古籍出版社，1992年，第30页。

③ 吴乾兑、陈匡时：《林译〈澳门月报〉及其它》，《近代史研究》1980年第3期。

④ 《答奕山防御粤省六条道光二十一年三月（1841年）》，载林则徐全集编辑委员会编：《林则徐全集·文录卷》，福州：海峡文艺出版社，2002年，第323页。

林则徐的翻译之举，得到了西人赞赏。他们称，"中国官府，全不知外国之政事，又不询问考求，故至今中国仍不知西洋，犹如我等至今未知利未亚洲内地之事"。因为大多中国人态度傲慢，不愿打听西方政事，"中国人果要求切实见闻亦甚易，凡老洋商之历练者及通事引水人，皆可探问。无如骄傲自足，轻慢各种蛮夷，不加考究"，惟有林则徐颇具眼光，以译报增长学识，学习西方经验，"惟林总督行事全与相反，署中养有善译之人，又指点洋商、通事、引水二三十位官府，四处探听，按日呈递"①。由此可见，在当时普遍鄙视"蛮夷"的清廷官员内部，林则徐的译报行动确实有先见之明，更是开启了官方译报传统。

作为林则徐的好友，魏源继承并发扬了其译报思想。他曾受林则徐嘱托，将林所译《四州志》、历代史志和西方资料汇编成《海国图志》一书，共六十卷，称"为以夷攻夷而作，为师夷长技以制夷而作"②。其中收录有《澳门月报》五辑，为《论中国》《论茶叶》《论禁烟》《论兵事》《论各国事情》。这些系根据《澳门新闻纸》上的稿件加工整理而成，署名"林则徐译"。

如果说林则徐的译报行为很大一部分是为了探听敌情，那么魏源的行为则带有一丝学习色彩。他主张，"师夷长技以制夷"的前提是了解、掌握"夷情"，做到知己知彼。《海国图志》中明确指出，中国向来不关注西方动态，政府还一度禁止翻译活动，"苟有议翻夷书、刺夷事者，则必曰多事。嘉庆间，广东有将汉字夷字对音刊成一书者，甚便于华人之译字，而粤吏禁之"。然而，冲突一旦发生后，中

---

①《论中国》，载(清)魏源：《海国图志卷四》，长沙：岳麓书社，2011年，第1957—1958页。

②《海国图志叙》，载(清)魏源：《魏源全集十三》，长沙：岳麓书社，2011年，第179页。

国则对西方了解其少，"一旦有事，则或询英夷国都与俄罗斯国都相去远近，或询英夷何路可通回部……以通市二百年之国，竟莫知其方向，莫悉其离合，尚可谓留心边事者乎"，导致落后于他人。他提出三点主张，即了解"夷情"、翻译"夷书"、留心时政，"然则欲制外夷者，必先悉夷情始；欲悉夷情者，必先立译馆翻夷书始；欲造就边才者，必先用留心边事之督抚始"①。

自林则徐、魏源之后，政府官员逐渐开始重视译报，将外报作为情报来源。譬如，道光二十五年九月，数只英国军舰驶入香港，形迹可疑，两广总督耆英、广东巡抚黄恩彤便译报察探夷情，将报纸内容写于奏折，"本年七月间接据该酋文称，有自伊国驶来兵船数只，分赴各口停泊，稽查贸易。即经委员查探，共有火轮船五只、巡船六只，于八月十一、十三、十四、十五等日先后驶到尖沙嘴（咀）洋面寄泊。……复饬澳门县丞张裕向澳夷询访，亦称英夷因图占文莱国埠头，致相攻杀属实，并该夷兵船系由嘛叨国（印度）驶来，尚非无因而至，似不致有他虞"②。通过译报，耆英等人了解到兵船所载的是英军负伤士兵，他们认为，这对于中国国土尚无威胁。

直至第二次鸦片战争结束后，翻译外报并上奏的行为已较为普遍。第二次鸦片战争时期，官员们在奏折中屡有提及外报内容，以备战事参考。钦差大臣何桂清多次在奏折中汇报西人新闻纸内容。譬如，咸丰九年，何桂清上奏，称英国船只在秘密测绘天津炮台防区，"臣查阅新闻纸内，有英夷船只于未开行以前，在北河一带测量水势

---

① 《筹海篇三·议战》，载（清）魏源：《魏源全集十三》，长沙：岳麓书社，2011年，第34—35页。

② 《两广总督耆英等奏报英夷先今情形并拟见夷酋坚明要约折》，载中山市档案馆编：《中山香山明清档案汇编》，上海：上海古籍出版社，2006年，第535—536页。

深浅之语，即系该夷绘画天津炮台图说之诡计。……除再探情形会抚臣督饬司道妥筹办理外，谨恭折由驿密奏，并抄录米夷新闻纸，恭呈御览"。咸丰九年八月初九日朱批："知道了。"[①]咸丰十年，何桂清再次上奏，呼吁防范英国，"华商又访诸此外各夷商，所言大抵相同等情，并钞录新闻纸禀呈前来。臣查新闻纸本系无据之词，亦未必尽属子虚。所称英、佛添兵，不可不防。且英夷志在天津，佛夷欲占舟山，即定海厅之说，与前次探报，大略相符。此外封港阻漕等谣，上海传闻，日日有之。虽邃难深信，然卜鲁斯复与布尔布隆狼狈为奸，真情实属凶狡"[②]。何桂清在奏折末尾将英国新闻纸全文译出，呈与咸丰皇帝。

第二次鸦片战争结束后，翻译新闻纸已成常态，清廷官员试图以制度化形式规范译报行为。1861年1月11日，恭亲王奕䜣、桂良和文祥呈《统筹夷务全局折》。奏折提出设立总理各国事务衙门，分设南北口岸大臣，新添各口关税机构并由地方管理，各省办理外国事件并请各将军、督抚互相知照，学习外国语言，关注各国新闻纸六件事项，可见官员们非常看重新闻纸功能。现摘录《统筹夷务全局折》如下：

> 各海口内外商情并各国新闻纸，请饬按月咨报总理处，以凭核办也。查新定各国条约，以通商为大宗。是商情之安否，关系地方，最为紧要。嗣后新旧各口中外商情，是否和协，如为钦差大臣耳目所不及者，即饬令各该将军、府尹、督抚，按

① 《钦差大臣何桂清奏英法二使已不能自专事多掣肘折》，载齐思和等编：《第二次鸦片战争(四)》，上海：上海人民出版社，1978年，第230—232页。
② 《钦差大臣何桂清奏英法投递照会办理情形折》，载齐思和等编：《第二次鸦片战争(四)》，上海：上海人民出版社，1978年，第307—311页。

月据实奏报，一面咨报钦差大臣及通商大臣，不得视为具文，稍涉虚假。至办理外国事务，尤应备知其底细，方能动中窾要。今年来临事侦探，往往得自传闻，未能详确，办理难期妥协。各国新闻纸，虽未必尽属可信，因此推测，亦可得其大概。广州、福州、宁波、上海旧有刊布，名目不同。其新开各口，亦当续有刊本。应请一并饬下钦差大臣，及通商大臣，并各省将军、府尹、督抚，无论汉字及外国字，按月咨送总理处。庶于中外情形，了如指掌，于补弊救偏之道，益臻详审。①

　　这封奏折表明，尽管上奏大臣认为各国新闻纸内容未必真实，但不妨以其为参考，广泛搜罗，请人翻译，按月咨报，借此了解中外，弥补不足。1861年1月20日，咸丰发表上谕，照准了前五条内容，但对于翻译新闻纸一条未予批示。他在谕旨中指出，"所有各国照会及一切通商事宜，随时奏报，并将原照会一并呈览。一面咨行礼部，转咨总理各国通商事务衙门，并著各该将军、督抚互相知照，遇有交卸，专案移交后任，其吉林、黑龙江中外边界事件，并著该将军等据实奏报。一面知照礼部，转咨总理衙门，不准稍有隐饰"②。可以看出，奕䜣等人的设想是将译件按月交由总理衙门，而咸丰皇帝则认为这些内容应先交由礼部，由其转咨总理各国通商事务衙门和地方官员。

　　1861年1月26日，奕䜣、桂良、文祥再次上奏，改变了关于新闻纸的提议：

---

　　① 蒋廷黻编：《近代中国外交史资料辑要（中）》，长沙：湖南教育出版社，2008年，第333页。

　　②《绵愉等奏遵议奕䜣奏章程请照原议办理折》，载（清）贾桢等编：《筹办夷务始末·咸丰朝》，北京：中华书局，1979年，第2692页。

现各省咨送新闻纸，虽无关慎密，而各海口所探访商情，有关系中外紧要之语，即与各路军情无异，似未便宜泄传播。惟钦奉谕旨由礼部转咨。臣等拟将无甚关碍者，仍由礼部咨照。其事宜机密者，即令各该大臣、将军、督抚、府尹一面具奏，一面径咨总理衙门。俟各国事务大定，再行统由礼部转咨，以存抚绥藩服之旧。[①]

在奏折中，奕䜣诸人认为，一些新闻纸中的重要内容与军事情报无异，不宜大量传播。若是无关机密的译件，可以由礼部咨照。事关机密者，一方面由地方官员按照具奏程序呈上；另一方面咨送总理衙门，等商定出对策之后，"统由礼部转咨"。最后，咸丰发布批谕，要求机密事件无须先行咨报总理衙门，"各省机密事件，应照例奏而不咨，如事关总理衙门者，即由军机处随时录送知照，亦甚便捷，着无庸由各口先行咨报总理衙门，以归划一"[②]。尽管在制定新闻纸的相关政策过程中，咸丰以旧制为由，试图限制总理衙门权力，以防其挑战、僭越皇权，但可以看出，咨送新闻纸的行为已是常见做法，并以制度化形式加以确立。

## 二、舆论界极力推崇报刊的重要性

　　1895年4月，清政府在甲午中日战争中战败。中国的失败令举国上下深受刺激，一些开明官绅和爱国人士意识到需要向西方学习，变

---

① 蒋廷黻编：《近代中国外交史资料辑要(中)》，长沙：湖南教育出版社，2008年，第294页。

②《廷寄：答上三折件》，载(清)贾桢等编：《筹办夷务始末·咸丰朝》，北京：中华书局，1979年，第2721页。

法图强，改变积贫积弱之现状。1898年6月11日，光绪皇帝采纳康有为、梁启超等人主张，颁布"明定国是"诏书，推行变法，准许开设报馆、组织学会，促进了报刊发展。1895年到1898年间，全国出版的中文报刊有120种左右，总数陡增3.7倍，其中约80%是中国人自办的[1]，在全国范围内掀起了第一次国人办报高潮。

19世纪90年代前后，维新人士郑观应、陈衍、王韬、梁启超等人都曾论述过报刊益处，《申报》之类的商业报刊上也出现了类似言论，支持办报、阅报。其内容主张如下。

第一，报纸种类多少、报馆数量多寡是衡量国力强弱的重要指标之一。郑观应介绍了西方各国报纸的内容，认为其关系国家要事，"泰西各国，上议院下议院，各省各府各县议政局，商务局，各衙门大小案件……凡献替之谟，兴革之事，其君相举动之是非，……悉听报馆照录登报。主笔者触类引伸，撰为论说，使知议员之优劣，政事之从违。故日报盛行，不胫而走"。西方报纸种类丰富，内容、体裁不一，"其名目有日报、月报、七日报、半月报之别。其体裁有新政、异闻、近事、告白之分。或一季一出，一年一出，迟速不一，种类攸分"。他认为，日报是一国"民政之枢纽"[2]。梁启超认同其观点，将办报与国力联系起来，指出"国家之保护报馆，如鸟鬻子；士民之嗜阅报章，如蚁附膻。阅报愈多者，其人愈智；报馆愈多者，其国愈强"[3]，极力鼓吹报刊功能。

更进一步看，办报还能体现国家主权。王韬指出，英国、日本等

---

① 方汉奇主编：《中国新闻事业通史（第一卷）》，北京：中国人民大学出版社，1992年，第539页。

②《日报》，载宋原放编、汪家熔辑注：《中国出版史料近代部分（第二卷）》，武汉：湖北教育出版社，2004年，第166—168页。

③ 梁启超：《论报馆有益于国事》，《时务报》1896年第1期。

国均在其报纸上论列是非，但颠倒黑白。中国政府应极力驳斥外报言论，"今拟我国人之通中西文字者，随时驳诘，以究指归……俾西人知我中国之实，而不至虚蒙疵诟"①。陈衍认为，报纸可以"张国势"。"报馆可以张国势乎？曰可，……张以报纸者，遏其意于事先，其势顺而易；兵有先声夺人者，事有积重难返者，其争以公法，与遏以法纸之辨乎？"所以，报刊的作用在于让他国了解本国政策。"报馆盛行于西国，非徒使己国之人，周知四国之为也，亦将使四国之人，闻知己国之为也。非徒以通己国之血脉，使无为病夫也，亦将使四国之望吾气体者，不敢视吾为病夫也"②，即使外国不敢小觑中国。他主张中国报刊将西方侵略事迹刊入报纸，广为传播，因为"西人向来之欺我中国者，某事出于要挟，于理既不顺，某事出于恫喝，于势不足畏，某事为倒持太阿，中国可收回权利，某事为隐设机械，中国勿误坠术中，皆翻译洋文，刊之报纸"③，从而展现国力，挽回权利。

第二，报刊是沟通上下、国内外消息的重要媒介。这些舆论普遍认同，信息畅通是一国必备要求，如"自立之国，则以通下情为要义。塞其下情，则有利而不知兴，有弊而不知去；若是者，国必弱"④。严复将《国闻报》的作用概括为"一曰通上下之情；一曰通

①《代上黎召民观察》，载王韬：《弢园尺牍》，北京：中华书局，1959年，第120页。

②《论中国宜设洋文报馆》，载张之华编：《中国新闻事业史文选》，北京：中国人民大学出版社，1999年，第11—12页。

③《论中国宜设洋文报馆》，载张之华编：《中国新闻事业史文选》，北京：中国人民大学出版社，1999年，第11—12页。

④《〈国闻报〉缘起》，载朱移山编：《中国新闻传播史文选》，合肥：合肥工业大学出版社，2016年，第45—46页。

中外之故”。[1]王韬认为通过阅报，可以了解地方民情，“一曰知地方机宜也。雨旸之不时，盗贼之多寡，政事之利弊，民不尽报之州县，州县不尽报之上司”[2]。这一点上，郑观应也表达了相同看法。他指出报刊可将社会民众连为一体，尤其在重大社会事件发生的时候，如“各省水旱灾区远隔，不免置之漠视，无动于中。自报纸风传，而灾民流离困苦情形，宛然心目。于是施衣捐赈，源源挹注，得保孑遗。此有功于救荒也”[3]。人们看到报上的新闻，能够知晓其他地区近况，有助于救荒。王韬还认为，报刊媒介可以监督政府，如“知讼狱之曲直也。……若大案所关，命采访新报之人得入衙观审，尽录两造供词及榜掠之状，则虽不参论断，而州县不敢模糊矣”[4]，即创造公平正义的社会环境。

第三，报纸能够传播知识，广开民智，辅教化之不及。王韬认为，新闻有教育意义，“乡里小民不知法律，子诟其父，妇谇其姑，甚或骨肉乖离，友朋相诈，诪张为幻，寡廉鲜耻”，民众在阅报之后能够反省自身言行加以修正，“而新报得据所闻，传语遐迩，俾其知所愧悔，似亦胜于闾胥之觥达矣”[5]。《申报》鼓吹，阅报可以周知天下大事，“如欲不出门，而能周知天下之事者，其惟多阅日报乎”，于学问、教养有所长进，“上而国家政事，下至市廛要务，莫不备载。各国所创新法，有益于民生日用，有关于教养富强者，悉载靡遗，于是四民皆知各处之要事，闻其所未闻，知其所不知，人皆以为有益

①《〈国闻报〉缘起》，载朱移山编：《中国新闻传播史文选》，合肥：合肥工业大学出版社，2016年，第45—46页。

②《论各省会城宜设新报馆》，《申报》1878年2月19日。

③《日报》，载宋原放编、汪家熔辑注：《中国出版史料近代部分（第二卷）》，武汉：湖北教育出版社，2004年，第167—168页。

④《论各省会城宜设新报馆》，《申报》1878年2月19日。

⑤《论各省会城宜设新报馆》，《申报》1878年2月19日。

也"。西人阅报，广增智识，由此"西人见闻甚广，智识日开，学问益进，上下之情通，民情之隐达，报之功也"，因而国力繁盛。但清政府不知草野，民众不知时事，"中华向以甘其食，美其服，安其俗，乐其业，至老死不相往来，以此为务。所以朝廷之事，草野不得闻，百姓之困穷，朝廷亦无由知也"①，导致国力衰弱，民众麻木不仁。梁启超认为，报纸应广泛节录与政治、时事、学问相关的内容，"广译五洲近事，则阅者知全地大局，与其强盛弱亡之故……详录各省新政，则阅者知新法之实有利益……博搜交涉要案，则阅者知国体不立，受人嫚辱，律法不讲，为人愚弄，可以奋厉新学，思洗前耻矣"②，定将助于风气渐开，民众进步。

第四，报纸应直陈时事，立言议政。陈炽认为，报纸刊载时事、上情下达的功能与古代帝王博采舆评颇为相通，"古人于是有谏鼓谤木之制，有采风问俗之官；唯恐下情不得上闻，上泽不能下究，所以防壅蔽而恤痌瘝者，如此其汲汲也"③。这一点上，梁启超也有相同看法，"报馆于古有征乎？古者太师陈诗，以观民风，饥者歌其食，劳者歌其事，使乘轺轩以采访之……君以之告臣，上以之告下，犹官报也"④。王韬推崇英国的《泰晤士报》，以其为言论标杆，"人仰之几如泰山北斗，国家有大事，皆视其所言以为准则"⑤。他主张办报应以"立言"为重，"日报立言，义切尊王，纪事载笔，情殷敌忾，

①《论阅报有大益于人》，《申报》1895年7月12日。

② 梁启超：《论报馆有益于国事》，《时务报》1896年第1期。

③《报馆》，载朱移山编：《中国新闻传播史文选》，合肥：合肥工业大学出版社，2016年，第39页。

④ 梁启超：《论报馆有益于国事》，《时务报》1896年第1期。

⑤《论日报渐行于中土》，载朱移山编：《中国新闻传播史文选》，合肥：合肥工业大学出版社，2016年，第35页。

强中以攘外，谝远以师长，区区素志，如是而已"①。他鼓励报纸
"直陈时事，举其利弊"，认为报纸应反映民情，"今圣朝崇奖直谏，
察纳雅言，台司诸臣得以风闻言事，又置各道监察御史以达民情，诚
使添设新报馆"，即使略有不实，亦不妨碍，"即间有不实，亦以风闻
置之，要无害于兼听之明也"②。

从林则徐提出的译报"采访夷情"，再到王韬呼吁的"日报立
言"，可以看出，国人对于报刊的认知在递进中发展。随着维新变法
运动深入开展和国人第一次办报的高潮兴起，社会舆论愈发重视报刊
作用。报人成为了一种新型职业，办报成为人们宣扬主张、表达观点
的重要方式。在此影响下，"官设报馆"的呼声开始出现，官方、民
间舆论对此多有探讨。

### 三、"官设报馆"观念的出现

丁日昌是较早地提出政府办报的官员。1876年，他在奏折中表
明，希望仿照西方新闻纸，设立一份不议论朝廷得失的报纸，"夫西
人设立新闻纸馆，上以议国家之得失，下以评朝野之是非，可以知四
方之物价，可以悉外国之情形，原为有益之举。今宜仿而行之，惟不
准议朝廷得失"。报纸内容可以涉及物价、国情等方方面面，"凡外国
物价，外国情形，及中国人有被外国人欺凌者，或传教不公道者，皆
可写入新闻纸"，同时意在警告西方，规范洋人行为，"布告各国，咸
使闻知，使归曲于彼……庶彼君臣闻之惕然知惧，必饬令彼国公使领

---

① 《上潘伟如中丞》，载王韬：《韬园尺牍》，北京：中华书局，1959年，第
206页。

② 《论各省会城宜设新报馆》，《申报》1878年2月19日。

事自行约束"。军机大臣奉旨批复:"览。钦此。"①丁日昌的话语反映出,他对报刊寄托着两点希望:一是刊布信息,互通有无;二是介绍外国情形以及外国人在华现状,约束外国人行为。丁日昌试图以报纸作为监视西方动向的工具,而这一主张却与新闻纸议论国家政治得失的初衷相去甚远。

早期维新派人士大多主张官方资助国人办报。郑观应介绍了外国政府资助报馆的办报方式,"出报既多,阅报者亦广。官家以其有益于民,助其成者,厥有三事。一免纸税。二助送报。三出本以资之"②。陈炽指出,西方各国报馆均由本国自办,而中国却与之相反,"唯各国报馆虽多,均其国人自设,……中国于己民则禁之,于他国则听之,偶肇兵端,难免不曲直混淆,荧惑视听",导致混淆视听,谣言四起。他建议官方采用官督民办的形式,帮扶民间办报,"似宜晓谕民间,准其自设资本,不足,官助其成。偶值开衅之时,必派专员稽察"③,从而促进中国报业发展。

民间舆论对此也有回应。1892年8月8日,《字林沪报》刊登读者来稿《中国宜设官报说》,呼吁政府广开言路,创办官报。文章开篇指出,西方报刊传入中国后,起到了沟通上下、连接情感和开通风气的重要作用。既然朝廷以广开言路著称,"列祖列宗无不以纳言从谏称美简策,即今天子即位,而后大开言路,屡诏进言,此固薄海内外共见共闻,而不胜欢欣鼓舞者也",但是民间声音却难以入官方之耳,

---

① 《密陈丁日昌拟议修约片》,载顾廷龙、戴逸主编:《李鸿章全集·奏议三》,合肥:安徽教育出版社,2008年,第175页。

② 《日报》,载宋原放编、汪家熔辑注:《中国出版史料近代部分(第二卷)》,武汉:湖北教育出版社,2004年,第167页。

③ 《报馆》,载朱移山编:《中国新闻传播史文选》,合肥:合肥工业大学出版社,2016年,第40页。

"无如盈廷唯诺相习成风，庶司小民未由建白，是上意可以下通，而下情终难上达"。为解决这一弊端，作者提倡学习西方，创办官报，"此弊惟有取法泰西明门官报"，选取有才能之人担任主笔，即"选取才识兼优、闻见博洽、贯串古今、彻上彻下之人，主持笔政"[①]。

紧接着，作者对官报提出一系列要求。首先，严谨、真实是报纸的必备属性，即"报体必宜谨严，报语必质实，国政则不可妄议也，军情则不宜或洩也，事之污秽则不值书也，人之隐匿则不合著也，是者是之，非者非之，大公无我，则人不能议也"，即报纸不得妄议朝政、泄露军情。

其次，官报的作用在于纠正谬误，明辨是非，即"惑者解之，误者正之，私见不萌，则人必见谅也。他报之昧者，则我可明之也。他报之悖者，则我可矫之也"。

第三，官报局可以依附招商、文报、电报三局成立，无须专门创办，即"可无事特开报馆，当附于招商、文报、电报三局之中"。原因在于，其一，招商局全国范围内分布广泛，便于搜集传递信息，"招商于内地、外洋皆设有分局，一切探事、销报，可即借重各埠分局兼办，省得自开码头，其便一也"。其二，文报局、电报局能够及时发报，确保新闻时效性，"文报、电报所传官场信息甚捷，一切新事责成，随时通知，省得自遣探访，其便二也"。另外，官报开办经费可以从招商局暂借使用，"至于开办之经费，可即于招商局中提款数千金，暂济应用，亦属准情合理乎"[②]。当时人们设想将官方报馆作为招商局、文报局、电报局的附属机构。招商局在全国重要地区皆设有分局，报馆新闻采写可以借助招商局分局兼办；文报、电报局可以及时提供最新消息，丰富新闻来源。以上可知，时人虽然意识到建

---

①《中国宜设官报说》，《字林沪报》1892年8月8日。

②《中国宜设官报说》，《字林沪报》1892年8月8日。

立官方媒介的重要性，但尚未打算将官方报馆作为独立机构运行，而是附属于其他机构。

一位署名为"通艺阁主"的编辑在《中国宜设官报说》一文之末进行评价，肯定了报刊之于社会发展的重要性，"本馆窃惟新闻纸为电线、铁路、商务、矿务，举凡一切有益之事之先声，大而国家之政治，小而民物之生机，无不赖以明焉。风气一开，百举俱兴"。他认为，西方各国报馆发达，故而国家昌盛、民智大开。官报作用显著，所以"官报之设，尤独见重，为其有益于国计民生所关，诚非浅鲜也"。除了官报，西方社会各界、各团体均办报，"各等人均各自有一报，以保持其权力、财产、贸易、工厂等事。其他有医生之报，有工役之报，有小孩妇女之报，有服饰烹膳之报"。"通艺阁主"认为，中国应学习西方，各行各业皆设一报，有助于"通上彻下，利己便人"①。

经笔者考证，《中国宜设官报说》一文为袁枚之孙袁祖志所作。依据如下，1892年11月9日，《字林沪报》刊发《论报馆增多之益》一文，文中提及，"此篇系仓山艺主袁翔老送来，嘱登者：眼中书亮，腕底澜翻，识见俱超，筹画殆尽，盖深得此中之秘言，而非等局外之闲谭也。翔老往会著《中国宜自设官报论》一篇，由本馆刊入报章，一时阅者均以为创报务以辅时政，以遏乱言，兴利除弊，通上彻下，国计民生，实倚赖焉"②。可以判定，《中国宜设官报说》《论报馆增多之益》二文皆为袁祖志所撰。文章发表之后，在舆论界颇有影响。

袁祖志（1827年—1898年），字翔甫，号枚孙，别署仓山旧主、杨柳楼台主等，浙江杭州人，擅长诗文。袁祖志曾参与大量报刊活动，还担任报纸主编。1876年11月，上海道台冯竣光用官费创办《新

① 《中国宜设官报说》，《字林沪报》1892年8月8日。

② 《论报馆增多之益》，《字林沪报》1892年11月9日。

报》，聘请他为主编。1883年，他随招商局总办唐廷枢游历西欧各国，归国后著有《谈瀛录》《出洋须知》等书。1893年下半年，被聘为《新闻报》总编辑，因正在编刊《随园全集》，最初由门人章干臣代为处理馆务。1894年，开始主持社论的撰写工作，特别是中日甲午战争期间，袁氏陆续撰写了数十篇社论，积极支持民众的抗日要求。[①]

甲午之后，"官设报馆"的呼吁愈来愈高，官方舆论也参与讨论。1896年，李端棻上呈《请推广学校折》，建议广印译报，在官场上流通，"今请于京师及各省并通商口岸，繁盛镇埠，咸立大报馆，择购西报之尤善者分而译之，译成除恭缮进呈御览，并咨送京外大小衙门外，即广印廉售，布之海内"[②]。总理衙门随后议准。这一举动反映出，官方试图扩大信息公开范围，逐渐认可报刊的合法性。

1897年，《申报》发表言论一则，再次提到"官方办报"。文章指出，中国报馆数量虽不断增长，但皆非官办，"比年以来，中国报馆之开设者伙矣，沪上而外，若天津、若汉皋、若广州、若香港、若杭州等处，合计新旧各报不下十余所。或为西人主持，或为华人经理，要皆商办，而非官办"。中国既仿西人设报开风气，应进一步考虑官方办报，"中国既欲仿行西法，转移风气，则上行下效，自不难捷于影响，如此等开设报馆之事，当不第疏奏报，可示谕民间而已也"，建议"由总理衙门拟定章程，奏准立案，通饬各直省大吏，无论各处所设新旧各报一体遵行，庶几风尚可齐"。因中国报馆多由华商开设或集股，各报体例不同，常有触犯中国法律之事，所谓"因之各报体例不一，关闭无常，更有贪鄙狡黠之徒，隐□名字，狐假虎威，借以

---

①《上海新闻志》编纂委员会编、贾树枚主编：《上海新闻志》，上海：上海社会科学院出版社，2000年，第667页

②《请推广学校折》，载杨家骆编：《戊戌变法文献汇编（第2册）》，台北：鼎文书局，1973年，第296页。

济其私见，不知者以为非中国法度所能绳也"。为此，中国政府更应该自办报纸，消除诽谤偏见之言，"由官场主持"，由是"耳目一新，咸知此报为中国所开，宜遵中国法度，则疑谤猜嫌之见因之自泯"。但中国官报须由官方占股，选择公正之人担任主笔，"窃拟中国若创报馆事例，或由官办，或由官督商办，第一须确有集股份数、集银若干，禀官存案，次则所延主笔，须由公举或再经官考试，其余报章各例、告白各例，均有一定格式"。作者在文末强调，创办官报是政府当务之急，"中国今日既重商务，则事无大小皆宜为整顿，而不掣商之权，夺商之利，固不独报馆一端，而报馆尤为当务之急"①，不宜迟疑。

此一时间，官僚群体内部也赞成政府办报，宣传政情法令。1898年，张之洞撰写《劝学篇》，阐述改革主张，特提倡多阅报章以广见闻。他还指出，外国报刊种类繁多，作用不同，皆用来传递信息、宣扬新知，所以国力繁盛，所谓"外国报馆林立，一国多至万余家，有官报，有民报，官报宣国是，民报达民情，凡政之得失、各国之交涉、工艺商务之盛衰、军械战船之多少、学术之新理新法，皆具焉，是以一国之内如一家，五洲之人如面语"。中国虽有报馆，但报纸多载琐碎之事，于社会进步无益，"上海报馆自同治中有之，特所载多市井猥屑之事，于洋报采撷甚略，亦无要语"。所以，中国应该广设报馆、传播政情，令民众知晓国家大事，反省自身，"然而吾谓报之益于人者，博闻次也，知病上也。……大抵一国之利害安危，本国之人蔽于习俗，必不能尽知之，即知之亦不敢尽言之"②。

1902年，《大公报》刊登一篇署名为"绩溪胡协仲"的来稿。文

<hr />

① 《报纪川东谕设报馆一则推广论之》，《申报》1897年12月4日。

② 《阅报第六》，《张之洞全集》，石家庄：河北人民出版社，1998年，第9745—9746页。

章指出，创设官报有助于"开官智"。个人精力、财力有限，若想周知时事，非阅报不可，"设官报以开风气也，今夫宣上德呈下情，增智识、开风气、破积弱、伸至强，其有如阅报之益者乎……其现任及有要差者，又不能擅离职守，此不阅报不能开识力，明矣"。作者建议，国家应设立官报并要求各基层官员阅读，使其共议时政，"拟在省垣开设官报局一所，综东西各报纸，采其精华去其糟粕，政治工艺别类分门，伟论奇文详赅具备，其候补各员即备置馆中，令其阅视，以廓心胸，并每月分上下二册"①。

综上，新闻纸传入中国后，报刊开始与日常生活、政治事件以及国家变革紧密勾连起来。尽管中国古代已形成了完整的自上而下的官方信息传播制度，但是报刊所具备的大众化、公开性的特点不断重新形塑着官方机构、官员、统治者与媒介的关系。新闻纸泄密案频发，给清廷外交、战争等事务带来挑战，加之民间报刊对政事议论纷纷，引起了官方对新闻纸的极度不满。但以林则徐和魏源为代表的开明官员最早组织了译报活动，用来采探"夷情"，掌握政治情报。随后，译报便成为各地官员搜集情报、了解动态的重要方式。甲午战争之后，国人掀起办报高潮，维新派人士尤为推崇报刊的重要性，认为办报可以开通风气、启迪民智与张扬国威。在众多舆论中，出现了"官设报馆"的提议，朝廷官员与民间舆论对此多有探讨。在此影响下，创办官报不仅是一种设想，而且开始被付诸实践。

---

① 《开官智法》，《大公报》1902年7月29日。

# 第四节 "以报为牍":办报理念的确立

新式官报创办后,官方媒体理念在办报实践过程中逐渐成形。此时,清廷以相对开放的态度接纳报刊,不再对政事秘而不宣,并允许普通民众接触官方报刊。政府希望通过官报宣传改革政策,传播政令与启迪民智成为官报的两大诉求。同时,在中国传统思想的影响下,官报主办人希望报纸能传之后世,并非像新闻一般"转瞬即逝",因此文牍成为报纸的主要内容。在办报实践过程中,中国视日本为学习对象。深受日本官报运作思想之影响,新式官报在预备立宪后期基本没有新闻,文牍占据了所有篇幅。在性质上,中国官报学习了日本"以官报为宣布法令机关"的做法,赋予报纸行政效力,官报性质由媒介转为了"行政组织"。

## 一、从保密到公开:官方报刊理念发生转变

新式官报是公开发行的、面向大众的官方媒介,公开性是其区别于邸报的重要特征。如前文所言,官方向来未考虑大规模发行邸报,或将政务信息公之于众。雍正初年,曾发生过地方官员禁止"胥役市贩"阅读邸报一事,理由是,"此辈一阅邸抄,每多讹传以惑众听。亦风俗人心所关"①。官方认为,民众没有判别能力,经常以讹传讹、混淆视听,不希望他们阅读报刊、讨论政情。1851年,江西巡抚张芾

---

① 转引自方汉奇主编:《中国新闻事业通史(第一卷)》,北京:中国人民大学出版社,1992年,第203页。

奏请朝廷"刊刻邸钞,发交各省,以广传播",即希望大规模发行邸报。结果受到咸丰申斥,"所有刊刻邸钞,乃民间私设报房,转相递送,……若令其擅发钞报,与各督抚纷纷交涉,不但无此体制,且恐别滋弊端。张芾于陈奏事件,屡经严旨斥责,仍不知敬畏,复呈臆见,率行渎请,实属谬妄。著传旨严行申饬"①。咸丰的批复意味着,官方严格管控信息流动,朝廷不愿将官员奏折、政治要事等内容公之于众,更不可能设立官报。可见,信息交换行为大多发生在统治集团内部,朝廷政事无须向普通民众公布。

甲午前后,政论报刊纷然并起,商业报刊盛行一时。受到社会各界舆论影响,官方办报理念逐渐发生改变,不再一味地封锁信息。政治家们较早意识到阅报、办报可以开通风气。看到办报益处的同时,官方重新审视了旧制,发现中国传统监督方式隐秘,官吏不愿公开政务信息,所谓"吾国旧制,逌人木铎,象魏悬书,法律之出隐秘而入公示,其时代固较十二表为尤先。自士大夫讳言读律,刀笔吏习于舞文,遂令公示,手段日即隐晦,监督机关处分,胥去其籍,出纳官吏,数字不可告人。官报之不发达,于政治苟且不为其果,而为其因"②,也即官报不发达导致政治腐败。清末最后十年,官僚体制内部大多主张创办官方媒介、公开政务信息,报刊的重要性首次被推崇到极致。

戊戌前后,中国第一批新式官报正式创立,面向全国发行。官方报刊理念由最初的秘而不宣,转变为面向大众,希望通过信息公开让民众了解政策,开通风气。1899年,张之洞主办的新式官报《湖北商务报》创刊,张氏希望"以《商务报》为开通风气之先",刊录与商务相关的奏疏文牍,即"凡有关商务谕旨自应恭录,奏疏文牍均采

① 转引自史媛媛:《清代前中期新闻传播史》,福州:福建人民出版社,2008年,第92—93页。

② 《交通官报发刊辞》,《交通官报》1909年第1期。

录"①。官报创办后，即便是普通民众，也有机会阅读奏折谕旨，研读新知。

官方设想的信息公开具有双重含义。其一，官报刊登朝廷奏折、政府文牍，向民众提供与新政相关的详细信息，这将有助于开通风气，加快改革进程（有关这部分内容，详见本节第二、第三部分）。其二，官报信息源自政府官署，与民间报刊相比更为权威。官方主动刊布信息后，一切法令皆以官报为准，民间传闻异词难以风行。官报性质能确保其内容的真实性。公开信息、杜绝谣言，成为创办官报的理由之一。如四川总督锡良曾云四川地处偏远，交通不便，"各省报章书籍购阅为难，民情尤为锢蔽，因之胪言风听更易传讹，地方不逞之徒，甚或捏造谣言，编纂邪说，于人心风俗、内政外交均有关碍"，所以要求办官报"以正观听而息浮言"②。浙江巡抚增韫亦指出，私家报纸以讹传讹，需要依靠官报引导舆论，所谓"虽私家报纸如林，而宗旨不一，往往传闻异词，是非混淆，尤须有官报以纠正其失"③。东三省总督锡良④和黑龙江巡抚周树模在创办《黑龙江官报》时指出，"奏为江省创办官报，以为公布机关，恭折仰祈圣鉴事。窃维筹备宪政之道，首重贵通上下之情，然必先有组织于中权媒介于两方者，为之传达于其间，其气脉乃能一贯，则报章尚已。惟近来新闻各纸，往往传闻异词，摭拾无当，甚或别有宗旨，荧惑是非，是以东西各国颁行法令，皆借官报以公布之，与中国月朔读法、象魏悬书之旧制，用

①《湖广督宪张派阅湖北商务报札》，《湖北商务报》1899年第3期。

②《署川督锡奏开办官报以端风气而息谣惑折》，《济南报》1904年第152期。

③《浙江奏办官报》，《湖北官报》1909年第97期。

④1903年，锡良任四川总督。1907年，调任云贵。1909年，调任东北。

意隐若合符"①。两位官员的话语表明，宪政改革迫在眉睫，官方媒介既需要沟通内外上下，也需要辟谣更正，传递官方文告。因此不少官报在创办时，特意强调其权威地位，"官报之设，所以表行政之方针，杜厄言之淆惑，与民报性质原有不同"②。借用官报公开信息，官方希望能够主动掌握话语权，回击民间报刊流传的一些不实传闻。

地方政府、部门成为官报重要消息的来源。各级衙门第一时间发出文牍，由书吏抄送至官报局，"省城公牍由各衙门局所文案随时择要选出，即由本署本局书吏抄送"③。凡涉及政治新闻，民间报刊往往以官报为准，所以《申报》《时报》《大公报》等经常转载《北洋官报》奏牍。如，1903年9月，《申报》转载《北洋官报》公文，声称"赛会电文已登昨报，刻见《北洋官报》登有驻美大臣梁震东星使咨文，爰照录之，倘亦留心时局者，所先睹为快乎"④。1903年11月，《申报》转载《北洋官报》刊登的奏折《江南机器制造局总办赵观察详陈整顿局务禀稿》。⑤1905年12月，《时报》转载《北洋官报》专电，节录了"中日协约"之内容。⑥此一时段，官报内部也以《北洋官报》为准绳，将其视为准确信息源。如1904年日俄战争时期，《南洋官报》多次转载《北洋官报》战事报道。南洋官报局报人曾云，民

①《东三省总督锡良、黑龙江巡抚周树模奏为创办〈黑龙江官报〉折（宣统二年四月二十四日）》，载《黑龙江报刊》，黑龙江省档案馆编印，1985年，第60页。

②《呈请开办奉省官报》，《北洋官报》1906年第1270期。

③《河南司道详会议开办河南官报章程文》，《济南报》1904年第160期。

④《出使美日秘四国大臣梁星使咨送美工商部改订华人赛会章程公文》，《申报》1903年9月28日。

⑤《江南机器制造局总办赵观察详陈整顿局务禀稿》，《申报》1903年11月3日。

⑥《电讯一》，《时报》1905年12月31日。

间各报多传风闻之事，惟有《北洋官报》真实可信，"因北洋冰冻函件阻滞，各处电传动多歧互，仍未敢以风闻之事，草率付刊，现阅《北洋官报》日俄战纪，语颇详备。北洋闻件最近所纪，当可征信"①。以上数例表明，涉及官方文牍、政治新闻等报道方面，官报的信息来源更加可靠。有些官报由部署衙门直接开办，如《警务官报》《学部官报》等，比民间报刊更具制度性优势。

新式官报创办后，官方对报刊的认知发生了重大改变。朝廷奏折、官方文牍等信息不再只面向官僚群体开放，普通民众亦是报纸受众，"官报专以宣德通情启发民智为要义，登载事实，期于简明易解，立除上下隔阂之弊端"②。通过公开信息，阅报者"得以周知世局，增长识见，可以劝学，可以应事"③，为国家繁盛打下基础。正如《北洋官报》所言，西方"国家文化之消长、国民程度之高下，恒视其国报纸之多寡以为比例"④。政府主动公开文牍，这是掌控信息与舆论的方式之一，避免了回应商业报纸传闻的被动处境。官报成为民间报刊消息的重要来源，所以"民报之议论，亦必资乎官报之事实，而后议论乃有根柢"⑤，有助于树立官方的权威形象。

## 二、官报功能定位：政令宣传与启发民智

官方办报活动展开后，不少舆论开始探讨官报应该怎样发挥社会作用。两江总督樊增祥为《南洋官报》写的序中，将官报功能概括为三方面，分别是"以官报为陈情之牍""以官报为四达之邮""以官报

①《汇录日俄战事》，《南洋官报》1904年第15期。
②《直隶官报局试办章程》，《选报》1902年第30期。
③《改办官报叙例》，《湖北官报》1910年第114期。
④《北洋官报丁未正月六日发刊词》，《北洋官报》1907年第1275期。
⑤《说官报》，《南洋官报》1904年第50期。

为劝学之助"①，希望官报产生积极影响。现今来看，樊文概括出官报角色之定位，一是宣传政令、引导舆论，二是启发民智、开通风气。

既然以"官"字当头，官报理应是政府喉舌。"官报者，乃政府之喉舌"，②传递政令文牍，"官报者，专以章程文牍为的者也"③，即以传播政治信息为其首要目的。如《山东官报》所言，"本报宗旨意在辅助条教，博通政治，义归平实，律尚谨严"④。所以说，官报信息沟通体现在两个方面，一个是官僚系统内部信息互换，另一个是自上而下的信息传播。

从前者看，清政府内部信息阻塞严重，导致改革措施无法顺利展开。如，地方省内，各部门之间交流甚少，相互猜疑，"一省公事以督藩两署为统汇，余则此郡之事，彼郡不知；甲局之事，乙局不悉"。再如，每建一项新事业，官员们不了解，外界更是议论纷纷，漫天流言，"每兴一役建一议，同省同官且莫详其底蕴，何怪外论之纷呶乎？如厘金局、财政局、官银钱局筹款者也，则疑其亏公而便私，学界、警界及一切新法耗财者也，则议其浮靡而寡效"⑤。为解决这些难题，需要将各部门公牍、决议公之于官报，以示公正，"今将财用之出入、政事之兴革、宪法之预备、申详之准驳，一一宣明刊布之。有疑吾私者，吾豁然示以公；有攻吾短者，吾欣然受其赐。同寅诸君，咸得所观摩，而尽袪其壅隔"⑥。

---

①《南洋官报序》，《南洋官报》1909年第1期。
②《说官报》，《南洋官报》1904年第50期。
③《说官报》，《南洋官报》1904年第50期。
④《山东官报丙午年改良叙例》，《南洋官报》1906年第35期。
⑤《南洋官报序》，《南洋官报》1909年第1期。
⑥《南洋官报序》，《南洋官报》1909年第1期。

从后者看，开展任何一项新事物，总会出现反对声。政府希望通过官报，使得中外皆知政事，增进民众理解，所谓"今将各衙门局所之机要文字，若折奏，若禀详，若批答，悉数登载，庶使中外皆知，其况瘁艰难，而流言为不足信"①，达到"官民上下联其腹心指臂，而为一体者也"②的效果。官报名为官，其落脚点在百姓，"官报者，所以发摅官，为百姓办理之事，与百姓所已知已能者提倡之，百姓所未知未能者，诏示之也"③。袁世凯曾面谕北洋官报局，要求"官报中凡关于立宪之事务，须广为搜录，以开民智"④，可见开明官员们尤为重视自上而下的宣传活动。官报局则表示，报纸面向大众宣传，期望能塑造与立宪体制相匹配的国民，即"本报专载内外政治文牍，以确实敏速为主，务期开通人民政治之智识，造就立宪国民之资格"⑤。

综合性官报负责宣传政令，专业性官报则更偏重启迪民智、开通风气。这些报纸在开办时，将"开智发蒙，祛华撷实"⑥作为宗旨。《秦中官报》在报纸自序中云，"人欲知古事，莫如读书，欲知今事，莫如读报"⑦，报纸成为人们了解时情、探求知识的重要来源。从这一角度来看，官报承担了教科书的功能，所以"官报而参有杂志之性

---

① 《南洋官报序》，《南洋官报》1909年第1期。

② 《督宪袁准吉林将军咨调查北洋官报成案章程札饬本局查照文》，《北洋官报》1907年第1286期。

③ 《本报第一百册纪念辞》，《南洋官报》1907年第101期。

④ 《本局禀官报改良增添论说送呈样本请批示祗遵由并批》，《北洋官报》1906年第1200期。

⑤ 《本报发行章程》，《政治官报》1907年第1期。

⑥ 《豫学孔详请开办教育官报文附例言并批》，《北洋官报》1907年第1493期。

⑦ 《序》，《秦中官报》1904年第1期。

质者也"①。《交通官报》提出，官报可以兼任学报，"《交通官报》何为而作也？盖将齐一官民意志，发达交通学术，增进交通事业，以官报而兼学报之任务者也"②，即将报纸视为教育、治学的媒介。四川学务处的官员曾云，各教育官报应以灌输文明为要旨，"以扩充智识，激发忠爱之谊为主……可以探理论之原，自其大较言之，亦使人人晓然"③，也即向读者传播基本常识。

从具体办报实践来看，官报体例结构主要由谕旨、奏折、文牍、法令等组成。现以《浙江官报》为例，加以说明。

### 表1-1　《浙江官报》内容体例④

| 类别 | 具体内容 |
| --- | --- |
| 谕旨类 | 凡上谕、宫门抄，无论全国还是仅关本省，均按日恭录。 |
| 奏折类 | 凡宪政编查馆或各部院及本省他省奏折，均择要登录。 |
| 文牍类 | 凡本省省城各衙署局所及府厅州县，一切咨移详札、批牍公文等，皆择要登录。 |
| 函电类 | 凡省城各衙署局所及府厅州县并他省往来函电，皆择要登录。 |
| 法令类 | （一）中央政府最近颁行法令及草案并通行章程规则；（二）本省最近颁行单行章程规则及旧日所定而现行有效之单行章程规则；（三）他省最近颁行之单行章程规则有关参考者，择要登录。 |

①《广东教育官报发刊词》，《广东教育官报》1910年第1期。

②《交通官报发刊辞》，《交通官报》1909年第1期。

③《学务处详文》，《四川学报》1905年第1期。学务处，为清末省设教育行政机关。1904年，根据《奏定学堂章程》设立。由督抚选派通晓教育之员为总办，并派讲求教育之正绅参议学务。1906年裁撤，改为学务公所。

④《浙江官报局章程》，《浙江官报》1909年第1期。

续表

| 类别 | 具体内容 |
|------|---------|
| 论著类 | 凡行政长官训词及各种行政机关发表意见,与一般官绅条议及各种报章中有关宪政疏解法令,或关系地方改革兴废事宜之论著,择佳者登录。 |
| 记载类 | 凡关系本省省城各衙门局所及各府厅州县等处行政、司法、财政、外交各事。 |
| 调查类 | 凡本省一切事务有应行调查以供参考者,择要登录:(一)关于教育办理成绩及随时发生事件;(二)关于警务办理成绩及随时发生事件;(三)关于咨议局办理情形及随时发生事件;(四)关于地方自治办理成绩及随时发生事件;(五)关于审判厅办理成绩及随时发生事件;(六)关于农工商务办理成绩及随时发生事件;(七)关于设立各种实业公司数目及始末情形;(八)关于各府厅州县改良监狱情形;(九)关于矿产地数目及制盐地数目;(十)关于产物出口或他省外国货物进口数目情形;(十一)关于各种银行营业报告及金融情形;(十二)关于铁路、水运、邮政、电报、电话营业情形;(十三)关于财政岁出入情形;(十四)关于盐政情形;(十五)关于军政情形但应行秘密者不得登录;(十六)其他各省或外国有关以上各种事项足资参考者。 |
| 表式类 | (一)全省官员统系表;(二)各府厅州县官吏缺差变动表;(三)各级衙署局所职员统系表;(四)司局及各关收支书目日期表;(五)各府厅州县收解钱漕日期表;(六)陆军各标驻扎各地方兵士名数表;(七)考核各府厅州县筹办新政成绩表;(八)考核各府厅州县司法诉讼件数成绩表;(九)各府厅州县上控诉讼件数表;(十)省城及各府厅州县巡警局违警处分件数表;(十一)各级衙署局所行政经费表;(十二)各厅州县犯罪者入狱出狱人数表。 |
| 图书类 | 凡有关本省政治、地理、历史之古迹及公共建筑物、重要人物肖像,皆随时归集。 |
| 广告类 | 无论官绅商民,除牵涉个人或团体攻讦情事及涉暧昧语近亵渎者概不得代登外,其他有出资请刊登者,由局酌为代登。 |

以上几种类型的栏目基本涵盖了当时全国各省各部的官报体例。与之略有不同的是，还有一些官报设置了其他栏目，如新学介绍、讲义翻译等。报纸内容取舍有着更复杂的筛选标准，大致归为三个方面。

　　第一，任何官报要在报刊首页恭录谕旨、圣训，这些内容"不拘时代，先后随时敬谨纂录，冠诸报首"①。官报体例将谕旨推为首位，无不体现对于皇权的尊崇。

　　第二，报纸必须刊载真实信息，言必可信。袁世凯强调，官报要求真实信息，"官报记事要贵探取实事为主核，与寻常报纸有闻必录之例不同"②，张之洞曾言"凡邪诐悖乱之说，猥鄙偏谬之谈，一概不录"③。与之形成鲜明对比的是，《申报》表明"一切可惊可愕可喜之事，足以新人听闻者，靡不毕载"④。尽管商业报纸也曾强调新闻的真实性，但这些说法多半是报刊的托词，其中的"荒唐之语"比比皆是。⑤

　　第三，报纸提供的信息必须是有益的、实用的，要与政治、经济、工农商业相连，"所录必有关于政法、学校、兵事、财用及农工商渔各实业，暨交涉要端，俾究心时务者，得以周知时局，扩启见闻，可为劝学之资，应事之助，其不在此六项者不录"⑥。

　　官报局将"广搜罗"作为信息采集的原则之一。江西官报局报人

---

①《凡例》，《湖北官报》1905年第1期。

②《本局禀官报改良增添论说送呈样本请批示祗遵由并批》，《北洋官报》1902年第1200期。

③《凡例》，《湖北官报》1905年第1期。

④《本馆告白》，《申报》1872年4月30日。

⑤ 操瑞青：《"益闻"与"风闻"：19世纪中文报刊的两种新闻观》，《国际新闻界》2018年第11期。

⑥《凡例》，《湖北官报》1905年第1期。

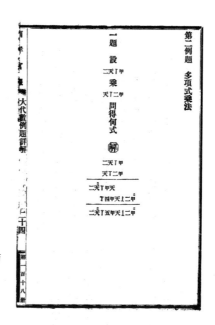

图1-1 《大代数例题详解》,《南洋官报》1904年第118期

曾云,除刊载文牍外,官报还应兼顾学理性知识,"上谕及本省奏牍、文告章程、绅吏条陈、政事月报固已,而尤莫要于吏馆、学堂、书院日记课论,……此鼓舞人才之大关也"①。所以,清政府想让基层官员主动利用官报,教化百姓,"令府厅州晓谕士民自达其地方之疾苦",倡导善举,"以便本地方官考察施行及孝子、悌弟、节妇、善人有关风化者,力为表章"②。

官报在内容安排、栏目设置各方面践行着开通民智的宗旨,力求做到"文明之传播"③。《南洋官报》曾多期连载日本学者奥平浪太郎的《大代数例题详解》,教授读者数学原理(见图1-1);又陆续连载《局外中立国法则》《红十字会章程》《银价驳议》等内容,向读者科

①《江西报例》,《江西官报》1903年第1期。

②《江西报例》,《江西官报》1903年第1期。

③《广东教育官报发刊词》,《广东教育官报》1910年第1期。

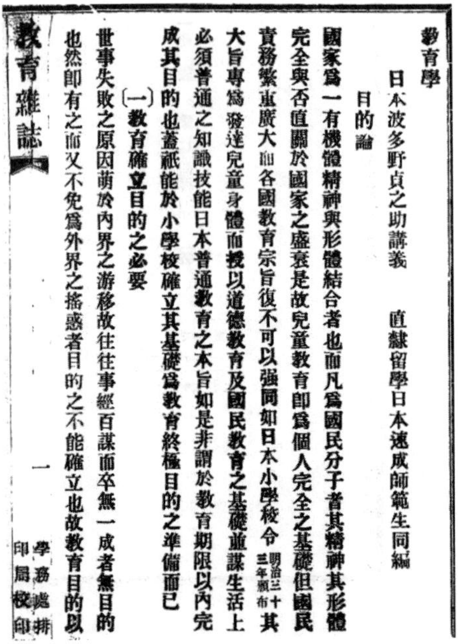

教育學

日本波多野貞之助講義　直隸留學日本速成師範生同編

目的論

國家爲一有機體精神與形體結合者也而凡爲國民分子者其精神其形體完全與否直關於國家之盛衰是故兒童教育即爲個人完全之基礎但國民責務繁重廣大抑各國教育宗旨復不可以強同如日本小學校令三則頒布其大旨專爲發達兒童身體而授以道德教育及國民教育之基礎蓋謀生活上必須普通之知識技能日本普通教育之本旨如是非謂於教育期限以內完成其目的也蓋祗能於小學校確立其基礎爲教育終極目的之準備而已

（一）教育確立目的之必要

世事失敗之原因萌於內界之游移故往往事經百謀而卒無一成者無目的也然即有之而又不免爲外界之搖惑者目的之不能確立也故教育目的之以

教育雜誌　一　學務處排印局校印

图1-2 《教育学讲义》,《教育杂志》1905年第1期

普法律、经济学知识，并相当重视普及科学、人文知识。《教育杂志》专设"讲义"专栏（见图1-2），"各学堂讲义录及本省出洋学生所记讲义，皆按学科选录"①，内容涵盖教育学、政治学、地理学、法学、经济学多个方面。《江西官报》设有"科学杂志"栏目，"凡属天文、地理、格致、军务、实业以及声光电化各学或为问答体或为记载体，务期有益学界"②。当时，大多数官报认识到了报纸的教化作用，设知识科普一栏，向读者介绍学界知识。还有一些报纸刊登讲义，为学子士绅们提供书本知识。于读者而言，阅报可以了解政事，还能增长识见。所以，此时报纸不单单是新闻纸，更是可供参考的学习资料。

①《教育杂志试办章程》,《教育杂志》1905年第1期。
②《官报改良发刊辞》,《江西官报》1906年第6期。

此外，官报广告大多也与学术、教育有关。一些广告预告了新书出版，如《学部官报》多次刊登学部图书局售书处的广告。[①]一些官报还刊登了学堂招生广告，如江宁养正学堂在《南洋官报》上声明开学的时间，"本学堂移设朝天宫江宁学府内，……定于九月初一日开学，未开学以前尚有报名地步，仍可报名，凡经报名者，均于九月初一日晨前到堂开学，特再审查"[②]。同时，广告兼有告知功能，用来告诉出版人，某某教科书已经翻译，勿需再译，如三江师范学堂刊登说明："《物理学计算法》——日本近藤清次郎、池田清著，六合吴荣萃译；《物理化学计算问题解法》——日本伴德政著，六合吴荣萃译补。以上两种，现已译出，特登报声明，免致他处复译。"[③]

综上，综合性官报负责政令宣传，专业性官报主攻启发民智。通过不同种类官报的内容安排、栏目设置，清廷旨在利用报刊服务政治改革，提升国民素质。

### 三、官方办报理念的最终奠定："专以章程文牍为的者也"

作为新式媒介，官报必然展现出不同于传统邸报的特质，其中最重要特征即以章程文牍为核心内容，不再像传统邸报般围绕皇帝谕旨、动态展开编排。"以牍为报"理念的形成，受到三重因素影响：第一，在中国传统礼制思想文化熏陶下，官方办报人认为报纸本质与典籍类似，尽量以"据为典要"的文牍为主，减少新闻分量。第二，出于新政宣传，官报需要及时刊登与改革相关的内容，让百姓了解政府所作所为。第三，中国官报办报实践以日本为参考，受日本影响，

---

①《学部图书局售书处广发卖书籍第五次广告》，《学部官报》1908年第61期。

②《江宁府学养正学堂广告》，《南洋官报》1904年第120期。

③《三江师范学院译书广告》，《南洋官报》1904年第133期。

中国官报学习了其以报纸"为行政机关"的理念。

中国传统礼制思想深深影响着官报新闻理念，尤其是《周礼》。人们对《周礼》倍加推崇，认为其为后世政治、文化、风俗奠定了基础。著名经学大师刘师培称《周礼》为政治、学术之"总称"，"礼训为履，又训为体。故治国之要，莫善于礼。三代以前，政学合一，学即所用，用即所学，而典礼又为一切政治、学术之总称"。他论证了儒家六经皆由礼制而出，"小学亦源于古礼矣，更试即周末诸子之学术，观之儒家，出于司徒之官"，礼制是治国治学的典范，"周代学术悉出于官，而官学悉源于礼"①。这篇文章流传甚广，《北洋官报》曾刊登转载，间接表达了认同态度。

官方办报人以《周礼》为参考，认为新闻纸虽源于西方，但在古代中国早已出现了类似于报纸的事物。《南洋官报》发文称，周朝"小行人"这一官职承担的功能近乎于办报，"报之名，于古无征也，乃其意，则有之矣。《周礼》小行人，使适四方，协九仪及其万民之利害为一书；其礼俗政事教治刑禁之逆顺为一书，其悖逆暴乱作慝犯令者为一书，其札丧凶荒厄贫为一书，其康乐和亲安平为一书。凡此五物者，每国辨异之，以此反命于王，以周知天下之故"②。这段话的典故来自《周礼》，小行人是周朝官职名称。《周礼》记载，小行人负责掌管诸侯国宾客的礼籍，接待四方使者。他需要将天下各国的自然形势、对于民众有利和不利的情况记载为一书；将各国的礼俗、政事、教化治理和刑法禁令的情况记载为一书；将天下各国的反叛、暴乱、作恶和图谋违反禁令者的情况记载为一书；将天下各国的瘟疫、丧亡、遭受大饥荒和民众困厄贫穷的情况记载为一书；将天下各国民众康乐、和睦相亲、安宁太平的情况记载为一书。有关此五方面

---

① 《典礼为一切政治学术之总称考》，《国粹学报》1906年第2卷第1期。
② 《原报》，《南洋官报》1904年第2期。

的情况，按条目归类记载，向周王报告，使其周知天下大事。《南洋官报》对《周礼》的引用表明，在官方眼中，小行人从事的信息搜集活动与办报类似，其呈给周王的"报告书"与报刊相似，"其列图表则土训道图、小史系表之遗意也，间载诗词文字则太史陈诗之遗意也"①，所以《南洋官报》认为报刊中图表类似于土训（周代官名）向帝王陈报的山川图志、小史撰写的谱牒，诗词歌赋接近于陈诗采风，反映了民情。

无独有偶，其他官报上发表的舆论也都出现了此类论调。《吉林官报》在阐述官报性质时，将小行人的工作视为办报活动源头，"报之名于中国古世无可考，考诸经籍，《周礼》土训之诏地事，辨地物，诵训之诏观事，知地俗，小史掌邦国之志，外史掌四方之志，达书名于四方，若今京师之《政治官报》，小行人使适四方"。在他们看来，各省官报与小行人记载的书目异曲同工，"若今各直省之官报，春秋之赴告，大事书之册，小事书之简牍，亦官报之权舆"，"朝报是宋时已有报之名，明人且集邸钞为书，皆官报类也"②。《并州官报》沿用了相同的说辞，"报章之有论说，实具古遒人、小行人之义"③。山东巡抚周馥则云，报纸源于《周礼》，"《周礼》小行人掌邦国之礼籍……报纸纪国闻之志也，外史掌四方之志，达书名于四方"。土训官向周王讲说地图，与农学报传播农学的行为相同，诵训官向周王解说各地风俗，与外交报知识宣传行为相同，合方氏流通财利、统一度量衡的行为与《商务报》类似，"合方氏通财利、同数器、壹度量、除怨恶、同好善，商务报之志也"④。种种类比可以看出，当时官员们认为

---

① 《原报》，《南洋官报》1904年第2期。

② 《吉林官报发刊词》，《吉林官报》1907年第1期。

③ 《本报凡例》，《并州官报》1908年第4期。

④ 《山东周中丞劝学告示（三续前稿）》，《大公报》1903年4月24日。

办报并不是新鲜事物，传统《周礼》早已孕育了报刊思想。

以上官方话语表明，官员们、办报者们将新式官报与《周礼》职官进行类比，认为两者本质一致。他们以典籍记载的礼制来设想官报，即沿用传统信息搜集、信息归纳的思维方式来规划报纸。譬如，官方报人们沿用旧式典籍归纳办法来设计报纸，"官报者，举凡诏令、奏议、条教、簿书、讼牍、商业、内政、外交……纪于一编，区别为各类"。即使有新闻，也必须与教化相关，"即有新闻，亦必有关治教风俗，见诸文牍者，积日累月，汇为典籍"，官方希望以报纸为经典，使之合乎《周礼》《春秋》之传统，"《周礼》小行人之五书，土训、诵训、小史、外史之精义，而其日月相□随时报告，则又参以《春秋》册数之例"[①]。由此可见，传统文化中的礼制思想对官方办报理念形成产生了持续性影响。

作为政府机关报，官报的使命是宣传政令，为新政改革展开舆论动员。如前文所言，舆论认为，通过传递信息，官僚内部可以互通有无，消除隔阂；官民之间可以上情下达，同气连枝。报纸成为沟通上下内外的重要渠道。《南洋官报》认为，人们只有了解政府所为，才能据此安排自身活动，因此文牍尤为重要：

> 官报者，将与一国之官民上下联其腹心臂指，而为一体者也。故首官署，次学堂，次商业，次农工各艺学之家，皆与官报有息息相关之意。则是何故一国之人，皆托命于一国之政府者也。政府所为，而其下不知，则有后时之惧政府所不为，而其下或为之，则有罔上之识。官不知政府所为，何以发号而施

---

① 《吉林官报发刊词》，《吉林官报》1907年第1期。因原文部分字迹不清晰，故用□代替。下文□处，亦是如此。

令？士在学堂，而不知政府所为，何以出身而从政？商务不知
政府所为，何以居积而赴时？农工不知政府所为，何以植
（殖）产而善事？①

这段话表明，官报是连接政府与国民的重要纽带。人们需要阅读文牍，
了解政策。相比之下，新闻时效性转瞬即逝，如明日黄花，"各民报之
初，多载新闻，乍阅而喜，越日则无所用之"。所以，文牍更具价值性，
他日可供世人参考，据为典要，"官报以章程文牍为的，虽载新闻，亦
大半有文牍可稽者，他日可据为典要，节省其新闻纸纸墨"②。因此，
文牍构成了官报的主要内容，"本报（《湖北官报》）所录，必有关于
政法、学校、兵事、财用及农工商渔各实业，暨交涉要端，俾究心时务
者得以周知时局，扩启见闻，可为劝学之资，应事之助"③。

　　同时期的民间报刊以各式各样的新闻为卖点，及时向读者传递信
息。面对民报的新闻报道，官报表示不屑一顾，称："官报本不选录
新闻，兹拟量为变通，择各报之有益闻见者，录于封面之背，作为附
件。"④在他们看来，民报欠缺真实性，官报据实刊布，"意存征（真）
实也"⑤。袁世凯要求北洋官报局确保内容的真实性，"记事要贵探取
实事为主核，与寻常报纸有闻必录之例不同"⑥。出于追求真实性的
需要，公牍成为最稳定、可靠的内容。有些官报局直接将官报视为公

①《说官报》，《南洋官报》1904年第50期。

②《说官报》，《南洋官报》1904年第50期。

③《湖北官报凡例》，《湖北官报》1905年第1期。

④《本报凡例》，《并州官报》1908年第4期。

⑤《山东官报丙午年改良叙例》，《南洋官报》1906年第35期。

⑥《本局禀官报改良增添论说送呈样本请批示祗遵由并批》，《北洋官
报》1906年第1200期。

牍替代物，所谓"官报之设，所以存法制，代公牍也。公牍宜速存，法制宜备"。①

综上，官报"以报为牍"理念的成型，既有内部因素，也有外部因素（还有一些政治因素，这一部分留在后文详细叙述）。新政期间，清政府从不同角度效仿、移植日本制度，创办新式官报亦是如此。日本官报的显著特征在于多文牍少言论，上谕律例占据了报纸的绝大篇幅，"其要素尤在将上谕律例并随时发布"②。有学者指出，日本官报经历了在"政府公告纸"的功能与"政府政论纸"的功能中摇摆不定的过程，最终在山县有朋手中，将官报定格为纯粹的"政府公报纸（公告纸）"，"政府政论纸"的功能则委托给"私报"即"半官新闻"。日本官报创办者认为，一张兼有"政论纸"功能的官报可能会让政府自缚手脚，不能施展。③所以，日本政府强调，"以官报为公布法律并命令之要具也"④，官报实践应构成政治制度的一部分。受此影响，中国官报在新政后期更加仿照日本官报"文牍为主"的做法，加大文牍分量。与此同时，报纸性质亦发生改变，官报成为了"公布法令机关"，具有行政功能，与日本官报类似。

新政后期，中央级官报《政治官报》正式创办。1907年，御史赵炳麟上奏，呼吁朝廷学习日本官报，将改革信息"公之于众"，因为"日本官报，一切法律、命令，详载无遗，亦先王读法悬书意也"。赵炳麟建议中央官报学习日本体例，"设印刷官报局"，公开除机密以外的全部行政信息，"除军机、外交当秘密不宣外，凡一切立法行政之上谕及内外臣工折件，无论议准、议驳，皆由军机处另缮副本，交局

---

① 《改办官报叙例》，《湖北官报》1910年第114期。
② 《译日本官报制度沿革略》，《北洋官报》1903年第61期。
③ 周光明：《日本〈官报〉的设计理念》，《新闻与传播评论》2008年刊。
④ 《译日本官报制度沿革略（续第六十一册）》，《北洋官报》1903年第63期。

发钞，即中外电奏，不关军机、外交者，一体钞示"。赵氏上奏之后，清政府责成考察政治馆考察其奏折。1907年4月17日，考察政治馆将考察结果上奏，请予专办《政治官报》。他们认为，各国发展迅速，皆因以官报为"行政机关"，"东西各国开化较迟，而进化独速。其宪法成立，乃至上下一体，气脉相通，莫不借官报以为行政之机关"，明确点出应将官报性质上升至行政层面。考察政治馆建议，中央官报应"亟应兼综条贯，汇集通国政治事宜……取东西各官报敏速精确之意"。上奏得到清廷批准。同年，《政治官报》模仿各国官报体例设立，意在"使绅民明悉国政预备立宪之意，凡有政治文牍无不详慎登载"①。通过下表，可见中日两国官报相似之处。

### 表1-2 日本官报与中国官报对比

| | 日本官报 | 《政治官报》③ |
|---|---|---|
| 宗旨 | 日本政府刊行官报之宗旨，虽在开发民智，而其要素尤在将上谕律例，并随时发布，各命令登之报章，定为公布之制，俾在中外国民得周知之。② | 使绅民明悉国政、预备立宪之意，凡有政治文牍，无不详慎登载。期使通国人民开通政治之智识，发达国家之思想，以成就立宪国民之资格。 |

①《御史赵炳麟请令会议政务处筹设官报局片》，载故宫博物院明清档案部编：《清末筹备立宪档案史料（下）》北京：中华书局，1979年，第1061页。

②《译日本官报制度沿革略》，《北洋官报》1903年第61期。

③《宪政编查馆大臣奕劻等奏办政治官报酌拟章程折》，载故宫博物院明清档案部编：《清末筹备立宪档案史料（下）》，北京：中华书局，1979年，1060—1062页。

续表

| | 日本官报 | 《政治官报》③ |
|---|---|---|
| 内容 | 一，诏救；二，赏罚；三，叙任；四，官令、布告、布达；五，达，在各衙门及警视厅东京府等而无碍于公示者；六，告示，即各衙门并警视厅及东京府等之告示；七，各衙门所托登之告白；八，杂事，行幸行启观谒、参事院之覆答并审理、各衙门之详申札饬、兵舰出入、官员专任出入，此外所有杂事；九，外报，在外各公使馆并各领事馆之报告、抄译外国新报；十，解说及正谬；十一，关系于学问、艺术并教育各事；十二，关系于农工商业并经营山林各事；十三，各种统计之报告；十四，气象之报告；十五、船舶之出入；十六，除各衙门告白外之告白。① | 谕旨、批折、宫门抄第一，如有廷寄，业经复奏发抄者，一并敬谨登录。电报、奏咨第二。奏折第三，登录次序约分外务、吏政、民政、财政、典礼、学校、军政、法律、农工商政、邮电航路政十门，除军机外交秘密不宜外，凡由军机处发抄，暨内外各衙门具奏事件，随时录送到馆，以备登载。以下各类文牍仿此。如咨剳、章程等件漏未咨送者，并由馆随时咨取，以期详备。咨剳第四。法制章程第五，如改定官制、军制、民法、刑法、商律、矿律及部章、省章，一切规条均归此类。条约、合同第六，如订定颁行条约、契约及聘订东西各国教习、工师、技师等员合同文件，均归此类。报告示谕第七，如统计报告及各部示谕各省督抚衙门紧要告示等件，均归此类。外事第八。如翻译路透电报、《泰晤士报》及东西各国紧要新闻，及在外使臣领事报告等件，均归此类。广告第九，如官办银行、钱局、工艺陈列各所、铁路矿务各公司，及经农工商部注册各实业，均准送馆，代登广告，酌照东西各国官报广告办法办理。杂录第十，如各学堂、公所训词、演说及已经采录之各条陈或见于各官报之紧要调查记事等件，均归此类。 |
| 发行 | 凡官员月俸百圆以上者，均宜购阅一份；各官皆取报资。②<br>各官署皆有购置官报之责任。③ | 除京内各部院暨各省督抚衙门，由馆分别送寄外，其余京师购阅者，由馆设立派报处，照价发行。外省司道府厅州县及各局所学堂等处，均由馆酌按省分大小，配定数目，发交邮局寄各督抚衙门，分派购阅。 |

---

① 《译日本官报制度沿革略(续六十一册)》,《北洋官报》1903年第63期。

② 张孝谦：《印刷局问答》，直隶：北洋官报局，1903年，第41页。

③ 《译日本官报制度沿革略》,《北洋官报》1903年第61期。

尽管早已强调谕旨文牍重要性，但各官报仍设有地方新闻、本报言论等栏目。相比之下，中央官报则完全仿照日本，收纳各省各部公文。在此，将1907年创立初期的《政治官报》与1903年创立初期的《北洋官报》栏目进行横向对比，见下表：

表1-3 《政治官报》与《北洋官报》内容对比

| 《政治官报》栏目 | 宫门抄、上谕、谕旨、交旨、电旨、电报奏咨类，折奏类一，折奏类二、条约合同类、杂录类、示谕报告类、外事类、咨劄类、法制章程类、本报奏牍、译书类、告白 |
|---|---|
| 《北洋官报》栏目 | 宫门抄、奏议录要、折片摘要、文牍录要、时政汇纪(下分学务、外交、吏政、户政、监政、兵政、工政、刑政、路政、矿务、船政)、畿辅近事、日俄战纪、各国新闻、各省新闻、专件、本省公牍、论说、译件、选报 |

可见，早期《北洋官报》虽重视文牍谕旨，但也有本地、外省以及外国新闻，强调报刊作为新闻与言论传播的媒介功效。《政治官报》则刊载大量公牍奏折，几乎没有新闻报道，完全向日本官报看齐。

中央官报创设后，各地方官报仿其进行改版。由此，"京师刊印《政治官报》大加改良，各省亦多整顿"[①]，形成中央官报学习日本，其他各地官报学习中央的模式。从内容上看，各省官报愈发重视文牍要件，新闻报道随之减少，所以这一时期几乎所有官报都出现了"报纸公牍化"倾向，新闻数量大量减少。北洋官报局明确点出日本官报影响，"日本举一新政，行一新法，无不宣布官报之中，用能使国无隔阂蒙昧之忧，览者收观善广益之效"[②]，认为刊登与改革相关的文

---

① 《抚宪冯厘正官报体例札(附抄单)》，《安徽官报》1908年第1期。

② 《北洋官报局总办禀整顿官报请将公牍分别发登文附清折并批》，《北洋官报》1907年第1360期。

牍法令有助于消除隔阂，祛除蒙昧。其他官报也强调了文牍的重要性。《湖北官报》在改版例言中提到"官报之设，所以存法制代公牍也"①。浙江抚部院要求各署及时将公牍送于《浙江官报》，"通饬各署局所有紧要公牍应即宣布者，专派总务课员经理，徒速检交"②，以确保公牍的时效性。为丰富文牍内容，吉林巡抚通饬"吉省通行政之机关者"将"本省应行宣布之公牍"每日抄送至《吉林官报》。③官报"文牍化"转变，意味着报纸与官僚行政体系联系得更为紧密。立宪后的官报基本初显机关报雏形，报纸的媒介性被弱化，取而代之的是行政性质。尽管日本官报也提出阅报可使国民皆知政事，但强调的是告知性信息，并非书籍类知识。

从版式上看，官报由纸张式改为书本式，以适应层出不穷的文牍。以《山东官报》为例，该报原为日刊，每期四页纸，为纸张式（见图1-3）。报纸增设旬报后，旬报为书本线装式（见图1-4）。当时《申报》《新闻报》等商业报刊多为纸张式，使用由西方进口的白报纸，④便于读者每日浏览翻阅。相比之下，官报样式与书本类似，更适合读者参考收藏。

1911年8月，内阁成立后，改《政治官报》为《内阁官报》，官报正式成为"公布法律命令之机关"。内阁大臣在奏折中指出，奏折文牍流转效率太低，待基层官员收到后已为时太晚，所谓"谕旨章奏及各部通行文件由京师达于外省，由长官达于庶僚，不知几何日月，几

---

①《改办官报叙例》，《湖北官报》1910年第114期。

②《抚部院增札饬各署局凡紧要公牍应行宣布者派员经理送登官报文》，《浙江官报》1910年第27期。

③《督抚宪饬各署局处所将日行文牍送登官报札文》，《吉林官报》1908年第96期。

④有关中国近代报纸用纸研究，详见王保平：《从竹纸到白报纸：试论中国近代报刊用纸的"新陈代谢"》，《编辑之友》2020年第1期。

第一頁

光緒三十一年八月初三日 西歷一千九百零五年九月一號

山東官報

第三號

山東官報局廣告

上諭

公牘錄要

图1-3 《山东官报》（日报）1905年第3期封面

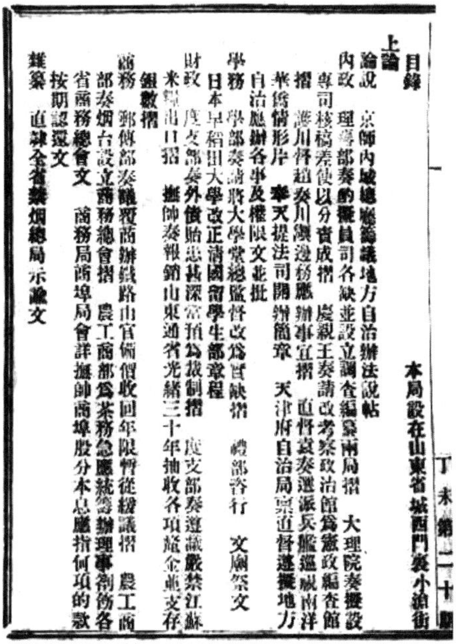

丁未第二十期

本局設在山東省城西門裏小治街

目錄

上諭

論說 京師內城總廳籌議地方自治辦法說帖

內政 理藩部奏酌擬員司各缺並設立調查編纂兩局摺 大理院奏擬設專司核稿差使以分責成摺 慶親王奏請改考察政治館爲憲政編查館摺 護川督趙奏川滇邊務應辦事宜摺 直督袁奏選派兵艦巡視南洋華僑情形片 奉天提法司開辦簡章 天津府自治局稟直督遵擬地方自治應辦各事及權限文並批

學務 學部奏請將大學堂總監督改爲實缺摺 禮部咨行 文廟祭文 日本早稻田大學改正清國留學生部章程

財政 度支部奏外債貽患甚深亟宜預爲裁制摺 度支部奏遵議嚴禁江蘇米糧出口摺 撫帥奏報銷山東通省光緒三十年抽收各項釐金並支存銀數摺

商務 郵傳部奏議覆商辦鐵路由官備價收回年限暫從緩議摺 農工商部奏烟台設立商務總會摺 農工商部爲茶務急應統籌辦理事劄飭各省商務總會文 商務局商埠局會詳撫帥商埠股分本息應指何項的款按期認還文

雜纂 直隸全省禁烟總局示諭文

图1-4 《山东官报》（旬报）1907年第20期目录

经转折，而其效力仅及于少数之官厅，至于承学之士，受治之民，隔阂茫昧"。为解决这一弊端，内阁将官报改为"公布法律命令之机关"，报纸登载"例应通行之章奏、咨劄"，并具有行政效力，"官报到达之日即作为奉旨日期……各省接到官报之日，即为文书递到之期"①。再看日本官报，也是"凡法律并一切命令等载官报公布国内，而以官报到达各府县后七日定为施行之期"②。此时，中日两国官方对各自官报之态度可谓高度一致。官报彻底完成了从媒介到行政机关的转身，具备了行政效力。

《内阁官报》性质变更后，其他官报亦再次改革。各省综合性官报成为本省行政机关，被赋予行政效力。1911年，北洋官报局仿照《内阁官报》整改《北洋官报》。官报局总办向陈夔龙禀请，将官报改为公布法令机关，仿各国官报公布法令体例，"查东西各国官报皆为公布法令之用，……今欲整顿《北洋官报》，自应仿照办理，作为一省公布法令之机关"③。几天后，《北洋官报》正式宣布成为"公布法令之机关"，凡督署暨司道各局所新订规章、通行文牍，如咨札示谕之类，均发登官报公布"④。这意味着地方官报与中央官报性质相同，共同负责宣传法令文牍。"各署凡应公布之件，均用印文送局刊布，以为实行之据"，并以官报到达日期为法令生效期，"各府厅州县对于通行要政即以接到官报之日，作为奉文之期"⑤。如，《云南官报》曾

①《内阁奏改设内阁官报以公布法令机关折》，《内阁官报》1911年第1期。
②《译日本官报制度沿革略(续第六十一册)》，《北洋官报》1903年第63期。
③《本局拟定改良官报作为公布法令机关详文》，《北洋官报》1911年第2915期。
④《本局详定改良官报作为公布法令机关简章》，《北洋官报》1911年第2921期。
⑤《本局详定改良官报作为公布法令机关简章》，《北洋官报》1911年第2921期。

刊登新规定，称官报形同重要公文，"各衙门接阅本报，如报中载有饬行该衙门之件，而文书尚未奉准者，即可照本报所载之件办理"①。

同样，各专业性官报之性质亦有变动，成为了各省教育、司法等部门的相应机关。如，《吉林教育官报》声称"代表吉林教育行政方法之机关"，以期促进吉省教育改良进步，更是视自身为"吉林学务机关报"②。1910年，浙江省提学司袁嘉谷改定《浙江教育官报》章程，命其为"浙江全省教育性质发表机关"③，负责刊登与教育相关的谕旨、部文、章程等内容，各署必须视《浙江教育官报》为正式公文，不得延搁贻误。此时，官报改革意味着中央和地方官报不单单是传递信息的媒介，更表明报纸与官僚体制融为一体，性质与重要公文无异。

《政治官报》创办后，中国学习日本官报办报理念，将官报视为"行政机关"，构成政治体制组成部分。中央官报是中央政府公布法令之机关，在全国范围内具有效力。各省级官报为一省行政宣传之机关，负责传递该省新政改革之文牍、政策。各部级、专业性官报在所属范围内具有重要话语权，性质等同重要公文。"以报纸为行政机关"的这一理念逐渐深入人心，各级官员亦将官报视为文书，重视其政治功能。两广总督张鸣岐创办《两广官报》时要求，以官报代替文书，"凡中央及地方之一切法令均于是为公布，一经公布以后，该项法令效力缘此而生，嗣后官民禀牍准其征引官报，以代文书"④，可见张氏不再将官报视为媒介，而是公文。

综上，新式官报由最初负责公开皇帝谕旨、政府文牍的传播媒

①《云贵督院李核定云南官报章程》，《云南官报》1911年第8期。

②《吉林教育官报章程》，《云南教育官报》1909年第19期。

③《改定浙江教育官报发行章程》，《浙江官报》1910年第26期。

④ 无标题，《两广官报》1911年第1期。

介，转变为公布政府法令的"行政机关"，发生了质的突变。因深受中国传统文化影响，官方希望官报成为时代经典，发挥《周礼》《春秋》之效用，供世人参考。在此理念驱动下，能够确保真实性的文牍成为官报的主要内容。预备立宪后期，刊登文牍不仅关乎报刊理念，更是出于改革需要。官方充分意识到，政府需要公开法令文牍来营造透明、公正的政治环境，民众也需要了解与立宪国体相关的政策条文。随着日本官报理念的步步深入，官报转型为"公布法令之机关"。此时，中央、地方官报的内容基本以文牍为主，鲜有新闻，新式官报之性质形同公文。回看这一过程，传统文化、政治改革、他国实践等诸多新旧因素缠绕其中，造就了清末官报的最终模样。

# 第二章 从督抚办报到中央办报：新式官报的实践脉络

新式官报的创设，是清廷官方传播体系的重大创新和新政改革的重要举措。戊戌变法前后，以《官书局报》《官书局汇报》为代表的第一批新式官报正式创办，标志着官方将报刊作为宣传媒介，借此开通风气，共知时务。1901年，清廷颁布新政改革上谕后，封疆大吏掀起创办地方官报的高潮。《北洋官报》《南洋官报》成为典型，其他地区亦仿照其开办。在各地督抚推动下，1901至1906年间，全国共创立了46份地方官报，涵盖了武昌、长沙、太原、济南、昆明、西安、南昌等22个城市。1906年，清廷宣布"预备立宪"之后，中央级官报《政治官报》创立。这是中国历史上第一份由中枢部门主办且公开发行的新式官报，意义重大。伴随着立宪改革不断深入，新式官报正式成为制度化存在。1896至1911年间，全国共成立125份新式官报，这些报纸由点到面，全方位覆盖中国各地，构筑了报刊主导下的官方传播网络。

# 第一节　甲午之后创办官报的最初尝试

戊戌时期，清政府成立了官书局，该局先后出版了《官书局报》《官书局汇报》。这两份报纸的内容以谕折、译件等为主，并无太多新意。《时务报》改官报事件发生后，《官书局报》《官书局汇报》被慈禧太后封杀。戊戌变法至清末新政前，全国共创办10份新式官报。这些举措，构成了新式报刊介入政治活动的初步尝试。尽管这些报纸的创办改办夹杂着洋务派与改良派之间的权力斗争，报纸在一定程度上成为了政治斗争工具，尚未与官僚体制完全接轨，但是，同时期出现的这一批官报起到了传播西学新知、货价行情等重要作用，推动着官方信息系统从闭塞走向开放。

## 一、改良派官员创办官书局与《官书局报》

上海道台创办的《新报》是地方官员创办新式报刊的初步尝试。1875年，新任上海道台的冯焌光在与英国交涉吴淞铁路的过程中，为了抵制外商报刊舆论，便着手筹办报刊。[①]1876年，《新报》在上海创办，日出对开1张，名为各省商帮集资所办，实际主办人是上海道台冯焌光，股款也全部出自道库。该报名义上为商办，实际上是地方官报。冯焌光代表清廷兼办洋务，以该报作为个人宣传工具，借以影响在沪外国人舆论。该报用中英两种文字刊行，每期8页，内容有京报

---

① 详见马光仁主编：《上海新闻史（1850—1949）》，上海：复旦大学出版社，2014年，第79—80页。

全录、两江督辕事宜、苏省辕门事宜、浙省辕门事宜以及本市和中外新闻。其中外省和外国新闻较多，有关经济和商务的稿件也受到重视。至1882年，上海道台易人，下令停撤所有新闻纸，该报遂于当年7月15日停刊。[1]当时，国人称之为"官场新报"，而外侨则视之为"道台的嘴巴"（The Taotai's Organ）。[2]

上述办报活动尚属小规模且不成体系的首次实践，直至甲午后，官方办报才被提上日程。1895年，传教士李提摩太向翁同龢提出"通中西上下"的改革建议。他认为有四种方式可以通上下之情，备中西之益，分别是立报馆、译西书、建书院、增科目，所谓"中国苟行新政，可以立致富强，而欲使中国官民皆知新政之益，非广行日报不为功。非得通达时务之人主持报事，以开耳目，则行之者一泥之者百矣。其何以速济，则报馆其首务也"[3]，点明报馆在组织社会舆论、传播新式观念方面具备的作用。他的建议在清廷高层产生回响，后来"由翁同龢上交给光绪帝，得到了他的首肯"[4]。光绪皇帝的态度表明，官方开始接纳新式报刊，并开始考虑"官设报馆"一事。戊戌时期，官方筹备官书局，先后出版了《官书局报》《官书局汇报》，随后改《时务报》为官报。这些举措，可以视为官方利用报刊的初步尝试。

甲午中国战败后，以康有为为首的维新派认为，组织学会可以开通风气、联系人才，挽救中国于危亡。康有为公车上书后开始筹办学

---

① 方汉奇、李矗主编：《中国新闻学之最》，北京：新华出版社，2005年，第48页。

②《三个办报的上海道》，载上海通社编：《上海研究资料续编》，上海：上海书店出版社，1984年，第322页。

③《新政策（续前）》，《中西教会报》1896年第2卷第6期。

④（英）李提摩太著，李宪堂、侯林莉译：《亲历晚清四十五年——李提摩太在华回忆录》，天津：天津人民出版社，2005年，第237页。

会，依照康本人的说法，"自上书不达之后，日以开会之义，号之于同志"①。陈炽提出，应先办报，"办事有先后，当以报先通其耳目，而后可举会"②。于是，在创设强学会之初，维新派人士先行办报，即《万国公报》。《万国公报》创刊于1895年8月17日（光绪二十一年六月二十七日），双日刊，每册有编号，却无出版年月，刊式与京报相似，报名与英、美传教士所办之报相同，因为上海广学会编的《万国公报》在政府官僚中行销有年，故袭用其名，以利推广。③《万国公报》出版后，维新派人士便开始筹资创办学会。

1895年，北京强学会成立，由康有为、陈炽、沈曾植等人主办。康有为在强学会成立宣言中指出，该会旨在讲求学问，开通风气，以挽世变，"普鲁士有强国之会，遂报法仇。日本有尊攘之徒，用成维新。盖学业以讲求而成，人才以摩厉（磨砺）而出，合众人之才力，则图书易庀，合众人之心思，则闻见易通"④。强学会成立之初，得到一批官员支持，产生了积极影响。北京强学会开办后，把《万国公报》改名为《中外纪闻》，梁启超、汪大燮任主笔。1895年12月16日，《中外纪闻》正式出版。报纸为双日刊，木活字印刷，每册注明出版年月，无编号。⑤除选登"阁抄"、译录新闻外，它又载"格致有

---

① 《康南海自编年谱》，载中国史学会编：《戊戌变法（四）》，上海：上海人民出版社，1957年，第133页。

② 《康南海自编年谱》，载中国史学会编：《戊戌变法（四）》，上海：上海人民出版社，1957年，第133页。

③ 汤志钧：《戊戌变法史》，上海：上海社会科学院出版社，2015年，第103页。

④ 《北京强学会》，汤志钧、陈祖恩、汤仁泽编：《中国近代教育史资料汇编·戊戌时期教育》，上海：上海教育出版社，1993年，第65页。

⑤ 汤志钧：《戊戌变法史》，上海：上海社会科学院出版社，2015年，第105—106页。

用之书"，探讨"万国强弱之原"，提出了言政敷治的建议，在中国近代政治史、新闻史上有一定的地位。[①]

1896年1月21日，御史杨崇伊上奏弹劾强学会诸人，称其结党营私，惑乱听闻，所云"近来台馆诸臣，自命留心时事，竟敢呼朋引类，于后孙公园赁屋，创立强学书院，专门贩卖西学书籍，并钞录各馆新闻报刊，印《中外纪闻》，按户销售"。又斥责强学会以办报勒索各官员集资，干涉朝廷政事，"犹复借口公费，函索各省文武大员，以毁誉为要挟。故开办未久，集款已及二万"[②]，请旨严禁，并查明创立之人，分别示惩。光绪帝随后封禁强学会，但强学会同仁沈曾植、杨锐等极力奔走，力图恢复。

1896年2月5日，御史胡孚宸上奏要求重新审议强学会。他澄清了强学书局集资事项，"所需费用，皆系捐资集股，绝无迫索情事。所刻章程，尚无疵谬"，认为成立学会有助于开通风气、呼吁向学，"倘能广选才贤，观摩取善，此日多一读书之士，即他日多一报国之人，收效似非浅鲜"。为此，他提议将强学会改为官办书局，译刊西方报纸，以开通风气，并"请旨饬下总署及礼部各衙门悉心筹议，官立书局，选刻中西各种图籍，任人纵观，随时购买，并将总署所购洋报选译印行，以扩闻见"[③]。

经过二十天的酝酿斟酌，总理衙门递上了对胡孚宸奏折的讨论结果，称学校、新闻馆、图书馆是西方各国富强基础，"泰西教育人才

① 汤志钧：《戊戌变法史》，上海：上海社会科学院出版社，2015年，第108页。
② 转引自茅海建：《从甲午到戊戌：康有为〈我史〉鉴注》，北京：生活·读书·新知三联书店，2009年，第146页。
③《都城官书局开设缘由》，载汤志钧、陈祖恩、汤仁泽编：《中国近代教育史资料汇编·戊戌时期教育》，上海：上海教育出版社，2007年，第145页。

之道，计有三事：曰学校，曰新闻报馆，曰书籍馆"，新闻馆有助于培养人才。总理衙门建议按照八旗官学旧例，成立官书局，派人管理，"拟援照八旗官学之例，建立官书局，钦派大臣一二员管理，聘订通晓中西学问之洋人为教习，常川住局，专司选译书籍、各国新报，及指受各种西学，并酌派司事译官收掌书籍，印售各国新报"。官书局经费由总理衙门拨款，用于购置仪器和新闻纸等。[①]但总理衙门设想的官书局不同于清朝前期各地专门刊刻书籍的官书局，而是希望创办以译报为主的新式官书局。

事后，总理衙门格外重视办报一事。不久，总理衙门呈递《请在京城开设官办报馆，选译西国近事新闻互参彼己利害片》，建议搞官办报馆，选译西国新闻纸。全文如下：

　　再新闻报馆，环球各国都城所不禁。间或议切时政，信口雌黄，以恩怨为是非，不尽出于公正，然人多畏之，不愿相与驳难，至成不解之嫌。然各报馆因是涉诸累及邦交者，亦所常有。

　　中国惟上海《申报》、《字林报》消流最广，类皆洋商资本，倩有文无行之华人为之操觚，设馆于租界洋场，得以倡言无忌。如其谤议国政，亦有法以绳之也。但其所述各省晴雨年成，间及偏灾筹赈，不为无益。报馆之利，在生意告白，若非买卖繁盛之区，报馆迄难持久。天津《时报》，作辍不常，此其明验。

　　京城非通商之地，载在条约。西人不能在京城擅开报馆，即各教堂之中西月报，亦泰西近事为多。沪上广方言馆所译西

　　①《都城官书局开设缘由》，载汤志钧、陈祖恩、汤仁泽编：《中国近代教育史资料汇编·戊戌时期教育》，上海：上海教育出版社，2007年，第146页。

国近事新闻纸，大都兵农制器各事，及各国新立条款，随时展阅，差广识见。惜自外洋寄沪，已阅一二月，由沪翻译，又须逾月，始能刷印。所谓新闻者，展转已将半年矣。特舍此而不译传，则更无可资考究。近日路透电报，最为捷速，而词句稍略，所报或未尽实。

该御史虑西人遽开报馆，请由官设书局，兼选译洋报印行，此诚集众思，广忠益之微旨，惟当约略具条理。臣等拟就南、北洋大臣所送沪上广方言馆月译之西国近事新闻纸，及路透电报，逐日送交官书局，择要翻刊。中外风尚，既可互参，彼己利害，宜无隔膜。至关涉时事，臧否人物，如报馆所谓有闻必录者，一切屏除。每日刊布之先，由教习送司事核明，呈由管理大臣画诺，始行排印，以免猥杂。仍俟开馆时，详定章程立案。谨附片陈明，伏乞圣鉴。谨奏。

光绪二十二年正月十二日奉朱批。钦此。①

这篇奏折反映出总理衙门的态度。一方面，他们认为上海地区商业报刊受外商掌控，时常妄议国政，信口雌黄，引发中外交涉等问题。另一方面，他们看重新闻纸具备的及时传递信息、"差广识见"等教育功能。因此，总理衙门希望官方出资办官书局，由书局摘录、翻译新闻纸上的中外信息，也即办一份官方报纸。当然，报纸须事先经过严格审查，不得有闻必录，不得臧否时事、人物。据此而看，官方构想的官报类似于译报，没有独立言论，只用来传播信息。

在各方影响下，光绪帝同意设立官书局。1896年3月，他下旨：

---

① 转引自孔祥吉：《惊雷十年梦未醒：档案中的晚清史事与人物》，广州：广东人民出版社，2017年，第312—313页。

"总理各国事务衙门奏新设官书局，请派大员管理一折，着派孙家鼐管理。"①孙家鼐随后拟定了"官书局章程"，提出藏书籍、刊书籍、备仪器、广教肄、筹经费、分职掌、刊印信七条意见，在此节录如下：

一，藏书籍。拟设藏书院，尊藏列朝圣训钦定诸书，及各衙门现行则例，各省通志河漕、盐鹾、各项政书，并请准其咨取储存庋列，其古今经史子集，有关政学术业者，一切购书院中，用备留心时事，讲求学问者，入院借观，恢广学识。

一，刊书籍。拟设刊书处，译刻各国书籍，举凡律例、公法、商务、农务、制造、测算之学，及武备工程诸书，凡有益于国计民生与交涉事件者，皆译成中国文字，广为流布。

……

臣开办初章，期归简要，未尽事务，渐图扩充。其藏书、刊书、游艺、学堂诸所，有稽查诸员考其课业，综理诸员总其纲维，各期敬业乐群，尊贤尚齿，藉资群议，术集众长，庶几成材者扩会通过半之思，志学者得师友观摩之益。至局中用款，惟延请翻译、钞写书籍、典收文簿、登记账目及工匠制造之人，发给薪水。此外与办局务，翰詹科道部院诸臣皆出于诚恳之心、忠勤之念，但期创通风气、增广见闻，为异日报效国家之用。臣亦鉴其初心，一概不请奖叙，不支薪资。至印送各路电报，只选择有用者，照原文钞录，不加议论。凡有关涉时

① 孙家鼐：《官书局奏开办章程》，载黎难秋主编：《中国科学翻译史料》，合肥：中国科学技术大学出版社，1996年，第466页。

政、臧否人物者，概不登载，以符总理衙门原奏，所有议立条款、请旨遵办缘由，谨缮折具陈，伏乞皇上圣鉴训示。谨奏。①

依以上材料看，孙家鼐设想的官书局，实际上是集图书馆、翻译处、实验室多种功能一体的官方研究机构。他的奏折未较多涉及办报，只言"至印送各路电报，只选择有用者，照原文钞录，不加议论。凡有关涉时政、臧否人物者，概不登载"。这一举动与孙家鼐的政治立场有关，学界曾有人云"孙家鼐原是帝党中的右翼，看到风色不对，转过头来向后党妥协，反噬改良派"②。所以，梁启超等维新派人士被排除在官书局外，办报失去了强学会原有之意。

1896年4月，官书局正式开办。开局后，官书局相继出版了《官书局报》《官书局汇报》。这两份报刊，便是晚清政府公开发行新式官报之滥觞。据戈公振描述，它们"形式与京报相似，内容除谕折外，尚有若干关于新事、新艺之译文"③，涉及时政之语一概不论，报纸基本上是谕折、译件的汇编。《官书局报》《官书局汇报》在读者中的反响并不如人意，张元济讽刺云"观其行事，亦终难扫除朝贵气息，所刊局报，多系芜词，阁抄格言，最为可笑"④，就连孙家鼐也承认

①《官书局奏定章程疏》，载汤志钧、陈祖恩、汤仁泽编：《中国近代教育史资料汇编：戊戌时期教育》，上海：上海教育出版社，2007年，第147—148页。

② 汤志钧：《戊戌变法史》，上海：上海社会科学院出版社，2015年，第114页。

③ 戈公振：《中国报学史》，上海：上海古籍出版社，2014年，第37页。

④ 汤志钧：《戊戌变法史》，上海：上海社会科学院出版社，2015年，第115页。

其"规模草创，仅止如斯"①。戊戌政变后，两报连同官书局被裁撤。

## 二、《时务报》改《时务官报》

北京设立强学会初具规模后，康有为计划在上海筹办强学会。1895年11月，在张之洞支持下，上海强学会开办。《上海强学会章程》中称，译印图书、刊布报纸、开大书藏（图书馆）、开博物馆为"最要者四事"。针对创办报纸一事，章程指出，官方素来有译报传统，但外人难以接触，"陈文恭公劝士阅邸报以知时务，林文忠公常译《澳门月报》以觇敌情，近来津沪各报，取便雅俗，语涉繁芜，官译新闻纸，外间未易购求"。他们希望创办的报纸专录中国时务，兼有其他新闻，"今之刊报，专录中国时务，兼译外洋新闻，凡于学术治术有关切要者，巨细（毕）登，会中事务附焉"②。1896年1月，上海分会发行《强学报》，报纸是铅字排印，每天一小册。强学会被封禁后，《强学报》发行三期之后终刊。在此情况下，黄遵宪、汪康年策划在沪办报，邀梁启超参加。

1896年8月9日，《时务报》创刊，1898年8月8日停刊，共出69册，黄遵宪、汪康年、梁启超三人为该报主心骨。梁启超以新颖的思想、流畅的文笔，在《时务报》上发表《变法通议》等一系列论说，宣传维新变法，受到读者欢迎。创刊以来，发行万余份。据李提摩太回忆，"梁启超在上海出一《时务报》，专研究时事，多得一般文人学者的欢迎。他的文字特别新颖，不但官绅学者乐于披览，就是平民也

---

①《工部尚书孙家鼐奏陈遵筹京师建立学堂情形折》，载北京大学、中国第一历史档案馆编：《京师大学堂档案选编》，北京：北京大学出版社，2001年，第9页。

②《上海强学会章程》，载汤志钧、陈祖恩、汤仁泽编：《中国近代教育史资料汇编：戊戌时期教育》，上海：上海教育出版社，2007年，第150页。

容易明白，更有许多大僚鼓励而赞助它"①。吴樵收到《时务报》后表示，"得七月初两公函，并第一次报，急读之下，狂舞万状，自始至终，庄诵万遍"。他还指出，"读《时务报》，逐条均佳甚，无可言说"②，可见该报影响之巨。《时务报》成为宣传维新舆论之阵地，推动了维新运动的发展。

《时务报》一经刊行，便受到张之洞重视。该报还在清廷官僚阶层中广受好评。1896年9月，张之洞饬令湖北全省派销《时务报》。他在札文中强调了报刊之于国家发展的重要性，"照得新报一项，有裨时政，有裨学术，为留心经世者必不可少之编"。张之洞夸赞《时务报》为"第一种有益之报"，可以增广见闻，激发志气，"凡所采录，皆系有关宏纲，无取琐闻；所采外洋各报，皆系就本文译出，不比坊间各报，讹传臆造"。他通饬湖北各官方机构以及学堂订购《时务报》，"所有湖北全省文武大小各衙门，文职至各州县各学止，武职至实缺都司止，每衙门俱行按期寄送一本，各局各书院各学堂，分别多寡分送，共计二百八十八分，每分每月三本"③。正是在张之洞的影响下，其他各地书院负责人、督抚皆饬令派销《时务报》。湖南巡抚陈宝箴采取官方筹拨款项订阅的办法，饬令全省各府厅州县书院学生传观研读，所谓"兹由本部院筹拨款项，属诸报馆，寄送若干分发，交各府厅州县书院存储，俾储业诸生得以次第传观，悉心推究……嗣后每年先由本省厘金项下筹发报费，以便按月派送。合行札饬"④。

---

①《李提摩太传(录)》，载杨家骆编：《戊戌变法文献汇编(第四册)》，台北：鼎文书局，1973年，第232页。

② 汤志钧：《戊戌变法人物传稿(增订本)上》，北京：中华书局，1961年，第72页。

③《鄂督张饬行全省官销时务报札》，《时务报》1896年第6期。

④《湘抚陈购时务报发给全省各书院札》，载中国史学会编：《戊戌变法(四)》，上海：上海人民出版社，1957年，第551页。

《时务报》风行后，改良派变法议论影响深远。由于张之洞的变法主张和改良派不同，他始终反对康有为的"孔子改制"说。当看到《时务报》讥刺洋务后，张之洞非常不满，便授意汪康年打压梁启超。梁启超忍无可忍。1898年3月3日，梁启超致书汪康年，提出离报。

"百日维新"期间，康有为起草奏折，由宋伯鲁呈递，请求将《时务报》改为官报，并设立时务官报局。康氏指出，报纸可以"指陈时事，常足以匡政府所不逮，备朝廷之采择"，有益于国家发展。然而，《官书局汇报》"未能悉用西国体例。多所忌讳，无有论说。所译西报，率多删节，平淡无奇，似不足以启沃圣听，发扬耳目"，与西方官报"规模相去远甚，非所以崇国体、广民智也"。康有为希望将《时务报》转移到北京，在上海设分局，由梁启超主持办理。除此之外，由梁启超负责管理全国民间报馆，并有权进行内容审查，即"责令梁启超悉心稽核，撮其精善进呈，以备圣览。其有悖谬不实，并令纠禁"①。康有为的意图是希望凭借改革官报，重新掌握《时务报》的主动权，进而管控全国舆论。事后，光绪帝批交孙家鼐核议此事。

1898年7月26日，孙家鼐上奏《奏遵议上海时务报改为官报折》，提出《时务报》仍留在上海出版，由康有为督办此事。光绪皇帝当天批准，上谕："将《时务报》改为官报，派康有为督办其事。所出之报随时进呈，其天津、上海、湖北、广东等处报馆，凡有报章，著该督抚咨送都察院及大学堂各一分，择其有关时务者，由大学堂一律呈览。"②在这一阶段，统治者对待官报的态度发生了巨大转变。处在维

---

① 《奏改时务报为官报折》，载杨家骆编：《戊戌变法文献汇编（第二册）》，台北：鼎文书局，1973年，第349页。

② 《允许开办报馆谕》，载宋原放编、汪家熔辑注：《中国出版史料近代部分（第二卷）》，武汉：湖北教育出版社，2004年，第169页。

新变法的背景下，一份能够广开言路、监督政府的官报更能够及时传播改革政策，配合"变法"施行。宋伯鲁呈递的奏折是请梁启超主持办理，"督办"官报，但孙家鼐却改变了此事性质。原是康氏要求夺回《时务报》，并以此控制全国的报刊舆论，孙却顺势将康有为请出北京（"派康有为督办其事"）。如上一节所言，强学会改为官书局时，孙家鼐就把"刊布报纸"一项删去，可见他对改良派是有所保留的。①

随着办报活动的深入，报纸受众愈发壮大，普通民众与政府官员逐渐改变以往的偏见态度，光绪帝也日渐重视报纸效力。1898年8月26日，光绪认可了梁启超"书籍报纸恳免纳税"的要求，称："孙家鼐奏，举人梁启超请设立翻译学堂，准予学生出身，并书籍报纸恳免纳税，据呈代奏一折。……至书籍报纸一律免税，均著照所请行。"②所以，戊戌时期，清廷上下对报纸基本上持宽容态度。

然而，《时务官报》尚未出刊，旋即发生戊戌政变，慈禧太后囚禁光绪帝，再度训政。1898年9月26日，清廷发布上谕，宣布废官报局、停办《时务官报》：

> 至开办《时务官报》，及准令士民上书，原以寓明目达聪之用。惟现在朝庭（廷）广开言路，内外臣工，条陈时政者，言苟可采，无不立见施行，而疏章竞进，辄多撮饰浮词，雷同附和，甚至语涉荒诞，殊多庞杂。嗣后凡有言责之员，自当各

---

① 1896年，孙氏所拟定"官书局章程"七条，有"藏书籍""刊书籍"，并未提1895年康氏所说的"刊布报纸"，详见前文。汤志钧：《戊戌变法史》，上海：上海社会科学院出版社，2015年，第146页。

②《书籍报纸免税论》，载宋原放编、汪家熔辑注：《中国出版史料近代部分（第二卷）》，武汉：湖北教育出版社，2004年，第171页。

抒说谕，以达民隐而宣国是，其余不应奏事人员，概不准擅递
封章，以符定制。时务官报无裨治体，徒惑人心，并著即行裁
撤。①

这份上谕带有强烈的政治色彩，直接将《时务官报》定调为"无裨治
体，徒惑人心"，否定了前期创办官报的成果。慈禧禁止在官方体系
内传播"撮饰浮词"，希望信息停留在有限的人群范围，试图以钳制
言论的方式控制政情。这种想法，与西方新式报刊"横向联系、开放
而平等的理想运作模式相远"②。不过，慈禧的设想难以坚持太久，
一旦新式报刊登上历史舞台并在整个民间社会产生阅读效应，整个信
息的传播方式便注定不可能回到过去"信息集权"模式。《时务报》
改《时务官报》一事虽以失败告终，但官方对报纸的态度与鸦片战争
时期相比已有明显改变，不再是一味排斥。

### 三、其他地方官报接连创办

戊戌变法至清末新政前，官方共创办了《官书局报》（1896年）
《官书局汇报》（1896年）《秦中书局汇报》（1897年）《官报》（1898
年）《汇报辑要》（1899年）《湖北商务报》（1900年）《江南商务报》
（1900年）《农学报》（1901年）八份新式官报。如报纸名称所示，该
时期官报多属于汇编类媒体，内容各有偏重。譬如，《秦中书局汇报》
专注综合信息，内容主要是"纶音首条，下分立明道、理财、治兵、
商务、洋情五条"，希望通过办报开通风气，共知时务，博古通今，

---

① 汤志钧：《戊戌变法史》，上海：上海社会科学院出版社，2015年，第
405页。

② 李仁渊：《晚清的新式传播媒体与知识分子：以报刊出版为中心的讨
论》，台北：稻香出版社，2005年，第324页。

085

化其俗见之拘，并防其歧途之惑。①《湖北商务报》以商业信息为主，搜集汇编"近年有关商务奏疏"，同时翻译东西各报、商学商律，"以明中外之事，通官商之情"②。尽管官书局的评价不如人意，但是官方办报这一举措开始在各地蔓延。同时期著名的地方官报当属《秦中书局汇报》和《湖北商务报》。

（一）《秦中书局汇报》

1897年，在陕西按察使李有棻主持下，《秦中书局汇报》创于西

安。③李有棻，字芗垣，江西萍乡人。光绪二十年（1894年）擢陕西按察使。二十四年升布政使。光绪二十六年，八国联军侵入北京后，慈禧太后和光绪帝出逃西安。李有棻竭力奉迎，得到赏识。二十八年，调江宁布政使，一度护理两江总督。次年解职。三十二年，赴江西途中，船沉溺死，年65岁。④

《秦中书局汇报》在创刊《凡例》中，提到了依照《官书局报》的模式，所谓："京师《官书局汇报》即本此例，兹《秦中书局汇报》谨当取法……"《凡例》还提出了该报的编辑方针：

图 2-1 李有棻照片，载自《南浔铁路月刊》1930年第8卷第8期

---

①《秦中书局汇报凡例》，《秦中书局汇报》1898年第1期。

②《湖北商务报略例》，《湖北商务报》1899年第1期。

③《光绪二十九年二月二十二日京报全录》，《申报》1903年4月1日。

④ 湖南省地方志编纂委员会编：《湖南省志（第三十卷）人物志（上册）》，长沙：湖南出版社，1992年，第506页。

一，博采良谟。原为集思广益之道，其类盖有四端。首为邸报中臣工章疏及名公集中奏议；二为京外缙绅条议；三为申沪湘鄂各报馆私议；四为侨居洋人及欧美报馆陈议……

一，条目贵简而明，过烦则令阅者纷乱。是报仅分六门，即此意也。然各门所包蕴，仍须赅括不遗，如明道为兴学求治总纲，若不明乎道，不但墨守程朱，无裨时局，即竞言变法，亦鲜实功……

一，学以明体达用为贵……

一，劝化。务求其广，……务使远近学人共知时务，博古通今，化其俗见之拘，并防其歧途之惑。庶学术正而士习端，借以仰副圣主□次谕旨，振兴实学、作育人材之盛意。①

以上可见，报纸内容主要有四个方面：邸报奏议；京外缙绅条议；申沪湘鄂各报馆私议；侨居洋人及欧美报馆陈议。官书局按照明道、理财、治兵、商务、洋情五条汇编成册。总体来看，仍以译报、汇编为主，意在使学人共知时务，培育人才。

《秦中书局汇报》在当时颇有影响，其地位仅次于北京的《官书局报》。由于报纸不易购买，不少报刊便摘录《官书局报》《秦中书局汇报》中的重要信息汇编。如《菁华报》第一期摘录《秦中书局汇报》新闻二则，分别是《华商联行》《丝价猛潮》。②该报主编顾燮光曾云"京都《官书局汇报》乃官报之权舆，李芋垣方伯所刊《秦中书局汇报》继之，上海《时务报》乃民报之上乘，澳门《知新报》亚

---

① 《秦中书局汇报凡例》，《秦中书局汇报》1898年第1期。
② 详见《菁华报》1898年第1期。

之。此四报号称善本，而士子颇不易得，兹录其最切要者，其余各报并新出时务书籍，现亦广为购置"①，可见《秦中书局汇报》是一份相当成功的地方官报。

（二）《湖北商务报》

与《秦中书局汇报》的综合性汇编特征稍有不同，《湖北商务报》呈现出重视商务、经济信息的取向。《湖北商务报》创于1899年，由张之洞一手操办。1898年7月，光绪帝发布上谕，鼓励官绅兴办商业，特派刘坤一、张之洞在上海、汉口一带办理商务局。其中便提到了设立商报：

> 振兴商务，为目前切要之图，迭经谕令各省认真整顿，而办理尚无头绪。泰西各国首重商学，是以商务勃兴，称雄海外。……著刘坤一、张之洞拣派通达商务、明白公正之员绅，试办商务局事宜，先就沿海沿江如上海、汉口一带，查明各该省所出物产，设厂兴工，使制造精良，自能销路畅旺，日起有功。应如何设立商学、商报、商会各端，暨某省所出之物产，某货所宜之制造，并著饬令切实讲求，务使利源日辟，不令货弃于地，以期逐渐推广，驯致富强。②

于是，张之洞奉旨筹备汉口商务局，同时兼办商学、商报、商会等事项。他刻画了商报雏形，"商报、商会、商学，皆系启发之事，商报

---

① 《本馆刊报章程》，《菁华报》1898年第1期。
② 《光绪二十四年六月七日著刘坤一、张之洞试办商务局并拟定办法上谕》，载上海市工商业联合会、复旦大学历史系编：《上海总商会组织史资料汇编（上册）》，上海：上海古籍出版社，2004年，第40页。

系采访沿江各口岸暨邻省、本省土地所产及人工所造各货市价销路，并译各洋报所载商务兼译西书之有关商务者，分期出报"①。张之洞设想的商报由两方面组成，一是关于本省外省的商业信息；二是翻译洋报上有关商务的信息。他亲自制定了《湖北商务报》律例：

> 恭录谕旨第一。报首恭录有关商务谕旨，无则谨阙。择录奏疏第二。近年有关商务奏疏，酌择载入，无则阙。局收文牍第三。……报中所载有必须讨论者，则随条附加案语，无则从阙，无取泛滥至论说之或有或无、或长或短，均所不拘，一以实事求是为主。讹误更正第十四。本报以明中外之事、通官商之情为主，所载必力求矜慎，万一有传讹失允之处，中外商家，尽可随时函告更订，以表大公，以期至当。禁议时政第十五。本报遵旨，断不收录妄议时政之作，借端诬陷人者亦不录。②

《湖北商务报》遵循着张之洞的最初构想，广泛搜集国内商业信息以及国外商情。报纸内容分谕旨奏议、官方文牍、本省外省商情、中外商案商情、西译书籍、论说六个方面。每期报纸几乎都会摘录《汉报》《苏报》《官书局汇报》《中外日报》等中文报刊上的商情；翻译《华英捷报》《字林西报》《时事新报》《银行月报》等外文报刊上的商业新闻；刊载译件，如《日本商律目录》《日本明治三十年分全国事业收获清数表》《美国全年政务全书原本》等。值得一提的是，

---

① 《光绪二十四年湖广总督张之洞奏汉口试办商务局及应办要是八端疏》，载上海市工商业联合会、复旦大学历史系编：《上海总商会组织史资料汇编（上册）》，上海：上海古籍出版社，2004年，第40页。
② 《湖北商务报略例》，《湖北商务报》1899年第1期。

报纸设有"商局采访""馆中采访"专栏，开始具备了采访新闻的意识。不过，这里的"采访"与《申报》《新闻报》等商业报刊的新闻采写有着明显差别。《湖北商务报》的采访内容主要是商业行情、实业状况等行业性信息，与注重时效性、贴近性的商业报刊关注社会新闻的取向大有不同。如，报纸陆续刊登《彩票亏耗》《棉花涨价》《棉花畅销》《纸价大跌》《土市近情》等系列采访内容，与商业、实业、制造业等部门相关。

《湖北商务报》十日出一册，每册约三十页，全年共出版三十三册，每册定价为四元。报纸发行广泛，京师、江苏、浙江、福建、广东、湖南、江西、安徽、东三省、山西、山东、陕西、河南、四川、广西、贵州、甘肃、云南、新疆、天津、上海、厦门各省各处皆通过邮局寄送。非省城且不通邮政之地，则需多加运费。[1]报纸成立伊始，张之洞饬令湖北各道府州县"一体购阅，并转发绅商阅看"，并给各州县分配了报纸份额，"初次酌定大州县二十分，中等州县购十分，小州县购五分"。所以，《湖北商务报》发行范围基本覆盖了湖北全省，上至管辖各府州的道员，下至各县吏员。全省报纸发行量共计七百九十七本。报费先由善后局垫付，但各府州县需要归还欠款。[2]《湖北商务报》的影响力不仅限于湖北省，报纸在外省也得以派销，如两广总督陶模曾通饬属下订购《湖北商务报》。[3]

《湖北商务报》是中国第一份专业性官报，其创办时间比商部谕办的《商务报》早了四年。通过创办《湖北商务报》，张之洞希望实现信息互通，促进商业发展。他曾云："绅商阅看，使知中外货殖之

---

① 《商务报阅报派报例》，《湖北商务报》1899年第1期。

② 《湖广督宪张派阅湖北商务报札》，《湖北商务报》1899年第3期。

③ 《两广督部陶通饬各属劝阅湖北商务报暨农工各报札》，《湖北商务报》1901年第82期。

盈虚，制造之良楛，行销之通塞。庶可透晰利病，力图振兴。"与此同时，他还希望湖北的官员绅商能够借助报刊与外界联络，"以保利权"①。《湖北商务报》在商学信息、知识传播的过程中起到了重要作用。日本人创办的《汉报》评价汉口商务局是中国商务振兴的"一大转机"。该报夸赞《湖北商务报》与"《平准书》《食货志》并重"，可以振兴中国商务，所谓"今日（汉口）商务局之设，诚中华一大转机矣。凡利可兴，凡弊可去，且能发踪指示，俾商人之趋利者不致迷于所往……是此报之刻，当与

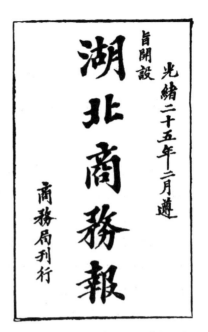

图 2-2　1899 年第 7 期的《湖北商务报》封面

《平准书》《食货志》并重。他日商务振兴，是固驯致富强之一端也"②。

综上，以《官书局报》为代表的第一批新式官报起到了沟通信息的作用，尤其在翻译西学新知、传播商情等问题上，推动了官方信息系统从闭塞走向开放。但是，《官书局报》《官书局汇报》的创办、《时务报》的改办等，均夹杂了太多权力斗争，报纸成为政治博弈之工具。从严格意义上来说，新式报刊此时并未真正嵌入官僚政治体制，直到清末新政之后才有所转变。

①《湖广督宪张派阅湖北商务报札》，《湖北商务报》1899 年第 3 期。
②转引自刘望龄：《张之洞与湖北报刊》，《近代史研究》1996 年第 2 期。

## 第二节　地方先行:督抚与省级官报的普及

八国联军入侵京师后，慈禧以光绪的名义颁布新政上谕，欲求改弦更张，让朝廷官吏进言献策，"参酌中西政要，举凡朝章国故，吏治民生，学校科举，军政财政……各举所知，各抒所见"①。新政改革，成为创办新式官报的重要助推器。上谕发布后，朝野中创办官报的呼声再次盛行。张百熙最先上奏，"官吏不知民情与草野不识时局，致上下不喻意，中外不通情，皆报纸不能流通之故也。……惟有由公家自设官报……以收开通之效，而广闻见之途"②。不久后，袁世凯也提出了创办官报局的设想:"似宜通饬各省，一律开设官报局……遴派公正明通委员董司其事，由省局分发外邑村镇，俾各处士民均得购览。"③袁世凯明确规划了创办官报一事。他一方面建议各省成立官报局，将报纸分发至各州县阅看，期望由官报局对新式官报进行制度化管理;另一方面，指明官报内容应以谕旨文牍为主，新政新学等事业为辅，严禁散布不实信息，旨在启发民智、开通风气。袁世凯在创办官报的问题上颇有先见，其奏折中提到的各省"一律开设官报局"

---

① 中国第一历史档案馆编:《光绪宣统两朝上谕档(第二十六册)》，桂林:广西师范大学出版社，1996年，第460—462页。

②《敬陈大计疏》，载谭承耕、李龙如校点:《张百熙集》，长沙:岳麓书社，2008年，第17页。

③《遵旨敬抒管见上备甄择折》，载天津图书馆、天津社科院历史出版社研究所编，廖一中、罗真容整理:《袁世凯奏议上》，天津:天津古籍出版社，1987年，第272页。

"由省局分发外邑村镇"等措施，正是希望利用新式报刊参与官方的政治实践。随后创立的《北洋官报》，便循着袁氏这一思路展开。

朝廷重臣们频频上奏后，清廷许可了办报一事，连相对顽固的慈禧太后也不再反对。1901年，慈禧召见袁世凯，以手二指尖做比划，对其曰，"报字须如此大，以便批阅"[①]，可见统治者对官报办理进度颇为上心。

新政之后，最早出现的地方官报是《湖南官报》。该报由湖南洋务总局开设。[②]在创刊辞中，报纸批评了民间报刊《湘报》的社会影响，认为它"竞务夸诞，日即奇衰，风俗人心隐受其害"，因此，湖南洋务总局试图借助官报"广开民智，裨益士林"[③]，扭转官方舆论被动失守的一面。同时期，最具盛名的当数1903年由袁世凯亲自操办的《北洋官报》。《北洋官报》发刊辞称，中国报馆由私家创办，尽管有些报纸能够启迪蒙昧，但亦有不少报纸传播谣言，"夫私家之报，识议宏通，足以觉悟愚蒙者，诚亦不少。独其间不无诡激失中之论，及或陷惑愚民，使之莫知所守"。因此，需要设立官报通上下之志，让民众了解基本国策，所谓"交通上下之志，使人人知新政新学为今日立国必不可缓之务，而勿以狃习旧故之见，疑阻上法，固不能无赖于官报也"。所以，《北洋官报》云，"今设'直隶官报'，以讲求政治学理，破锢（痼）习、浚智识，期于上下通志，渐致富强为宗旨"，内容以上谕文牍等为主，"不取空言危论，首载圣谕广训直解，次上谕，次本省政治，次本省学务……事必其切实可行，文必其明显易

<hr>

① 《论办官报》，《集成报》1901年第42期。

② 《〈湖南官报〉征文告示》，载黄林编：《近代湖南出版史料（一）》，长沙：湖南教育出版社，2012年，第96页。

③ 《核稿照会》，载黄林编：《近代湖南出版史料（一）》，长沙：湖南教育出版社，2012年，第97页。

晓"①，以期广见闻、通上下。

《北洋官报》发行不久，便成为其他官方报刊的样板，"一切亦以《北洋官报》为最详备"②。当时，清末新政改革呈现出"地方先行"特征，即"都城省会及风气开通之繁盛地方先行试办，以立模范"③。譬如，袁世凯最先在北洋地区促办新政，积极改革，许多重要新政措施都是先从直隶试办，然后再制订章程向全国推广，再由各省具体施行。他在直隶的新政举措，成为各省效仿典范，所谓"中国各省新政之布，必资模范于北洋"④。新式官报的推广，亦遵循类似逻辑。

1903年，大臣吕海寰、伍廷芳特呈奏折，要求推广官报。他们在奏折中指出，中国报界尚无报律，导致不实之语谣传甚远，须加以防，如"中国上海一隅，日出报纸不为不多，未经官为检察，又无报律以范围之间，译西报亦复转相因袭，罕得要领，又有《清议》《新民》等报，诬民惑世，讹言失实，不可不防"。接着，他们提出创办《南洋官报》，"近惟北洋及山西省会始有官报刊行，拟请饬下南北洋大臣迅速筹款，分别扩充开办"。吕、伍二人设想的报纸以奏折、公牍为主要内容，"一恭录谕旨暨发抄折件，二各省咨报公牍章程，三译报，四论说，月为一册，仍参酌定章详审义例"⑤，由南北洋大臣核定刊行，发交各属以及所在各学堂，令其随时阅看。吕氏等人还强调，"中国未有报律，各报传闻之词，既多失实，甚至邪说肆行"，因

①《北洋官报序一》，《北洋官报》1902年第1期。

②《督宪袁准吉林将军咨调查北洋官报成案章程饬本局查照文》，《北洋官报》1907年第1286期。

③ 张元济：《读史阅世》，北京：新世界出版社，2012年，第68页。

④ 张海鹏、李细珠：《中国近代通史（第五卷）：新政、立宪与辛亥革命（1901—1912）》，南京：江苏人民出版社，2009年，第44页。

⑤《外务部遵议商约吕大臣等奏酌拟近今要务折》，《北洋官报》1903年第146期。

此南北洋两地官报的创办，可以增强清政府传播体系的影响力。外务部认可其看法，"该大臣推广官报，实为转移整顿之要义"，同意创办《南洋官报》，要求其仿照《北洋官报》妥善开办，以派销的形式发送至各属各学堂，"现北洋所刊官报首列圣谕广训、恭录谕旨，并载奏议公牍、时政新闻等类与该大臣等所拟条例大致相同，且日出一册，尤便观览。南洋现尚无官报，应令仿照北洋章程妥酌开办，一体发交各属，销售各学堂阅看"。外务部希望以南北洋两地为试验，在全国范围内推广官报，"如能畅行，各省亦可逐渐推广"①。1904年2月，《南洋官报》正式创刊，报纸取古圣王临民之方、体国经野之法，"恭录甄采各项文件"，希望有助于农工实业的发展，"期于学务、农务、工务、商务次第振兴，有利无弊"②。

出此，《北洋官报》与《南洋官报》成为清季地方创办新式官报的典范。此后，地方督抚们纷纷上奏要求各自地方开办官报。1903年，江西巡抚夏𪧘上奏请办官报。他参照《北洋官报》章程，大致拟定了《江西官报》条例，"参酌《北洋官报》成法，拟定条例：首谕旨，次论述本省奏疏、文告、章程……凡一切谬说谣传，悉置不录"。夏𪧘介绍，《江西官报》发行后，"现已出至第十期，购阅者颇不乏人"。他希望借助官报宣传，启发民智，同时驳斥民间报刊不实传闻，"而近来上海各报草野传闻，每多失实。其谬妄最甚者乃至离经畔（叛）道，鼓煽浮嚣，实为生心害政"。他强调，应该广设官报，且报纸宗旨一定要端正，"欲去其弊而收其利，允以广设官报为宜。今江西所出官报，核其宗旨，尚能不诡于正"③。1904年，四川总督锡良

①《外务部遵议商约吕大臣等奏酌拟近今要务折》，《北洋官报》1903年第146期。

②《征文小启》，《南洋官报》1904年第1期。

③《署江西巡抚夏𪧘遵办官报片》，《江西官报》1903年第12期。

上奏，请求办官报以端风气、息谣言。他在奏折中称，深受南北洋影响，各省纷纷办报，但四川地处偏僻，民智不开，常有传讹现象，亟需开办官报，所谓"尤非亟办官报，不足以正观听而息浮言"。锡良上任后，将原有官书局改为官报书局，派河南候补道陆钟岱创办官报。《四川官报》"首列谕旨，次采奏章，并择登本省外省紧要公牍，暨各报所载纯正论说，及有关学术、商务、工艺、农业新闻"。报纸按旬出报，每月三本，分发各州县，散给四邻绅民购阅，"使民间于朝廷政治、中外情形，瞭（了）然心目，庶不为道听涂（途）说所惑"①。在朝廷鼓励下，办官报已成为流行趋势。面对民间报刊舆论威胁，地方督抚们更需要创办官方喉舌，用以对抗"邪说横行"的言论环境。

地方官员主动创办地方官报，是官报进入晚清官方传播体系的第一步。官员成为官方传播体系中的能动性因素，官员态度直接决定了地方办报格局，官报发展较为迅速的地区基本处于支持新政的督抚管辖之下。如在袁世凯大力提倡下，直隶省在新政改革至预备立宪之前，共创办了七份官报，分别是《北洋官报》《北洋学报》（1903年）《北洋官报汇编》（1904年）《武备杂志》（1904年）《北洋官话报》（1905年）《北洋法政学报》（1906年）《北洋学报汇编》（1906年）。以《北洋官报》为模板，官报种类不断丰富，军事类、法政类、学报类官报开始出现，正因"《北洋官报》开办以来，销路十分畅旺，有益于在官者，良非浅鲜"，于是"袁慰帅又拟开《北洋学报》，专辑学界要务，其出报及报例一如《北洋官报》办法"②，由此可见《北洋官报》在直隶地区报刊界的影响力。

与此同时，江苏省共创办了五份官报，分别是《南洋官报》

---

① 《督宪奏开办四川官报折》，《四川官报》1904年第29期。
② 《北洋学报将出》，《大公报》1903年11月14日。

（1904 年）《南洋日日官报》（1905 年）《学务杂志》（1906 年）《南洋兵事杂志》（1906 年）《南洋商务报》（1906 年）。这些官报能够得以迅速开办，与时任南洋大臣端方的大力推广不无关系。如，1909 年端方曾送《南洋兵事杂志》于四川总督岑春煊，随后岑氏要求将报纸"札发兵备处，转移常备军一体阅看"[1]。在张之洞、端方[2]的支持下，武汉成为地方官报发展进程较快的地区，所以从新政初期至预备立宪前，武汉共出版了《湖北学报》（后改名为《湖北教育官报》）《汉口日报》《湖北官报》《湖北警务杂志》四份官方报纸。1903 年创办的《湖北学报》即武昌府知府梁鼎芬在端方批示下创办，主笔是张之洞的重要幕僚陈毅。该报创办不久后，官方就以派销形式分发报纸，"遍饬属中之州县及诸局，令其认销。勒令善后局销二百分，牙厘局销百五十分，其余诸局无不勒其各销"[3]。可见，此时地方官员积极介入创办官报一事，并辅之以行政手段强制施行。

从 1901 年到 1906 年，是地方官报创办的高峰期。据笔者统计，该时期中国各地共创办了 49 份官报，除商部谕办的《商务报》、练兵处的《训兵报》、学部的《学部官报》外，其余 46 份皆为地方官报。这类报纸，覆盖范围颇广，到 1906 年，上海、武昌、长沙、太原、天津、济南、昆明、西安、南昌、南京、成都、保定、开封、安庆、奉天、广州、贵阳、兰州、遵义、广丰等城市都设有官报。内容方面，地方官报种类多样，既有《江西官报》《山东官报》之类的综合性官报，也有以《湖北学报》《南洋兵事杂志》《贵州教育官报》等为代表的专业性官报。督抚们还会根据报纸实际发行状况进行调整。譬如，

---

① 《咨送兵事杂志》，《申报》1909 年 6 月 6 日。

② 端方，1901 年升湖北巡抚，1902 年代理湖广总督。1905 年出洋考察宪政，归国后被任命为两江总督兼南洋大臣。

③ 《阅报之干涉主义》，《新民丛报》1903 年第 28 期。

最早创办的《湖南官报》收效甚微，被评价为"惟于社会毫无影响"①。于是，端方着手对其改良，亲自修订报纸章程，整顿报局业务。这一举措表明，地方督抚将兴办官报作为新政改革的一项重要内容步步推进，试图搭建地方信息传播系统。考虑到识字水平不高的下层民众，官报局还曾创设白话官报，如《山西白话演说报》等，并饬令各州县派人演说报纸内容，以期开通民智。从新式官报内容来看，除了寻常谕旨圣训之外，阅报者可以首次在官方流通的出版物中看到中外近事、时务论说以及洋报选录等与"新知"相关的内容，而这些内容则是邸报模式下难以触及的"信息盲区"。

尤其值得注意的是，这一时期出现了县级官报，分别是江西广丰县的《劝学报》和辽宁海城县的《海城白话演说报》。前者由广丰县劝学所创办，"署理广丰县邵莲士大令，近拟设立劝学所，并仿照各省章程选刊《劝学报》……附呈《劝学报》理明词达，足开锢蔽"②。后者由辽宁海城县知县管凤和在海城创刊，海城知县衙门编辑并发行，是近代东北第一家县报，也是近代东北第一份中文期刊，它积极推进了辽宁乃至整个东北新闻事业的发展。管凤和，字洛笙，曾在直隶总督袁世凯军中任职，1905年被袁世凯推荐，任海城县知事。③《海城白话演说报》全篇皆用白话文书写，可见创办者考虑到了受众需求，以通俗简单的言辞面对广大民众。这两份县级官报的发行主体皆为地方行政机关。它们的问世，说明了报刊这一媒介开始渗透到了基层政府内部，地方官员积极地利用其推广"新政"。综上，从数量到类型，再到区域，可见官方主导下的地方新式官报渐趋发达。

---

① 《各省报界汇志》，《东方杂志》1905年第2卷第8期。

② 《广丰县禀办劝学所》，《申报》1907年2月18日。

③ 辽宁报业通史编委会：《辽宁报业通史（第一卷）：1899—1978（上册）》，沈阳：辽宁人民出版社，2016年，第47页。

## 第三节　创办中央官报与官报实践的制度化

1906年9月，清廷发布上谕，正式宣布"仿行宪政，大权统于朝廷，庶政公诸舆论"。"仿行宪政"第一步便由官制入手，即"必从官制入手，亟应先将官制分别议定，次第更张"①。清廷计划逐步厘定法律、广兴教育、整顿武备、普设巡警，作为实行宪政的准备。

1907年，御史赵炳麟奏请朝廷设中央官报。他在奏折中指出，朝廷早年创办的钞报与政事无关，"外间钞报，如《谕折汇存》《阁钞汇编》之类，大抵皆照例折件，于朝廷立法行政本末无甚关涉"。但一国繁荣昌盛建立在信息公开之基础上，赵炳麟以雍正、乾隆年间钞报为例说明，"我朝如雍正、乾隆间钞报，凡立法行政皆详悉刊示，布告国人，至今可考"，认为雍、乾两朝刊登了大量立法行政事项，有据可考，民众得以了解天下大事，所以"盖立法行政，公诸国人，其法善也，人皆知其善而守之，于是不令而行"。但中国近年对涉及行政、立法的文件秘而不宣，导致"弊端百出"。赵炳麟详细罗列了信息封锁的三害：第一，朝廷改革只有官僚群体能够得知消息，容易引发内部腐败，"朝廷更一章、增一例，外人无由见之，司员奸黠者往往执人而语之曰，今日更一章矣，必若何运动，明日增一例矣，必若何通融，是虽撤胥吏之名，而仍留胥吏之害"。第二，朝廷政事变动，外人无从得知，往往民间报刊有闻必录，但造谣惑众，即"朝廷用人

---

① 《宣示预备立宪先行厘定官制谕》，载故宫博物院明清档案部编：《清末筹备立宪档案史料(上)》，北京：中华书局，1979年，第43—44页。

行政，国人无由研究，全恃私家报纸窥见崖略，而私家报纸有闻即录，语焉不详，往往失立法行政之真意，甚或捏造谣言，是欲掩天下耳目，适以乱天下耳目"。第三，民间报刊刊登国家机密，影响外交活动，"国家无详善官报，于是私报杂出，秘密探事，布满京师，以致军机、外交及宫中举动，皆被探出，刊登报章，是欲秘其所不必秘，而反发其所不可发"①。赵氏认为创办中央官报刻不容缓，需要将一切与立法行政相关的上谕和奏折公之于众。清廷随后责成"考察政治馆"核查赵炳麟的奏折。

为推行"预备立宪"，1907年8月，清廷将"考察政治馆"改为"宪政编查馆"。"宪政编查馆"仿照西方法制局创办，"查日本明治初年会设立宪法取调局"，参考其设局分科之法，"编制法规、统计政要等事项"。"宪政编查馆"直属军机处，设编制、统计两局。与此同时，该馆附设官报局，设局长一人，"综理原奏所定之编辑、校对、印刷、发行四项事宜，并酌定办事人员分任责成"②。直到1911年5月，清廷裁撤军机处改设内阁，"宪政编查馆"才随之撤除。

1907年4月，宪政编查馆大臣奕劻等人上奏，认可了赵炳麟请求。奏折中肯定了报刊作用，"东西各国开化较迟而进化独速，其宪法成立乃至上下一体，气脉相通，莫不借官报以为行政之机关"，即官报可以联通上下。中国邸报以奏折为多，民间报刊传闻失实，"向行邸报，大抵例折居多，而私家报纸，又往往撷拾无当，传闻失实，甚或

---

① 《御史赵炳麟请令会议政务处筹设官报局片》，载故宫博物院明清档案部编：《清末筹备立宪档案史料（下）》，北京：中华书局，1979年，第1059—1060页。

② 《宪政编查馆大臣奕劻等拟呈宪政编查馆办事章程折附清单》载故宫博物院明清档案部编：《清末筹备立宪档案史料（上）》，北京：中华书局，1979年，第47-51页。

放言高论，荧惑是非"，弊端丛生。基于这一现状，奕劻等人承认必须创办中央官报，"欲开民智而正人心，自非办理官报不可"。他们认为，南北洋、山东、陕西等官报的地方性、专业性太过明显，"惟仅关于一部一省之事"，所以需要建立一份全国性、综合性的官报，"由馆派员专办一报，以归纳众流，启发群治"。宪政编查馆赞同赵炳麟构想的官报体例，决定先开办日报，意在"共识负担国家之意，忠爱激发，咸有服从法律之心"①。宪政编查馆的批复表明，清廷试图将官报作为"行政机关"，将其纳入政治改革范畴。

1907年10月，《政治官报》正式开办，这是中国历史上第一份由中枢部门主办且公开发行的新式官报，标志性意义显著。《政治官报》专载国家政治文牍，由考察政治馆办理，按月发行。报纸宗旨在于培养立宪国民，"期使通国人民开通政治之智识，发达国家之思想，以成就立宪国民之资格"，即配合宣传立宪改革政策。无论官民，皆可购阅，以扩见闻。《政治官报》沿用派销方式，各省官方部门以及学堂须定额购阅，"外省司道府厅州县及各局所学堂等处，均由馆酌按省分大小，配定数目，发交邮局寄各省督抚衙门，分派购阅"②。

《政治官报》创立后，全国各地再次掀起创办官报的高潮。譬如，1910年，黑龙江巡抚周树模仿照中央、地方官报之例，在黑龙江创办《黑龙江官报》，"爰仿馆部各省所办官报体例，参酌本省情形，手订规章，名为《黑龙江官报》，派通晓时务人员专司编辑"。报纸体例基

①《宪政编查馆大臣奕劻等奏办理政治官报酌拟章程折附清单》，载故宫博物院明清档案部编：《清末筹备立宪档案史料（下）》，北京：中华书局，1979年，第1060—1061页。

②《宪政编查馆大臣奕劻等奏办理政治官报酌拟章程折附清单》，载故宫博物院明清档案部编：《清末筹备立宪档案史料（下）》，北京：中华书局，1979年，第1061—1062页。

本以宪政文牍为主，"凡谕旨、奏章暨一切筹备宪政之文牍，经营边务之法规，苟非事关慎密，靡不甄选纲要，分门采录"。该报创办数月后"发行渐多"，意在激发民众"共任负担义务之责，开明智识，各有服从法律之心"[①]。"预备立宪"期间创办的各种官报，基本与《政治官报》步调一致，以宪政的相关文牍为主要内容，宣传宪政。从1907年至1911年间，全国范围内共创办77份官报，除了《交通官报》《法政官报》《政治官报》外，其余74份报纸均由地方政府或行政机构创办。这些官报覆盖区域比前期更广泛，除上节所述的城市外，福州、桂林、齐齐哈尔、杭州、营口、拉萨等地也分别创办了官报。

1911年5月，清政府公布《内阁官制》《内阁办事暂行章程》，规定内阁由国务大臣组成，国务大臣负责辅弼皇帝。同时，还公布了第一届内阁组成名单，奕劻任内阁总理大臣。内阁官制的公布和责任内阁的出台意味着内阁成为国家行政中心，其在皇帝领导之下，享有处理全国行政事务的大权。

同年，内阁总理大臣奕劻上奏，请将《政治官报》改为《内阁官报》。奕劻在奏折中指出，改版主要基于以下考虑：其一，参考外国官报之法，希望由官报刊登法令，以官报到达（各地）日为法令生效日。其二，官方政策法规几经周转传递到外省外县后，往往收效甚微，"由长官达于庶僚，不知几何日月，几经转折，而其效力仅及于少数之官厅"，由于时效性低下，一些法律文件通常迟滞，"若犹用通咨之例，非特观听有限，不能收法治之成效"。因此民众鲜有国家观念、法律精神，"至于承学之士、受治之民，隔阂茫昧，有如秦

---

① 《黑龙江巡抚周树模奏创办黑龙江官报情形折》，载故宫博物院明清档案部编：《清末筹备立宪档案史料（下）》，北京：中华书局，1979年，第1068—1069页。

越"①。于是，奕劻等大臣决定由内阁印铸局管理官报，将《政治官报》改为《内阁官报》，希望报纸具备"行政效力"。②朝廷随后批准其奏折。

1911年8月，《政治官报》正式改为《内阁官报》。报纸的发行章程再次强调其行政特性，凡谕旨、法令等内容，统统由官报公布。法令与《内阁官报》从此紧密联系起来，"凡法令除专条别定施行期限外，京师以刊登《内阁官报》之日起，各行省以《内阁官报》递到之日起，即生一体遵守之效力"③。作为行政工具，《内阁官报》的发行无须收取邮费，"邮政局凡接有内阁印铸局印信之官报包封，即为免邮费之凭证"。当然，各地官僚机构也不得拖欠报费。改名后的《内阁官报》，成为公布法律命令的媒介，"代从前通行文书之用，实与重要公文无异。应饬各督抚责成各该司，按照条例章程，妥为分布，不得如前玩愒"④。

自中央级官报正式发行后，"一个纵向四级两类、横向遍布各地的结构严密的官报网络"⑤完全成型，新式官报正式成为制度化存在。官报传播网络既是物理意义上的覆盖，也是政治意义上的辐射。具言之，官报嵌入官僚制度主要体现在两个方面。第一，从发行范围来

---

①《内阁奏改设内阁官报以为公布法令机关折》，《内阁官报》1911年第1期。

②《内阁总理大臣奕劻等奏请将政治官报改为内阁官报酌拟条例折附清单》，载故宫博物院明清档案部编：《清末筹备立宪档案史料（下）》，北京：中华书局，1979年，第1069—1071页。

③《内阁官报条例》，《内阁官报》1911年第1期。

④《内阁总理大臣奕劻等奏请将政治官报改为内阁官报酌拟条例折附清单》，载故宫博物院明清档案部编：《清末筹备立宪档案史料（下）》，北京：中华书局，1979年，第1069—1073页。

⑤李斯颐：《清末10年官报活动概貌》，《新闻研究资料》1991年第3期。

看，"预备立宪"时期的官报发行网络基本覆盖全国，报纸"在地化"成果显而易见，各级行政机构和部门都能接收到报纸，这意味着官报在空间上全面介入了官僚政治体制。截至1911年，全国34个城市纷纷创立地方官报，新式报刊在地理格局上已完全嵌入了官僚政治体制。第二，从报纸性质来看，"预备立宪"之后的官报已具备了行政效力。《内阁官报》正式成为"公布法律命令之机关"，其他地方官报亦如此。

综上，1907年中央官报——《政治官报》创立后，新式官报在空间上基本遍布全国，形成纵横交错的传播网络体系。新式官报正式成为制度化的官方媒介，官报被定义为"公布法律命令之机关"，成为官僚体制上的运转机器。

## 第四节　空间与内容:新式官报的信息覆盖

　　1901至1911年间,全国共创办118份官报,上海、武昌、长沙、太原、天津、济南、昆明、西安、南昌、南京、成都、保定、开封、安庆、奉天、广州、贵阳、兰州、遵义、广丰、吉林、福州、桂林、齐齐哈尔、杭州等34个地方均设有官报。除了地域上面面俱到外,新式官报在种类上也应有尽有。综合性官报、专业性官报以及白话官报纷纷出台,可以满足不同读者群体的需求。

　　以《内阁官报》为首的中央级官方报刊负责登载一切政府文牍,各部门设有专业性官报;各省设有省级官报,各省下属部门亦设官报,形成了从中央到地方、从部到署的纵横结合的官方传播网络。报纸内容各异,如教育官报、农务官报、实业官报等,分别涉及不同官僚部门与媒介主题;报纸出版发行周期不同,如日刊、月刊、旬刊均有;报纸文体不一,既有文言官报,也有白话官报。短短十年,一个以官报为主要载体的官方传播系统已基本成型。

### 一、空间覆盖:由中央到地方、由省到县的辐射网络

　　新政前期,各省最先创办了一批省级官报,如天津《北洋官报》、南京《南洋官报》、长沙《湖南官报》、武汉《湖北官报》等等,辐射范围以本省及其周边地区为主。《政治官报》创立后,第一份中央官报正式面向全国发行。中央、省级官报体系的成功搭建,使官报发行网络触及全国各地。中央官报基本覆盖了全中国的省城及边疆枢纽,

其邮递区域如下:

> 奉天省城、直隶天津、保定、吉林省城、黑龙江省城、山东省城、山西省城、河南省城、湖北省城、湖南省城、江西省城、安徽省城、江苏江宁省城、苏州省城、浙江省城、福建省城、广东省城、广西省城、四川省城、陕西省城、甘肃省城、新疆省城、云南省城、贵州省城,兴京副都统、察哈尔都统、热河都统、荆州将军、绥远城将军、伊犁将军、乌里雅苏台将军及参赞大臣、青州副都统、密云副都统、京口副都统、凉州副都统、山海关副都统、归化城副都统、乍浦副都统、守护东陵大臣、守护西陵大臣、马兰镇总兵、泰宁镇总兵、库伦办事大臣、驻藏办事大臣、西宁办事大臣、科布多参赞大臣、塔尔巴哈台参赞大臣、川滇边务大臣。①

依上述内容可知,省级官报很好地弥补了中央官报空间分布的缝隙,将报纸发行区域延伸至各府州县和边疆。依现有史料,拙著通过官报派销欠费单,大致推算出清末新式官报区域分布(见表2-1)。为更直观体现官报分布的密集性,拙著根据《清史稿·地理志》里的疆域划分,在表格中列出五省管辖之下的所有府州县。打√意味着该地能够接收到官报;打×则意味着两种情况:(1)官报发行范围没有覆盖至该地,(2)该地已按时每月缴纳报费,不存在拖欠报费现象。就笔者推测,属于前者的可能性较大。新政时期,各省普遍存在拖欠报费的现象,即使较为富庶的州县也屡屡拖欠。因此,从常理上判断,不拖欠报费的县的存在概率微乎其微。

---

① 《内阁官报条例》,《内阁官报》1911年第1期。

## 表2-1 新式官报发行分布表

直隶省(依据《顺直各属州县解欠官报报价银数目》,《北洋官报》1906年第1217、1218、1219、1220、1221期)。

| | | | | | | |
|---|---|---|---|---|---|---|
| 顺天府(五州、十九县) | 宛平县√ | 大兴县√ | 良乡县√ | 固安县√ | 永清县√ | 东安县√ |
| | 武清县√ | 香河县√ | 通州√ | 三河县√ | 宝坻县√ | 宁河县√ |
| | 昌平州√ | 顺义县√ | 密云县√ | 房山县√ | 涿州√ | 霸州√ |
| | 文安县√ | 大城县√ | 平谷县√ | 蓟州√ | 保定县√ | 怀柔县√ |
| 保定府(二州、十四县) | 清苑县√ | 满城县√ | 定兴县√ | 新城县√ | 博野县√ | 容城县√ |
| | 祁州√ | 完县√ | 安肃县√ | 束鹿县√ | 安州√ | 高阳县√ |
| | 雄县√ | 蠡县√ | 望都县√ | 唐县√ | | |
| 正定府(一州、十三县) | 正定县√ | 获鹿县√ | 井陉县√ | 阜平县√ | 行唐县√ | 灵寿县√ |
| | 藁城县√ | 无极县√ | 赞皇县√ | 栾城县× | 元氏县√ | 平山县√ |
| | 晋州√ | 新乐县√ | | | | |
| 大名府(一州,六县) | 大名县√ | 南乐县√ | 元城县√ | 清丰县√ | 东明县√ | 开州√ |
| | 长垣县√ | | | | | |
| 顺德府(九县) | 邢台县√ | 沙河县√ | 南和县√ | 广宗县√ | 内丘县√ | 任县√ |
| | 平乡县√ | 唐山县√ | 钜鹿县√ | | | |
| 广平府(一州,九县) | 永年县√ | 曲周县√ | 鸡泽县√ | 肥乡县√ | 成安县√ | 磁州√ |
| | 威县√ | 邯郸县√ | 广平县√ | 清河县√ | | |
| 天津府(一州,六县) | 天津县 | 静海县√ | 青县√ | 沧州√ | 南皮县√ | 盐山县√ |
| | 庆云县√ | | | | | |
| 河间府(一州,十县) | 任丘县√ | 肃宁县√ | 阜城县√ | 景州√ | 交河县√ | 吴桥县√ |
| | 故城县√ | 东光县√ | 宁津县√ | 河间县√ | 献县√ | |
| 承德府(一州,三县) | 滦平县√ | 平泉州√ | 丰宁县√ | 隆化县× | | |
| 朝阳府(五县) | 建昌县√ | 建平县√ | 阜新县× | 绥东县× | 朝阳县√ | |

| 赤峰直隶州<br>(二县) | 林西县× | 赤峰县√ | | | | |
|---|---|---|---|---|---|---|
| 宣化府(一厅、<br>三州、七县) | 宣化县√ | 赤城县√ | 万全县√ | 龙门县× | 怀来县√ | 蔚州√ |
| | 西宁县√ | 怀安县√ | 延庆州√ | 保安州√ | 围场厅√ | |
| 口北三厅 | 张家口厅<br>√ | 独石口<br>厅√ | 多伦诺尔厅√ | | | |
| 永平府（一<br>州,六县） | 卢龙县√ | 迁安县√ | 昌黎县√ | 滦州√ | 乐亭县√ | 临榆县√ |
| | 抚宁县√ | | | | | |
| 遵化直隶州<br>(二县) | 玉田县√ | 丰润县√ | | | | |
| 易州直隶州<br>(二县) | 涞水县√ | 广昌县√ | | | | |
| 冀州直隶州<br>(五县) | 南宫县√ | 枣强县√ | 新河县√ | 武邑县√ | 衡水县√ | |
| 赵州直隶州<br>(五县) | 柏乡县√ | 隆平县√ | 宁晋县√ | 高邑县√ | 临城县√ | |
| 深州直隶州<br>(三县) | 武强县√ | 安平县√ | 饶阳县√ | | | |
| 定州直隶州<br>(二县) | 曲阳县√ | 深泽县√ | | | | |
| 其他地区 | 河捕府√ | 清军府√ | 督河府√ | 永平三府√ | 围场粮<br>捕府厅√ | 盐捕府√ |

江苏省(依据《宁属欠解南洋官报费清单》,《南洋官报》1910年第107期;《苏属欠解南洋官报费清单(续)》,《南洋官报》1910年第108期)。

| 江宁府<br>(七县) | 上元县√ | 句容县√ | 六合县√ | 溧水县√ | 高淳县√ | 江浦县√ |
|---|---|---|---|---|---|---|
| | 江宁县√ | | | | | |
| 淮安府<br>(六县) | 山阳县√ | 清河县√ | 盐城县√ | 阜宁县√ | 安东县√ | 桃源县√ |

| 扬州府（两州，六县） | 江都县√ | 甘泉县√ | 扬子县√ | 兴化县√ | 宝应县√ | 东台县√ |
| | 高邮州√ | 泰州√ | | | | |
| 徐州府（一州，七县） | 萧县√ | 砀山县√ | 铜山县√ | 丰县√ | 沛县√ | 宿迁县√ |
| | 睢宁县√ | 邳州√ | | | | |
| 通州直隶州（两县） | 如皋县√ | 泰兴县√ | | | | |
| 海州直隶州（两县） | 赣榆县√ | 沭阳县√ | | | | |
| 海门直隶厅√ | | | | | | |
| 苏州府（九县，二厅） | 太湖厅√ | 镜湖厅× | 吴县√ | 昆山县√ | 新阳县√ | 常熟县√ |
| | 长洲县√ | 元和县√ | 昭文县√ | 吴江县√ | 震泽县√ | |
| 松江府（一厅，七县） | 川沙厅√ | 华亭县√ | 金山县√ | 奉贤县√ | 上海县√ | 青浦县√ |
| | 南汇县√ | 娄县√ | | | | |
| 太仓直隶州（四县） | 崇明县√ | 宝山县√ | 嘉定县√ | 镇洋县√ | | |
| 常州府（八县） | 武进县√ | 无锡县√ | 金匮县√ | 江阴县√ | 宜兴县√ | 荆溪县√ |
| | 靖江县√ | 阳湖县√ | | | | |
| 镇江府（一厅，四县） | 太平厅× | 丹阳县√ | 金坛县√ | 丹徒县√ | 溧阳县√ | |

**安徽省**(依据《安徽省欠解南洋官报费单(续)》,《南洋官报》1910年第109期)。

| 安庆府（六县） | 怀宁县√ | 桐城县√ | 太湖县√ | 望江县√ | 潜山县√ | 宿松县√ |
| 庐州府（一州，四县） | 合肥县√ | 庐江县√ | 舒城县√ | 巢县√ | 无为州√ | |
| 凤阳府（二州，五县） | 凤阳县√ | 怀远县√ | 灵璧县√ | 定远县√ | 凤台县√ | 宿州√ |
| | 寿州√ | | | | | |
| 颍州府（一州，六县） | 颍上县√ | 霍邱县√ | 涡阳县√ | 蒙城县√ | 太和县√ | 阜阳县√ |
| | 亳州√ | | | | | |
| 徽州府(六县) | 歙县√ | 休宁县√ | 祁门县√ | 婺源县√ | 绩溪县√ | 黟县√ |

| 宁国府(六县) | 宣城县√ | 泾县√ | 太平县√ | 宁国县√ | 南陵县√ | 旌德县√ |
|---|---|---|---|---|---|---|
| 池州府(六县) | 贵池县√ | 青阳县√ | 建德县√ | 石埭县√ | 东流县√ | 铜陵县√ |
| 太平府(三县) | 当涂县√ | 繁昌县√ | 芜湖县√ | | | |
| 广德直隶州<br>(一县) | 建平县√ | | | | | |
| 滁州直隶州<br>(二县) | 全椒县√ | 来安县√ | | | | |
| 和州直隶州<br>(一县) | 含山县√ | | | | | |
| 六安直隶州<br>(二县) | 英山县√ | 霍山县√ | | | | |
| 泗州直隶州<br>(三县) | 天长县√ | 盱眙县√ | 五河县√ | | | |

湖北省(依据《各行告白》,《湖北官报》1908年第20期;《本局广告》,《湖北官报》1909年第97期)。

| 武昌府(一<br>州,九县) | 江夏县√ | 武昌县√ | 蒲圻县√ | 嘉鱼县√ | 崇阳县√ | 通城县√ |
|---|---|---|---|---|---|---|
| | 通山县√ | 大冶县√ | 咸宁县 | 兴国州√ | | |
| 汉阳府(一州,<br>一厅,四县) | 汉川县√ | 孝感县√ | 黄陂县√ | 汉阳县√ | 沔阳州√ | 夏口厅√ |
| 黄州府(一<br>州,六县) | 黄冈县√ | 蕲水县√ | 黄安县√ | 罗田县√ | 广济县√ | 黄梅县√ |
| | 蕲州√ | | | | | |
| 安陆府(四县) | 钟祥县√ | 京山县√ | 天门县√ | 潜江县√ | | |
| 德安府(一<br>州,四县) | 安陆县√ | 云梦县√ | 应城县√ | 应山县√ | 随州√ | |
| 荆门府(七县) | 江陵县√ | 石首县√ | 监利县√ | 公安县√ | 宜都县√ | 枝江县√ |
| | 松滋县√ | | | | | |
| 襄阳府(一<br>州,六县) | 襄阳县√ | 宜城县√ | 南漳县√ | 光化县√ | 谷城县√ | 枣阳县√ |
| | 均州√ | | | | | |

| 郧阳府（六县） | 郧县√ | 竹山县√ | 保康县√ | 房县√ | 竹溪县√ | 郧西县√ |
|---|---|---|---|---|---|---|
| 宜昌府（一州,五县） | 东湖县√ | 长阳县√ | 兴山县√ | 巴东县√ | 长乐县√ | 归州√ |
| 施南府（六县） | 恩施县√ | 宣恩县√ | 建始县√ | 咸丰县√ | 来凤县× | 利川县× |
| 荆门直隶州（二县） | 远安县√ | 当阳县√ | | | | |
| 鹤峰直隶厅√ | | | | | | |

湖南省(依据《〈长沙日报〉馆催缴报费告白》,载黄林编:《近代湖南出版史料(二)》,长沙:湖南教育出版社,2012年第1129—1132页)。

| 长沙府（一州,十一县） | 长沙县√ | 善化县× | 湘潭县√ | 湘阴县√ | 宁乡县√ | 浏阳县√ |
|---|---|---|---|---|---|---|
| | 益阳县√ | 安化县√ | 湘乡县√ | 醴陵县√ | 攸县√ | 茶陵州√ |
| 宝庆府（一州,四县） | 邵阳县√ | 城步县√ | 新化县√ | 新宁县√ | 武冈州√ | |
| 岳州府（四县） | 巴陵县√ | 平江县√ | 华容县√ | 临湘县√ | | |
| 常德府（四县） | 武陵县√ | 龙阳县√ | 桃源县√ | 沅江县√ | | |
| 澧洲直隶州（五县） | 石门县√ | 安乡县√ | 慈利县√ | 安福县√ | 永定县√ | |
| 南州直隶厅√ | | | | | | |
| 衡州府（七县） | 衡阳县√ | 清泉县√ | 衡山县√ | 常宁县√ | 耒阳县√ | 酃县√ |
| | 安仁县√ | | | | | |
| 永州府（一州,七县） | 祁阳县√ | 零陵县√ | 东安县√ | 永明县√ | 宁远县√ | 江华县√ |
| | 新田县√ | 道州√ | | | | |
| 桂阳直隶州（三县） | 临武县√ | 蓝山县√ | 嘉禾县√ | | | |
| 郴州直隶州（五县） | 永兴县√ | 宜章县√ | 桂阳县√ | 桂东县√ | 兴宁县√ | |

| | | | | |
|---|---|---|---|---|
| 辰州府（四县） | 沅陵县√ | 泸溪县√ | 溆浦县√ | 辰溪县√ | |
| 沅州府（三县） | 芷江县√ | 麻阳县√ | 黔阳县√ | | |
| 永顺府（四县） | 永顺县√ | 龙山县√ | 保靖县√ | 桑植县√ | |
| 靖州直隶州（三县） | 会同县√ | 绥宁县√ | 通道县√ | | |
| 凤凰直隶厅√ | | | | | |
| 乾州直隶厅√ | | | | | |
| 永绥直隶厅√ | | | | | |
| 晃州直隶厅√ | | | | | |

这五份官报的发行范围基本覆盖了直隶、江苏、安徽、湖北、湖南五省。除直隶栾城、龙门、隆化、绥东四县，江苏靖湖厅、太平，湖北利川、来凤两县，湖南善化县外，其他各县都能接收官报。可见，官报触角已延伸至各省之下的厅、州、县。除此之外，还有一些史料记载了官报在其他省份的发行区域，但不如直苏皖鄂湘五省具体，在此罗列如下：

山西省内，《并州官报》派销区域如下：岢岚州、兴县、介休县、永宁州、潞城县、黎城县、凤台县、高平县、辽州、榆社县、沁源县、武乡县、平定州、盂县、洪洞县、岳阳县、吉州、蒲县、永和县、赵城县、解州、荣河县、绛县、偏关县、忻州、定襄县、保德州、河曲县、代州、崞县、五台县、大同县、广灵县、灵丘县、朔州、绥远城厅、萨拉齐厅、五原厅、宁远厅、托克托城厅、清水河厅。[1]

---

①《并州报馆广告》,《并州官报》1909年第83期;《并州报馆广告》,《并州官报》1909年周年纪念期。

吉林省内，《吉林官报》派销区域如下：长春府、伊通州、农安县、磐石县、新城府、滨江厅、敦化县、依兰府、宾州厅、双城厅、榆树县、五常厅、延吉厅、临江州、绥芬厅，还有蜂蜜山精锐左翼右营部队李、兰彩桥朱巡检、驻五常厅太平山吉兴左营、驻宾州管带吉安右军右营部队隆、拉林河军营崇、长春二道沟交涉分局、赫尔苏吉兴军前营马队丰。①

基于上述资料，可发现官报发行特点体现在两个方面。首先，中央级官报发行范围面向全国各地，包括了清政府政治枢纽和边疆重镇。如兴京副都统、察哈尔都统、乌里雅苏台将军及参赞大臣、驻藏办事大臣等重要边防关卡都能阅读到官报。②这些驻守官员与官报积极互动，配合官方宣传动员。凉庄副都统订购《政治官报》后"讲解宣示旗丁，以开风气"③，科布多参赞大臣认为官报"于地方政治实有补助"④。与此同时，官报广泛收录了边疆地区的公牍文稿，如宪政编查馆请求热河都统"将贵署公牍事件及地方情形，随时抄送报告到馆，以便登录"⑤，可见官报已成为边塞地区了解政情、传播政令的重要媒介。截至1911年，全国34地纷纷成立地方官报，官报在地理格局上已完全嵌入官僚政治体制。其次，地方官报在本省及其邻省派销，覆盖各府、州、县等地。官报作为传播的纽带，将城市、乡村、边疆连成一体，逐渐形成了覆盖全国的传播网络。

---

① 《丁未年派销吉林官报分数欠资表》，《吉林官报》1908年第96期。

② 《内阁官报条例》，《内阁官报》1911年第1期。

③ 《又咨复凉庄副都统寄阅官报文》，《政治官报》1908年第130期。

④ 《又咨复科布多参赞大臣寄阅官报文》，《政治官报》1908年第130期。

⑤ 《热河都统廷咨复派阅官报分数并通饬劝谕一体购阅文》，《政治官报》1907年第44期。

## 二、内容覆盖：主题不同、文体不一的官报种类

直到1911年，除了新疆、西藏二地尚未成立省级官报外，其他各省皆建立起了完备的官报宣传体系。作为综合性官报，各省级官报刊登中央和地方政府文牍，宣传本省新政事项。中央和各省又为之开办了专业性官报，面向不同群体，在教育、商业、农业、司法等方面多有涉猎。如，教育类官报旨在"收罗关于全国学务及本省教育之事件，以便教育界中人有所考查及取法"[1]；商务类官报旨在"发表商部之方针、启发商民之智识、提倡商业之前途、调查中外之商务"[2]，传播专业资讯。新政后期，为扩大官报影响力，不少地区开始创新报纸文体，成立白话官报，试图向底层民众灌输官方思想。这些官报内容、文体各有侧重，创办主体横跨中央各部与各省署、公所，实现了从空间到内容的全覆盖。

### （一）综合性官报

作为政府喉舌，省级综合性官报有着明确的政治导向，意在端正思想、匡正人心，"官报宗旨在宣上德，而达下情。今拟以政教为先，而考求利弊之所在，尤以励官民才识、斥官吏贪残、端学生趋向为要义"[3]。正如张之洞在开办《湖北官报》时所言，"官报与民间开设之报馆不同，务须宗旨纯正、题材谨严"[4]。张氏亲自拟定《凡例》，主要内容如下：

> 本报大意以正人心、增学识为宗旨，二义并行，凡邪诐悖

---

[1]《贵州教育官报试办章程》,《贵州教育官报》1906年第1期。
[2]《商务官报章程》,《商务官报》1906年第1期。
[3]《江西报例》,《江西官报》1903年第2期。
[4]《督部堂张饬开办湖北官报札》,《湖北官报》1905年第1期。

乱之说，猥鄙偏谬之谈，一概不录。

本报所录必有关于政法、学校、兵事、财用及农工商渔各实业，暨交涉要端，俾究心时务者得以周知时局，扩启见闻。可为励学之资，应事之助，其不在此六项者不录。①

可见，综合性官报以谕旨、奏折以及政策为主，企图强化"正人心""增学识"导向功能。报纸着重刊登"严肃新闻"，避免不实传闻，通俗类新闻一概不予报道。

省级官报栏目设置囊括各方面，但偏向本省公牍与新闻，略有涉及专业性知识，但强调地域性特征。如河南官报局强调，"省城公牍由各衙门局所文案随时择要选出，即由本署本局书吏抄送"②；《秦中官报》表示，"当以秦中政事为纲"③；南洋官报局则表示，"南洋报自应以两江奏牍为主，而宁省督辕批牍尤为扼要"④，关注本省新闻。

（二）教育类官报

教育事业发展有赖于报刊传播。官方尚未介入前，一些民间团体早已开办了学报。有识之士们纷纷发文鼓吹学报之重要性，最著名的当数《学报》主编何擎一发表的《学报叙例》一文。何擎一，又名何澄一、何澄意、何天柱，广州香山人，光绪年间秀才，因长期追随

---

①《凡例》，《湖北官报》1905年第1期。

②《河南课吏馆司道详定开办河南官报章程》，《北洋官报》1905年第567期。

③《序》，《秦中官报》1904年第1期。

④《本局主笔呈藩宪遵拟改订南洋官报内容体例清折》，《南洋官报》1909年第1期。

康、梁，得以入门弟子相待，曾为康、梁经办书局。①该文刊发后，《时报》《寰球中国学生报》等民间报刊纷纷转载，《山东官报》亦转载，其赞同态度可见一斑。文中指出，学报主要为学校、教师、学生等群体提供服务。"学报何为而作也？为供给此三种最急之需要而作也。为学校苦于无良教师，学校教师苦于无良教科书故，是故有学报；为学校生徒苦于无良参考书，不便复习故，是故有学报；为中年以上之人或限于境遇不能入学校者，无自修自进之途径故，是故有学报"②。对于教师来说，学报角色相当于教科书；对于学生来说，学报起到了参考书作用；对于尚未入学者来说，他们可以将学报当作自修课本使用。作者进一步指出，学报应分为诸多门类，可以开设物理学、英语学、经济学、卫生学、音乐学等专栏，普及最新知识文化。

教育类官报中，最著名的当数学部1906年开办的《学部官报》，这是我国早期的教育行政公报。创刊不久后，学部便要求各省学堂、学务机构订阅该报，更建议将"此报宜永存各官署及各学堂处所，以资考查"③。在此之前，湖北、直隶、江苏、四川等省各学务公所已先行试办教育类官报及学报，"以为增长智识之助"④。各级官员充分认识到报刊媒介在传播知识、阐释道理方面的作用。现介绍代表性官报如下：

（1）《教育杂志》

1905年1月6日，《教育杂志》在天津创刊，由直隶学务处（后改

---

① 转引自上海社会科学院历史研究所编：《史范往事：上海社会科学院历史研究所成立60周年纪念文集》，上海：上海社会科学院出版社，2016年，第80页。

②《学报叙例》，《学报》1907年第1卷第1期。

③《派购学部官报略例》，《北洋官报》1906年第1258期。

④《添发学报》，《四川官报》1906年第12期。

为直隶学务公所）编辑及发行，是近代最早的省级教育行政机关刊物。报纸由袁世凯批准创办。袁氏高度重视直隶地区的教育事业发展，希望该报成为"学界交通机关之具"[1]。报纸月出两刊，暑假、年假内各停一次，每年出版十期。报价每册零售洋四角，订阅全年洋三元二角。1911年10月22日停刊，共出137期。初名《教育杂志》，1906年4月改名《直隶教育杂志》，1909年2月又改为《直隶教育官报》。

图2-3　1909年第20期《直隶教育官报》封面

报纸分为诏令、文牍、纪事、论说、讲义五个部分，各有侧重。报纸多次刊登载日本学堂讲义的留日学生笔记，如《法制学讲义》《地文学讲义》《教育学讲义》等，起到了参考书的作用，具有极高的学术价值。

（2）《学务杂志》

深受直隶《教育杂志》影响，两江学务处要求创办《学务杂志》，官员在奏折中写道，"本处前请仿照直隶《教育杂志》办法，拟编印《学务杂志》，以为表扬学界开通风气之助"。经宪台批示，报纸参照《教育杂志》章程开办，并聘请编译人员。报纸内容分十类，"诏令第

---

①《学务处拟办教育杂志呈送试办章程文并批》，《北洋官报》1904年第516期。

一、奏议第二、公牍第三、学术第四、规制第五、实业第六、通论第七、时闻第八、杂录第九、广告第十"①。1906年6月,《学务杂志》在南京创刊。报纸月出一册,每月25日发行,由两江学务处编辑,南洋官报局排印。

《学务杂志》创办目的有三。其一,传播教育方针,"为学界交通机关之具"。官报局认为,当今世界强大与否,在于一国教育,因此"本处同人编纂,明辨慎择,精心结撰,一以国民公利公益为目的,务在发动士民国家思想,而昌明正学"。其二,发挥普及教育功效。官报局认为,普及教育的根本在于创设蒙学堂、小学堂以及师范学堂。然而,官款有限,不能建立太多学堂。一些有志于设立学堂、改良私塾的绅商士民,可以根据《学务杂志》上登载的文牍、师范讲义、学堂学会章程来扩充闻见,开通地方风气。其三,《学务杂志》认为,该报具有丛报性质,可以汇聚各方精华,所谓"无日力多读他报者,即专阅本杂志,可以知时务而于学术政治之崖,略所得已多"②。

(3)《学部官报》

1906年,《学部官报》在北京创办,由学部编辑发行。第一、二期为月刊,从第三期起改为旬刊,报纸"仿各国行政衙门刊发公告之意,按期编纂发行,以辅行政之机关"③。报纸分八个栏目,分别是:一,谕旨;二,奏折;三,文牍,凡学部咨札函电批示,择要登载;四,报告,专记各省及东西洋学务情形,若京外添设学堂与学务经费之文牍,摘由附载;五,京外奏稿,凡有关学务者,择要登载;六,审定书目,凡经学部审定之书,列表登载,其有关于此类之文牍附列

---

① 《本处编辑学务杂志详文》,《学务杂志》1906年第1期。

② 《学务杂志广告》,《学务杂志》1906年第1期。

③ 《学部官报重定例言》,《学部官报》1906年第3期。

于后；七，选译书报，凡东西各报，关系学制、教育、学术者，选译
登载，其有东西各国书籍篇幅较巨者，自为一类；八，附录，杂载有
关学务之著论、演说、谈辨、问答。①

《学部官报》中的外报选译常被民间报刊转载，在新知传播方面
具有一定的影响力。报纸开办之后，学部便要求各省府、州、县以及
各学堂订阅该报，"府城及各直隶州学堂处所较多，应由各府直隶州
派发"②。

（三）商业类官报

清末以降，为挽救国家危亡，社会各界提出"实业救国""商战"
等口号，认为国家富强尤以商业为先，希望依靠工商业发展，振兴国
民经济。各省工商部门逐渐意识到报刊宣传能够开通风气，促进经济
发达。吉林农工商局局长胡宗瀛曾云，"吉省风气未开，振兴实业不
得不借助报纸之力，以为鼓动"③。正是基于此，一批商业类官报纷
纷创立，以期促进实业进步。《福建农工商官报》发刊辞曾云，西方
报纸曾起到较好的宣传作用，对于农工业发展大有裨益，所谓"农工
商实业也，实业者不可以空言期其效。然西人每有一事必有报，报者
类空言而非空言者也"。时人认为，由于信息闭塞，中国农工商业发
展难以互助，政府不知民间需求，民间安于困顿。种种不畅，皆因没
有报纸沟通上下、内外。"今吾国之业农工者，不可以亿计，即业商
者亦奚止数十百万，各不相谋，则上之所期与下之所苦，终始阂隔，
而莫能得其通也。……凡此者皆无报为之导也。"官方希望以报刊为
媒介，打通上下隔阂，"搜罗中外关于农工商之新知识……条陈意见，

---

①《学部官报重定例言》，《学部官报》1906年第3期。

②《派购学部官报略例》，《北洋官报》1906年第1258期。

③《禀办实业官报》，《北洋官报》1907年第1505期。

报告情况"①。现介绍代表性官报如下：

（1）《南洋商务报》

江南商务总局以"商民风气未开，创办商务官报分销各处，犹时以不能普及"为由，向商部请求创办《南洋商务报》，"以期维持商业、启发商智"②，随后得到商部批准立案。1906年，《南洋商务报》创刊，1909年停刊。自开办以来，该报"仿各国工商实业专门报告之法，踵商部现行商务官报之例"。每月出版两期，全年共计二十四期。

《南洋商务报》的开办宗旨称："一、发表朝廷暨商部建设商政一切之方针；二、启导全国工商各界人群进化之智识；三、提倡南洋各省商业贸易之前途；四、阐明东西各国商计等学之新理。"报纸设谕旨、论说、译录、奏议、文牍、规律、记事、群议等栏目。该报另出《商学报》，报纸内容侧重五个方面，"一、圜法论（本局科员江洵慕自撰之稿）；二、银行论（商局承译东文本）；三、商品调查表（江宁商品陈列所录呈）；四、商业调查表（江宁商会暨商局调查员报告）；五、拟择取发明计学新理诸书，随时增入"③。

（2）《商务官报》

1906年，《商务官报》在北京出版，由原官商合办的《商务报》改归官办而成，1911年终刊。报纸每月出版三期，每册四十页左右，全年共出版三十三期，闰月增刊三期，遇有要件临时增刊。《商务官报》由商部主办，商务官报局编辑，商部工艺局印刷科印刷，商部工艺局发行，旨在"发表商部之方针，启发商民之智识，提倡商业之前途，调查中外之商务"④。报纸以商业资讯为主，分为八个栏目：一、

---

① 《发刊辞》，《福建农工商官报》1910年第1期。
② 《苏州批准开设南洋商务官报》，《申报》1906年10月14日。
③ 《南洋商务报简章》，《南洋商务报》1906年第1期。
④ 《商务官报章程》，《商务官报》1906年第1期。

论说，"以经济学理为基础而参以实际应用之方法，此为发挥本报主义之地"；二，译稿，"东西各报其关系商务者，精理名言不遑枚举，至各国之对我经营尤足注意，译录于此，以示他山之助"；三，公牍，"凡关涉商务重要问题者，节录登载其例行公事，从略分类如左：（甲）谕旨、（乙）奏稿、（丙）咨文、（丁）批示，凡商部各种批示悉行登载，商民得以此为据"；四，法律章程，"凡商部新定各种商律及新颁各种部章悉行，首先登载以示公

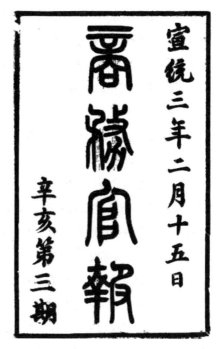

图2-4　1911年第3期《商务官报》封面

布"；五，调查报告，"凡调查报告之件，足资参考者，节录登载或全文照登，约分三类：（甲）本部特派员之报告，（乙）各省商务机关之报告，（丙）各埠领事之报告"；六，专件，"凡关于商务上各种条约、合同、条陈、章程等类，悉归此门登载"；七，记事，"以关涉商部及商界中之事为限"；八，附录。①

《商务官报》在经济新闻领域具有一定影响力，报纸中英文译著、观点论说等内容，常被《申报》《东方杂志》转载，如《论中国宜求为工业国》《今后振兴实业之方针》《述英国商业发达新状态》等文，

①《商务官报章程》，《商务官报》1906年第1期。

可见专业性官报在引导舆论、推动新政发展方面的助力功效。此外，报纸还根据商部统计数据，制作了有关各省各业经济、实业发展的统计表，如《江西省各属矿产表》《湖南调查林业统计表》《矿政调查表》，具有重要的史料价值。

（四）农业类官报

随着农业的不断发展，信息互通成为农业发展的必要条件。早在1903年，直隶地区农务学堂就已禀请北洋官报局，要求出版农学类报纸并附入《北洋官报》。"惟近数年来，东西各国农学书报多已由上海《农学报》翻译……此次直省拟办农报，若仍就成书译述，恐涉重复，似宜就该学堂讲授实验有效者，考察本省各州县土性所宜，征引简便易行新法。"北洋官报局认同这一提议，认为农务类报纸可以与学堂相辅而行，初步拟定了开办农务官报的若干计划。[①]此后，一些农部官员多加反映，官方应仿行欧美，广设农报，"惟农事繁碎，欲期发达之速，在于兼收博采，多设农报，以广见闻，且欧美各国，无不注重农报。请饬各省设立农务官报，殊于实业有裨等"[②]。新政时期，清政府高度重视农业发展，兴建农业学堂、农事试验场，农业官报在其中发挥了推广农政、研究农学以及发散新知的重要作用。现介绍代表性官报如下：

（1）《直隶农务官报》

1902年5月，直隶总督袁世凯奏请清政府在保定设立"直隶农务学堂"，1904年更名为"直隶高等农业学堂"。1905年11月，《北直农话报》由直隶高等农业学堂创办。报纸为半月刊，每月出版两册，暑假停刊两月，全年二十册，每册五十页。报纸由学堂同人集资二百余

---

①《北洋官报局详覆农务学堂禀办农学报遵饬核议由并批》，《北洋官报》1903年第104期。

②《直隶农务总会详筹办农务官报文并批》，《北洋官报》1908年第1816期。

元本金开办，一切庶务、执笔、会记、书记均由同人承担，概不付资。每本定价大洋一元八角，概不零售。[1]《北直农话报》采用派销与代派相结合的售报方式，形成了以直隶为中心、覆盖全国的发行网络。报纸发行所位于直隶保定府北大街官书局，同时在北京大学堂师范馆、高等商业学堂，天津军医学堂、北马路官书局，以及保定、易州、河间、正定、安州、上海、宝坻等地设有多个代派处。[2]1908年，奉农工商部批文，直隶农务总会将《北直农话报》改名为《直隶农务官报》。[3]

图2-5 1906年第9期《北直农话报》封面

(2)《江西农报》

1907年5月12日，《江西农报》创刊。该报第一期至第十期为半月刊，从第十一期起改为月刊，每月中旬出刊，1911年停刊。报纸由江西农工商矿总局农事试验场编辑部出版兼发行，由江西官书局印刷。该报"以研究农术，发达全省农业为目的"，凡关于农业、理化诸学，必择精语详，以期兼输士人理化思想并促农业之进步。报纸辟

①《北直农话报简章》，《教育杂志》1903年第13期。

②《本报代派所一览表》，《北直农话报》1905年第3期。

③《直隶农务总会详筹办农务官报文并批》，《北洋官报》1908年第1816期。

有论说、公牍、报告、试验报告、学术、专件、农事新闻等专栏，"凡关于农界以外之事，概不干涉"①。数年间，该报介绍了不少西方先进农业科学技术知识。1908 年，该报得到北京农工商部表彰，农工商部饬令各省发行农报，其一切章程均仿《江西农报》办理。

(五) 法政、军事类官报

"预备立宪"前后，社会各界日渐关注法学研究、法理常识。两江总督周馥强调，应在官报中添加法政专栏，"明诏预备立宪，非使人人有政法思想不可。欲于官报中编列政法一门，阐明政法原理，俾人手一纸，增进其知识，储为立宪之国民"，为"预备立宪"做准备。②袁世凯认为，必须发挥报章的导向作用，传播法学知识，所谓"政治法律之学，尚在萌芽，非借报章之力，以发挥不足，去阻力而导先路"③。兵部、警部官员也意识到创办部门官报之重要性。他们认为，警部方针惟有通过报纸宣传，人民才能理解接受。如，河南警部指责该地各府未认真办理官报，导致民间不甚了解警务，"各乡巡警尤为虚行，故事实因民间不知警务之有益"④。由此，不少警务官报、军事官报陆续开办，意在普及巡警法令知识，促进警界进步。现介绍代表性官报如下：

(1)《北洋法政学报》

1906 年，北洋官报局奉袁世凯之命，将《北洋学报》与原在日本东京出版的《法政杂志》两刊合并为《北洋法政学报》。袁世凯委任留日法政学堂毕业生吴兴让为杂志主编。报纸撰稿人有徐家驹、唐宝锷、沈家本、吴兴让。除了宣传"预备立宪"法理外，报纸还翻译了

---

①《江西农报叙例》，《江西农报》1907 年第 1 期。

②《南洋官报注意法政》，《北洋官报》1906 年第 1169 期。

③《督宪札文》，《北洋法政学报》1906 年第 1 期。

④《汴省筹办警务官报》，《江南警务杂志》1910 年第 2 期。

日本、德国法学家讲义、法学知识大纲，科普法律常识。

1910年，《北洋法政学报》改名为《北洋政学旬报》。主编在新版发刊词中指出，报纸与国运紧密相连，中国民众无自治能力，在于报纸不发达，"国家大势之盛衰，恒视社会进化之高下，以为比例差；而人民进化之迟速，恒视报纸之消长，为比例差"。此前报纸关注范围较为狭隘，所以编撰人员力图改版，扩充读者知识面，助力宪政发展，所谓"当预备立宪时代，内观我国之趋势，外鉴列国之情形，诚非大加扩充，萃政治之精华，汇学术之渊海，不足浚沦智慧，灌输文明，以助宪政之发达"。改版后的报纸月出三册，内容分六类，一宪政类，二财政类，三军政类，四外交类，五教育类，六实业类，是为正编。正编之外，有附著三种，一曰新法令，二曰文苑，三曰掌故。①

（2）《南洋兵事杂志》

江苏省编练新军之后，各军事学校纷纷建立，军事教育迫在眉睫。鉴于军报可以扬军人精神、振兴武学，两江督练所教练处遂要求创办军事类报刊。江宁督练公所朱方伯、徐镇军等官员因"南洋征兵渐著成效"，所以提倡"拟仿《学务杂志》之例开办《南洋兵事杂志》"②。与此同时，"参仿《北洋武备杂志》办法编印"③，为研究战术、振兴武学之助。1906年9月，《南洋兵事杂志》创办于南京，月刊，由两江督练所教练处总发行，兵事杂志社编辑。报纸开办经费为洋七百五十元，由公家暂行筹垫。④杂志每月出版一期，专为军职人

---

① 《北洋政学旬报缘起》，《北洋政学旬报》1910年第1期。

② 《开办南洋兵事杂志》，《北洋官报》1906年第1091期。

③ 《两江督练公所详江督周拟办南洋兵事杂志并请饬局筹垫经费文》，《北洋官报》1906年第1154期。

④ 《请筹南洋兵事杂志详文》，《南洋兵事杂志》1906年第1期。

图 2-6　1908 年第 27 期《南洋兵事杂志》封面

员提供，军人以外人员概不出售，所谓"在江苏军人自排长以上，义务购读。局所由总办，学堂由总办或监督，军队由各团队长，将其部下人名单函送公所，由公所按名，每月给发。外省军人自由购读"①。端方曾向四川总督岑春煊邮送《南洋兵事杂志》，随后岑氏要求将报纸"札发兵备处，转移常备军一体阅看"②。

《南洋兵事杂志》定位为"学报之一种，为军人智识上之交通机关，学业经验之发达端赖"③。报纸意在"以普及军界为贵"，栏目共计九类，分别是诏令、公牍、通论、学术、经历、问答、见闻、通信、广告。④值得注意的是，该杂志与日本方面交流密切，曾聘请日本教员为干事，并配有翻译人员翻译日本教员的原稿。报纸创刊时，还刊登了日本教员撰写的祝贺词。

（六）白话官报

为了照顾不识字的读者，官报局陆续创办了大量白话官报，辅之

①《南洋兵事杂志简章》，《南洋兵事杂志》1907 年第 9 期。

②《咨送兵事杂志》，《申报》1909 年 6 月 6 日。

③《南洋兵事杂志简章》，《南洋兵事杂志》1907 年第 9 期。

④《南洋兵事杂志简章》，《南洋兵事杂志》1907 年第 9 期。

以宣讲、演说的方式传播（有关白话官报的创办始末，详见后文）。

从报纸数量、种类、发行范围、内容等多方因素来看，短短十年间，新式官报的迅速发展成功地搭建了清朝官方信息的传播系统。伊尼斯曾断言，"大规模的政治组织从行政效率上来说，需要解决空间的问题；从连续性上来说，需要解决时间的问题"[1]。新式官报的成立，为清王朝传播体系解决了时间与空间上的问题。从空间上看，各省级、中央官报已覆盖全国；从时间上看，各专业性报刊周期不同，既有旬刊，也有日刊，满足了不同群体的需求。

① （加）哈罗德·伊尼斯著，何道宽译：《帝国与传播》，北京：中国传媒大学出版社，2013年，第208页。

湖 北 官 報

宣統二年四月二十一日

## 第三章　开明与保守：
## 新式官报的内容取向

本 册 要 目

邸抄　公牍　论著　记事　要电　章程　译述　表　帐抄

本 册 子 目

五 日 出 報

新政之后，新式官报成为官方舆论阵地。报纸秉持宣上德、通下情与广开智识的宣传理念，大力宣传新式思想，倡导新式教育，呼吁改良社会风气，为"预备立宪"展开舆论动员。从社会发展层面看，清政府传播先进思想、知识与技术，试图纠正民间缠足、吸食鸦片等恶习，无疑是历史的进步。就内容而言，官报舆论所宣传的新理新知，实质上是一种维护既有政权的话语策略，提倡在清廷可控范围内进行变革。据此而论，依托新式官报展开新知识理念的宣传实践，依然面临着结构性困境，难以发挥明确效用。此困境的根源，正是在名为"新政"的官方行动下，事实上所隐藏的"新形式""新知识"与"旧思维""旧制度"的纠葛与冲突。

# 第一节　倡导新式教育

1905年8月31日，袁世凯领衔张之洞、赵尔巽、端方、周馥、岑春煊五名督抚联名上奏，要求废除科举制度。他们在奏折中指出，教育改革刻不容缓。不废科举，学堂则无兴盛的希望，人才培养一再被耽搁，"科举一日不停，士人皆有侥幸得第之心……学堂决无大兴之望"，应广设学堂，开启民智，普及教育，"并非专为储才，乃以开通民智为主，使人人获有普及之教育，具有普通之智能"。故种种目标若想实现，必先废除科举，"欲补救时艰，必自推广学校始，而欲推广学校，必自先停科举始"[1]。这篇奏折明确了两大诉求，一是废除科举，改变千百年来的人才选拔方式；二是兴办学堂，希望举国上下普及新式教育，为储备人才做准备。这一时期，各省官报大量刊登与教育改革相关的论说，配合官方舆论宣传。

## 一、停科举、设学堂

1902年，《北洋官报》刊登《变法宜首立学堂作养人才说》一文，认同兴办学堂的提议。文中指出，惟有广设学堂，才能在社会上养成尚学风气，"国之贵贱、大小，无不学，期以年月，宜有成"，即重视教育可以带来耳目一新的变化——"舍旧而谋新，化腐而存液"[2]。

---

[1]《请立停科举推广学校并妥筹办法折》，载《项城文史资料》第16辑，中国人民政治协商会议项城市委员会编印，2008年，第45-46页。

[2]《变法宜首立学堂作养人才说》，《北洋官报》1902年第2期。

随着教育改革的呼声愈发响亮，官报中涉及废除科举、兴办学堂的论调逐渐增加，为地方督抚改革进行舆论动员。当时主要议题体现在以下三方面。

第一，呼吁废除科举。官报舆论指出，科举制存在诸多弊端，"从前有科举之羁縻，致学堂不能普兴，有科举之系念，致向学不能共奋"。废除科举制是为了更好地培养人才，所以"今日科举之废，乃培才之事，非弃才之事也。兴学之时，非废学之时也"①。针对朝廷废除科举的谕旨，《河南官报》特撰文详细解释。文中认为，国人心态保守，沉溺科举，不思创新，进而与其他国家拉开差距。"中国人士崇尚古道，有保守而无进取，又溺于科举，……则千百年相传之弊政，人视之以为迂腐，不切时用者势必祖述焉。不敢失而国势浸成积弱，国民浸以自积积弱而自弃。"因此，废除科举具有重大意义，"故科举一日不停，学堂一日不兴，人才即一日不出"②。

面对民间舆论，官方亦有回应，与之互动。《山东官报》《四川官报》《教育杂志》纷纷转载陈景韩写于《时报》的《论科举废后当研究之事》一文，表明赞同态度。该文详细阐述了学堂与科举的不同、废除科举之用意。文章以摘果与播种为例，明辨科举与学堂之差异，认为学堂能够培养人才，但科举压抑人才发展，"学堂为人材也，科举亦为人材也。然科举之为人材也，在取；学堂之为人材也，在养。故科举之为人材也，在计已成材之人；学堂之为人材也，在计未成材之人。故科举之为人材也，如摘果，欲食果，故摘之也。学堂之为人材也，如播种，欲获稻，故播之也"③。作者认为，政府部门应该做好废科举的善后工作，合理安顿所余之财与所余之人，所以"科举之

---

① 《宜上下协力兴学说》，《河南官报》1900年第63期。

② 《上谕立停科举广学堂恭注》，《河南官报》1900年第57期。

③ 《论科举废后当研究之事（录时报）》，《四川官报》1905年第28期。

废也，非仅废科举而已，继其后者，即为兴学堂。学堂非可以徒手开也，则必有开学堂之财"①。

第二，呼吁地方政府重视学堂建设。舆论认为，官方教育部门应积极履行责任，筹备相应工作。江西官员周世谦在《江西官报》发文指出，学务处为学堂之枢纽，事关经费、规制、教员等任务，需要分配管理。他建议学务处设会计所、考核所、编书所以及印报所四处，配合地方学堂顺利运行。而且开办学堂"首在筹款"，内地居民能捐款者甚少，故而开办学堂有名无实。学务处应专设会计所，核实所有学堂筹款经费，并督促各属尽快开办学堂，"分饬各属将已筹之款共有若干，可筹之款尚有若干，分别详报，由会计所通盘核实。足用者，果宜饬令认真举办。不足者，亦酌量补助，伺有筹定款项即行停止"②。人才培养，有赖于先进的教学与管理机制。基于此，学务处须设立考核所，施行学堂考核制度，"宜刊刻表格，分颁各属，饬令逐一填写。按月呈报，由考核处详细钩稽观填"。借用这一方式，可略知"学员之贤否，学生之高下"，随后派人考察，"再派深通学务之员，分驰各属，按照所立表格切实稽查"③。在文化建设层面，学务处应广泛编译教科书和办报，以扩充学子见闻。周世谦建议学务处仿照京师、江楚译书局之例，聘请贯通中西的人才翻译西方书籍、教科书。考虑到官报篇幅有限，学务处可以将各报精华汇编成册，供学子参考，"择其有关计民生者，分门编印，按日出报，分派学堂"④。

办学经费决定了学堂的成立与否。针对这一问题，《河南官报》

①《论科举废后当研究之事续二十八册（录时报）》，《四川官报》1905年第29期。

②《论学务处与学堂之关系》，《江西官报》1905年第14期。

③《论学务处与学堂之关系》，《江西官报》1905年第14期。

④《论学务处与学堂之关系》，《江西官报》1905年第14期。

认为，地方州县应集中所有公款——"各州县有实兴公车之费、有书院膏奖之费、有祠族善举之费"，由经理把控，将其作为办学开支。一方面，经费用于建立师范学堂，根据学生成绩优劣入不同学堂。另一方面，经费用于购置教科书，如果买不到学部审定的教科书，可以择善购买，"其一项偏购教科书籍，京师科学书如尚未颁到，可备价至外埠采择善本，以济目前之用"①。

第三，呼吁民间办学。面对层出不穷的改革事务，国家财力有限，学务处经费难以支撑新式学堂运作。若想举国上下兴办学堂，还须依靠民间力量，"其余一切学校将欲充类推广，即不得不借助于民力，势也"。国家希望商人能为兴办学堂出力，"民之富，聚于商，分商人之绪余，成学界之公益"②。然而，民间态度并不明朗，一些人因修学堂闹事，甚至认为捐款兴学会给商人带来负担，"增一捐即为商人增一累"③。官方经费不足，加之民间反对，成为学堂难兴的原因之一。《南洋官报》提倡，改建公所④为学堂，"各就公所设为商小学堂"⑤。公所被商人用来存放多余货产，闲时用以酬神、赛会。举办这些活动往往大肆铺张，有百害而无一利。改造公所既可以杜绝浪费，也为兴学营造了良好氛围，节省了办学经费。"公所即可为学堂地，既无待于旁，择公费即可为学费。"官方舆论指出，变公所为学堂，可以让从商者增长知识，交流经验，"令同业子弟，欲为商者，皆得入学。平时则讲求所学，以增知识。遇有业中公事，同入集议，

---

①《宜上下协力兴学说》，《河南官报》1900年第63期。
②《广商学以开商智说中》，《南洋官报》1904年第125期。
③《广商学以开商智说中》，《南洋官报》1904年第125期。
④清末的公所有很多种，如丝业公所、茶叶公所、学务公所、筹神公所等等。此处的公所，指的是村镇里商人聚集在一起的场所。
⑤《广商学以开商智说下》，《南洋官报》1904年第126期。

便令列坐而环听之"①，形成尚学风气。

1905年9月2日，袁世凯诸人的联名奏折得到批准。朝廷下发上谕，宣布废除科举制度，"著即自丙午科为始，所有乡会试一律停止，各省岁科试亦即停止"，开始兴办学堂，普及教育，"是在官绅申明宗旨，闻风兴起，多建学堂，普及教育，国家既获树人之益，即地方亦与有光荣"。清廷要求地方官员广设学堂，开通风气，"经此次谕旨，著学务大臣迅速颁发各种教科书，以定指归而宏造就。并著责成各该督抚实力通筹，严饬府厅州县赶紧于城乡各处遍设蒙小学堂，慎选师资，广开民智"②。由此，中国历史上存在了一千多年的科举制度宣告结束。新学制、新式学堂兴起后，官方开始操刀近代教育改革。

## 二、改良私塾

在兴办新式学堂的过程中，地方政府、官员将关注点转向私塾，认为私塾阻碍了新式教育发展，试图改良私塾，规范其管理制度。1909年，直隶教育公所编订《改良私塾浅说》，着重阐述了清廷的私塾改良观念。编者认为，教育难以普及，多半"由于各属城乡私塾为之梗阻"。若想大力发展教育，必先自改良私塾起，"今欲推广小学，势非改良私塾不可"。直隶教育公所根据京师督学局之意见，江苏、直隶等省的改良私塾章程，编写成书，"札发各属，冀办学者借以为传习之具，塾师亦得随时研讨"③。该书出版后，直隶教育公所向云南提学司、福建提学司两所赠送若干，希望当地能照此采择施行。不久，《云

---

① 《广商学以开商智说下》，《南洋官报》1904年第126期。

② 《八月初四日上谕》，载上海商务印书馆编译所编纂：《大清新法令：1901—1911（第1卷）》，北京：商务印书馆，2010年，第31—32页。

③ 《本司详送刊印〈改良私塾浅说〉一书请咨部查核文》，《直隶教育官报》1909年第18期。

南教育官报》《福建教育官报》《四川教育官报》全文连载该书，以表明重视态度。该书从私塾改良的背景、具体措施两方面进行解读。

改良私塾的必要性。1905年，《南洋官报》曾发文批判旧式私塾弊端。文章指出，私塾教育陈旧迂腐，"教法腐败，桎梏性灵。启蒙则《千文》《百姓》《四书》《五经》，文法则《东莱博议》《古文观止》"[①]。私塾先生不懂体察儿童天性，教学过程中"生吞活剥，有强记，而无讲解"[②]。长此以往，学生不知变通，只会依葫芦画瓢，丧失创新精神。朝廷废除科举之后，批判私塾的言论愈发增多。1907年，《直隶教育杂志》刊登补青的《学堂与私塾之比较》一文，从不同角度解释私塾弊端。作者认为，私塾与学堂培养目的不同，"私塾最高之目的，不过欲得一佳子弟，而学堂则所以造国民。私塾最大之目的，不过豫为科举地，而学堂则将以求实学"[③]，所以私塾压制学生天性，无益于培养公民。在《改良私塾浅说》中，官报舆论强化了这一看法，认为私塾与学堂教法不同，相差甚远，"私塾与学堂虽同为作育人材，成全子弟之美意，而以时代不同、风气不同之故，故其教育之方法差之毫厘者，则谬以千里"。为便于背诵，私塾读本"多喜用三字句、四字句、集字叶韵之书"。这些书籍限于句法、韵脚，毫无深入浅出的趣味，"往往牵强成文，以致词不达意"[④]，学生读之估屈聱牙，不得其解。通过官方舆论引导，改良私塾之说不仅局限于批判旧制度，人们开始设计改造方法，希望向各地私塾提供具体的改革途径。

改良私塾的方法有两点。一是改良教授方法。私塾以读书为第一

---

① 《论普及教育》，《南洋官报》1905年第11期。

② 《论普及教育》，《南洋官报》1905年第11期。

③ 《学堂与私塾之比较》，《直隶教育杂志》1907年第15期。

④ 《改良私塾浅说(续)》，《云南教育官报》1910年第31期。

要事，教师用书应精心选择、审核。官报舆论建议，鄙俚之书（如《三言杂字》《四言杂字》之类）、无意义之书（如《百家姓》之类）等，必不可读。官方规定的《论语》《孟子》《孝经》《小学》《初等小学国文教科书》（学部图书局本）《初等小学修身教科书》（学部图书局本）《蒙学珠算教科书》（文明书局本）为学生必读之书。《初等小学国文教授书》（学部图书局本）《初等小学修身教授书》（学部图书局本）《蒙学珠算教授法》（文明书局本）等为私塾师必备之书。①

在具体教授方法上，官报舆论认为应改良读书、作文、习算、习字的教学方法。读书方面，识字、读书宜从讲解入手，使学生明白晓畅。私塾师在讲解过程中应以白话授课，戒牵强，戒贪多。讲解时，私塾师应循循善诱，逐一解释课本内容，如有误会之处，可以反复讲解，不厌其烦。私塾师还可以利用抽问、合问、串问的方式抽查检验学生读书成果，了解学习情况。作文方面，宜从填字造句学起。待到学生运用自如后，教之造句。先造三字句、四字句，依次递增，直至能造七八字长句，最后便可教授作文。②习算贵在理解，教学时私塾师应"将其种种理由，详细解释，使学生瞭（了）然于心"。在训练学生的过程中，可以采用实用练习、考试练习、自修练习、比较练习四种考核法，培养学生触类旁通之能力。习字方面，私塾师先用粉笔在黑板上写字示范，学生在石板上临摹练习。考虑到学生健康，私塾师须教授正确的习字姿势，"上身宜挺直，勿贴书案"③。

二是改良管理方法。书籍、桌椅、黑板是私塾必备教学设施，缺一不可。私塾教学时间应按季规划，春分至秋分的入学时间为上午四小时，下午四小时；秋分至春分的入学时间为上午三小时半，下午三

---

① 《改良私塾浅说》，《云南教育官报》1910年第31期。

② 《改良私塾浅说（续）》，《云南教育官报》1910年第32期。

③ 《改良私塾浅说（续）》，《云南教育官报》1910年第33期。

小时半。学生座次宜按级分排，直排、横排皆可，不可杂错。私塾师应关爱学生，不能以自身喜怒为准则，"宜宽以爱学生，而严以律学生，爱之以温和慈善之性情，律之以整齐严肃之规则"①。授课时以肃静为主，不得交头接耳；非授课时以秩序为主，不得喧闹嬉笑。私塾宜设运动一门，活动学生身体，每日让学生锻炼一小时左右，可以采用体操、游戏、旅行等多种方式。面对奖惩处罚，私塾师不能任意粗暴打骂学生，宜仿学堂记功过之法，在学生入学处，将其姓名列入功过簿，并制定记功过之法，做到有过必罚，有功必赏。清洁是卫生第一要义，私塾须做好清洁工作，可以责令学生轮流清扫教室，每日整顿衣服，保持屋宇清洁、器具整洁、衣服干净。

作为传统教育机构，私塾在教育方法、教育内容、人员配备等各方面与新式教育格格不入，有悖于社会发展。在近代化浪潮的裹挟下，官方试图引进科学的、切合实际的教学方法，摆脱私塾的不合理旧规。在新政兴学过程中，官方报刊大力呼吁、倡导私塾改良，向读者阐述私塾教育的缺陷。1910年7月，学部在全国颁行《改良私塾章程》，责成督学局、各省提学司、地方官、劝学所施行，特要求地方官员规范管理穷乡僻壤处私塾，务必按照本地情形，采择增减，切实举办。②尽管官方极力引导，但就实际情况而言，收效甚微。③这种半新不旧的学务状况一直延续到民国时期。以福建省为例，1916年，该地各县的教育机关空有虚名，不办实事，"各县应设劝学所。曾经巡按使一再饬属遵办在案，乃永泰县尚付缺如，即教育机关，如教育

---

① 《改良私塾浅说(续)》，《云南教育官报》1910年第33期。

② 《改良私塾章程》，载朱有瓛主编：《中国近代学制史料(第2辑)上》，上海：华东师范大学出版社，1987年，第311—313页。

③ 有关改良私塾效果研究，详见左松涛：《近代中国的私塾与学堂之争》，北京：生活·读书·新知三联书店，2017年，第278—286页。

会，亦只有空名，少办事之实际，全县学校合设初等高等者只有四所"。但私塾改良仍流于表面，积习不改，"此外初等小学虽有十余所，名为私塾改良，实际上尚未脱私塾习气。每校教员一人，所读者仍不外《三字经》《千字文》等书。学校之规模未备，故该处官厅社会均不认为学校也"①。清末尽管官方以新式观念传播教育教学改革，兴师动众、轰轰烈烈，但效果并不如愿。正如《申报》时评指出，"所谓私塾改良者，蔓布于各地矣。原其发起之初心，固为补助普及之实力，而究其后来之结果，实为添设普及之魔障。形式难矣，而精神则尤难"②。基于此，仅仅依靠报刊动员、官方引导并不能解决实际矛盾，私塾改良最终名难符实。

## 三、普及教育

1904年1月，清政府颁布施行由张百熙、荣庆、张之洞主持拟订的一系列学制章程，统称《奏定学堂章程》。这是近代中国第一个以法令形式公布的，在全国范围推行的学制，又称"癸卯学制"。《奏定学堂章程》共二十册，意在规范管理学堂宗旨、入学条件、课程设置等内容，声称"以端正趋向、造就通才"③为宗旨。癸卯学制将全国学堂年限分为三段七级，第一段为初等教育，分设蒙养院四年，初等小学五年，高等小学四年。第二阶段为中等教育，设中学堂一级五年。第三阶段为高等教育，分设高等学堂（设于省城）或大学预科（设于京师）三年。高等学堂除政法科、医科的医学门为四年外，其

①《十县之学务状况》,《申报》1916年12月12日。
②《积极篇（续）》,《申报》1909年3月6日。
③《奏定学务纲要》,载璩鑫圭、唐良炎编:《中国近代教育史资料汇编:学制演变》,上海:上海教育出版社,1991年,第488页。

余均为三年；通儒院五年。①以此观之，初等教育用时长达十三年，构成新学制的基石，意在从普及教育入手。

癸卯学制强调，大小各学堂作用不同，各有取义。"家庭教育、蒙养院、初等小学堂，意在使全国之民，无论贫富贵贱，皆能淑性知礼，化为良善。高等小学堂、普通中学堂，意在使入此学者，通晓四民皆应必知之要端，仕进者有进学之阶梯，改业者有谋生之智能。"②清廷希望先从教育普及开始，逐步培养多层次、多种类人才。

普及教育、强迫教育成为清末新式教育、宪政改革的组成部分，各省官报紧随朝廷政策，开展紧锣密鼓的宣传。官方舆论认为，国家强盛不在于政府，而在于个人实力。个人是国家之基础，教育是培养人才之重要途径，"一国之中，人人有教育，则其国必进化；一国之中，人人无教育，则其国必退化"③。中国欲实行预备立宪政体，必先普及教育，灌输全国人民基本智识。"一般人民所以克尽其责任，由预备立宪，渐而至于实行立宪之一日，其最重要者，非一般人民之知识程度耶。"④普及教育，意在造通常之才，而非造非常之才。"国家教育个人之效果不在多得英雄豪杰，而在属望一国之少者、壮者、男者、女者，皆为完全人格之人。"⑤这就要求，不论男女老少，都应具备普通智识，一反以前的精英教育模式。只有每个人都能接受教育，才能够为国家贡献力量。

1908年，学部厘定《强迫教育章程》，通咨各省督抚在全国施行

---

① 郑登云编：《中国近代教育史》，上海：华东师范大学出版社，1994年，第162—165页。

②《奏定学务纲要》，载璩鑫圭、唐良炎编：《中国近代教育史资料汇编：学制演变》，上海：上海教育出版社，1991年，第488页。

③《论普及教育》，《南洋官报》1905年第11期。

④《教育普及谈（未完）》，《吉林官报》1909年第2期。

⑤《论普及教育》，《南洋官报》1905年第11期。

义务教育。"现在预备立宪，非教育普及，不足以养成国民之资格。兹特厘订《强迫教育章程》十条，通行各省，以期实行。"章程内容如下："一、广设劝学所。二、各省城须设蒙学一百处，学额以五千名为率。三、各府州县须设蒙学四十处，学额二千名为率……"[1]该章程的出台再次肯定了教育普及的必要性，并要求各地立即施行。清廷的普及教育政策宣传围绕强迫教育、兴办女学、修订教科书三方面展开，旨在向国民灌输教育思想。

（一）强迫教育

教育分为三类，分别是家庭教育、社会教育与学校教育。国家参与的主要是学校教育。学校教育又分为普通教育和专业教育两类。专业教育不能"尽人而督教之"，惟有普通教育能遍及人人，"无贵无贱，无贤无愚，必须卒业于兹，然后分道扬镳，各徒其志愿，以营生业，此制在国家谓之强迫教育"[2]。强迫教育又称义务教育，要求六岁至十四岁的学龄儿童前四年均按期入学，后四年是否入学听随其便，不做要求。如有儿童不按期就学者，罚其父母。各地乡村董宜每年编写学龄簿，设立初等小学堂。[3]

官方舆论认为，实施强迫教育政策前，应做好准备工作。一、学费宜从廉。废科举、设学堂之初，一些家长苦于没有学堂，自行召集同伙办理学堂。这些学堂难以维持，常年无经费可筹，所以中途退学者居多。若想最大限度兴办教育，必须规定凡官立初等小学堂、补习学堂皆不收费。惟有收费从廉，家长才愿意送幼童入学。二、宜事先规划教员薪水。教员薪水有关学界前途，应厘定相应办法。譬如，凡师范传习毕业之教员，月薪若干；初级简易毕业之教员，月薪若干；

---

①《学部咨告强迫教育章程》，《并州官报》1908年第11期。

②《论普及教育》，《南洋官报》1905年第11期。

③《论强迫教育须有预备》，《四川教育官报》1908年第11期。

初级完全毕业之教员，月薪若干等。三、宜节省经费。一些学堂开办时铺张浪费，引起社会不满。应拟定若干办法，节省办学经费。每班只配教员一人，三十人以上方许开班。四、学科宜简单。在经费尚未充足前，师范人才未集聚前，学堂课程设置不宜过多，以免教员无法胜任。初等小学堂科目宜从简，既可以节省经费，也易于普及。五、宜酌情采用单级法教授学生。经费充裕的学堂，可以按年编制教学。荒僻之地的学堂，宜用单级小学教授法。单级教授法源于日本，即合并寻常小学与高等小学，全校儿童编成一学级。偏远地区资源有限，适用单级教授法进行教育普。①

　　与其他官报相比，教育类官报更加关注与教育改革相关的议题，《直隶教育杂志》（前身为《教育杂志》）尤为积极，曾不遗余力宣传。该报多次刊登涉及教育普及的论说。1905年，《直隶教育杂志》刊载学部图书课员陈清震来稿《强迫教育私议》，向读者阐述施行义务教育的具体方法。作者认为，各府州县劝学所是强迫教育的基础。意欲兴学，必由劝学始。本地绅董与村正副皆有创立、维持初等小学堂义务。各省学堂设官立、公立、私立三种，实行强迫教育以公立初等学堂最为适宜。作者建议初等小学堂免学费，家长则不会以财力为借口，拒绝送幼童入学。兴办教育是社会义务，还可以采取抽捐筹款的方法收集资金，即先令本地绅董自筹经费，随后可以酌情用递加法继续筹集，按照田产比例核定捐款数额，如十亩者每亩捐一钱，三十亩者每亩捐二钱五。分区方面，各省村镇以四五村为一小团体，可定为一个学区。在此学区中设劝学员一二人，设初等小学堂一所，做到资源合理分配与使用。选址方面，学堂择地宜尽用固有公地，若无此等地，只得购买校地。如有绅富愿意将所有之地捐给学堂，应给予奖

---

①《论强迫教育须有预备》，《四川教育官报》1908年第11期。

励。①

《直隶教育杂志》曾用四期连载补青撰写的《实行强迫教育之方略》一文，《四川教育官报》随即转载，以示认同。补庵（1878年—约1935年），名韩梯云，字补青，直隶涿鹿人，光绪二十八年（1902年）中举人，拣选知县。保定速成师范毕业后，曾任直隶学务公所图书科科员、宪友会直隶分会编辑员、直隶保安会会员等职。②除了主持官报笔政，补庵还在《语美画刊》《广智馆星期报》《大公报》等报撰文，阐述戏剧理论。③

补青提议，清查户口为强迫教育第一要义。强迫教育的本质即无人不学，必先周知全国人数与其年龄、居住、死亡、移徙、财产、婚姻等状况。倘若不进行户口排查，则幼童籍贯不知、年岁不确定，难以开展教育普及工作。但一些民众以为查户口是为了编户门牌或抽丁征兵，往往故意隐瞒藏匿、极力反抗。这种想法非一日能扭转，需要广泛劝谕。调查户口之法，应以人为单位，一家、一乡、一区层层递进。以某区若干村镇，某村镇若干户，某户若干口进行统计，调查该家幼童、丁壮、老弱等基本情况，将其从事的职业、是否有不良行为等记录在案。具体来说，调查内容分为三部分：一，生死。每区立一总簿，每村镇各立分簿，专门查记人口生死数量，每月统计一次，记录该月中出生者数量、死亡者数量以及增减情况与上月之对比。二，迁徙。每月统计人口迁徙数量，记录自他处移来人数、迁往他处人数以及增减情况。三，学龄。八岁至十二岁这一阶段为学龄，须核实每

①《强迫教育私议》，《教育杂志（天津）》1905年第18期。

②有关补庵的简介，详见《中华戏曲》编辑部编：《中华戏曲（第53辑）》，北京：文化艺术出版社，2016年，第333页。

③《记补庵先生》，《天津商报图画半周刊》1931年第1卷第42期。

区学龄儿童人数。[①]

　　紧接着，补青提出，施行强迫教育方案，还须做足准备。其一，准备教育机关。教育机构宜以劝学所为教育行政枢纽，以教育会为联络教育事宜统系，以教育会长为教育行政主席。凡学务中一切应行举措皆由教育会长主持。城乡中通达学务、品行端正者皆可列入委员，每大村镇选出三位委员左右。一经认定后，即将学务中一切兴学、筹款、调查、采访等任务，按照地方情形请各委员分类管理，随时报告。其二，准备办学人员。宜先于城治中设立传习所，用以培养各乡办学人员。于每乡中选择持身端正的在学人员，分期入传习所学习，专教教育原理、学校管理法等学科，以三个月为限。其三，准备学堂。每学龄儿童一百人，应设一学堂。凡五百家以上的村镇，必先设三四处学堂；千家以上的村镇，必设七八处学堂。劝学员先切实清查村镇中祠庙等地，择宽广整洁之处先行改设学堂，供幼童读书学习。其四，准备培养师范人才。教育最重要的事情，便是培养教师。宜先切实整顿各属已立的初级师范学堂，制定学生毕业期限，将其中年岁较长、学业较优者，另列一班。其余学生限以三年或四年毕业，让其按要求从事教学工作，以填补师资短缺之现状。其五，准备教具。学务经费拮据之地，应按照地方财力，提前准备教学用具。每半年由劝学员核查一次。书籍等教学用具，需要遵守定章购用。凡已设学堂，必须一律全备齐，未设者宜量力酌情购买。课桌、黑板等讲堂用具最为重要，无论款项盈绌，必不可缺。年龄籍册、就学表簿、学事表簿等学事用具须随时添置，以免临时仓皇。[②]

　　1907年，《直隶教育杂志》刊登了渡边龙圣撰写的《强迫教育管

---

　　①《实行强迫教育之方略(未完)》，《直隶教育杂志》1907年第2期；《实行强迫教育之方略(续)》，《直隶教育杂志》1907年第3期。
　　②《实行强迫教育之方略(续)》，《直隶教育杂志》1907年第4期。

见》一文，引发各界讨论。渡边龙圣是日本教育家，曾被袁世凯聘为直隶学务顾问。[①]他指出，直隶省工商业发达之地较为容易施行强迫教育，乡僻之地较难，使中上层人民知晓普通教育之必要性较易，使下层人民知晓较难。渡边认为，应先设三种小学堂，一是正则小学堂，二是夜课小学堂，三是冬季小学堂。第一、第二种宜设于城镇，第三种宜设于乡僻之地。正则小学堂遵奏章，教授所定学科的知识；夜课小学堂附设于正则小学堂内，以省一切设备用费，主要教授修身、国文、算术三科，其授业时间每夜不过两小时；冬季小学堂宜在农家闲暇无事之时组织学生入学，其时日不过三月或四月，其学科仅限修身、国文、算术三科。还可以根据土地情形，在夜课学堂、冬季学堂内添加图画、手工等科目。这三种学堂办有端绪后，便可以根据不同情况，安排幼童入学。[②]

该文发表后，报纸又刊登了读者来信《书渡边龙圣强迫教育管见后》一篇，可见讨论之热烈。读者芹香反驳了渡边的观点，认为三种学堂之说并不可取。他指出，欲行强迫教育，当谋求全国教育统一，步调一致。如果以城镇乡为比例，分级设学，于教育行政难免冲突。这样可能导致地方绅富或以能入正则学堂为荣，贫民子弟以入非正则学堂为辱。文章指出，如今强迫教育之计划，可以从参改定章入手。首先，归并课程，纳讲经于修身，纳史地、格致于国语通行教科书，偏重国文亦须另编课本，合算术、体操二者为必须之科目。其次，减少上课时长，所有时长均定每日四个小时，不得再减。最后，缩短学制年限，可以仿照日本，以四年为期。每个初等小学皆应具备以上三项，还可加授手工、图画、唱歌等科目。乡僻之地授业时间宜早宜晚

---

① 有关渡边龙圣的简介，详见高俊：《清末劝学所研究——以宝山县为中心》，上海：上海辞书出版社，2013年，第14—15页。

② 《强迫教育管见》，《直隶教育杂志》1907年第2期。

宜夜，或集中在半天内，但必须遵循授课时间四小时、教学年限四年以及四门基本科目这一基本制度。同时，要求各府厅直州立师范学堂规定应用课程，除教育学科外，以初等小学科目为必须科目。各省提学使应责成县提学全力办理，并派省提学加以调查。针对一些过龄学童，可以设冬季学堂、夜间学堂、初等工艺学堂，招纳这些学生施行强迫教育。①

可见，清末，官方舆论从不同视角讨论了义务教育实施方法。作为发声渠道，官报既向地方官员提供了表达观点的平台，也广泛传递了民众、外国教育学家的意见。官方通过报纸宣传动员以及围绕此问题形成的读者互动，使开展强迫教育成为社会共识。

（二）兴办女学

20世纪初，女学在民间已渐开风气，康梁二人较早关注到了女子教育问题。梁启超曾大力提倡男女平权，批判男权社会对女性的压迫和摧残，认为女性不应成为男性附属，"命之曰女，则为男者从而奴隶之。臣妾奴隶之不已，而又必封其耳目，缚其手足，冻其脑筋，塞其学问之涂（途），绝其治生之路，使之不能不俯首帖耳于此强有力者之手，久而久之，安于臣妾，安于奴隶，习为固然而不自知。"②严复、谭嗣同等人皆有探讨，女学成为社会重要议题。最著名的女界精英当属秋瑾，她创办了报刊与学会，意在培养知识妇女。1907年，《中国女报》创于上海，秋瑾任主编兼发行人。秋瑾在发刊词中指出，希望以该报为"女界之总机关"，促进女性进步，"吾今欲结二万万大团体于一致，通全国女界声息于朝夕，为女界之总机关，使我女子生

---

①《书渡边龙圣强迫教育管见后》，《直隶教育杂志》1907年第8期。

②《论女学》，载汤志钧、陈祖恩、汤仁泽编：《中国近代教育史资料汇编：戊戌时期教育》上海：上海教育出版社，2007年，第99—106页。

机活泼，精神奋飞，绝尘而奔，以速进于大光明世界"①。《中国女报》设有论说、演讲、翻译、传奇等栏目，以通俗易懂的文字宣传男女平权，反对包办婚姻、缠足，鼓励女性发奋自强。随着西方女学思想被不断引进，中国女界的有识之士接连投身社会改良运动，创办女学会、女性刊物。社会各界就女学问题开展了诸多讨论，官报亦参与其中。

首先，官方舆论一致认为，兴办女学极为迫切，意义重大。《北洋官报》针对女学一事多有发声，既刊登了读者来稿，也编写了本报论撰。1906年，《北洋官报》发表"本局论撰"——《论女学与国际问题之关系》，强调女学事关人材培养，"欲求强种兴国，必先提倡女学"②。文章以日本为例，认为日俄战争日本获胜之原因，在于其国民誓死效忠天皇，这种精神的养成并非一朝一夕之功，有赖于母亲从小培养灌输，"是必为母者与保姆诸人，制造于孩乳之初矣。然则全国女子，非受完全之教育，曷克致此"。若想造就国民资格，非普及教育不能解决，更需要开展女子教育，"故欲陶铸国民之资格，造就外交之人材，而不从事于女子教育，吾未见其有当也"。作者认为，母亲影响孩子性格，培养幼童必先培养母亲，"凡人之性格、容貌属于母氏遗传者，居其大半。苟欲以此藐藐之身体与耿耿之精神，投于竞争世界之旋涡，而立于优胜不败之地，非先使全国之女子预储为国民之贤母之资格，断不能为功"③。1907年，《北洋官报》刊登读者勇立氏来稿《广兴女学议》，驳斥了千百年来流传的"女子无才便是德"之论调。作者阅读欧洲女豪杰传，认识到人才需要后天培养，女性亦

①《〈中国女报〉发刊词》，载朱移山编：《中国新闻传播史文选》，合肥：合肥工业大学出版社，2016年，第72页。

②《论女学与国际问题之关系》，《北洋官报》1906年第1213期。

③《论女学与国际问题之关系》，《北洋官报》1906年第1213期。

有受教育之权利，"夫人才之非能生而已具也，教育为之也。西国教育不偏于男子，故虽弱质裙钗亦多读书明理，而其尤者乃能陶铸人心"①。

为使女学思想深入人心，《四川官报》以通俗易懂的白话文，告诉读者兴办女学是当今之急务。文章开篇指出，读书明智，"古人说，女子无才便是德，这句话是最不通的。倘照此说起来，难道那些粗愚笨浊（拙）的，都是些好女子吗？难道那明诗习礼的，倒反都是些坏女子吗？"紧接着，作者指出，女学与国力强盛有直接关系，"中国的弱，都弱在女学不兴的缘故。仔细说起来，女学倒反是男学的根本。女学不兴，男学万不会好的。所以目今的急务，兴男学固然要紧，兴女学尤为要紧"②。

其次，女子教育应注重德育与智育。德育层面，应该从伦理、性情、道德观念、公德四个层面培养女性。《四川官报》中《女学议》一文指出，女子伦理"不外乎事舅姑以孝，处姆娌以和，御下以宽，幼幼以慈，相夫以顺，教子以义而已"。正因中国伦理观念通常忽视女子伦理，导致爱国之情淡薄，所以女学教育"必使女学普及、智识日开，人人以德育灌输之"。人人性格不同，如果无教育，则会任性。在女学培养过程中，要注重陶冶性情，"宜令开豁胸襟，能见其大爱憎偏私；每谬是非，宜使公平正直"。除了传统的贞节、孝义、乐善好施等道德观念，作者认为女性还应该讲公德。其他国家的女性大多有公德心，甘愿为社会做贡献，"皆有公德观念，其以家业捐建学堂、助国家经费者，数见不鲜，而幼稚园中妇女任保护之责"。欲使国家文明立于不败之地，避免被世界淘汰，应培养女子公德，"今当女学初萌之际，苟不于女子教育养成其公德观念，不但他科，女学皆为无

---

① 《广兴女学议（节选勇立氏稿）》，《北洋官报》1907年第1280期。

② 《论兴女学为当今之急务》，《四川官报》1905年第30期。

益"①。

智育层面，作者认为，女性应具备社会风俗、新智识、世界观念等思想。要传播社会风俗，可先从破除迷信做起。一方面，需要向女性灌输物竞天择之公理，使其明白万物皆有规律，"不若语之以天择物竞志公例，使知淘汰之可惧而瞿然自省也。与其辟阴阳术数为邪术，不若晓之以优胜劣败之结果，俾悟祸福之无门而废然自返也"。中国妇女迷信者居多，倘若对其教学科普，社会风气则会焕然一新，"当使风气渐改，人人有将来之希望，有自为之气数，则一切迷途放大光明，而天下无弃人矣"。另一方面，需要破除民间赛会迎佛等铺张浪费现象。作者认为，民间积习太深，宁愿把钱用在迷信活动上，也不愿意用于公益事业，"而民不愿者，迷信之习深，而新智识未开也。苟知创兴之举为大有益，何乐而不为哉？"欲去此劣根，必先提倡女子德育，破除迷信。传统社会，女子一向不以学问为重，"欲求其稍通新学问者，几千百而不能得一二"。为此，需要向女性传播物理学、化学、卫生学等科学常识，破除封建迷信思想，令其明白"人身引电，非天罚也；骨中有燐（磷），非鬼火也"。作者进一步指出，中国女性见识不广，与男子尚家族主义有很大关系。处在万事万物皆竞争之世界，需要培养女性的世界观念。这样，国民便能详知国际问题，明确外交利害，"而我国之立于地球上，介乎各国之间，居何等地位，亦必有自知之明"②。

除了思想上的培养，官方舆论认为，女性还应锻炼身体、强健体魄。《女学议》一文批判了缠足的束缚，"圆头方趾，天地自然，戕贼其形，以为玩好，真不仁之甚者也。我国妇女半遭此酷。虽在慈母不

①《女学议（续二十七册）》，《四川官报》1904年第28期。
②《女学议（续二十七册）》，《四川官报》1904年第28期。

敢爱其亲女，习非成是，而无罪之刑毒遍天下矣"[1]，呼吁女性解放双足，尤其是在风气难开的内地。作者指出，中国女性身体柔弱，需要练习体操、勤俭劳动与注意卫生。文章介绍了日本的体操术，建议练习者宜根据自身情况开展运动。在学堂尚未设置体操科目的条件下，女性可以通过做家务锻炼身体。锻炼身体的同时，还须注重个人卫生，做好清洁工作。[2]

综合日本、美国等国女子教育经验，官报舆论陆续探讨了女子教育的培养方法、实施措施。1907年3月，学部颁布《女子小学堂章程》和《女子师范学堂章程》。学部官员认为，兴办女学与古制有相吻合之处，"窃维中国女学，本于经训，故《周南》《召南》首言文王后妃之德，一时诸侯夫人、大夫妻莫不恪秉后妃之教。……盖言王化始于正家"。女学事关家庭教育，"倘使女教不立，妇德不修，则是有妻而不能相夫，有母而不能训子。家庭之教不讲，蒙养之本不端，教育所关，实非浅鲜"。[3]综上，清末，女子教育的改革措施参考了日本、欧美各国制度，第一次以法定形式承认了女学的合法地位。官方舆论多次强调女学问题，刊登读者来稿，积极反映民间呼声，同时介绍了西方女学的教育理论与方法，为官方政策制定提供了一定参考，为女学发展起到了推广功效。

（三）修订教科书

1906年4月，学部相继颁布《第一次审定初等小学暂用教科书凡例》《第一次审定高等小学暂用教科书凡例》，公布教科书编辑标准与要求。这是在近代教育史上官方首次对教科书的编辑审核进行明确引

---

① 《女学议（续二十七册）》，《四川官报》1904年第28期。

② 《女学议（续二十八册）》，《四川官报》1904年第29期。

③ 《学部：奏定女学堂章程折》，载璩鑫圭、唐良炎编：《中国近代教育史资料汇编：学制演变》，上海：上海教育出版社，1991年，第574—575页。

导与规定，促进了新式教育发展。在此前后，官报舆论讨论了教科书修订一事，话题主要涉及国文教科书、女子教科书以及小学教科书等。

第一，官方舆论强调国文教科书的重要性。《教育杂志》发文指出，"一国之学堂即一国之制造厂也，国文教科书即制造厂之材料也"。一国之民万众一心、思想团结的缘由，皆因从小接受教育，灌输合群思想。所以，"中国所重，固在教育；而教育所重，尤以教科书为最急"。教科书的重点在于促使国民同心，一致对外，"窥其宗旨，书中不外环球地理也，历代史事也，人物图画也，而求期于每课之中，编列中外英贤，凡保种保国嘉言懿行，举以教国民，使晓然于同心同德，以御侮也"。作者建议，各省学务处应广泛调查蒙学堂、小学堂教科书，并改良内容，"使加意改良、编辑，一律是为切要之图"①。《福建教育官报》发文指出，女性教育也应注重国文。作者认为，各学科中，国文课最足以感动学生爱国之心，"国文者，政治风教、学术道艺所寄焉者也。自古可喜可怨、可歌可泣之事，莫不托之于文学，读其诗书，观念其历史，动其国情，则感愤情生"。注重国文教学，有助于启发学生爱国之情，所以"欲保国粹，宜重国文，有国文以感发之，而后能爱其种，有国文以鼓吹之，而后能爱其教、爱其种"。但中国女子爱种、爱教之心"最为冷淡"，"故爱国之热力最为薄弱"，因此尤须倡导国文教育。文中引用日本思想家福泽谕吉的话，来证明言说的合理性，称："女子不习普通国文，不足以言学问；女子无学问之心得，治炊爨且不能，况妻母之道乎？"②

第二，官方舆论认为小学教科书亟待审定。1906年，《直隶教育杂志》《贵州教育官报》《山东官报》《江西官报》刊登了严复撰写的《严几道先生论小学教科书亟宜审定》一文，表明赞同之态度。严复

---

① 《论国文教科书之关系》，《教育杂志》1906年第20期。
② 《论女学宜先定教科宗旨》，《福建教育官报》1910年第18期。

引用斯宾塞名句，强调幼童教育为重中之重，称"非真哲学家不能为童稚之教育"。教科书是教育之根基，"故教科书者，固非教育家之所挚守也，高等之师，其吐辞发问，皆教科书也"。紧接着，文章指出，中国自古有忠信、廉贞、公恕、正直之传统，需要从幼童培养，形成规矩。欧洲讲求教育的国家，皆以小学教科书为重。报馆每出一书，必有人为其评论补缺。同样，教科书也需要审定、改良。他建议学部在编写教科书时，博采海内外众长。"学部于教科书，莫若除自行编辑、颁行外，更取海内前后所有诸种而审定之，方其为此也。立格不必过严，取类亦勿甚隘，但使无大批谬而勿与教育宗旨乖戾。"与此同时，学部还应规范管理教科书市场。因为一些商家为了盈利，粗制滥造教科书，此类教科书一旦流通，便会贻害幼童，成为隐患。因此，学部需要审定、颁发指定教科书，淘汰次品。

官报编辑还为该文添加了后记，再次肯定了严复的观点，强调教科书之于学堂教育的必要性。编辑认为，教科书相当于模具，是锻造新式国民之基础，"学堂如洪炉，教科书如模范，学生则其所欲造成之目的物也。故欲造成何等之国民，必先规定何等之模范"。清政府希望各地严格遵照学部指示，落实教科书的推行工作，"前者学务处会将编辑及审定之各教科书，通饬各属一律照办。实为统一秩序之要素，热心教育者幸勿等闲视之"①。

第三，官方舆论认为，应广泛推行学部编订的教科书。补青在《直隶教育杂志》发文指出，据各省学务报告，不用教科书的现象普遍存在。一些学生因惜费而不用教科书，一些家庭不愿意在教育上支出，一些私塾教员"视教科书恒如凿枘"，再加之学堂没有配备讲堂、黑板等教学用具，教科书使用率极低。文章认为，不用教科书，危害

---

① 《严几道先生论小学教科书亟宜审定》，《直隶教育杂志》1906年第10期。

良多。其一，不用教科书，则教育宗旨无所附丽。初等教科书性质与其他专门学术教科书作用不同，其宗旨在于"溶铸一国之历史、政教、风俗、时会种种，而予之"。倘若不使用指定教科书，那么将会影响教育成效。其二，不用教科书，则学堂形同虚设。国民教育必须以读书识字为基本要义，读书识字须以教科书为载体，"不用教科而授徒者，虽形式具备，不得谓之学堂本之不存，故也"。其三，不用教科书，则学堂实际效力不如私塾。国家废除科举、改造私塾的目的在于屏除多年积习，以兴国民。如果不使用教科书，那么学堂难以发挥育才作用，其效力不及私塾。其四，不用教科书，则永无统一希望。国民教育希望国民合一体而共治之，所以需要教科书"以书造人"。只有教育统一才能达到国家统一，而教育统一必先以教科书通行为前提。[①]

为广泛推行教科书，补青拟定了三种实施办法，分别是强制法，半强制法与放任法。强制法，即由各署劝学所先详细调查本属官立、私立初等学堂的数量、人数（已遵用教科书的学堂不计在内），没有教科书的学堂由劝学所公费项下如数代购，责成各初小学董按照学堂无书人数分发。半强制法主要依靠学董劝谕，由教员购书。这样的方法要求教员用教科书授课，学生尽量购买教科书学习。如果教员规范合理教课，那么便能较好地推行教育普及。除了资金上的原因，书市太少，购书不便，也成为学生用不上教科书的原因。尤其是偏僻之地，书市相距遥远，邮局不通，购书较为困难。在这种情况下，可以使用放任法，要求各府厅州县按照学务盛衰及经费情形，酌量增设官书局。经费充足者，可以在每府厅州县自设一处，或者联合临近州县共设一官书局。局内印刷初等小学用书，再视成本自行增添其他书

---

① 《推广部编初等教科书议》，《直隶教育杂志》1908年第18期。

目，解决购书难的困境。①

综上，清末最后十年，官方、民间开始举办新式教育，废科举、办学堂、兴女学等措施改变了传统教育方式与观念。在这段新旧制度、思想交替、转型的时期，官报多次刊登不同群体的言论与方针，为其畅所欲言提供载体。报纸从不同的视角、立场，阐述了教育普及的相关原理、西方女子教育举措以及推广教科书的建议等内容，推动了清末启蒙活动的开展。

---

① 《推广部编初等教科书议》，《直隶教育杂志》1908年第18期。

# 第二节　改良社会风气

　　1901年新政上谕发布后，官方领导下的各项新生事业开始运转。伴随新学、新思想的输入，旧制度、旧观念被视为洪水猛兽，舆论界呼吁社会改良，破除陋习，移风易俗。人们深刻意识到，民间陈旧风俗牢不可破，所谓"吾民之俗，亦以神道设教相延，而成其迷信，亦若牢不可破"，因而造成国民积弱，"排外不成转为媚外，闹教不得驱而入教，愈刺激则愈疲弱，愈疲弱则愈放弃"，导致中国落后。为了改变现状，从官方到民间，都必须进行改革，"自上者，以政府为主动力；自下者，以民人为自动力"①。作为官方舆论之代表，新式官报大力呼吁改良风气，提倡学习西方先进思想、技术，以补中国不足。

　　官报议题从三方面展开，分别是呼吁女性不缠足、破除迷信以及禁止吸食鸦片。官方希望借助舆论宣传，产生社会影响。此时，官员、普通读者、外国学界人士纷纷向官报投稿，阐述他们的改革主张、想法理念，报纸成为人们彼此交流、言论互动、讨论社会公共事务的平台。此外，新式官报大量翻译日本、英国、美国等学界资讯、金融动态，供读者参考。一些教育官报刊登了日本学堂教科书讲义，意在传播知识、启迪民智。考虑到公众识字率低的实际情况，官报常常登有白话文，内容以解说改革政策、法律条文，倡导社会风气为

---

①《论改良政俗自上自下之难易》,《东方杂志》1905年第2卷第1期。

主，成为当时官办演说社的宣讲材料。通过官方主导的演说、宣讲活动，社会改良理念逐渐深入人心，被民众广为接纳。

## 一、呼吁女性不缠足

晚清中国，与兴办女学同时并立的一项活动是不缠足运动。戊戌前后，在外国传教士和中国知识界精英的推动下，反对缠足、主张天足成为开明人士之共识。1897年春，邹凌瀚、吴樵、龙泽厚、康广仁、汪康年、谭嗣同、赖振寰、张寿波、梁启超、麦孟华、张通典十一人在上海成立了不缠足会。不缠足会章程宣布，"凡入会人所生女子，不得缠足。凡入会人所生男子，不得娶缠足之女"①。这一章程登在《时务报》上，引发各界讨论。维新变法期间，康有为上奏，痛斥缠足危害，希望光绪帝能下令禁止妇女缠足，一改民间恶习。他指出，刖足自古以来是酷刑之一，女子无辜，出生后便要忍受缠足之痛。康有为认为西方女性不裹足，因而国民康健，"试观欧美之人，体直气壮，为其母不裹足，传种易强也。回观吾国之民，尪弱纤倭，为其母裹足，故传种易弱也"。中国面临列强侵略，需要培养强国之民，不能继续延续恶习，"今当举国征兵之世，与万国竞，而留此弱种，尤可忧危矣。夫父母之仁爱，岂乐施此无道之虐刑于其小儿女哉?"他希望立法禁止缠足，解放妇女双足，"皇上怜此弱女，拯此无辜，亟宜禁此非刑，改兹恶俗。乞特下明诏，严禁妇女裹足:其已裹

---

① 《试办不缠足会简明章程》，载中华全国妇女联合会妇女运动历史研究室编:《中国妇女运动历史资料:1840—1918》，北京:中国妇女出版社,1991年,第29—31页。

者，一律宽解"①。由维新人士和社会精英引导的不缠足组织和言论宣传，起到了解放时人思想、清除社会陋习的作用。当时的官报舆论亦多关注妇女缠足问题。

新式官报用文言和白话两种语体宣传缠足危害。《四川官报》刊登白话文《说缠足的不合》《绥定府学周宣讲禁止缠足白话》两篇，通俗地讲解缠足之弊。文章澄清，政府提倡不缠足，非完全受西方影响。唐代以前，并无缠足恶习，"就是女人家不读书的，也曾经看过古妆美人的画，几时看见有画出一双小脚来的呢？照这看来，这缠脚的事，自然是五代以后兴起来的，唐朝以前断不会有此事"。清兵入关之时，更无裹脚之风，"当初顺治年间，曾有一条律例，说是女人有缠脚的，把她的父亲和丈夫，都打一百板子，充军三千里"②。作者强调，缠足关系国体，影响国家形象，"去年美国博览会，不知道从那（哪）里找来的一夫一妇。男的抽大烟，绝大的瘾。女的包得绝好的小脚，摆在会场里。……欺辱情形，实在令人难受"，让中国百姓沦为世界笑柄。所以，女子缠足，既不便于日常生活，更对身体有害，在生活中处处麻烦。③

在白话宣传过程中，官方舆论向读者灌输了男女平等的观念。文章发问，为什么偏要女性缠足，而男性无须忍受缠足之痛？"统计中国男女，约有四百兆人。男占一半，女占一半。男子的足，为什么不该缠？女子的足，为什么又该缠？"紧接着，作者驳斥了缠足是为了管束女子、为了让女子好看、为了让女子出嫁的谬论，反对伦理纲常

①《请禁妇女裹足折》，载中华全国妇女联合会妇女运动历史研究室编：《中国妇女运动历史资料：1840—1918》，北京：中国妇女出版社，1991年，第65—67页。

②《说缠足的不合（未完）》，《四川官报》1905年第28期。

③《说缠足的不合（续第二十八册）》，《四川官报》1905年第29期。

对女性身体束缚，提倡兴办女学。"教他缠足，防其乱走。殊不知，女儿家，只要他读书明理。那（哪）一条路，是走得的，那（哪）一条路，是走不得的，女学兴，个个皆知道理。"①这些简单易懂的文字既便于读者理解，同时又作为演说的内容，面向不识字的群众进行舆论宣传。

1902年，清廷发布劝导汉人妇女放足谕旨，"汉人妇女率多缠足，行之已久，有乖造物之和，此后缙绅之家，务当婉切劝谕，使之家喻户晓，以期渐除积习"②。地方官员亦积极参与不缠足运动之宣传，四川总督岑春煊③用白话文讲述《劝戒缠足示谕》，印为书本，并颁发各官绅，"所属各州县每一人，皆寄与一份，令其阅读并饬令一体设法劝止缠足之陋习"④。岑文指出，中国人体力衰弱，难以抵御外辱，皆因女子缠足，"虽然中国丁口有四万万之多，无论士庶工商，举目一看，十之八九都是弱薄可怜不堪的样子。推求这个原故，都由母亲体子（质）不好。推原当母亲的身体不好之故，都由缠足。"他告诉民众，朝廷亲自宣传不缠足，意在引起民众重视，"要女儿读书习劳，必先教他莫缠足。所以缠足一样小事，朝廷也要干预"⑤。《大公报》《湖南演说通俗报》等报转载岑文，以示支持。

湖广总督张之洞、直隶总督袁世凯也亲自撰文鼓励女性不缠足。

---

①《绥定府学周宣讲禁止缠足白话》，《四川官报》1910年第3期。

②《本馆接奉电音》，《申报》1902年2月4日。

③ 1900年，岑春煊因"勤王"有功，升陕西巡抚，1901年调任山西巡抚。1902年7月，改任广东巡抚，后因四川会党起义，清廷命其赴成都任四川总督。

④《译件》，《大公报》1903年3月21日。

⑤《四川总督岑制军劝戒缠足示谕》，《大公报》1903年4月2日；《四川总督岑制军劝戒缠足示谕(续前稿)》，《大公报》1903年4月3日；《四川总督岑制军劝戒缠足示谕(再续前稿)》，《大公报》1903年4月4日；《四川总督岑制军劝戒缠足示谕(三续前稿)》，《大公报》1903年4月5日。

1897年，应广东不缠足会之请，张之洞在《知新报》上发表《不缠足会叙》，呼吁革除缠足陋习，拯救中国妇女。[1]1904年，《四川官报》刊登袁世凯《劝不缠足文》一文。袁文指出，女子缠足有四大危害。身体层面，妇女缠足有害个人健康，"今妇女之缠足者，自幼龄以迄成人，束缚磨折，备尝痛苦，甚至骨节溃落，血肉消耗，赵趄踮躇，举步维艰，以故中国女子大都孱弱多病"。教育层面，缠足致使女性精神不振，无法给予子女良好教育，"中国妇女尚缠足，敝精劳神于猥贱纤屑之举，矫揉造作，以修容饰媚为工。而智识不开，德性不充，体质不健，竟不知教育为何事"。母仪层面，只有健康的母亲才能孕育强壮的孩子，缠脚女性羸弱，因而生子不壮，"盖求异日之男子躯体强伟、智能发达，必先求今日之女子躯体强伟、智能发达也"。执业层面，缠足女性无法工作，难以自力更生，只能依靠丈夫，"今缠足之妇女，深居纤步，缚其手足，窒其灵明，而受养于其丈夫"，若解放女性双足，便可自力更生，"使得执一业以自养，而一切新理新学，女子亦可研求。其裨益于国政、工业与家人生产者甚大"。袁世凯希望各地士绅广泛宣传缠足的危害，使之家喻户晓，"夫缠足之害，近人亦言之切矣。兹特举其荦荦大者，为缙绅之家告，亦愿地方士绅，仰体朝旨，婉切劝导，家喻户晓，俾除积习。予有厚望焉"[2]。

为使读者感同身受，《四川官报》特在袁文后附录一位女士来稿，强化不缠足理念。该女士指出，在各地官绅倡导下，不缠足运动初具成果，解放了妇女身体，"现在中国多知妇女缠足之害，官绅富户多不缠足……今北洋大臣袁制军又印劝戒缠足文，湖南、福建等省俱出

①《不缠足会叙》，载中华全国妇女联合会妇女运动历史研究室编：《中国妇女运动历史资料：1840—1918》，北京：中国妇女出版社，1991年，第41—42页。

②《直督袁劝绅士民妇女遵旨不缠足文》，《四川官报》1904年第7期。

示禁止，杭州已有富户允许不再缠足，已缠者皆愿放大，但愿别处俱照此行，立天足会，从此中国妇女之苦难，可望尽除矣"。她赞赏袁世凯撰写的《劝不缠足文》，认为女子不缠足有助于国家富强，"如有闻女子因缠足啼哭者，可将袁制军之言，告知其母，女子不缠足勿忧无男子来娶，将来出阁为妇，身体分外强健，生子亦多壮伟聪明，是即中国富强之基也"①。官报上既公布官员文稿，又登载读者来信，使不缠足运动宣传呈现出官民合力之态。

此一时段，各省官报多有刊登严禁缠足的新闻，引起读者重视。《秦中官报》记载，湖南巡抚赵尔巽在湘严禁缠足，各州县实力奉行。湘潭县县令命令城乡各团保按户清查，造具册籍，凡已经缠足者，予以新式鞋样勒令其解放；年幼女孩不准缠足，按月稽查，如有不遵守规定者，加以惩罚约束。②《并州官报》报道，两江总督端方通饬各属禁止妇女缠足，苏皖赣三省各州县一律遵照办理。端方要求各基层官员事在必行，"不得仅以一纸文告黏贴通衢了事"，如有漠视者，"轻则记过，重则撤参，务期十年以内，缠足陋习与鸦片钜害，一律扫除"③。通过报道各地禁止缠足活动之进展，地方官报将外省事务展现在本省读者面前，让读者清楚了解外省情况。以报纸为纽带，各地不缠足运动在媒体报道与呈现上联结起来，形成星火之势。

除了白话演说、文言论说、新闻报导外，官报还登载劝告不缠足的诗歌。《江西官报》刊登乐安县知县胡惟贤撰写的《劝不缠足歌十二首》、湖北读者宋康复来稿的《劝导妇女不缠足歌》。这些诗歌朗朗上口，譬如，"敬告我二万万妇女同听，听我说缠足苦告诫谆谆。这

①《附录英女士立白劝不缠足文(来稿)》,《四川官报》1907年第4期。
②《严禁缠足》,《秦中官报》1903年第4期。
③《严禁苏抚赣三省妇女缠足陋习》,《并州官报》1909年第87期。

风俗流毒遍十八行省，从今后要革除大众一心”[①]。清廷的明确表态，加之官方媒介公开宣传，极大地推动了不缠足运动之发展，令各地不缠足之风日渐盛行。武昌地区，一些士绅自发邀请同志，组织改良风俗会，“一戒鸦片，二戒缠足，三戒迷信邪神……以期开通风气”[②]。如，江苏省各地均设立不缠足会，“广为劝戒”，已有成效。再如，多人筹集款项在南京城北处设立卫足会，“以期挽回恶习”[③]。杭州放足会绅商广发印有不缠足宣传的传单，并在张公祠花园内集会，设法广劝，“足以见风气之开”[④]。

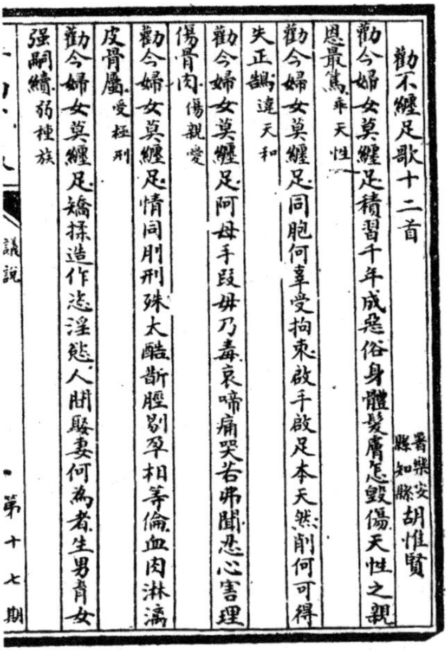
勸不纏足歌十二首
署樂安縣知縣胡惟賢
勸令婦女莫纏足積習千年成惡俗身體髮膚忍毀傷天性之親恩最篤乖天性
勸令婦女莫纏足同胞何辜受拘束啟手啟足本天然削何可得失正鵠違天和
勸令婦女莫纏足阿母手段毋乃毒哀啼痛哭若弗聞忍心害理傷骨肉傷親愛
勸令婦女莫纏足情同刖刑殊太酷斷脛剮孚相等倫血肉淋漓皮骨釁受極刑
勸令婦女莫纏足矯揉造作逞淫態人間娶妻何為者生男育女强嗣續弱種族
議說
第十七期

图3-1 《江西官报》1905年第17期刊登的《劝不缠足歌十二首》

## 二、破除迷信，提倡科学

封建迷信思想在中国由来已久，世代相传，扎根民间。迷信观念阻碍了社会发展。有人迷信巫术神婆治病，却因此丧命；有人迷信风

①《劝导妇女不缠足歌》,《江西官报》1906年第7期。

②《武昌组织改良风俗会》,《申报》1907年8月25日。

③《卫足设会》,《申报》1903年8月5日。

④《劝戒缠足》,《大公报》1903年7月24日。

水，阻挠修建铁路、开采矿山。官方舆论批评了这些迷信风气，《四川官报》刊登《论中国人之迷信》一文，以白话形式讲述迷信之害。文章指出，迷信风俗是中国的"污点"。中国百姓迷信地师之说，建一住宅，便要考求向东向西的吉凶、方位；葬一坟地，便要考求山向风水。根据地理学研究成果，地球自转、公转皆有一定规律，风水之说并无科学依据。"凡地面上山呢水呢，可见都是属于自然的结构，并莫有什么一定的安排了……地球循太阳的轨道，周围运行，每年旋转一次，又据这样看来，可见阴阳家所定的方向，更莫有一定的位置"①。作者认为，中国开国比西方国家要早，西方近一二百年来研究科学，日渐发达，中国却一直处于落后地位。处于竞争时代，百姓们仍沉浸于迷信活动，需要教育，所以"世界上的学问，日新月异，进化的一语，是断定了的，这种迷信的事，不消说古人所说，与现在有分别无分别……但只有一件最切紧，要社会上破除这各种迷信，必定先要谋社会上普及的教育"②。媒介宣传亦是一种教育方式，官方机构分别以文言、白话两种语体在官报上宣传。报纸从道理层面，解释了迷信邪说的荒谬之处；从科学层面，科普了常识公理，起到了劝诫作用。

（一）驳斥风水之说

铁路、矿产、电力等新技术传入中国后，风水之说更加猖獗，人们认为采矿开路有害风水。有报道指出，山西地区，商民坐拥矿产，"各国人士游晋土者，佥谓矿产之富积，至数十万方里，冠绝全球，见于论著，不一而足"，但这些民众却因拘于风水之说，寸利未得，"而我晋商民坐拥矿产，未得寸利。此虽由运载不便，开凿无法，亦由拘于风水之说，昧于冶炼之方，各私其财，各私其力，遂致天生之

---

① 《论中国人之迷信（未完）》，《四川官报》1906年第1期。

② 《论中国人之迷信（续第二册）》，《四川官报》1906年第3期。

利，地蕴之宝，任人取携"①，导致资源浪费。除了民间，官员们也迷信风水，《大公报》报道，有的官员修官署前先择方向，更不愿开矿伤风水，"如修官署而慎择方向也，办路矿而恐伤风水也"。更有甚者，乘坐火车时，不敢由洞下（隧道）过，于是下车绕越而上。问其原因，答曰"有所忌讳也"。种种迷信举措，更加拉开了中西差距。欲若根除此痼疾，绝非短时间能完成，"此种病根最足阻文明之进步，殆亦非一朝一夕之故，欲抉而去之，诚非易易也"②。《申报》指出，迷信风水之说早已深入人心，民众甘听天命，因此国力衰弱，"夫中国之民数，号称四万万。问其中识字者几何？人则不及百分之一……加以迷信之习深中于人心，不尽人事，但听天命，故论国势之弱"③。欲改变此现状，需要广泛演说，以开民智。

此一阶段，官方舆论多有批评民间迷信风水现象。1906年，《江西官报》发表《风水不足信说》，用地理、物理学知识逐一击破风水谬论。作者指出，风水一说流行，与历史习惯有关。华人自古以来"于葬亲一节，视为毕生莫大之事"，这是习惯使然。中国历来用土葬，才有了堪舆之说，迷信风行，"乃自晋郭景纯出，而风水之说兴，渐推渐广，愈演愈讹，遂成一种特别之迷信"④。文章一一驳斥了风水论。第一，迷信风水者经常置罗盘于地面，以测某山朝向"与诸煞皆无犯"。实际上，磁针所指之南北，"所偏差之角度，历年不同，历地不同，即同在一处，复有季候之不同"。磁针定南北尚有偏差，"更何能以定吉凶"？可见风水之说并无根据。第二，风、水、热、冷皆为自然现象，与凶吉征兆无关。风的原理即为空气，气热上升，冷气

①《冀宁道吴匦致各州县招股开矿启》，《大公报》1903年2月11日。

②《论官智之难开六续前稿》，《大公报》1903年9月30日。

③《论开民智以演说为最要》，《申报》1905年4月21日。

④《风水不足信说》，《江西官报》1906年第22期。

飘来补缺,遂形成风,"确非地中所能有也"。土地经过千万年衍变,渐冷渐热缩成硬壳,地心能量强大,因此才会出现火山、温泉。热量越大,温度越高,则表明该地可能会发生震动,并非"吉者热,而凶者凉"。第三,一些人为了子孙后世永保富贵,尤其注重墓地风水。信奉者认为,葬在吉地,子女则会享受荣华富贵。作者指出,世事难以预料,富贵贫贱不可能数年不变,与个人努力更有关系。这种联系自欺欺人,不足以信。结尾处,文章呼吁百姓不要因为迷信阻碍矿产、铁路建设,"今者开矿、铁路为维新要政也,地方百姓劝以有碍风水相阻挠,既生此一番魔障,遂坐视。此莫大利源,为外人所垂涎,所攘窃而无术挽救"。通识之人应该大力普及新智识,传播新思想,"灌输四万万国民脑中,一为之祛其愚而解其惑也"①。百姓一旦接受科学思想熏陶,便不再会信奉风水,阻挠开矿。

同年,《北洋官报》发表白话文《破风水说》,其内容与《江西官报》类似,以浅显的语言宣传了风水迷信的弊端。文章敬告读者,凡事应有自己的判断力,相信事实,"凡一国的国民,最要懂得文明,晓得公益。什么叫文明?是要在实事上去考较,不信种种的虚妄"②。在作者看来,大多数中国人只知私利,不懂公理,不做实事,"妄靠天命,专信虚妄,说运气,讨吉利,掣签问卦,求神许愿,一点儿实事也不做"。紧接着,作者诠释了阴阳的本质,称其并不是风水师所言般玄妙。"一切世界上的动植物,都有阴阳。天清是阳,地浊是阴……这里头的道理,很精微……并不跟那风水先生所讲的阴阳一样。"文中科普了"地理"二字的内涵,"譬如我们中国的地理,就是二十一行省、土地、人民、道理、物产、矿物、山川、河港、关津、桥梁、铁路、电线;某省的人民,是何等样性质,何等样开化"。物体

---

①《风水不足信说》,《江西官报》1906年第22期。

②《破风水说》,《北洋官报》1906年第909期。

性质、结构是地理学研究的重点，通过发展科学，便可以破除迷信。文章又以美国为例，说明开矿使国家富庶，"你看美国人，这样的富，她是那（哪）里来的富呢？也因为是开矿啊"。中国为了富强，开始造铁路、开煤矿，无知的民众却以风水为由阻挠，"可恨我国无知的百姓们，不晓得大群合股开办，只懂得说风水有碍，并且极力的阻挠"。作者教育民众，不要将土地、资源拱手让给外人，"山东省的胶州，外国人因为眼热，把铁路附近的矿产，通统开采了……咱们国民不要把中国一个富饶的世产，让与外人去受用"。作者劝导，对于收回自主权利来说，最重要的就是不迷信，不阻挠开矿，"所以我普劝我同胞，以后再不要信阴阳，说风水那些虚妄的话了，把那些迷信抛除净尽"[①]。

官方宣传之意图，在于破除民众迷信风水思想，开展采矿活动。各地百姓常有阻挠开矿之举，影响经济发展。如湖北省开矿时，屡有民众因风水之故，滋生事端，"因绅士迷惑风水，不能举事，其继常因工匠滋生事端，不能成事"[②]。再如四川省矿产丰富，但是风水先生总议论，凿地影响风水，"舆家言谓，凿残地脉必致有碍风水，一遇开矿之事，必多方阻止，酿成祸端"[③]。

《河南官报》发表《矿产与风水无涉论》一文，解释了矿产形成的地理原因，从科学角度证明了风水说的荒谬之处。文章首先点明，发展矿业，收益良多。除了几个知名的矿山外，其他地方未曾大获其利，"中国之大利弃于地而不惜者，莫矿产。若近日无省不究矿学，无人不言保矿权，而除唐山、萍乡、大冶数矿外，未见有大获其利者"，部分原因在于民众迷信风水，"则以开采之未得法者半，而风水

①《破风水说》，《北洋官报》1906年第909期。

②《论湖北开矿》，《申报》1877年9月17日。

③《开蜀矿议》，《申报》1899年9月6日。

之说徒中阻塞者亦半"。这些民众信奉风水之说，认为开矿破坏了当地风水。作者强调，风水与开矿绝不相干，"殊不知风水之说，与矿产绝不相涉"。土地山川里蕴含着丰富的矿产资源，"地气之旺，下衍支分，脉如树木之枝干……故大地之精英，藏风聚气，率在山水荟萃之区，而矿产蕴蓄，多在岗陵硗确之野、穷原巨谷之中"。山川脉络千变万化，四处蜿蜒，受其所处地理环境影响，与风水师迷信之言并无关系。作者接着举例，英美之国，富甲全球，以矿业生利，拥有丰富的矿产资源。这些国家也没有因为开矿而衰败，可见风水之说是谬论，"各国几于无处无矿，有矿必开，毫无阻格。矿愈多者，愈富强"[①]。

新政改革后，通过官方、民间舆论宣传引导，加之政策管控，迷信活动不再泛滥成灾。如安徽巡抚要求地方官员对阻挠开矿者"从严惩办"，并出示晓谕，通饬各属，"凡有矿苗处所，如因风水龙脉禀请封禁，概不得援以为据。俾刁生棍徒不得借此摇惑地方，而地方官亦得以随时据案驳斥"[②]。为使全省铁路顺利修建，浙江省留学生在民间以白话文演说铁路之利，斥责风水之害，"分散各府州县以开风气而免阻挠"[③]。

在官方、民间共同努力下，迷信活动有所减少。据《申报》1907年开展的调查，新政后期，风气渐开，风水之说大有消退的趋势，"朝廷自变法以来，铁路渐次组织，而不沮于艰难矣。矿产渐次开采，而不迷于风水矣"[④]，各项新生事业渐入正轨。

①《矿产与风水无涉论（录河南官报）》，《济南报》1900年第7期。
②《皖抚通饬各属文（为禁止阻挠开矿事）》，《申报》1906年12月2日。
③《汤寿潜刘锦藻浙江全省铁路议略》，《申报》1905年10月4日。
④《中国十九省出口货略表兼论》，《申报》1907年11月1日。

（二）禁止赛会酬神

清朝以降，赛会酬神活动格外频繁，普通民众热衷参与，士绅也不例外。据《英山县志》记载，"道光年间，境内寺观甚多，每逢朔望或会期，则香火祈祷不绝，妇女尤甚。凡消灾疗疾，祈雨祈年，必酬金作醮、演剧赛会酬神，动费千数百金而不惜。积习相沿，牢不可破，不独无识者为然，即士人亦所不免"①。这些迷信活动花费重金，铺张浪费，败坏社会风气，引发各界批评。

1897年，《申报》发文，例数赛会迎神之害。作者指出，全国各地赛会虽形式不同，但风俗难改，积弊重重，有伤风化。"虽各处之迎赛不同，各会之迎赛不同，总之皆为乡里之好事，有异神以游街者，有演剧以款神者，男女杂沓，举国若狂，不特有伤风化，而种种为害之处，不胜枚举。"赛会期间，乱象横生，甚至出现哄抢财物，拐卖孩童的现象，"而在拥挤之时，且有儿女被拐匪所拐，鸣钲四出，父啼母哭者矣"。还有盗贼趁机入家抢劫，导致百姓家财空空，"因全家出外游览，而宵小得以乘间而入，从容肆箧，及至返家，已空诸所有，追究无从，懊悔无及者矣。此失人失物之事，皆由赛会遇之害也"。赛会时，人多密集，争先恐后，还容易造成死伤事故，"有朽坏桥梁为行人所挤，而因之塌圮者；有满座之茶楼酒肆，为看客所挤阑干倾倒者，则所伤所死之人何可胜纪"？所以，文章认为，"赛会演剧之事最为地方之害"②，呼吁民众停止赛会酬神。

面对酬神赛会风靡的现象，官方舆论也加以批评。1906年，《山东官报》刊登闽商华侨胡国廉撰写的讲演文一篇，劝诫人们停止赛会迎神。文章开篇指出，国家内忧外患，一些民众却置身事外，"恐为

---

① 转引自徐斌：《明清鄂东宗族与地方社会》，武汉：武汉大学出版社，2010年，第160—161页。

② 《论会场浩劫事》，《申报》1897年4月27日。

奴隶而不知"。沦为奴隶的原因之一，即为迷信，"依赖神明，诌媚神明，以求其默佑，则尤为奴隶原中之原"。文章点明赛会酬神活动六害，意在引发读者警惕。第一，赛会活动让国家有难。百姓迷信祭神，毫无忧国之心，"国家多难，是用隐忧，而乃金鼓喧闹，旌旗曜映，手舞足蹈，如颂太平，置理乱而不知，付危亡而不顾……阻人忧国之心"。第二，普通百姓不愿参与国家建设，反而在酬神活动上一掷千金，"于无益之财，反为欢欣乐助，计每年香烛之奉、楮棉之供，内地外洋，耗费万万，民穷财尽"。工业资本发达，军事实力雄厚，国家才能发达。民众将金钱花费在无意义的事情上，会导致国力衰弱。第三，一些赛会内容不堪，有辱国体，"充以妓女，污秽已觉不堪，装作陋形野蛮，尤为可鄙，损辱国体，贻笑外邦"。第四，赛会活动导致奢侈、攀比之风盛行，"踵事增华，奢侈无度，争雄角胜，械斗堪虞，徒费资财"，败坏民众消费观念。第五，赛会活动人群拥挤，盗贼百出，偷取钱财。会场灯火辉煌，并无保护措施，容易引发火灾。第六，人们凡事迷信酬神，麻痹自己，丧失了自立能力，"人人不求自立，事事凭借鬼神，翕然从风，牢不可破"。此上种种可见，赛会酬神活动风行，败坏国家风气，导致民众不自觉地成为"奴隶"，"无老无幼，举国若狂，以养成此无形之奴隶，其害尤为惨烈"①。

胡国廉指出，建立祠堂庙宇意在使人瞻仰。如今的祭拜活动离古意渐行渐远，"失其本原"。文明的国家，如欧美诸国，"惟求实践，弗信杳冥，只闻其有崇拜英雄之心，不闻其有媚事神明之习"。胡氏又云，日本明治维新以前，信奉佛教。变法之后，将朝庙改为公产学堂，供学子读书，"一时民智大开，国势蒸蒸日上"，体现出风气开通之重要性。最后，作者呼吁民众相互劝导，停止求神拜佛的迷信行

---

① 《胡国廉劝停迎神赛会演文》，《山东官报》1906年第41期。

为，"以迎神建醮之金钱，移作育才立校之经费，实事求是，不尚虚无"①，这样才能人才蔚起，国家早日富强。

文章一出，两广总督岑春煊令人印刷三万张，广为演说传播，"分布各属各乡，遍贴晓谕，以期挽救"。岑春煊认为，两广地区尤为痴迷酬神活动，损害了经济、教化。胡文立论透彻，点中要害，所谓"兹据职商胡国廉，寄呈演说，所陈六害，则剀切动人，其言依赖神明、谄媚神明为'奴隶原中之原'，立论尤为透系"②，着重称赞了胡国廉对于媚神的批判。胡文最先在纸质媒介上传播，随后经过督抚官员自上而下地推广、演说，引起各界反响。

还有一些官报进行了白话文宣传。《南洋官报》刊登江南筹办地方自治总局撰写的白话文《论酬神赛会之无益》，劝说读者停止酬神赛会。文章认为，酬神活动大肆铺张，浪费钱财，"泥塑木雕，装煌（潢）神像……所须酒食菜蔬、香烛车马等费，都是虚靡，毫无实济"。人们花费钱财，求神拜佛，希望能够消灾免祸，却不知福祸与求神并无关联——"殊不知福缘善庆，祸因恶积，那（哪）里是酬神赛会，能够幸获，能够幸免的"？文中对比了中西赛会之不同，"外国人不信鬼神，没有酬神的事，却有赛会的事"——西方赛会以振兴商务为目的，"外国人罗列珍奇，确实可凭，争欲以赛会兴商务……萃万宝之精英，罗五洲之珍异，励才能，扩见识，争奇斗巧，利益宏多"，有益于社会发展。作者希望，民众不要将钱财用于无意义的酬神活动，而是积极参与公益事业，"将禁止酬神赛会，省下来的钱财，储蓄在那里，生点利息，日积月累，自成巨款，以备地方上积谷挑河、善堂学社、医院疯人院等等公益的费用，更有益于地方自治"。

①《胡国廉劝停迎神赛会演文》，《山东官报》1906年第41期。

②《岑督印胡国廉劝人停止迎神赛会演说牌示》，《秦中官报》1906年第3期。

作者更希望中国能够学习西方，兴办劝业会，促进工业进步。"我今奉劝大众公民，丢掉前日的赛会，学那外人的赛会，废这无益的赛会，兴那有益的赛会，省无益赛会的资财，做有益赛会的经费。……便能化无益为有益。"①

新政后期，地方政府纷纷出台禁令，停止迎神赛会活动。官报往往刊登饬文、奏折，劝诫读者。如1909年，云南提学司通饬各属，要求地方官员，督令各乡绅将本地迎神赛会费用一律充公，用来设立学堂。提学司要求酬神之费用于学堂学费，"由地方官督责各该绅管，各将本村向有祭龙、祭虫、青苗、土地、土主、太平、接佛、朝斗、洞经、牛王、马王等会，做斋、打醮、迎神、演戏一切无益之费，照章一概提充学费"②。1910年，安徽太平县士绅方元庚向两江总督张人骏③建议，请求禁止迎神。方元庚指出，太平县每年进出款项入不敷出，日形困难，然而民众迷信成风，耗费数金举办赛会，甚至卖儿卖女来筹集资金。"每届新岁正月，城中各姓，按年轮管灯会一次，约耗费二千余金……贫之家庭虽卖男鬻女均不得免，苦集巨资，作无谓之举。"④这些行为，极易导致风气堕落，令人痛心。张人骏随即批准了方元庚的请求，要求太平县遵办发抄。1911年，浙江抚院发文，严禁各地迎神赛会。文牍批评了各地"阳奉阴违，多未实行"，要求

---

①《江南筹办地方自治总局论酬神赛会之无益白话》，《南洋官报》1909年第29期。

②《本司叶通饬各属责成地方官督令各乡村绅管将本地迎神赛会各费一概提充学款多设学堂以广教育文》，《云南教育官报》1908年第12期。

③ 张人骏，清末封疆大吏，1903年任广东巡抚，1905年调任山西巡抚，后任两广总督。1909年，转任两江总督。后文还会提到他。

④《督部堂张批安徽太平县绅士方元庚等禀赛灯迎神靡费甚巨恳请禁止由（录原禀）》，《南洋官报》1910年第75期。

"各府厅州县，实行禁绝"①。此后，一些地方采取庙产兴学举措，将赛会酬神公所改为学堂。如1907年，两江总督端方嘉奖了南汇县改寺庙为学堂之举，希望能开通民智。②四川省纳溪县一寺产业颇丰，"每年迎神赛会约数百金"，后听闻邑令振兴学堂之说，念及该地绅民子弟缺乏教育，于是在寺内设立一初等小学堂，以庙款作为常年经费，凡附近子弟，无论贫富，一律免费入学。③

综上，这些文牍、奏稿以及新闻统统登载于地方官报，官报以信息公开的方式向读者展现政策法规实行现况。通过论撰劝说与文牍公布两种途径，官报进行了严禁赛会酬神活动的宣传，取得了一定效果。

（三）提倡科学

近代科学技术由西方传入中国。鸦片战争之后，官员、士大夫们看到了西方强大的军事实力和技术水平，提出了"师夷长技以制夷"，学习西方先进科技。洋务运动以来，清政府成立官办翻译机构，如京师同文馆、江南机器制造局翻译局，翻译西方书刊。在西学传播过程中，近代报刊起到了引介知识、传递新知的重要作用。早期由传教士创办的报刊中，出现了一些介绍西方文化、科技知识的文章。国人自办报刊也对自然科学、人文科学知识理论加以介绍。此一阶段，新式官报也积极参与新学传播的宣传活动，希望能够破除迷信。

一方面，官报向读者介绍西方人文社科理论，大力驳斥民间流传的鬼怪邪说。《吉林官报》向读者介绍斯宾塞的"天演论"，用以破除民众信奉的命运说。文章开篇介绍，天演论自十九世纪以来风靡一时，"无论国界、种界、人界、动界、植界，一切众生界，皆不能逃此公理"。天演之说分为两个派别，一是优胜劣败，二是生存竞争。

---

①《抚院增通饬各属严禁迎神赛会文》，《浙江官报》1911年第21期。

②《庙产兴学批准》，《新闻报》1907年8月19日。

③《庙款兴学》，《四川官报》1909年第2期。

前者意味着胜败之数自随优劣，任自然界淘汰。后者意味着个人需要发奋努力，不甘听从自然淘汰，"以人力与造化争矣"。作者阅读斯宾塞著作后，感到"瞿然惊悚"，念及动植物界的竞争尚且激烈，人类社会则是更加残酷。相比之下，中国人信奉的命运说，却认为世间万事万物冥冥中自有"预定"，非人力所能强。人们遇到挫折便会一蹶不振，不会为此努力拼搏。①适者生存、优胜劣汰，是社会运行之法则，西方人努力提升自己，因此才能立于不败之地。中国人更应反思，摒弃无意义的鬼神之说，追求进步。

与此同时，官报介绍了教育学、政治学、经济学等多方面原理常识，还大量翻译日本、英国等国的理论著述。如，《直隶教育杂志》多次翻译日本教育家论文，介绍学界最新思想。1906年至1908年间，《直隶教育杂志》翻译了村上专精、安倍叔吾、三土忠造、真田三六、稻垣满次郎等人的文章，介绍日本教育界之动态。譬如，该报曾刊登日本三土忠造口述、图书课员吴燕来翻译的《教育上三大急务》。三土忠造留心教育，游历欧洲，观察发现，"金之富，语言之易，国民体格之良"三者，是欧洲所长、日本所短。"金之富"，指的是国家富有。欧洲国家教育发达，校园、图书馆、博物馆等教育机构较为普遍，教学方法进步显著。"语言易"指的是本邦文言合一。欧洲义务教育年限长于日本，因语言之易，故小学生大抵都能明理知事。日本则使用汉字和罗马字，教学困难，诵读复杂，因此亟须进行革新。"体格良"指的是个人身体素质，实际上是"世界生存竞争之致胜具也"。英国人好游戏、运动，全身得以充分活动，以少时办多事。三土忠造认为日本亟须学习欧洲列国，崇尚运动，培养健康国民。②该文通过日本学者视角，展示了其游历欧洲的所见所闻，有助于读者了

①《论天演与命运》，《吉林官报》1907年第18期。
②《教育上三大急务》，《直隶教育杂志》1906年第11期。

解西方风俗，更可以由此对照中国教育概况，反省自身。

此外，《北洋官报》以政治学视角，向读者阐述"社会"概念。文章指出，人永远处于社会中，与社会相连。从政治学视角来看，最广义的社会概念，指的是多数生物形成的共同体，"集多数生物，有交通相互之关系，而吾人脑中认为，一种团体尤可加以社会二字，此最广意也"。广义的社会概念，指的是"由人类全体交通之点，不分野蛮开化，皆称为人类社会"。狭义的社会概念，指的是"仅由多数人类，结合团体，而名为社会，较人类全体为狭小"。最狭义的社会概念，指的是"由人意思造成而有共同之目的，有结成之团体者"。社会学认为，社会是国家的基础，欲知国家，必先了解社会。人不可能孤立于社会而存在，既为国家一分子，又为社会一分子。[1]通过阐释社会的概念，报纸告诉人们人与社会唇齿相依，每个人应尽自己的义务，享受应有权利。

另一方面，官报开设专栏，逐期介绍西方自然科学知识。官方舆论提倡人人讲求医学，杜绝封建迷信思想。1904年，《四川官报》发表白话文《论强民宜讲医学》。文章指出，教育应讲究德育、体育、智育并重，没有强健的身体，便难以继续学习。中国古代医学注重气血经脉，但"只凭看书，是空虚的，是前人说的旧话"。西医强调观察性质，"实实在在，要凭考验……又要讲究化学……人身的性质明白了，又要去考察百物的性质，才晓得用药"。西方近代医学综合了生物、化学等各种学科，效果显著，"所以外国治病的法子，一天比一天精，医不好的病症，亦觉很少"。作者建议，中国学堂、学生都应该注重医学，将中医与西医并举，培养医学人才，"翻译些西国新出的医术，精选中国古时医书，两两参考，各取其长"。通过学习西

---

[1]《政治学家分析社会之广狭义》，《北洋官报》1906年第1258期。

医精华，中国人民"可以化病夫为健汉"①，增强国力。

1904年，《南洋官报》自第45期起，连续三期刊载署名为陶逊的读者来稿——《振兴医学议》，强调医学之于国家发展、国民进步的重要性。作者认为，虽然中国医疗人员的数量很多，但是其从医素质并不高。这些医生迷信于鬼神玄学，"不谓生人之具，反以杀人函人之术，转类矢人，夫何不幸，而有此最多数之医耶"②。许多病人死于失治、误治，真正死于不治之症的，往往只有十分之一。改革医道，正是当务之急。人们自古以来对医学存在误解，将其与占卜星相列为一类，导致医学落后。实际上，医学与人类开化、国家发达息息相关，"为学术最精之科，为政治最要之务，尤今日所不容忽视者乎"③。医学进步，人类得以发展，国家才能立于不败之列。

为了更好地传播科学知识，1906年《北洋官报》特设"科学杂志"专栏，刊登与自然科学相关的知识。官报局特别指出，"科学杂志"专栏刊登日本、欧洲的新发明、新试验，供学界参考，"本局甲辰、乙巳两年，发行学报。……分隶甲乙丙三编，而丙编之中，又分杂志、学说、文编、调查四类杂志一门，计成八集。凡欧瀛科学专家新试验之汽机，与新发明之学理，咸网罗而纂辑，供学子之研求。今学报专述法政以培立宪基础，然科学新说，月异而岁不同，裒录斯编，用资疏沦，当亦学界之所欢迎也"④。1906至1907年间，"科学杂志"栏目共出版两卷，共计73篇文章，涉及地理、物理、生物、化学等内容，在此分类罗列如表所示。（见表3-1、图3-2）

---

① 《论强民宜讲医学》，《四川官报》1906年第22期。
② 《振兴医学议》，《南洋官报》1904年第45期。
③ 《振兴医学议》，《南洋官报》1904年第45期。
④ 《科学杂志》，《北洋官报》1906年第1201期。

表 3-1 《北洋官报》"科学杂志"栏目内容统计（1906—1907）

| 内容 | 文章/时间 |
|---|---|
| 地理学<br>（共11篇） | 《巴拿马大运河》(1906年第1230期)《续前巴拿马大运河》(1906年第1243期)《制造宽甸石》(1906年第1267期)《制造岫岩石》(1906年第1267期)《开采细玉沟》(1906年第1268期)《西伯利亚之大运河》(1906年第1268期)《世界五大河一览表》(1906年第1268期)《最近四年间世界之产金额》(1906年第1271期)《凿山新法》(1907年第1303期)《世界金矿》(1907年第1303期)《海中金质》(1907年第1303期) |
| 物理学<br>（共14篇） | 《德律风用线坚韧柔损之别》(1906年第1201期)《无线电话之发明》(1906年第1230期)《何谓折光何谓回光》(1906年第1243期)《声何以能回》(1906年第1243期)《斜面之益若何》(1906年第1243期)《双凸镜双凹镜有何功用》(1906年第1243期)《世界之海底电线》(1906年第1268期)《新发明之潜航水雷艇》(1906年第1271期)《无线电台》(1907年第1303期)《电话新闻》(1907年第1323期)《电音听器之新发明》(1907年第1323期)《电气发明之新法》(1907年第1341期)《纸质舢板》(1907年第1351期)《木制轨道》(1907年第1351期) |
| 医　学<br>（共5篇） | 《烧酒能治蛇毒(节录汇报)》(1906年第1201期)《用脑宜定时刻表》(1906年第1204期)《脑髓为神经中枢,其部分有其作用若何》(1906年第1243期)《摄影眼镜》(1907年第1303期)《青色光线之麻醉力》(1907年第1323期) |
| 生物学<br>（共9篇） | 《动物寄生与退化之理》(1906年第1201期)《续论动物退化与寄生之理》(1906年第1204期)《染色微虫》(1906年第1208期)《天演说之由来》(1906年第1221期)《芸苔与山樱之雄蕊有无分别,芸苔之叶与花冠与莱菔有无分别》(1906年第1243期)《嫁接果木》(1906年第1265期)《地豆造粉》(1906年第1265期)《植物改良新法》(1907年第1323期)《冷浴热浴持平之论》(1906年第1208期) |

续表

| 内容 | 文章/时间 |
|------|-----------|
| 经济学<br>（共11篇） | 《伦敦金融谭》（1906年第1205期）《美国游客之金额》（1906年第1205期）《南美四国之物产》（1906年第1205期）《各国邮便局之数》（1906年第1205期）《各国贸易额之比较》（1906年第1205期）《自动车速力之增加》（1906年第1205期）《预算华书发达表》（1906年第1208期）《法国金银出入总数》（1906年第1221期）《商权》（1906年第1226期）《银贵》（1906年第1226期）《特许大会》（1906年第1226期） |
| 化 学<br>（共10篇） | 《试验电流法，有生理学试验、格致试验、化学试验之别，其验发如何》（1906年第1265期）《验湿之法》（1906年第1221期）《论水之电气分解》（1906年第1271期）《续论水之电气分解》（1906年第1272期）《续论水之电气分解》（1906年第1274期）《橡皮保固新法》（1907年第1323期）《花萁造纸》（1907年第1324期）《草泥制煤》（1907年第1336期）《阿尔发灰之发明》（1907年第1336期）《钙炭炸药之利用》（1907年第1336期） |
| 实 业<br>（共13篇） | 《制造葛条》（1906年第1265期）《芦苇造纸》（1906年第1265期）《制造橡碗》（1906年第1265期）《制酸梨膏》（1906年第1267期）《制丝挽手》（1906年第1267期）《改制东洋缎》（1906年第1267期）《制造蜇麻》（1906年第1267期）《贱价物妙用》（1907年第1289期）《辣店新表①》（1907年第1289期）《行空新舰》（1907年第1289期）《纸鸢测气》（1907年第1336期）《机器潜水》（1907年第1336期）《新制气球》（1907年第1351期） |

《北洋官报》的科学知识传播涉及到多方领域，既有最先进的研究理论，也有新颖的发明成果，还翻译了欧洲、日本等国的及时资讯。其中，报纸上节录了一些学堂学生问答，如《何谓折光何谓回光》《声何以能回》《斜面之益若何》等文，为学界起到了参考作用。

综上可知，新式官报分别从社会科学、自然科学两方面进行知识普及。一则希望用简单通俗的道理，开通社会风气，破除封建迷信思想。有的官报还转变文体风格，以白话形式讲解新理。二则通过翻译

①辣店为清末雷锭的译法。

图 3-2　1906 年第 1201 期《北洋官报》的"科学杂志"栏目

西方学界最新成果，为学界提供教学指导。官报上刊译的学理性文章，经常被《东方杂志》《学报汇编》等转载，进一步扩大了影响力。

### 三、禁止吸食鸦片

清朝初年，鸦片由厦门、台湾等地传入内地，尽管法律严禁贩卖鸦片，却未制止民间吸食鸦片和鸦片走私的行为。19 世纪 30 年代，外国鸦片通过西方殖民者输入中国，贻害无穷。百姓、官员、军人中普遍存在吸食鸦片的现象，毒品泛滥严重危害国人身心健康。①1839 年，由林则徐领导的虎门销烟引发中国禁烟运动的高潮，打击了鸦片走私

---

① 相关研究见苏智良：《中国毒品史》，上海：上海人民出版社，1997 年，第 92—93 页。

集团。1858年11月，清政府与英法美三国签订《通商章程善后条约》，将鸦片改为"洋药"，允许其在市场上售卖，鸦片在中国的泛滥更为严重。[1]甲午战败后，鸦片横行，日渐猖獗，社会上关于禁烟的呼声不绝于耳。

新政之际，民间舆论大肆批判吸食鸦片恶习。《申报》评论，戒烟与预备立宪关系重大，不禁烟，国家无法立宪。一方面，鸦片摧毁民众体魄，各行各业者沉迷鸦片，不务正业，难以自强自立。"立宪之国，人尽为兵，全国国民无不注重卫生，以养成军人之资格……为官者吸烟，则不能黾勉从公；为士者吸烟，则不能讲求学问；军人吸烟，则无杀敌致果之望；工商吸烟，则无兴利除弊之时。"[2]另一方面，鸦片危害国家财政，吸烟者耗巨资购买鸦片，连累家人，"至于鸦片一项，则岁出且七八千万。设移一岁输出之资以办新政，固已无功不就，无事不成也"[3]。文章认为，禁烟为立宪第一要义，须由上达下开展运动，先从官吏禁烟开始。

张之洞任山西巡抚期间，整顿吏治、严禁鸦片。他认为鸦片腐蚀人民身心，导致民不聊生，国亡种危，"在官者不修其职，食力者不勤其业，循此不已，贫者益贫，弱者益弱，数十年后，晋其危乎"？张之洞在当地设立戒烟局，命令官员、学生戒烟，"属官中有嗜好废事，分别撤任停委，勒限戒断，许令自新。弁勇勒限戒断，不悛者汰黜。学校诸生，由学生随时董戒，冀以渐摩观感，徐收移风易俗之

---

① 相关研究见苏智良：《中国毒品史》，上海：上海人民出版社，1997年，第127—128页。

②《论戒烟与立宪之关系》，《申报》1906年10月6日。

③《论戒烟与立宪之关系（续）》，《申报》1906年10月7日。

功"[1]。

此时，新式官报撰写了大量言论，劝解民众、官员戒烟。《河南官报》曾提出禁烟措施，供社会参考。文章将治理办法分两方面施行，一是"土药办法"，针对中国本土鸦片进行管理；二是"洋药办法"，针对外国流入鸦片进行管理。本土鸦片方面，第一，作者建议各省通设官膏局。无论本土鸦片还是外国鸦片，一律归官膏局管理。各州县设官膏局分局，由牧令兼办。一邑四乡再设分局，酌派司事管理。凡需要鸦片的人，先赴局内，注册编号，给予牌照，注明姓氏、年龄、吃烟数量，并且须由医生验看。吃烟数量一经核定，只可减少，不许递增。第二，禁止种植罂粟。如有犯禁私种者，一旦查出，将土地充公，再施以重罚。私藏土浆者，一经查出，科以重罪。第三，官膏总局将全年的土鸦片收集，熬炼成膏，发给分局。鸦片膏出铁罐存封，每罐售价五十两，发往分局，分局照册分销。不产土药的省份，可以向其购买，照数运售。第四，限制烟馆。欲开设烟馆，必须先缴纳保证金五百两，官方给其牌照。每月须缴纳"牌费一元"，发给官膏之前必先缴价，每百两，给以二两偿金。凡至馆内吸食者，必先验牌照，根据其牌照上表明之数，出售官膏。对于进口鸦片方面，作者希望中国政府应与列强交涉，定立相关条约，不准西方国家走私鸦片，亦不能转售。[2]

除了舆论发声，新式官报还采取多种方式相结合的宣传途径。一些官报刊登了纪实性调查报告，以展现鸦片危害各国人民的后果。如《南洋官报》连载《南方报》翻译的《美国卜舫济君调查鸦片记》。卜舫济曾任美国红十字会会长、上海圣约翰大学校长。卜舫济曾前往日

---

①《张之洞禁种罂粟片》，载马模贞主编：《中国禁毒史资料：1729—1949年》，天津：天津人民出版社，1998年，第315页。

②《十年以后禁绝鸦片烟议》，《河南官报》1900年第137期。

本、菲律宾、香港多地考察，调查了鸦片贸易对当地财政的影响，吸食鸦片对人民身心、道德的影响等。译者指出，中国饱受鸦片之害，可以根据美国调查报告，学习他国经验。"鸦片之祸，我中国久矣。吮国本之膏沃，蚕国民之道德。目今中国之惨象，鸦片大有与也……美国政府亦有去年派员东来，调查各处鸦片之法……今日报告已成条理井井，念他山之石，未尝不可匡我国诸贤之不逮。是以庸译国文，以备采择。"[①]还有一些官报以白话描述鸦片之害。如《四川官报》刊布成都县禁烟白话告示，阐述戒烟的好处。文章指出，戒烟所配有医生，帮助民众劝戒鸦片，"制成数种灵验的戒烟药，不过两三天就可断瘾，没有苦处，没有病痛"。戒毒之后，"饭量比往常加增，面色比往常红润，身体比往常强健"。与此同时，该文还劝告民众，禁种罂粟，禁贩鸦片，"你们存有烟土的家，若不赶于六月前卖净，仍思贪图厚利，私行囤积，万一过了定限，一经访问，或被告发，把你们私土充了，还要查照新章办罪，那时悔悟也迟了"[②]。再如《北洋法政学报》主编吴兴让为吸烟者提供免费戒烟良方，让瘾君子按照配方，用烟灰、食盐、淡菜与河水煮沸冲服。在文中，吴兴让讲述了所见所闻。他在从天津返回苏州的途中遇见了一位曾吸食鸦片十年有余的旧友，这位朋友不久前得到了一处戒烟妙方，试验数月后完全戒烟，身体恢复正常。因此，吴兴让将这一妙方公之于众（见图3-3），希望能够广为流传。[③]

　　1906年9月，清廷颁布"禁绝鸦片上谕"，"著定限十年以内，将

　　①《美国卜舫济君调查鸦片记(续旬报第八十册)》，《南洋官报》1907年第84期。

　　②《成都县禁烟白话告示》，《四川官报》1910年第8期。

　　③《本局义务戒烟妙方广告》，《北洋法政学报》1907年第49期。

告廣方妙煙戒務義局本

戒　煙　簡　便　靈　驗　良　方

煙灰五錢　食鹽五錢　淡菜一個　河水二斤

右連水逐藥共二兩炭火漫煎至一斤二兩為度連渣連汁置瓦缸內對

癮服汁至服汁之多少視煙癮之大小而定大約一瓦超（即茶匙）可抵煙一

錢外用開水沖服超去一瓦超即將冷開水一超飲下藥汁愈鎮淡則煙癮

亦逐漸減輕至藥汁淡者清水則煙癮自脫矣尋常煙癮一料即可除盡如數

十年之深癮一二兩之大癮一料恐不濟事或雙料半同煎惟河水

亦須照加

余於八月由津返鄉見某友某君丰采甚佳身體彊健某固十餘年大癮也

乃大詫異詢以故則云得一妙方試驗不及數月而癮絕現已刻方傳布以

惠同病云余乃索其方帶津以便印贈用誌數語以證此方之穩妥靈驗

同志見之更為推廣流傳功德無量

吳縣吳興讓識於天津官報局

图 3-3　1907年第49期《北洋法政学报》中刊登的《本局义务戒烟妙方广告》

洋土药之害，一律革除净尽"①。10月，清廷又颁布了限制罂粟种植、禁止烟馆、清查烟店以及严禁官员吸烟等举措，并要求各省将军、督抚将《禁烟章程》在城市乡村张贴告示，俾众遵守。②

　　中央政府以法律形式明令禁烟后，官报宣传活动如火如荼，出现了与禁烟相关的专门性官报。1908年，浙江省设立《浙江禁烟官报》，

①《议禁鸦片及查禁情形》，载李文治：《中国近代农业史资料（第1辑）1840—1911》，北京：生活·读书·新知三联书店，1957年，第898页。

②《议禁鸦片及查禁情形》，载李文治：《中国近代农业史资料（第1辑）1840—1911》，北京：生活·读书·新知三联书店，1957年，第898—902页。

以宣传禁烟为宗旨。该报曾云，创办缘由有四。第一，开化百姓。报纸希望向读者劝说戒烟理由，告知与禁烟相关的法令，以期开化。第二，劝惩官吏。办报人认为，官吏是民众之表率，理应带头禁烟。面对自上而下的禁烟活动，官员不能阳奉阴违，敷衍了事，官报可以履行调查之责，"否则报有调查之责，可以直揭其隐"。第三，监督州县官员。一些基层官吏对禁烟活动怠慢松懈，官报可以督促、考察其行动。第四，监督调查员。一些禁烟调研员名不副实，甚至受贿包庇，官报希望进行舆论监督，促进禁烟事业顺利开展。①

《浙江禁烟官报》发表了许多文章，提供禁烟方法。报纸曾建议，中国应设立鸦片警察，维持社会秩序。日据台湾时期，因当地鸦片盛行，遂设立鸦片警察。其职能在于诵读有关"鸦片禁令"，调查各地吸食鸦片情况，严惩违法之人。另外，禁烟首在调查，设立鸦片警察可以节省调查经费，还可以监督州县政府禁烟活动，作用重大。②报纸还表示，应关注妇女吸烟问题，设法劝其戒烟。健康关系国家种族强弱。如果母亲平日吸烟，烟毒必将遗传于其子女，国家则无强种之希望。妇女吸烟，还可能导致自身堕落，危害家庭。作者呼吁国家筹备女性戒烟所，由各地官绅齐力创办，广为调查，令女校学生逐户检查妇女吸烟状况，编列记录在此，勒令吸毒者戒烟，尽量做到"斩草除根"。③

此一时期，各地民众与官员积极配合禁烟，广泛成立禁烟联合会、戒烟所，查验官吏吸烟，强迫民众戒烟。一些地区在医院附设戒烟所，收治吸毒者。凡有志禁烟而无力购买戒烟丸药者，一律可以前

---

① 《述禁烟官报之性质及组织之理由》，《浙江禁烟官报》1908年第1期。

② 《论中国宜设立鸦片警察》，《浙江禁烟官报》1908年第4期。

③ 《论妇女之烟害宜设法戒除（录中外日报）》，《浙江禁烟官报》1909年第11期。

往医院。①1911年，直隶省开办女子戒烟所，并借用当地女医学堂空房开办，设有四十七间戒烟室。经费由官方财政拨款。戒烟所每月向地方官申报，再由地方官转报禁烟总局领款。②当时，官方领导下的禁烟活动取得了一定效果，据《北洋官报》记载，直隶省开办戒烟医院后，研制出戒烟药丸，大有成效，"戒断者千有余人，领药者复踵相接。每日发药十余斤或二十余斤不等，固已确有成效"③。各地官报报道全国各省戒烟新闻，推动了官方戒烟活动舆论的持续发酵，形成彼此呼应之势。

《吉林纪事诗》是清末官员沈兆禔出版的纪实类诗选，记载了当时社会的整体风貌。其中一首便提到了改良活动，"足贵天然不用缠，婚姻太早恐伤年。神权迷信尤虚幻，汇入鸡陵劝俗篇"。沈兆禔解释了含义，"满蒙妇女向不缠足，汉族久居，亦多潜与之化，惟新至官商士农之眷属，尚不免为俗所囿。近年有天足会演说，令已缠者解放，未缠者禁止，此风亦渐改矣。又婚嫁太早，于力学、卫生均有妨碍，以及庙会等类，近于迷信神权。《教育官报》于改良风俗，三致意焉"④。通过沈兆禔的描述，可以看出当时的改良风俗活动卓有成效，已缠足者放足，未缠足者禁止；民众很多已不参加迷信活动，社会风气渐改。可见，在推进改良运动发展上，新式官报起到了宣传作用，具有教育意义。

---

① 《施医院附设戒烟所》，《北洋官报》1906年第1226期。

② 《直隶禁烟总局详筹给天津女子戒烟所并戒烟会经费文并批》，《北洋官报》1911年第2888期。

③ 《天津戒烟所之成效》，《北洋官报》1908年第1768期。

④ 沈兆禔：《吉林纪事诗》，载李兴盛编：《会勘中俄水陆边界图说(外十一种)上》，哈尔滨：黑龙江人民出版社，2006年，第658页。

# 第三节 鼓吹"预备立宪"

1904年日俄战争爆发后，以沙俄惨败告终。受日本影响，社会舆论纷纷推崇立宪政体之重要性。《东方杂志》指出，沙俄专制体制并非万全，在战争中暴露出弊端，"然其扩张之故，由于四邻诸国非野蛮则老大，故受其侮而不抗，非专制政体之力也，今败于日则其效可睹矣"[1]。当时，人们认为，立宪远胜于专制，"今幸矣！日俄之战，胜负已定。议和之日亦已非远，可以表明专制不如立宪之据"[2]，由此民间实行立宪的呼声愈发强烈。

清廷官员也意识到，立宪才能保国。1904年4月，出使法国大臣孙宝琦上书政务处，呼吁改革政体，实行立宪。孙宝琦以日本、英国、德国等立宪制国家为例，认为国力富强繁荣，皆因立宪发达，"英德两国，所以能俯视列强，巩成大国也……合通国之民，共治一国，何弱不可强，何乱不可戢。不立政体，则民气涣散，国势日微，弱者被兼，乱者被取"。他建议仿英、德、日本之制，定为立宪政体之国，"先行宣布中外，于以固结民心，保全邦本"[3]。除此之外，直隶总督袁世凯、两江总督周馥、湖广总督张之洞联衔上奏，请定十二

①《论日俄战争足以正政论之谬》，《东方杂志》1905年第2卷第2期。
②《论中俄交涉之因果》，《东方杂志》1905年第2卷第8期。
③《出使法国大臣孙上政务处书》，《东方杂志》1904年第7期。

年后实行宪政，并奏请简派亲贵大臣出国考察政治。[①]一时之间，有关预备立宪的言论成为各界讨论之重点。新式官报亦参与其中，传播与立宪相关的常识、知识，构成轰轰烈烈的舆论潮流。

## 一、施行地方自治

1905年9月，清廷派载泽、端方、戴鸿慈、李盛铎、尚其亨五大臣随带人员，出洋各国，考察政治，拉开了预备立宪的序幕。次年，考察大臣们陆续回国复命，向朝廷陈述立宪益处。尽管清廷内部形成了主张立宪和反对立宪的两大派别，但最终在多方商议下，决定施行"预备立宪"。1906年9月1日，清廷宣布实行立宪，其核心要义是"大权统于朝廷，庶政公诸舆论"。但是，官方态度含混不清，认为在民智未开的前提下，不能急于行事。"目前规制未备，民智未开，若操切从事，涂饰空文，何以对国民而昭大信。"[②]

针对地方自治，官僚集团内部意见不一。一些督抚要员表示反对，如江苏巡抚陈夔龙指出，地方自治是招乱之举，"近来预备立宪之举，颇为海内欢迎，而欢迎之故，无非歆动于地方自治之一言。其实程度未到，自治恐为招乱之阶"[③]。但主张立宪的袁世凯则表示支持。1905年7月，袁氏上奏，官绅是未来地方自治之基础，应派遣官绅出国游历，增长见识，"欲求民智之开，非由官绅入手不可。开智之道，年少英俊者使之游学，年长更事者使之游历，二者分途并进，

---

② 白寿彝:《中国通史·近代前编（1840—1919）上》，上海:上海人民出版社，2015年，第243页。

② 《宣示预备立宪先厘定官制谕》，载故宫博物院明清档案部编:《清末筹备立宪档案史料（上）》，北京:中华书局，1979年，第43—44页。

③ 《江苏巡抚陈夔龙奏新政请毋庸扩充立宪变法或暂缓施行折》，载故宫博物院明清档案部编:《清末筹备立宪档案史料（上）》，北京:中华书局，1979年，第176—178页。

多历年所，收效必宏……今时局更新，唯有上下一心，博采邻邦之良法。此项官绅游历为目前行政改良之渐，即将来地方自治之基"①。在尚未颁布确行的自治法案之前，大多数新式官报极力鼓吹地方自治。

作为袁世凯一手兴办的产物，《北洋官报》着重强调地方自治的重要性。自1906年11月起，该报三期连载由北洋官报局编辑科撰写的《论地方自治为预备立宪之根本》一文，表明直隶当局的支持态度。文章首先指出，预备立宪要解决四方面问题，"一曰司法行政，二曰地方自治，三曰国民教育，四曰征兵"。就法治精神而言，地方自治最重要。宪法精神，意在保护人民权利，实行司法独立，"以昭大信天下，且法权尊重，则外权无由侵入，而后能成为独立国。非独立国不能有宪法也"②。地方为国家之分子，国家为地方之总体，地方自治是立宪之根本。

文章介绍，地方自治说，源于德国政治学者葛那士德氏。葛氏指出自治是国家与社会之间的中立组织，"自治云者，中立于国家政治与社会私事之间，而为政府与人群互相结合之机关也"。凡在一村镇内的团体，获得法律及公权的允许，皆可归入地方自治。当时的自治学说或偏于社会一方，或偏于政府一方，但葛氏学说纠正了偏颇之处。他认为，地方自治是指，在郡县村镇以内，名誉官遵依国法，用地方租税，执行其地方应有的政治。地方自治最重要的一点，即为联结政府和人民，"若使政府与人民不能互相联结，则所谓地方自治者，亦必纷杂无纪"，即自治制度需要以法律为保障，而非成于自然习

①《遣派官绅出洋游历办法片》，载天津图书馆，天津社科院历史研究所编：《袁世凯奏议下》，天津：天津古籍出版社，1987年，第1161—1162页。

②《论地方自治为预备立宪之根本》，《北洋官报》1906年第1204期。

惯。①文中提及的葛那士德氏即为德国法学家、政治家——鲁道夫·冯·格耐斯特。近代日本宪法起草者伊藤博文，曾前往德国向格耐斯特学习宪法常识。②

　　紧接着，作者介绍了斯丹氏、卢史雷鲁氏、伯伦知理氏三位学者提出的地方自治学说。斯丹氏指出，自治机关应是国民自由团体，"自治者，人民因参预其地之政，而组织之独立行政机关也"。卢史雷鲁氏认为，地方自治应避免公权干涉，"地方自治当力杜政府、警察权之干涉，而以人群独立为主"。卢氏的理论重在群治，强调地方自治应遵守地方固有法规，不允许外力与公权者放肆营私，独行己意。③伯伦知理氏的自治理论折中了葛那士德氏、斯丹氏、卢史雷鲁氏三家之说。他提出四个要点。第一，地方自治与通常所言自治有区别。地方自治与国政相为表里，国内必先有地方自治制度，而后人民才能参与政务。第二，地方自治与个人随意处理私事有分别。地方自治必受国家制约，依行政法实施。第三，地方自治的本质在于令国民在国家法律范围内参与政务，所以地方自治制度为联结民众与地方政府、人民自由与公共舆论的机关。第四，地方自治奏效于一地团体，以当地居民议当地政事为要义。西方的地方自治理论一致认为，自治制度是联结政府与人民的枢纽。尽管自治理论倡导人民自由、自由国政，但并非放任治理，而是井然有序地在法律内施行。④作者认为，相比之下，中国自秦汉以降，正因地方无自治之力，才导致世风日下，"世教凌迟，风俗颓敝，悉由于地方无自治之力，而民德因之日

<hr>

① 《论地方自治为预备立宪之根本》，《北洋官报》1906年第1211期。

② （美）唐纳德·基恩著，曾小楚、伍秋玉译：《明治天皇：1852—1912》，上海：上海三联书店，2018年，第432—433页。

③ 《论地方自治为预备立宪之根本》，《北洋官报》1906年第1211期。

④ 《论地方自治为预备立宪之根本》，《北洋官报》1906年第1222期。

衰"。由此，中国人向来视国政与己无关，故而舍公益争私益。若使之参与政事，"必移其心思、材（财）力而注重于公益"①，尽公民之义务，享个人之权利。

《河南官报》认为，施行地方自治之前，必先做好准备。先有地方自治，国家才有统治。就河南省实际情况而言，官方舆论认为需要预备四件事。第一，设立调查局。先于省城设立调查局，以勤干官员监督，分饬各属通行清查核实户口册。调查每户税收、征兵等基本情况，如实记载。第二，注重宣讲。政府在县中设立宪法宣讲所，选择数位通儒之人，酌加薪水，作为宣讲员。每乡设立十位宣讲员，讲习数月，然后再前往其他地区继续宣讲，"如何而为宪法，如何而为自治，如何而担国家之义务，如何而受保护之权利"，以激发民众忠爱之气。第三，成立会议公所。由官吏制定名目，通饬各属一体设立会议公所，凡一邑一乡有声望的绅士，由县令以礼延订常川驻局，然后召集各乡绅士分期开会，讨论有关巡警、学务、农工等事务，以期改良振兴，提倡风气。第四，宣布公民资格。在具体法律尚未颁布前，将各国宪法编订大纲公布于众，使百姓知晓公民资格，进行对照。②

《江西官报》发文指出，地方自治始于个人自治。立宪本源是地方自治，地方自治始于个人自治。倘若民智未开，地方自治谈何容易？"试问今日之中国，一省之中，民智开者几人？一郡之中，民智开者几人？一邑一乡之中，民智开者又几人？"紧接着，作者驳斥了号召士绅宣讲宪法、开通风气的说法，"无论言者已舌敝唇焦，听者且百端索解，而于地方自治之利害得失，终觉懵然而不得其命意之所在"，认为此举无用。"中国风气未开。更张伊始，如以完全之人格，

---

①《论地方自治为预备立宪之根本》，《北洋官报》1906年第1222期。
②《论地方自治之预备》，《河南官报》1900年第133期。

责之于通国人民，势固不能，是必赖晋绅先生，出而维持其间，以自治之规模垂为地方之制度……其始未必人人感及也"。民众必须有明耻、自尊、公德心，地方才具备实行自治的资格。知耻，是个人立身之本。如果个人没有羞耻之心，难免假公济私、蝇营狗苟，"吾以社会之财，办社会之事，虽局外笑骂交加，亦有所不恤，此其人耻心亡矣。耻心亡，则求其自治难乎"，由此社会将走向灭亡。个人是社会的一部分，需要承担重任，自立自强。公德，贵在利群。如果人人有集体意识，愿意牺牲私利补公家不足，那么公共事业可以顺利兴办，地方自治有望响应。文章总结个人即自治，"个人者，至少之数也。个人即自治，于地方何与焉，于地方自治更何与焉？不知国民者，个人之集合体也。果其品格无亏，名誉不损，合无数个人之意识，即为地方之意识；合无数个人之智慧，即为地方之智慧"①。

　　1907年9月，清廷令各省先行开办自治，"并著民政部妥拟自治章程，请旨饬下各省督抚择地依次试办，并由该部随时切实稽查"②。1908年12月，清廷颁布《城镇乡地方自治章程》《城镇乡地方自治选举章程》，指导地方自治具体施行。章程的指导思想是以地方自治辅佐官治，"地方自治以专办地方公益事为宜，辅佐官治为主"，由地方选出合格绅民，即"按照定章，由地方公选合格绅民，受地方官监督办理"③。1910年，清廷又颁布了《府厅州县地方自治章程》《府厅州县议事会议员选举章程》，建立起由城镇乡到府州县的全套地方自治活动。地方自治实施期间，新式官报积极发声，尤其是先行开办自治

---

①《论地方自治先从个人自治始》，《江西官报》1905年第33期。

②《八月二十三日上谕(一)》，载上海商务印书馆编译所编纂：《大清新法令：1901—1911(第1卷)》，北京：商务印书馆，2010年，第45页。

③《城镇乡地方自治章程》，载徐秀丽编：《中国近代乡村自治法规选编》，北京：中华书局，2004年，第3页。

的地区，以直隶省《北洋官报》为领头，最支持自治与立宪事项。

## 二、改革官制

官制改革是最早提出的事项，所谓"故廓清积弊，明定责成，必从官制入手"①，由此预备立宪始于官制改革。正式厘定谕旨前，戴鸿慈、端方依据西方立宪国家体制，规划了官制改革的基本思路。二人提出改订现行官制的数条建议：一是略仿责任内阁制，以求中央行政统一；二是核定中央与地方权限，使一国机关连动灵通；三是在内外各重要衙门设辅佐官。②这些提议试图按立宪政体模式，将官制分为中央与地方两部分，实现中央集权、地方分权。随后，新式官报发表的舆论性文章参考了日本、英国等立宪国家经验，对官制改革提出有益见解。

《并州官报》曾多期连载《地方行政私议》一文。文章指出，立宪以来，中央制度渐臻完备，惟地方制度尚在筹划，亟待完善。作者介绍了日本地方税收制度。一方面，地方府县收入来源于税租收入和非税租收入，地方政府可以向当地民众征收地租割、营业税、杂种税、户数割、家屋税、饮食店税、浴场税、演剧税、市场税、车税等税种，"各地从来之惯例，征收之额，如欲加课新税，须经府县会之议决，申请内务大臣之认可"。除了基本税收，地方政府还可以获得国库补助金、市町村分赋金、公有财产收入等作为财政收入来源。③

---

① 《宣示预备立宪先厘定官制谕》，载故宫博物院明清档案部编：《清末筹备立宪档案史料（上）》，北京：中华书局，1979年，第43—44页。

② 《出使各国考察政治大臣戴鸿慈等奏请改定全国官制以为立宪预备折》，载故宫博物院明清档案部编：《清末筹备立宪档案史料（上）》，北京：中华书局，1979年，第367—383页。

③ 《地方行政私议》，《并州官报》1908年第16期。

另一方面，地方府县有固定支出。第一，处理公共事务费用。譬如，府县厅费，供给厅内一些杂项开支；府县吏员费，供给雇员之俸禄。第二，依法律敕令所指定应行担负之用。如警察费、土木费、劝业费、教育费等。第三，依习惯所担负费用。全国各地旧例不同，一些地方长久以来习惯相沿，作为固定支出。作者认为，日本地方税收制度做到了取之于民，用之于民。①国家治化之原，皆起于地方牧令。中国地方行政制度尚未完善，"诸行政，万绪千端，动需经费，……就地筹款，又无地方赋税之通法以便遵循"。正值预备立宪之际，必先始于内务，整顿地方行政，"必使亲民之吏，敷政优游，持筹充裕"②。

《吉林官报》根据吉林省实际情况，提出了地方司法官制改革建议。文章指出，欧美国家三权分立，实现了司法独立。以此为例，《吉林官报》认为应设提法司，掌理全省民刑监督、各级审判监察厅及办理司法上行政之事务。文章介绍，吉林省计划进行司法官制改革，复并刑司，将旧有司员重新分配，设总务、民事、刑事、典狱四科。同时，设各级审判监察厅，以期循级而上。不服初级审判者，可赴地方审判申理。不服地方审判者，可赴高等审判申理，做到井然有序，有条不紊。③

《湖北官报》在"宪政杂录"栏目转载了《申报》的《论今日之军机处与将来之责任内阁》一文，表明认同态度。文章开篇批判了朝廷现状，认为国会虽已在筹备，但是责任内阁制尚在迟疑。清廷以军机处之设敷衍了事，"微窥朝廷终审慎迟回，不敢轻于一决者，则以今日之军机处梗之也"。为此，民间舆论深表不满，议员易宗夔质问，

---

① 《地方行政私议》，《并州官报》1908年第17期。

② 《地方行政私议》，《并州官报》1908年第13期。

③ 《地方官制篇》，《吉林官报》1909年第9期。

军机大臣为何采用副署制度？各立宪国内阁国务大臣负完全之责任，而中国军机大臣对于各部行政、各省行政不是负完全责任。文章指出，军机处一敕一令，非秉承上意，不能施行，"所谓军机大臣者，不啻人主之一秘书官而已"，可见军机制度是中国行政大患。军机处采用副署制度，似负有责任，而无成文宪法。虽然各部门可以参与会议政务处，但无督促军机大臣必行之权，导致此部与彼部不相闻，此省与彼省亦不相应。作者认为，举行宪政以来，一些部门停滞不前的原因在于无统一的监督机关和政府机关，"无挈一国之政务以统一其权限，而躬自负其责任之故也"。国会与责任内阁，不可相离。各国内阁组织之方法虽异，但内阁始终为一国总揽政治之机关，负完全责任。作者在文末呼吁朝廷弃用军机处，成立责任内阁，"今军机处已不适于立宪政体之设施，上下所共知矣……愿我贤王，毅然独断，不为所惑，则俟国会召集之时，立法与行政之两机关，咸效其用"[1]。

　　虽然《湖北官报》并没有刊发"本局论撰"表示自身立场，但通过转发《申报》文章这一举动，间接展示了支持态度。直到1911年5月，清廷才取消军机处，颁布《内阁官制》《内阁办事暂行章程》，成立责任内阁。《内阁官制》规定内阁由国务大臣组成，国务大臣的职责是"辅弼皇帝，担负责任"，定政治方针，保持行政统一。[2]在取消军机处一事上，官报难得地与民间舆论站在同一阵线，以转载的方式，隐晦地表达了自身立场。

---

　　[1]《论今日之军机处与将来之责任内阁（录〈申报〉)》，《湖北官报》1910年第153期。

　　[2]《宪政编查馆会议政务处会奏拟定内阁官制并办事暂行章程折 附清单二》，载故宫博物院明清档案部编:《清末筹备立宪档案史料（上)》，北京:中华书局，1979年，第561页。

## 三、讲求法政

既要施行宪政，必先让民众了解何为法律，何为宪法，何为立宪体制，官方媒介需要普及知识、进行宣传。一方面，官报发文强调，宪法与国民息息相关。《北洋官报》指出，立宪政体胜于专制，以俄国表现尤甚，"日俄大战而后人皆恍然于专治之政，不足敌立宪之政。以俄之败，非俄人之过，专治之过也。日之胜，非日人之功，立宪之功也"。立宪与一国国民有直接关系，"专制之与立宪，虽为胜败之原因，犹属间接之关系，而其直接关系者，实在国民"。日本胜于立宪，"以其国民有适于立宪之能力"；俄国败于专治，"以其国民无适于立宪之程度"。文章认为，欲求立宪，民智、民德缺一不可，政体改良，需要国民进化。①

《河南官报》表明了相同看法。报纸指出，立宪国国民必须研究法律，以法治国，"今日举国要点所在，首宜一其心志，振其精神，而研究法律，尤为预备入手"。中国立法尚未形成体系，各学堂法学讲义大多源于日本，按照日本性质与风俗编订，与中国实际情况有一定距离。作者认为，法律馆应参考国情，结合东西各国法律，编写中国民法。从目前来看，虽然部分有识之士已有觉悟，但普通民众守分自安，民情涣弱。作者担心，一旦立宪工作开展之后，凡增进社会秩序、限制人民自由的征兵、征税等行为会遭到民众反对，不得不防备。国家需要倡导民众法律意识，广为宣讲，加以教学，"宜首先倡导，将民法、刑法大意略为讲演。凡公益所在保持之，则民法也。凡国法所在遵守之，即刑法也"。蒙学堂、小学堂可以增设法律课程，派宣讲员讲演法学，通论大意。各地绅士可以成立法学研究会，给大

① 《论国民对于宪法之关系》，《北洋官报》1907年第1279期。

众讲法律大意，明确个人义务与权利。在此耳濡目染之下，"全体国民咸晓然于法律之利溥，法律之用广。夫然后宪政之实行，令如流水风行，偃草可预决矣"①。

《四川官报》以白话文形式，向读者强调研究法政的重要性。文章通俗地指出，学问和知识是预备立宪的基础，"预储立宪国民之资格，列位学问二字，如今既是万万不能不讲。你们平日又缺了普通的知识"。作者认为，一些教育、警察、财政、农工商、实业问题，一些兴利除弊、改良风俗等措施，"无不载法政学中"②。法政学与立宪密不可分，"大凡地球上立宪国的国民，没有一个不具法律思想，也没有一个不富政治智识"。立宪政体有赖于"上下共同维持，必须国民先具了这两种学识，然后才可以有立法行政的能力，并不是事事倚赖政府便可以办到"。西方法学著作汗牛充栋，不知其数。各省力量有限，尽管已经成立了多个法政学堂，但难以周全。作者建议民众自行研读书籍，增长知识，在全社会形成普法风气，使其具备立宪国民资格。③

另一方面，官报起到了知识普及作用。五大臣出洋考察后，撰写了游历见闻，带回诸多与宪政相关的资料。宪政编查馆曾将考察各国宪政大臣的相关奏折交政治官报局，以求官民讲究宪法。"宪政编查馆提调刘若会，日前将钦派考查各国宪政大臣等所呈考查宪法各件，交政治官报局编成书籍，装订数册，以为官民讲求宪法之渊鉴，俟装订毕，不久即可颁行。"④诸多官报局将这些资料梳理成文，刊载入报。如，《学部官报》曾连载《考察政治大臣随员田吴炤考察教育意

①《论立宪国民不可不研究法律》，《河南官报》1900年第127期。

②《说国民宜研究法政（录四川官报）》，《北洋官报》1906年第1260期。

③《说国民宜研究法政》，《北洋官报》1906年第1262期。

④《京师近事》，《申报》1909年4月22日。

见书》，阐述法德两国教育经验；《秦中官报》《北洋官报》《南洋官报》曾刊登载泽考察英国政治的奏折；《云南政治官报》曾刊载《出使日本考察宪政大臣李家驹奏考察日本司法制度折》，介绍日本司法制度历史沿革。

也有不少官报专设法政专栏，普及相关知识。如《北洋官报》设"宪政浅说""政学新编"栏目，《湖北官报》设"宪政杂录"栏目，这些栏目的议题与法政知识密切相关。北洋官报局编辑部在创办"宪政浅说"时指出，立宪制度为当今最有效政体，"立宪利益，更仆难终，盖此种政体，既为全球各国所公定，且经无数政治专家研究讨论，然后实行。西欧、东瀛均著成效，所谓有百利而无一害也"①。但编者认为中国民智未开，大多数民众尚不知道立宪含义，"朝廷宣布诏旨预备立宪，欢声雷动，畅垓泮涎，然吾国民智尚多幼稚，统计四百兆中确知立宪政体之意义者，犹居少数"，所以需要官报承担相应的普及工作。"记者窃负分子之责任，期效壤流之裨益。爰采集各报中有关宪政及地方自治者，汇录成编，蠡管所及，亦附载焉。"②所以，当时的官报局汇编了许多与立宪相关的论文，试图从思想层面推动人们理解立宪。

宪政栏目内容以选报、论撰为主，多为讲解法律知识、爬梳各国宪法历史。譬如，《北洋官报》曾发文阐述宪法性质。文章首先强调了法律精神的重要性——二十世纪，已由德治时代进入法治时代。法治进化程度，与研究法律学者数量多寡有直接关系。国民需要先有法律思想，而后有爱国精神；有政治知识，而后有合群能力，"有法律则其国强；无法律则其国弱。欲开国民之智识，宜明法律之性质"③。

①《宪政浅说》，《北洋官报》1906年第1223期。

②《宪政浅说》，《北洋官报》1906年第1223期。

③《法律性质之研究》，《北洋官报》1907年1294期。

紧接着，该文解释了宪法含义，指出"宪法之定义为规定主权之所在及统治机关统治机能之大纲"。作者又解释了行政法性质，狭义上行政法指的是"除立法、司法即大权作用外，其他之统治机能，凡与行政有关系之法令，是曰行政法"。①诸如此类论撰，简单介绍了法学基本原理常识。

除了设置宪法研究专栏外，一些地区创办了专业性法律官报，专以普及宪法、宣传立宪为己任。如1906年创立的《北洋法政学报》将传播法学思想作为办报宗旨。主编吴兴让在发刊词中指出，个人嗜好、生命、财产之利益，皆为天然权力，无人可或缺。法律的作用在于保护个人权力，防止越界现象。②吴兴让认为，中国法学研究者数量不多，精通者凤毛麟角。相比之下，其他各国法律完备，人民具备法律思想。中国大多数人毫无法律思想，人民只知权利不知义务，普及法律思想成为当务之急。报刊将灌输法学思想作为重要追求，"预期家喻户晓，又非文告号令所能奏效，自非借报章之力，不足以灌输全国"③。《法政学报》的创办目的在于传播智识，提升人民法律意识。"苟使法政两学从此萌芽，人民之程度渐高，国家之基础愈固，于以成法治国，于以成立宪国，进而与世界文明各国相提并论，是则本报所馨香祷祝者也"④。

从内容上看，《北洋法政学报》以译文居多，屡次发文介绍日本立宪体制，如《日本国籍法讲义》《日本宪法疏证》《日本议院法讲义》《日本司法纲要》《日本刑事诉讼法法理》等文。除了译文之外，报纸还会刊登一些知识普及类文章。譬如，报纸曾刊登徐家驹撰述的

①《法律性质之研究》，《北洋官报》1907年1294期。
②《法政学报序》，《北洋法政学报》1906年第1期。
③《法政学报序》，《北洋法政学报》1906年第1期。
④《法政学报序》，《北洋法政学报》1906年第1期。

《论各国成为宪法之发达》，介绍宪法在各国的发展史。该文以大量篇幅详细介绍了各国宪法的历史沿革，比较了北美与欧洲宪法之不同，为研究中国立宪法制提供参考。①《北洋法政学报》还发表了许多与法律相关的社论。譬如，报纸刊载吴兴让撰稿的《论急宜编民商法》一文，呼吁立法部门先编写"民商法总则"，指导相应裁判活动。文章指出，中国民商事件繁多，可以先从拟定民法做起，先有普通法，再有特别法。民商法不仅可用来裁判案件诉讼，还可以用以"示人民率由之标准"②，也就是将法律作为衡量公允的尺杆。

日俄战争之后，"预备立宪"呼声遍布全国。社会各阶级、各团体，无不异口同声，支持立宪，"于是人无论其愚与智，位无论其贵与贱，学无论其新与旧，莫不异口同声，曰速行地方自治，自治成而宪政将以次而成矣"③。民间舆论将立宪制度视为救国之道，"欲建设立宪政体者，亦以处此野蛮竞争世界，将为列强所吞噬，非立宪无以图存"④。清廷内部主张立宪的官员日渐增多。1904年，孙宝琦上书政务处，提出实行立宪政体的主张。张之洞、袁世凯、周馥、岑春煊等督抚重臣皆支持立宪，由督抚主办的新式官报的舆论亦随之倾斜，大力鼓吹与预备立宪相关的言论，配合改革施行。官报探讨了预备立宪改革中的诸多议题，强调地方自治的重要性，呼吁迅速开展官制改革，宣传各类与立宪相关的法政常识。这些官方舆论，既有顺应朝廷政策的一面，亦包涵了地方督抚的主张，与本地新政改革相辅而行；同时兼顾了知识宣传需要，精选了大量译文，呈现出多样色彩与多元角度，为我们了解立宪时期的官方思想提供了别样的观察视角。

---

① 《论各国成为宪法之发达》，《北洋法政学报》1908年第87期。

② 《论急宜编民商法》，《北洋法政学报》1907年第23期。

③ 《论地方自治团体之性质及权限》，《申报》1908年3月27日。

④ 《论说一：论开国会之利》，《大同报》1907年11月10日。

## 第四节　"新瓶旧酒"：官报的守旧本质

从官报创办宗旨与文本内容来看，新式官报试图突破传统邸报藩篱，凸显改革时期各项事业焕然一新的特点。然而，就官报实际阅读效果而言，尽管官报以宣传新思想为己任，却被读者指责内容陈腐。《四川官报》主笔曾言："那些喜欢看新报的人，不免嫌我们这官报陈腐。"①还有一些舆论指责官报内容闭塞民智，敷衍了事。《新闻报》评论指出：

> 中国报馆由商办，而具有报馆之资格、具有报馆之阶级者，统计不过十余家，由官办而具有报馆之形式、具有报馆之名号者，统计不过三五省。商报捐除忌讳，故购阅者多。官报敷衍故事，故购阅者少。愤时之士，至谓各省官报不能开通民智，反足闭塞民智，言虽过激，亦可知官报之不足以感发人心矣。②

以开民智为办报宗旨的官报却被民间舆论诟病为"闭塞民智"，这样的结果极具讽刺，证明官报内容过于陈旧，不能满足读者需求。

---

① 转引自阎小波：《20世纪初中国传媒媒介的繁荣与人的现代化》，《新闻与传播研究》1996年第1期。

② 《论报馆之有益于国》，《新闻报》1905年3月28日。

《南洋官报》主编茅谦在致各州县官员的信中，抱怨读者视官报为"陈旧公文、断烂朝报"，所谓：

> 新政叠颁，各府县学堂次第建设，则官报之效力，固不难渐臻进步矣。惟是此项报纸在已经销流上海报章之处，则每视为陈旧公文、断烂朝报，而不屑于一盼。因之穷僻之乡，渐闻其说，于是自省会至偏隅几于异口同声曰，官报太旧，无人愿看。记者辄敢申辩之曰，此其中有不得已之苦衷焉，有不能移之公理焉。①

茅氏的诉苦值得细细解读。一方面，尽管官报发行领域在不断扩大，并积极配合新政的各项政策传播，但是《南洋官报》既在大城市遭人诟病，又在农村地区鲜为接受，各地读者们似乎都不买账，并将"官报太旧"作为无人阅看的理由。另一方面，乡镇读者深受大城市读者影响，他们以城市读者的反馈衡量自身选择。由此可以看出，官报的信息流存在着"二级传播"。报刊内容先流传到上海等都市读者手上，在他们看来，新式官报与邸报、朝报、公文没有任何分别，对之不屑一顾。紧接着，都市读者的评价再次流传到乡村读者耳中，村民视通商口岸地区的读者为标杆，以他们的审美为"准绳"，也叫嚷着"官报太旧"，不愿阅看，因此官报的口碑愈发差矣。

新式官报刊登了新理、论说，甚至翻译了日本、西方各种讲义以求科学，为何仍被读者视为陈旧事物？究其原因，与官报内容传播守旧的本质密切相关。一方面，在宣传知识的时候，官方舆论往往以

---

① 《南洋官报总局调查员茅孝廉谦致派销官报各州县书》，《南洋官报》1906年第60期。

"比附"的方式，将西学纳入中学框架，用新知论证旧制的合法性。另一方面，新式官报的"新"只体现在有限范围内。只要不触及政体的学说，官报都会加以介绍，尤其是一些自然科学知识。一旦上升至与政体相关内容，官报舆论便会维护政权合法性，抹杀进步思想，无法摆脱传统观念束缚。

## 一、概念"比附"：官报新知传播话语策略

任何知识都是基于语境而产生的，因而对新知识的宣传必然伴随着其语境的带入，这种语境可能包括新式经济活动思维，也可能包括政治活动思维，具有变革社会观念的可能性。由于西学的深入会危及中学地位，所以在宣传西方知识的同时，当局试图将"西学"放入"中学"的轨道上，用"西学"论证"中学"的合理性。

新式官报经常介绍西方先进科技及其原理，设有科学专栏，介绍学界动向，但官方舆论同样认为，西方精巧的技术制造，中国古人其实早已参透其义，如"秦始皇起，云明台有巧工二人，皆腾虚缘木，运斤斧于云中……中国之为机器者，多矣"[1]，甚至指出，西方力学知识与中国传统机械原理类似，"今泰西人士对制造之学跂跂求明，然推其始，如大地吸力奈端唔自堕苹，蒸汽涨力瓦德推自煮茗，实皆不出两大中至浅至微之理"[2]。报纸的话语策略是将西方科学技术与中国传统典籍记载的传说进行"比附"，认为早在秦始皇时期，中国工匠业已孕育了西方制造业的原型。其中所说"皆不出两大中至浅至微之理"等内容，更是体现了中国文化本位、以我为中心的保守主义倾向，背后反映出对西方技术和中国文化的矛盾态度。

与之类似的是，尽管官报大力推崇日本的教育模式，但它们并不

---

① 《治新学宜多读中国古书说》，《南洋官报》1904年第35期。

② 《治新学宜多读中国古书说》，《南洋官报》1904年第35期。

承认中国教育制度的落后。譬如，《南洋官报》在相关文章中回溯了中国教育源头，认为"中国学校之兴，自五帝始"，随后又介绍了中国教育制度发展史，并将其与西方学制进行类比。这段类比值得玩味，摘录如下：

> 中国学校之兴，自五帝始，其名曰成均，说者曰以成性也。递至三代，有国学乡学之分……自其乡学言之，则二十五家为闾，闾有塾；五百家为党……萃其子弟而教焉，盖无人不学，无地而不设学以教也。今泰西定制，无论城乡，三十户设小学堂一，公私学堂，每国率以万计，民自六七岁以上无不入学，不入学者罪其父母，别类分门，循序以进，靡不范围于学，其可与吾古书相左证者。[1]

这段文字首先叙述了中国古代的教育模式，认为五帝时代的"成均"是中国古代教育的萌芽，直到西周时期出现了国家办的"国学"和地方办的"乡学"，并指明乡学的主要模式是，"二十五家为闾，闾有塾；五百家为党，党有庠；两千五百家为州，州有序；一万两千五百家为乡，乡有校"。紧接着，它描述了西方义务教育现状，认为中国古代建立的"国学""乡学"体系与西方"公私学堂""义务教育"大致类似。通过中西、古今对比，《南洋官报》意图证明的观点是，西方义务教育制度中国早已有之，"可与吾古书相左证"。官方舆论简单机械地将中西方教育画上等号，西学被约化为中学的附属品，两种文化之间的差异与多元被一笔勾销——西学本身所蕴藏的对政治和经济制度的变革诉求，便在这样的转化中被抹灭了。

---

[1]《治新学宜多读中国古书说》，《南洋官报》1904年第32期。

这种"比附"的话语策略同样渗透在其他内容中。譬如,《北洋官报》曾论述中国古籍经书,以对比西方社会学,认为"吾国三代经籍,其单词双义,合于社会学者,亦不可枚举"①,由是指出西方群体、组织的概念与孔孟所言经典大致相同。《秦中官报》邀请了三位作者以"中国周秦以上政体有足为各国立宪政体之证者论"为题,从不同角度论证其合理性。结果,三位作者的三篇文章都认为中国周秦时期早已出现立宪政体雏形,所谓"立宪者,中国固有之成法"②,承认即将要推行的预备立宪改革与旧制契合。官方刻意回避了西学产生的历史渊源和社会背景,始终站在中学角度诠释西学内容,使新知识染上了旧色彩。

医学知识的传播同样如此。官方话语常常体现出对中医的自信,认为中医的"理"已洞察世间万物。有言论认为,"中国古者于养生之理辨之极精,察之极微,而格致化学即寓乎其中,岂独让泰西之专擅哉"③?还有舆论提出"我国医学发明最早,《灵枢》《素问》实足以括中西之全"④,即强调中医的优越性。针对当时医学落后问题,官方舆论认为西学固然重要,但更应以中学为本。《南洋官报》更提出振兴医学的途径之一就是"保国粹"⑤,基本原则是坚持中医为基础。相关文章以日本明治维新时期的医学改良为例,认为其成功原因在于"中医为根底,故其为医,骎骎乎有方驾泰西之势"⑥。言外之

---

① 《论六书古义合于社会学》,《北洋官报》1906年第1265期。

② 《中国周秦以上政体有足为各国立宪政体之证者论》,《秦中官报》1905第4期。

③ 《论设立医学堂(录汉口日报)》,《四川官报》1904年第16期。

④ 《本署司批医学堂教员黄元英禀请审刊自著医书由》,《江西学务官报》1909年第1期。

⑤ 《振兴医学议》,《南洋官报》1904年第46期。

⑥ 《振兴医学议》,《南洋官报》1904年第46期。

意是中国也应参照日本，沿用中医精粹作为治医之本。

当时的官方话语是，世间万物的"理"早已被中国古人参透，西方器物、制度、学科不过是"理"的升华，所以最理想的模式是"有新学之精神兼资旧学之根柢"①，让新学建立在旧学的基础之上。在各类官报的言辞中，编撰人员已经明确彰显出这样的"自信"，"以彼新学，证我旧闻，鉴古得真，准今有据，古有其事，以实证之，古无其事，以意通之"②，认为西方新学不过证明了"旧闻"的合理性而已。然而，一旦官方确立了这样的话语方式，也就意味着新知识丧失了推动官方开展进一步政治变革的可能性，被改造的西学始终被制度化的旧思维所捆绑。这与彼时民间报刊的宣传态势迥异，也难以被当时日渐接受西学的新式学生乃至趋新士人所接受，导致官报逐渐丧失了吸引力。

李泽厚认为，中国社会存在"实用理性"的文化心理结构，即"善于用清醒的理智态度去对付环境，吸取一切于自己现实生存和生活有利有用的事物或因素"③。正是这种"实用理性"，使中国文化能够接收、吸取外来事物，"同时也乐于和易于改换、变易、同化它们，让一切外来的事物、思想逐渐变成自己的一个部分，把它们安放在自己原有体系的特定部位上，模糊和销蚀掉那些与本系统绝对不能兼容的部分、成分、因素，从而使之丧失原意"④。新式官报引介西学亦是如此，它们大肆宣传新知识，很大程度上是为了进行兼并和改造。对西学的"比附"，更是为了稳固自身系统而对外来事物采取的行动。这种文化心理结构，力图让"西学"成为"中学"的附属。

---

① 《治新学宜多读中国古书说》，《南洋官报》1904年第35期。

② 《治新学宜多读中国古书说》，《南洋官报》1904年第35期。

③ 李泽厚：《说西体中用》，上海：上海译文出版社，2012年，第16页。

④ 李泽厚：《说西体中用》，上海：上海译文出版社，2012年，第19页。

官方言论总是试图说服读者，中国传统文化中有诸多与西学一致的东西；也试图附会传统文化的种种事物，将其与"西学"相连。"西学"和"中学"的冲突不可能被消除，这种矛盾的背后，反映出清政府对于自身政权合法性的焦虑。统治者认为，创办新事物、传播新思想便可以化解国家危机，但这样一场"只立不破"的改革并不可能走向长远，反而为将来的革命埋下了种子。

## 二、抹杀进步思想

一旦涉及到西方"民主、平等、自由"等思想，官方舆论则会直接否定其进步性，认为于社会无益。所以，标榜新思想、新智识的官报，本质上依然贯彻了旧的思想理念。此一时间，官报曾分别发文诠释西方盛行的自由理念，尽管文章内容和论证方式略有不同，但中心思想基本相同，皆认为自由思想危害社会，扰乱国家秩序。

1903年，《北洋官报》最先发文辨析"自由"概念。文章指出，每个人对于自由的概念理解不同，有人认为，自由是不受压迫，是能够独立自主；有人认为，自由是为所欲为、肆无忌惮。人们对自由的不同看法，影响了其行为及产生的后果。以欧美等国为例，作者指出，这些国家施行义务教育，强制服兵役，人们衣食住行都受到国家干涉，"其居食、行动、交际、财产之事，至织至悉，莫不服从"。国民并未觉得不自由，而是"欣欣然，皆有自得之色"。相比之下，中国人的行为却大相径庭，他们不受国家和法律的约束，导致社会秩序混乱。作者认为，欧美人的自由模式是以国家为重，国民为国家服务。中国人的自由观却有悖伦理道德，"不知自治为何义，而敢越乎礼法；不知公德为何事，而先丧其伦纪"①。该文强调，自由是有边

①《自由辨》，《北洋官报》1903年第7期。

界的，应以集体利益为重。所以，在批判中国人的自由理念之时，文章体现出浓厚的说教意味，认为社会上流行的自由风气贻害国民，总试图以传统纲常礼教驯化民众思想。

与之类似的是，《南洋官报》自1904年第19期起，开始连载清末著名外交家陈季同发表的《自由界说》一文。该文认为西方社会思潮离经叛道，有害人心。文章开篇指出，"自由之说，至于今日，误人甚矣。父不能束其子，师不能课其弟，甚至刑威文教亦几乎不能化愚妄之人心，诚世道之大忧也"[①]。随后，作者将中西方进行对比，认为西方自由形同虚设，"西国人人皆言自由，事事凡多掣肘，似自由又复不得自由，名自由实非自由"[②]。通过考证自由的历史，作者认为，西人不自由，就是因为过于追求自由。中国的通病是民众过于自由，尤其是推崇西方自由学说的学生，以为自由是任意妄为，"少年人所读西书，未窥深奥，卒闻自由之语，莫名其妙，第就字面之以为自由者，凡是可任意为之，殊未知其幸为中国无限自由之民，乃反求于泰西有限自由之道也"[③]。

自由固然不是绝对的，但报纸将伦理失调等问题归结于西方思想入侵却是荒谬的。报纸舆论甚至认为，法国革命与英国革命的爆发，都是因为人们受到歪理邪说怂恿，导致政权颠覆，"法国本系君政，卒改为民主，欲以乱止乱，而乱势遂绵亘，无己时溯。自一千八百三十四年，四十八年，七十一年，忽而君忽而民，互相递嬗，无非误于自由之说，无以宁其国也"[④]。为了给清政府存在找寻合法性，文章不断强调，变革并不是唯一出路，"国家强弱之际，非变革党所能挽

①《自由界说》，《南洋官报》1904年第19期。
②《自由界说》，《南洋官报》1904年第19期。
③《自由界说》，《南洋官报》1904年第22期。
④《自由界说》，《南洋官报》1904年第22期。

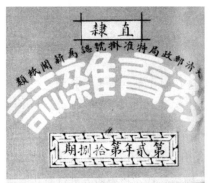

图 3-4　1906年第18期《直
隶教育杂志》

回，亦非自由一说即可转移其危机，吾愿世之少年勿以自由为借口
焉"①。借用西方国家的例子，官方报纸不断给读者暗示，若再不控
制西方思想传播，国家必定会在革命中灭亡。

　　紧接着，1904年第156期的《南洋官报》刊登了读者罗长祎来稿
《解释自由原理说》。文章强调，自由是有边界的，"以不妨害他人之
自由为界说"。享受自由，就要承担一定责任。很多人追求自由的权
益，却无法承担相应责任。作者认为，西方立国之本与中国同源，
"终不越吾圣人之教"，其成功的原因在于重视科学，"科学加精，遂
以收富强之效"。因此，作者批判中国学者不潜心研究科学与实业，

---

①《自由界说》，《南洋官报》1904年第22期。

"不取实业科学以为拯吾贫弱之原"，而是传播自由思想来迷惑人心。在他看来，西方传来的自由、平等思想都能在中国找到根源，中国人民需要学习的只是西方先进技术。①通过刊登这篇读者来稿，官方舆论意在说服读者切勿轻信西方思潮，应该将关注点放在器物层面，保持中国传统纲常伦理不变。

从新式官报对"自由"这一概念的解读可以看出，一旦舆论讨论的主题上升至国家意识形态底线，官方则会毫不犹豫抹杀进步思想，认为西方传入的种种思潮扰乱中国社会秩序，毒害青年思想。官方话语将外国思想视为洪水猛兽，奉劝读者研学传统儒家文化，辅之学习西方先进技术。如地方官报《直隶教育杂志》的封面很好地体现了统治者意图（见图3-4），新式学堂的黑板上写着"忠君""尊孔"——试图用封建意识形态来束缚国民思想。在他们看来，本着"中学为体，西学为用"原则，国家才能富强，才能战胜西方列强。

①《解释自由原理说》，《南洋官报》1904年第156期。

# 第四章　共存与冲突：
# 新式官报运作中的权力博弈

新旧派别、权力与群体的共存、斗争，始终贯穿新式官报的运作过程。

第一，官方报人具有一定的能动性，可以在有限范围内介入报纸运作。不同报纸的主笔有着新、旧教育背景和政治立场，以其自身偏好影响报纸内容。

第二，中央—地方这对积累已久的矛盾贯穿报纸发展始终。督抚作为新政在地方的推行者，能够直接参与新式官报管理，甚至决定其发展方向。地方督抚与中央官僚之间的紧张关系一直存在，中央试图统一全国官报的形式和内容，减少督抚的干预与控制。

第三，民间士绅群体亦是影响官报发展的一股势力。他们认为官报局发展印刷事业阻碍了民营事业，强烈反对政府兴办官营事业。新旧势力的相互博弈，持续影响着新式官报走向。

# 第一节　新旧并立:官报局内部的组织与人事

官报局负责新式官报的出版发行，不同于内阁发抄邸报的编辑流通机制。官报局内部结构严密，体现出新型专业化管理趋势。官报局设经理、主笔、编纂等职务，各自承担不同任务分工；制定了严格的规章制度，确保组织内部正常运转；报纸采编和发行按照局规执行，内容安排限制较多，发行手续繁琐。

官报局主笔负责官报内容取材与编辑，其个人政治倾向或价值观念对官报风格产生了重要影响。具有留学背景的主笔偏向于在报纸中传播立宪、法治、自治等思想，尚属于传统文人的主笔更侧重于实业、教育等思想的传播。

## 一、官报局采用专业化运作方式

官报局，"局"的称谓，沿用了洋务运动时期机器制造局、织布局之类的官办企业的习惯说法。[1]新政时期，应改革之需，各地开设了大量的"局"。譬如，山东省各局名目众多。"山东设立各局，名目众多，位置人才绰有余地，兹将各局录报供览。洋务局、筹款局、商务局、机器局、官银局、铸钱局、印书局、赈捐局、赈抚局、工艺局、教养局、官医局、粮饷局、善后局、官报局、南运局、土药局、厘金局、工程局、河防局。"[2]官报局是诸多官僚机构之一。各省级官

---

[1] 李斯颐:《清末10年官报活动概貌》,《新闻研究资料》1991年第3期。
[2] 《公局备登》,《大公报》1902年11月4日。

报一般由该省官报局运营管理，譬如，《北洋官报》由北洋官报局负责，《南洋官报》由南洋官报局负责。专业性官报由行政部门或是地方公所负责，如《四川警务官报》由四川警务公所负责编辑。

尽管主管部门不同，但各官报局经营管理的方式和流程大体类似，设总办或经理主持大局，主笔或总纂专司编辑，一些庶务人员负责收发、财务等事项。现以《浙江官报》开办情形为例，如下表：

### 表4-1 浙江官报局职务表①

| 职位 | 数量 | 任务 |
| --- | --- | --- |
| 经理 | 1 | 主持官报局一切事物(务)，管理官报局人员，稽查其勤惰功过 |
| 总编纂 | 1 | 率同编纂员专任编纂事务，并有分配、审定稿件之责 |
| 编纂员 | 2 | 按照官报体例分任编纂事务 |
| 文牍兼收发员 | 1 | 掌管选拟官报局一切公文函件并收发及分别登录保存 |
| 庶务兼会计员 | 2 | 掌理官报局一切出入款项簿册及印刷发行，购置应用器具等一切杂物(务) |
| 核对员 | 2 | 核对报纸样本有无错误 |
| 书记员 | 6 | 承总编纂、编纂员指挥，缮写并核对文稿 |

依上表可知，官报局各部门任务包括了编辑、审核、发行以及其他杂事。职员各司其职，共同负责报局运营。上述罗列的是浙江官报局的组织结构，其他官报局的安排与之类似，细节处略有不同。譬如，北洋官报局设绘画处，"专摹外国新图，以舆图为大宗，旁及名人胜迹，凡足资观感之一名一物，每图必有说以发明之"；翻译处，"专译东、欧、美各国现售之新闻纸，及诸杂志诸新书"②。

---

①《浙江官报局章程》，《浙江官报》1909年第1期。

②《详定直隶官报局暂行试办章程》，《大公报》1902年9月26日。

报局主办、主笔肩负众多任务。一方面，他们需要管理官报局日常工作和局内人事。如北洋官报局会办颜世清接管报局之后，认真把关局务，"官报字句向多讹误，观察知校对不足恃，每期报章均亲自校勘，始行上板，故从四十七期以后，几无讹误，其余图画改良、装订厘正之处亦不少。至禀牍批札均随到随办，从不假手文案"①。另一方面，主笔还须厘定报纸内容、方针，催收报费。譬如，南洋官报局主笔茅谦需要亲自拟定报纸改订方案，将内容体例呈给总督审定。②每当各州县不缴报费时，报纸主笔须催收报费。茅谦曾在官报上发表《本局调查员致派销官报各州县书》一文，请求各地长官"设法齐款，以资挹注"③。

官报局设通讯员、访员采集信息，采访内容与当地的教育、实业、商业等事务相关。如，《吉林教育官报》设通信员、特别通信员、就地调查员、派出调查员以及定期报告处，专门负责管理全国学务事件。凡吉林省城及各府厅州县学堂、会所的职员、教员、学生、各地绅士等均有资格成为通信员。凡吉林省府厅州县官及学部，京师督学局，上海、南北洋、奉天、黑龙江学务公所等处人员均可担任特别通信员。凡吉林省府厅州县官及各地公正绅士、学堂职员、教员等皆可担任就地调查员，由学务公所选择人员，就地调查学务情形。凡有学务要紧事件，由提学使分配派出调查员前往调查。凡吉林省内外各学堂须向报告处按月报告教授要目、管理心得及关于地方之学务兴革意见，按学期报告成绩及办法。④

---

① 《整饬局规》，《大公报》1903年5月1日。

② 《本局主笔呈藩宪遵拟改订南洋官报内容体例清折》，《南洋官报》1909年第1期。

③ 《本局调查员致派销官报各州县书》，《南洋官报》1906年第60期。

④ 《吉林教育官报章程(附通信员规约)》，《云南教育官报》1909年第19期。

除了特设访员之外，各官报还在民间广求驻地访员。《吉林官报》创刊伊始，便发布广告，求聘外地访员。"本报出版伊始，闻见无多，一切记载全赖海内留心时务诸君投函报告，现除本局已经聘定之各访员外，拟再于北京、南京、济南、西安、太原、奉天、营口、新民府、安东、长春、哈尔滨、依兰府、齐齐哈尔各处招聘访员各一二人，如有愿承斯乏者，请即采录新闻，速寄本局，以便函订，薪水从丰，惟不合格者，恕不函覆，所有访员应访各事件如后，内政、外交、军事、学务、商业、工艺，寻常新闻概不登录"①。《四川官报》则专门聘请驻京访员，并添列"京华纪闻"专栏，要求记者"消息务取灵通，记载必求翔实"②。

官报局工作流程复杂繁琐。首先，官报局要求职员去各部门收集文牍，获取素材。收发员须准备若干公事箱，收取各衙署局所需要刊发官报的公牍、批札、文件以及文件簿。各衙署局所收发处需要注明，"某日交某某公文若干件"③，连同公文一并锁入公事箱内，交由收发员带回官报局。局内收到文件后当即交给编纂员，由编纂员分交书记员录稿，书记员录稿后自行校对一遍，再还给编纂员，由其交与收发员。收发员一一清点文件簿，无误后，盖章作为凭证，锁入公事箱内，次日送还。各衙署局所收发处点查清楚后再次盖章为凭证，以免遗失。

其次，编纂人员需要筛选处理已收集的文牍。总编纂对于各种稿件有斟酌取舍之权，"凡编定各种稿件，须经总编纂阅定盖章后，方得付印"④。稿件印出样张后，需要核对员详细精校，不得有误，印刷出第三次样张后，报纸呈送总编纂或编纂员复阅，然后印刷。总编

①《招聘访员》，《吉林官报》1907年第1期。
②《本局特别广告》，《四川官报》1909年第14期。
③《浙江官报局办事规则》，《浙江官报》1909年第6期。
④《浙江官报局办事规则》，《浙江官报》1909年第6期。

纂、编纂无论有任何要事，应尽编纂审核稿件之责任，不得耽误报纸印刷发行。

最后，报纸或送至官纸局印刷或由官报局自行印刷。官报局与官纸局订立契约，规定由庶务员每期按时送交至印刷，按册点清后发份凭单，以备随时登载发行实数，官报局总理须每半年向官纸局或官印局缴清印刷费。有些官报局业务范围广泛，直接承担了报纸编辑、印刷以及发行业务，如北洋官报局。负责官报印刷的局所基本上为官营机构。

各官方机构以派销方式订购的报纸，均由官报局庶务员填写联单簿再分发。报纸概不零售，散户只能选择半年、全年两种方式订阅报刊。读者必须事先缴纳报费，官报局将会为其准备联单簿，一份用于订报，一份用于官报局存留备查。报纸发行后，庶务员按照订报者姓名填写地址为其邮寄，无论距离远近，一概由邮局直递。庶务员必须在每月十日厘清所收报费，列出私人订报者名单呈给总理，并将报费放入指定银行存储。庶务员、会计员要将官报局每月收支经费制成列表清册，呈给总理核定，后移交给司署备案。

官报局内部管理严格，以浙江为例，其遵守通则如下：

本局办事人员自总理、总编纂以下，除假期外须每日到局分任各职务；

本局人员有不得已事故者，应具理由向总理请假，如编纂部人员并向总编纂陈明一切，若假期继续在三日以上者，须自请本局人员代理；

本局通行文件用定式稿纸，由文牍拟稿，经理书稿后，交书记缮写毕，仍由收发处挂号发送；

本局公役，凡号房及收送公文之役，均归庶务员管理稽查，概不得收索规费；

本局人员概不得留客在局住宿，责成庶务员稽查一切，如有留膳者，其膳费即由留者自给；

本局人员伙食由庶务员于发给薪水照数扣除转给厨役，如系半膳者，则扣给半费；

本局门户火烛每晚责成庶务员稽查管理，无论何室限每晚十一记钟，闭门息火；

本局人员所用笔墨，自总理以下，均由自备，惟书记则由公发给；

本局所用各种簿纸，由需用者开单盖章向庶务处支取，庶务员即照单登记，以备查核。①

作为官营事业，官报局严格管理报局人事，就连用纸也须依照程序盖章领取，可见种种手续繁琐。当然，局内的规章制度也非一纸空文。譬如，北洋官报局曾发生人员私自外出事件，被报局总办颜世清严加处罚（见图4-1）。事发当晚十一点，颜世清亲自查房，发现报局职员张凤仪违反报局章程，擅自离局。因北洋官报局早有规定，"每日办公之时刻，局员各有专责，一律遵守，除有疾病大故等情，由总办酌予假期，勿得旷废误公"②。颜世清念其"尚知悚惧"，于是从宽处理，记大过一次，"暂寄四百板，其余人役一并姑念初犯，略存体面各记大过一次"。他警告局内人员，如再敢有潜行出外等事，"一经察觉，定即

---

①《浙江官报局办事规则》，《浙江官报》1909年第6期。

②《详定直隶官报局暂行试办章程》，《大公报》1902年9月26日。

加倍责办，决不再有宽恕，咎由自取"①。而当发现报局学徒刘仁卿学业精进时，颜世清予以嘉奖，"特赏给银牌一面，俾资鼓励"②，鼓励员工勤勉工作。

官报局工作人员不仅要遵循内部规章，还须接受外部监督。地方官员往往会参与报局管理。如，洋务局总办罗忠尧整顿南洋官报局时，每日到局传见各位司员，"考查所办之事以觇能否，并亲至各办

图4-1　颜世清肖像，载自《吉林西南路道颜韵伯观察》，《吉林官报》1910年第2期

公之处，实验其利弊，凡平日滥竽之辈即与撤换开除，且传谕与各员司，每日九点钟起至五点钟止为办公之时"。他还设立了签到制度，要求每位司员每日在签到簿上签字，"一日不到者扣一日薪俸，三日不到者革退除名"③。

官报局的创办和管理，反映出新式官报与传统邸报在运行模式上的根本差异。邸报并无专门的团队负责管理，提塘只是单纯从事信息传递工作。相比之下，新式官报沿用了洋务运动时期局所办事方式，成立了专业团队，由职员负责报纸采写、编辑、翻译、发行。报局内部制定了规章制度，管理约束局内事务。就报纸组织结构而言，官报

①《整饬局规》，《大公报》1903年5月1日。

②《整饬局规》，《大公报》1903年5月1日。

③《整顿南洋官报局》，《时报》1905年6月26日。

局与民间报馆构造大体类似，开始了官方办报的专业化历程，意味着政府正式引入近代报业管理模式来经营报纸。

## 二、新、旧派报人个人偏好影响官报风格

官报局人员多有官方背景或由官方任命，所谓"抚院慎选相当之人员派充"①，算是半个官员，但"多系署缺而非实缺，并且大量起用候补官员或退休官吏参与其事"②。现查阅《南洋官报》《北洋官报》《四川官报》《吉林司法官报》《学务杂志》《云南教育官报》之人员构成，可以看出此一特征。

### 表4-2 新式官报报人群体一览表③

| 报名 | 姓名 | 职务 | 官衔/出身 | 籍贯 |
|---|---|---|---|---|
| 《南洋官报》 | 赵诒书 | 总办道 | 道员 | 福建 |
| | 茅谦 | 编纂 | 高淳训导 | 江苏 |
| | 张长庆 | 分纂 | 拣选知县 | 江苏 |
| | 郭会琨 | 文案 | 候选县 | 福建 |
| | 陈彦训 | 收支 | 县丞 | 福建 |
| | 清选 | 分校 | 贡生 | 京口 |

---

①《浙江官报局章程》，《浙江官报》1909年第1期。

② 李斯颐：《清末10年官报活动概貌》，《新闻研究资料》1991年第3期。

③ 详见《南洋官报局》，《江苏文武同官录》1910年春季；《北洋官报委员名单》，《新闻报》1902年11月16日；《本局人员表》，《四川官报》1904年第2期；《本局人员表》，《四川官报》1905年第1期；《吉林司法官报试办简章》，《吉林司法官报》1910年第1期；《提法司署职员表》，《吉林司法官报》1910年第1期；《司法养成所职教各员一览表》，《吉林司法官报》1911年第9期；《职员姓氏录》，《学务杂志》1906年第1期；《学务公所各科人员职名表》《云南教育官报》1909年第22期。

218

| 报名 | 姓名 | 职务 | 官衔/出身 | 籍贯 |
|---|---|---|---|---|
| 《北洋官报》 | 张巽之 | 总办 | 候补知府、己丑翰林 | 商城 |
| | 杭慎修 | 提调 | 中书科中书 | 仁和 |
| | 刘登瀛 | 编纂 | 训导 | 不详 |
| | 吴兴让 | 编纂 | 举人 | 不详 |
| | 马世茂 | 翻译 | 候补县丞 | 不详 |
| | 张溥 | 翻译 | 前东洋留学生 | 不详 |
| | 戴清 | 印刷 | 候补县丞 | 不详 |
| | 杜书田 | 印刷 | 廪生 | 不详 |
| | 李海光 | 文案 | 监生、举人 | 不详 |
| | 张孝贻 | 收支 | 候选县丞 | 不详 |
| | 张奎运 | 收支 | 候选巡检 | 不详 |
| 《四川官报》 | 陆钟岱 | 总办 | 花翎二品衔调川委用道 | 顺天 |
| | 龚道耕 | 总纂 | 举人 | 成都 |
| | 罗黼章 | 分纂 | 分省试用知县 | 中江 |
| | 邝国元 | 提调 | 花翎四品衔补用知县 | 广东 |
| | 蹇念恒 | 文案 | 知府衔试用同知 | 贵州 |
| | 王燮元 | 收支 | 六品衔试用县丞 | 江西 |
| | 孙锡璋 | 排印刷 | 理问衔试用巡检 | 贵州 |
| 《吉林司法官报》 | 傅善庆 | 审定员 | 监生世袭龙云骑尉,吉林府地方审判厅厅长 | 昆明 |
| | 朱兴淮 | 审定员 | 附贡生,留吉补用知县 | 海盐 |
| | 关云徒 | 审定员 | 监生 | 仁和 |

| 报名 | 姓名 | 职务 | 官衔/出身 | 籍贯 |
|------|------|------|-----------|------|
| 《吉林司法官报》 | 陈荣 | 审定员 | 监生 | 钱塘 |
| | 冯诚求 | 审定员 | 举人 | 嘉定 |
| | 储克聪 | 编辑员 | 北洋廪生,专门学堂毕业 | 江津 |
| | 严昭瑨 | 编辑员 | 监生,审判讲习所毕业 | 江陵 |
| | 邱正夔 | 编辑员 | 不详 | 不详 |
| | 陈简 | 校勘员 | 附生 | 会稽 |
| | 郎国栋 | 译述员 | 附生,日本师范毕业 | 昆山 |
| | 徐梦鹰 | 译述员 | 附生,日本师范毕业 | 昆山 |
| | 富隆阿 | 图缋员 | 陆军讲武堂毕业 | 吉林 |
| | 贾遒恭 | 庶务会计员 | 监生,监狱科毕业 | 广宁 |
| | 张泽濂 | 庶务会计员 | 监生 | 复州 |
| | 梅士可 | 收发员 | 附生 | 武进 |
| 《学务杂志》 | 朱恩绂 | 总办 | 两江学务处署理江宁布政使,江南监巡道 | 不详 |
| | 沈桐 | 代办 | 两江学务处二品衔军机处存记,直隶特用道 | 不详 |
| | 翟衡玑 | 会办 | 两江学务处江苏候补道 | 不详 |
| | 张通典 | 编纂 | 学务处参议候选郎中 | 不详 |
| | 徐全庆 | 分纂 | 学务处文牍科兼提调事江苏试用知县 | 不详 |
| | 陈杭 | 分纂 | 学务处文牍科兼提调事江苏试用知县兼龙云骑尉 | 不详 |
| | 陈习谟 | 分纂 | 学务处文牍科江苏试用知县 | 不详 |

| 报名 | 姓名 | 职务 | 官衔/出身 | 籍贯 |
|---|---|---|---|---|
| 《学务杂志》 | 张通谟 | 分纂 | 学务处编审科,江苏特用知县 | 不详 |
| | 魏緜 | 编纂兼校对 | 候选知县 | 不详 |
| | 朱正铺 | 编纂兼校对 | 江苏试用知县 | 不详 |
| | 王琮 | 管理文卷 | 学务处管理委员,捡选知县 | 不详 |
| | 苏培 | 校印 | 官报局文案委员、江苏试用知县 | 不详 |
| 《云南教育官报》 | 黄序荣 | 编校兼文案 | 举人 | 固始 |
| | 周斌 | 庶务兼收支督工 | 县丞职衔 | 乌程 |

从报局主笔出身背景来看，这些报人可以分为新、旧两派：第一，旧派报人以科举出身，有着一官半职，属于传统文人。如南洋官报局主笔茅谦一生积极参与政治，曾任湖南学使幕僚，[①]甲午期间考取举人，[②]参加"公车上书"。[③]这些士绅经历了传统教育洗礼，却又遭受政治动荡、社会分崩离析的变故。清末宣布废除科举之际，茅谦这一类的举人们如丧考妣，如柳诒徵回忆道："诒徵睹江乡诸老先生与先生（指茅以升祖父茅谦）同时遨游颉颃者，或授徒数十年，名不越里闬，终岁啖脱粟不得饱；或以文章名场屋，会科举贴制废，幽忧焦萃以没；或仕宦少达而颠仆穷窘，不能至老、寿老，寿而子若孙又

---

① 参见新闻一则：各省学政所延阅文幕友，例应将姓名籍贯咨明，督抚查核具奏。兹准新任湖南学政张预咨称，现延阅文幕友八人，内茅谦……（《光绪十八年二月十五日京报全录》，《申报》1892年3月23日）。

② 《电传甲午科江南乡试题名全录》，《申报》1894年10月22日。

③ 邓之诚：《中华二千年史·明清下》，北京：东方出版社，2013年，第13页

碌碌不克、自振于时者，比比也"①，这一图景展现出旧式文人忿忿不平、郁郁寡欢的心迹。正值社会变更之顷，这些无法通过科举进取的士绅成了地方官员的幕僚，从而参与政治，主办新式官报便是其参政途径之一。不同于民间报人的职业化取向，这些官报报人仍具有"传统体制拴系在报人心灵上的仕官情结"②，于他们而言，官报政治功能远远高于传播价值，办报与做官异曲同工。第二，新派报人多为留日学生或新式学堂毕业生，譬如，《北洋法政学报》主编吴兴让与《福建农工商官报》主编何琇先曾同时就读于日本法政大学法政速成科，具有留日背景。③于他们而言，办报是为了传播新思想、新知识，吴兴让曾言办报之目的在于"苟使法政两学，从此萌芽，人民之程度渐高，国家之基础愈固"④。官报局成为旧式教育士人与新式教育学子相遇的场所，也在侧面反映出取消科举后士大夫的职业分流与新式教育的迅速崛起。

尽管报纸主笔们在大政方针上难以起到决定性作用，但对于报纸取向和偏好却能够产生一些影响。旧派报人主持的官报较多关注实业、教育等"实用性"问题。以《南洋官报》为例，主笔茅谦提倡"以报为书"，希望通过报纸启迪民智、开通风气。茅谦与著名国学大师柳诒徵曾多有来信，在信中谈及到办报思想：

---

① 转引自严其林：《镇江进士研究》，上海：复旦大学出版社，2014年，第498页。

② 程丽红：《从落拓文人到报界闻人——对晚清职业报人的群体透视》，《吉林大学社会科学学报》2006年第3期

③《清国留学生法政速成科纪事》，载日本法政大学大学史资料委员会编：《法政大学史资料集（第11集）》，桂林：广西师范大学出版社，2015年，第139页。

④《法政学报序》，《北洋法政学报》1906年第1期。

办报思想，近日日出不穷，译小说、译报都成习见。昨有皖友言在芜湖办皖报，其附章则刊中外学堂讲义，以为内地办学堂无教科之书，此项讲义他日即为购者必须之物，弟深韪其言。顷已将此义叙一本官报特别之广告，大旨谓附刊中外讲义，以便内地学堂教课之用，即北洋附学报一门之意也。尊处多日本教学书，即希择译一二种，如蝉联赐教早稻田学校讲义之类，于本报最为合用，并不必翻东报之文，盖东报至此处翻出，业已旧矣，不如讲义之有实用也。[1]

茅谦认为，翻译新闻时效性太差——"业已旧矣"，新闻已变旧闻。讲义颇具实用性，不会因为时间早迟影响其效用。出于这种设想，《南洋官报》经常刊登讲义或连载译书，广告也大多与教育有关，常常刊登新书出版的消息。譬如，读者可以看到五洲同文局为其出版丛书《二十四史》做的宣传广告。《南洋官报》曾专设"附"一栏，传播知识。报纸在广告中强调：

本《南洋官报》系奉特旨，著照《北洋官报》办理，故其探、采、撰、述均以振兴实学、启发新知为附，于古人骖靳之义，其稍有差异者，变其名，固未尝变其实也。本年北洋附设学报，识者谓可借为通知新学之阶梯，而本报附刊之书，如实业、如算术、如国际中立、如银价驳议，皆新政之经涂（途），而新学之辐毂也。近来学间优尚，莫如各有名学堂之讲义。考

① 茅以升：《纪柳翼谋师》，载《柳翼谋先生纪念文集（镇江文史资料·第十一辑）》，镇江：中国人民政治协商会议镇江市委员会文史资料研究会编印，1986年，第86页。

讲义之作，以日本为最富，其译行于中国者，如早稻田学校讲
义，其一也。我国学堂师资美富，自以京师大学堂为冠冕，前
者本报已曾登录日本早稻田学校讲义及京师大学堂讲义，昔尚
未有刊本之书也。兹特函托京友于大学堂讲义，速寄刊登，其
中外各学堂讲义佳者，亦次第译录，以备内地学堂观摩之助
焉。①

可见，茅谦这样的旧派报人更侧重于报纸的教育功能而弱化报纸的新
闻性。在这种思想引导下，《南洋官报》除了刊登常规谕旨文牍之外，
更倾向于增加讲义分量。其附刊承担了学报的功能，以体现"劝学之
助"效果。

茅谦"经世致用"思想贯穿其办报活动全部，主要体现在《南洋
官报》对于"实业"问题的关注。茅谦指出"实业思想足以振人自立
之精神，具自立之精神，自可尽天赋之能力，而完其职业"②。在他
眼中，经世致用就是兴办实业，所以官报亦将"实业救国"思想作为
宣传重点，内容大多涉及经济、农业以及工业等方面。茅谦的个人思
想与情怀，对《南洋官报》的内容选择有着深刻影响。由于"少时避
洪杨之乱于兴化，目击水旱状况"③，茅谦便开始留心水利。他认为
中国之本在于农业，农业之本在于水利，水利之于人类生存的重要性
不言而喻。"水者，食之母也。一日无水，则不下咽"④，于是大力提
倡治水。其著作《水利刍议》讨论了中国水利问题，书中收录了《南

①《本报添加刊讲义特别广告》，《南洋官报》1904 年第 151 期。
②《参观江宁毓秀第三女学堂演说（茅子贞孝廉稿）》，《北洋官报》1906
年第 1173 期。
③《书籍提要：水利刍议》，《河海周报》1925 年第 13 卷第 3 期。
④《今日中国莫急于水利说》，《求是报》1897 年第 9 期。

洋官报》里一篇未署名的文章——《天下大利必归农论》。可以推测，《南洋官报》中一些未署名的文章，极有可能是茅谦所著。这些未署名文章的关注点与茅谦思想不谋而合，行文风格大致相同，如《大兴江苏水利以维治本论》《亟种山田旱谷以济今年积水之困说》等文，很明显出自茅谦之手。茅谦还在报上介绍他国治水经验，如1904年第28期的《南洋官报》翻译了《字林报》文章《记印度水利》，译者指出，希望中国可以借鉴印度经验，改善人民的生活环境。《南洋官报》的栏目设计亦倾向关注实业问题，专门设有"实业"专栏，宣传实业、科普知识。两日刊时期，《南洋官报》共出版188期报纸，其中131期都设有"实业"一栏，足可见编者对于实业问题的重视。

茅谦还认为，教育也是兴办实业的重要组成部分。他积极利用报刊舆论，积极提倡教育改革。茅谦还指出，孩童是国家的希望，"吾国之强亦当由童蒙肇之矣"[1]。这一时期，《南洋官报》刊登了许多涉及教育的文章和新闻，如1904年第107期的报纸上刊登了茅谦、崇朴共同拟定的《江宁养正学堂课程条议四则》，介绍养正学堂的宗旨、校规以及课程设置等内容，大力提倡新式学堂的教育方式。

另外，当时，新派报人关注的议题多与立宪、法制改革相关。如《北洋法政学报》主编吴兴让毕业于日本法政大学，擅长法学研究。他撰写的发刊词指出，中国人民法律意识淡薄，导致国家不发达，"我国人民之程度何如耶？欲其自进于法律思想，自具此政治知识。坐以待之，吾知其百年而不能达也。自非有以提倡之启迪之不可"。若想传播法律思想，必须借助报刊的力量，"今者法政学堂，各省渐次设立，然而为额有限，难期普及。欲期家喻户晓，又非文告号令，所能奏效，自非借报章之力，不足以灌输全国"。所以，借鉴日本经

---

① 《蒙学报博议论》，《蒙学报》1898年第28期。

验，创办了法政类官报，"日本自变法之初以迄今日，关于法政各杂志，汗牛充栋，日出不穷，明效大验。于今为昭，本报编辑，略具斯愿"①，希望能够推动立宪改革顺利发展。吴兴让在《北洋法政学报》上陆续翻译了《日本行政裁判法及诉愿法》《日本国籍法讲义》《日本刑事诉讼法法理》等内容，以传播法学知识。

清廷宣布预备立宪后，《北洋法政学报》进一步深入宣传法政知识。1907年，吴兴让撰写了《预备立宪第一周年纪念会说》，表达支持立宪的态度。他指出，立宪改革的施行有赖于国家和人民的共同努力。国家需要改官制、修订法律以及筹设资政院，人民需要在地方开展自治，二者不可缺一。他极力呼吁民众支持地方自治，称"地方有自治之能力则立宪之基础成"②。1910年，报纸改名为《北洋政学旬报》，强调"本局为国会期近，急宜力究政学，爰将《法政学报》大加改良，扩充门类"③。在旬报发刊词中，吴兴让再次强调政治道德、政治知识与政治能力三点是政学根本，亦是该报宗旨。④旬报专设"宪政丛录"专栏，刊登与"预备立宪"相关的信息，涉及官制改革、内阁章程等内容。应该注意到，吴兴让本人的留学背景与政治取向使之被袁世凯任命为《北洋法政学报》主笔。相应地，他以官报为舆论阵地，积极输出与预备立宪相关的知识、观念。

综上，官报主笔的自身趋向和偏好能够对官报内容和定位产生影响。尽管影响有限，但这意味着官报的发展趋势并不是完全僵化固定，而是有着自主空间。官方报人往往被视为旧制度的代表，但细读史料可以发现，官方报人群体并非全然守旧，也有着先进性一面。玛

---

① 《法政学报序》，《北洋法政学报》1906年第1期。
② 《预备立宪第一周年纪念会说》，《北洋法政学报》1907年第36期。
③ 《本报广告》，《北洋政学旬报》1910年第2期。
④ 《政学旬报宗旨》，《北洋政学旬报》1910年第1期。

丽·兰钦（Mary Rankin）在研究清末国家建设与社会动员时指出，清朝是一个高度集权的官僚制政体国家，上至政府官员，下至各衙门胥吏，都深受官僚体制影响，而下层官员对中央权力在地方的实际运作起到了关键作用。①尽管官报是官僚体制上的一环，但下层人员仍可以在有限空间内引导报纸走向。不过这种"有限"意味着官报可以在新知传播方面加以表现，正如《南洋官报》广告所言，"而本报附刊之书，如实业、如算术、如国际中立、如银价驳议，皆新政之经涂（途），而新学之辐毂也"②。可见，报纸仅有的创新只能在"新政"语境下活动。

---

① Roger Thompson, *Statecraft and Self-Government Competing Visions of Community and State in Late Imperial China*, Modern China, Vol. 14, No.2, 1988, pp.188-221.

②《本报添刊讲义特别广告》，《南洋官报》1904年第151期。

# 第二节　中央与地方势力的持续角力

地方官报发达程度与督抚办报意愿关系甚重。支持新政的官员往往积极办报，将报纸视为个人喉舌，发挥舆论宣传功效。他们大多属于官僚群体中的改革派，相比于其他保守派官员，代表着新兴势力。当督抚权力不断扩大时，中央政府便逐渐开始警惕。《政治官报》发行后，遂成为地方官报整改范本，所有官报趋向统一，以文牍为主，丧失了地方性与自主性。此一阶段，督抚势力与中央政府的交锋，更能体现新式官报摇摆、徘徊于新旧力量之间的境况。

## 一、地方督抚介入新式官报

新式官报最先由地方官报起步，后在全国推广。地方官员是影响官报发展的重要因素之一，体现在官报局内部组织与内容倾向两个方面。

督抚享有官报局人事裁决权，报局人员大多由地方督抚任命。譬如，两江总督批准开办《南洋官报》后，学务处札委"高淳县训导茅广文谦为正主笔"[①]。1905年，罗忠尧接手南洋官报局后，因"报之办理不善，实由总纂不得其人"[②]，开除报局原编纂，任陈季同为报纸总纂。北洋官报局主笔张孝谦是清流党魁首李鸿藻心腹，与袁世凯私交密切。戊戌前后，袁世凯和张孝谦皆为强学会发起人。据康有为回忆，"七月初，与次亮约集客，若袁慰亭世凯、杨叔峤锐、丁叔衡

---

①《官报定议》，《大公报》1903年5月31日。

②《罗观察整顿官报办法》，《时报》1905年6月22日。

立钧，及沈子培、沈子封兄弟、张巽之孝谦、陈□□。即席定约，各出义捐"①，张孝谦后成为袁世凯幕府麾下人士。光绪二十七年，张孝谦被袁世凯调赴北洋差遣，光绪二十八年四月，被袁世凯委派办理北洋官报局兼印书事宜。②再如，1907年，张之洞以总办"不能驻局办事"为由，大加整顿湖北官报局，"特札委前汉口汉报馆经理试用通判继宗为坐办"。另外，官报局员工薪水须由督抚批示。如南洋官报局添加了两位员工之后，发文请求上级拟定薪水数额，"请添清书两名，专管缮发上报之件，该书人应有薪费，拟请宪台批示银数，并两人姓名由局按月给发"③。

报纸体例、内容以及栏目设置亦须征得督抚同意。《南洋官报》开办初，"所有办事章程现已拟就禀报督宪，一俟批准即将开办"④。1905年，端方认为《湖南官报》社会影响力微弱，建议改良报纸，并"手订章程，易为旬报"⑤。张之洞更是倾心打造《湖北官报》，"一条一目皆须亲裁"⑥。张之洞认为官报性质特殊，须突出重点，不必面面俱到，时人有云："鄂督张宫保拟办《湖北官报》，会饬任令承纪拟定体例。闻已缮具稿本，呈请鉴定，所分门类极为详备。张宫保以官报非学报可比，不必十分繁密，特为删订。"⑦他认为民间报刊遍布不实之语，特为《湖北官报》设置"辩正谬误"专栏，称"凡各报中如

① 汤志钧、陈祖恩、汤仁泽编：《中国近代教育史资料汇编：戊戌时期教育》，上海：上海教育出版社，2007年，第137页。

② 北洋官报局编：《畿辅同官录》，直隶：北洋官报局，无页数。

③《本局主笔呈藩宪遵拟改订南洋官报内容体例清折》，《南洋官报》1909年第1期。

④《官报接办》，《大公报》1903年11月30日。

⑤《各省报界汇志》，《东方杂志》1905年第2卷第8期。

⑥《官报改归幕府办理》，《申报》1905年5月11日

⑦《删订报例》，《北洋官报》1905年第592期。

有传闻失实、访事捏造者，其事若有关系，自不能不辩其虚诬，以免黑白混淆、是非颠倒"①。该栏目成为维护张之洞以及湖北官员形象的重要途径。1905年4月5日，《湖北官报》第一期正式出版，"辩正谬误"栏便驳斥了《时报》同年正月二十日的一篇报道。

1905年2月23日，《时报》刊登新闻一则，名为《张督与日人论粤汉路事》，全文如下：

> 捷报云，香帅近向武昌附近铁矿中一日人称述，略谓粤汉铁路前本由中国订与美国合兴公司承造，后因该公司违背合同，故中政府已将该约废去，目下余正在与粤鄂两省官绅竭力商议筹款事宜，以期收归自造，至以前合兴公司所雇用之日本工程师，将来依旧由中国雇用，俾资熟手。该日人亦告张云，此路若归自造，或由日人承造，价可较美国省去一半。因一切材料皆可自制，只须向欧美购买机器数具而已。西园寺侯近来亦会谒见张之洞竭力运动，以冀此事得成。②

从新闻披露的内容可以看出，张之洞试图与日本合作，修建粤汉铁路。文中"竭力运动"一词，暗指张氏与日本合作。尽管新闻来源含混不清，但该报立场意在指责"张氏卖国"。

针对《时报》内容，《湖北官报》予以反驳：

> 正月二十日，《时报》再捷报之说，云香帅近向……督宪竭力运动等语。查美国合兴公司承办此路，仅在广东造有铁路

---

① 《凡例》，《湖北官报》1905年第1期。

② 《张督与日人论粤汉路事》，《时报》1905年2月23日。

百余里。合兴公司是否雇佣日本工师，湖北实未闻知。将来铁路工程师，自不能不雇用外国人，惟有择其艺精而价廉者用之。此时要在废约，何必汲汲挽留数洋工师耶？况武昌附近铁矿系指何处？一日本人系指何人？均无可考。且督宪从来未见过办铁矿之日本人，其虚诞可知。至日本西园寺侯爵上年九月间自湘游历，回过湖北时，匆匆与督宪一面，寒暄数语，旋即兴辞，即日附轮下驶，以从未谋面之人，立谈之顷，何能遽议及铁路事耶？且粤汉铁路三省绅民同心合力，志在收回自办，西园寺又安所用其运动耶？此可谓影响俱无矣。[1]

《湖北官报》一一回应了《时报》。首先指出，美国合兴公司是否拥有日本雇员，并无得知，更何来与张之洞会晤？第二，粤汉铁路工程师择艺精、价廉者优先，与其国籍无关。第三，张之洞从未见过办铁矿的日本人。与西园寺侯爵仅寒暄数句，未曾商议办铁路一事。文章再三强调，国家动用各方力量，志在自办粤汉铁路，不可能与日本人共谋，维护了张之洞的社会形象。

除了澄清《时报》粤汉铁路一事报道外，《湖北官报》还曾反驳"上海某报"声称的湖北省某官员私自改动《劝学章程》。[2]通过设置"辩正谬误"专栏，张之洞意在抗衡民间报刊对官场报道的"胡言乱语"，减少舆论发酵的社会影响，扭转不利己之处。正是基于此，创办新式官报成为了地方督抚树立自身正面形象的方式之一。官报舆论

---

[1]《正捷报纪粤汉铁路仍雇用日本工程师并西园寺侯武昌运动之误》，《湖北官报》1905年第1期。

[2] 详见《正某报纪鄂省某道因改动学章停差之误》，《湖北官报》1905年第3期。

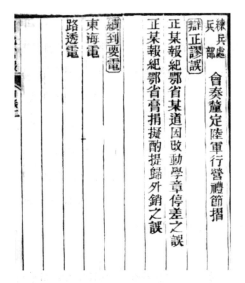

图 4-2　1905 年第 1 期《湖北官报》目录，有"辩正谬误"专栏

不仅有助于表达督抚立场，还可以直面民间舆论攻讦，予以反驳。

与张之洞不同，袁世凯热衷于在官报上宣传"预备立宪"。1906 年，朝廷宣布"预备立宪"后，支持立宪的袁世凯曾多次面谕北洋官报局工作人员，称"官报内可增添论说，以开通民智，宣扬治化，为预备立宪之基础"①。紧接着，他批评《北洋官报》光绪三十二年八月十六日的报道"语多失实"，应加以整改，"官报记事，要贵探取实事为主核，与寻常报纸有闻必录之例不同。现在查该局八月十六日报载京师近事，语多失实，最足淆乱听闻，亟应严行札饬，嗣后凡遇新闻，必须力求真实，速予改良"②。他指导《北洋官报》改良体例，饬令添设"宪政专栏"，"于官报中增添论说并饬将'立宪纲要'逐日排印如报"，要求"官报中凡关于立宪之事务，务须广为搜录，

①《本局禀官报改良增添论说送呈样本请批示祗遵由并批》，《北洋官报》1906 年第 1200 期。

②《本局禀官报改良增添论说送呈样本请批示祗遵由并批》，《北洋官报》1906 年第 1200 期。

以开民智"①。为此,《北洋官报》设多项专栏,如"新编立宪纲要"
"立宪浅说""新政纪闻",等等,以文言、白话、演讲稿的形式,汇
录与立宪相关的论说、讲演以及科学知识等内容。

袁世凯继而在辖境之内创办专门性官报,宣传法政思想。1906
年,北洋官报局奉袁世凯命令,"为札饬事照得政治法律之学,尚在
萌芽,非借报章之力,以发挥不足,去阻力而导先路",将原先创办
的《北洋学报》与在日本编译的《法政杂志》合并续办,改名为《北
洋法政学报》,由留日法政学堂毕业生吴兴让管理该报。②袁世凯对
《北洋法政学报》十分上心,他要求北洋官报局继续刊印《法政杂志》
未完之稿,"将《法政杂志》未完之稿,接续译印,此次本报第一册
中《银行制度概要》即径接《杂志》第五册,其以前《法政杂志》六
册亦饬交本局补发,俾阅者得成完璧"③。与此同时,袁世凯令官报
局将原有白话报改为《法政白话报》,"专演地方自治浅理,以备宣
讲,于开迪民智谅多裨益"④。可见,袁氏非常注重报刊宣传活动,
甚至考虑到专办白话报以备宣讲。

尽管官报内容以文牍、奏章为主,但仔细观察,各地官报呈现出
不同特征。这些"异质化"内容,则与督抚个人偏好有关。上述《湖
北官报》《北洋官报》两例可以看出,地方督抚个人的政治倾向影响
了其管辖之地官报内容的偏重。张之洞创办的《湖北官报》侧重"正
人心、增学识"⑤,意在驳斥民间舆论的"歪理邪说"。《湖北官报》

①《本局禀官报改良增添论说送呈样本请批示祗遵由并批》,《北洋官
报》1906年第1200期。

②目录页(无标题),《北洋法政学报》1906年第1期。

③《本报广告》,《北洋法政学报》1906年第2期。

④目录页(无标题),《北洋法政学报》1906年第1期。

⑤《凡例》,《湖北官报》1905年第1期。

尤为提倡报刊的教化作用，称"本报所录，必有关于政法、学校、兵事、财用及农工商渔各实业，暨交涉要端，俾究心时务者得以周知时局，扩启见闻，可为励学之资，应事之助，其不在此六项者不录"①。相比之下，袁世凯领导下的《北洋官报》更开明大胆，敢于触及政治议题。该报 1907 年在《发刊词》中指出，报纸自立宪后力争利益求精，"今则朝廷维新，植自治之萌芽，树立宪之基础，报界躬逢其盛。尤当实事求是，借以鼓吹文明，疏沦智识，爰以本年出报为始，益求详备，用资考查"。"发明法政"是该报编纂宗旨"最要者"之一，《发刊词》称，报纸致力于灌输宪政精神，散播政治思想，所以"本报爰于紧要奏议、文牍及一切法律章程，博采旁搜，详加甄录，其有言近指远，而非一般普通人民所能晓然于其义者，则纂为言论，触类而引申之，以符宣德达情之恉"②。综上，地方督抚将其自身政治诉求与媒介相结合，有意引导官报议题。特别是，在中央官报尚未出现前，几位拥有实权的地方督抚创办的官报更能引领话语权，官报言论内容即可视为督抚立场与态度。

由于地方官报具有督抚的"喉舌"性质，报纸派销、订购不仅关系销量、读者等市场性因素，更涉及朝廷官员、派系之间的权力斗争。1903 年，锡良接替岑春煊，成为四川省总督。据《北华捷报》报道，锡良上任后，立即取消了岑春煊之前订购的《北洋官报》，并向其下属表达了对《北洋官报》内容的不满。《北华捷报》全文报道如下：

Acoording to a Chéngtu, capital of Szechuan province, dis-
patch the day after the news had arrived there of the transference of

---

① 《凡例》，《湖北官报》1905 年第 1 期。
② 《北洋官报丁未正月六日发刊词》，《北洋官报》1907 年第 1275 期。

Viceroy Tsen Chun-hsuen to Canton and the appointment of the notorious Hsi Liang in the former's place as Viceroy of Szechuan, a telegram from Hsi Liang was received bu the Chéngtu Taotai stating that he (Hsi Liang) had stopped the Szechuan subscriptions for the "Peiyang Offical Gazette" ( "Peiyang Kuan Pao," organ of Viceroy Yuan Shih-K'ai). It appeared that Viceroy Tsen on behalf of the Szechuan provincial government had subscribed for five hundred and thirty copies of the nespaper , which were regularly circulated amongst the substantive Taotais, prefects, sub-prefects, department and district magistrates of the province and among the high expectant officials, and to all appearances tha paper filled a much-needed want. But it seems that the enlightened views entertained by the "Peiyang Offical Gazette" are disliked by Hsi Liang, who has therefore caused this dislike to be made known to his subordinates-to-be in Szechuan by a wholesale stoppage of that paper's subscription within his future jurisdiction. This action one would think must be particulary displeasing to Viceroy Yuan Shih-K'ai, the patron of the paper, and it is probably one of the incipient indications of the imperceptible gradual decline of the power of that Viceroy which is being rumoured everywhere in the North when Hsi Liang, one of the leaders of the Conservative Party, openly ventures to give such a marked snub to that powerful satrap in Chihli as putting a stop to the circulation of the latter's organ in Szechuan.[1]

《北华捷报》乃是英文报纸,背后亦存在英方背景,现将内容翻译如下:

> 根据四川省省会成都方面的消息,前任四川总督岑春煊被派遣至广州,接替其位的是臭名昭著的锡良。成都道台收到了锡良的电报,声称其已停止订阅《北洋官报》(《北洋官报》被视为袁世凯的"喉舌")。岑春煊在位时,代表四川官府订购了五百三十份《北洋官报》,这些报纸在地方道台们、长官、候选官员们之间传播流通,满足了他们的需求。但是,《北洋官报》中展现的开明思想似乎不被锡良所接受。于是他在自己的管辖范围内,大规模地停止订阅《北洋官报》,并且把这种排斥态度告诉了他的下属。这一行动可能会引起袁世凯的不悦,因为袁世凯是《北洋官报》的主办人。这也初步表明,地方督抚的权力在不知不觉中逐渐衰落,这一点在北方到处都有传闻。保守派成员之一的锡良能够明目张胆地怠慢在直隶拥有强权的袁世凯,阻止其"喉舌"《北洋官报》在四川的流通即为证。

这篇报道至少表示,锡良不满《北洋官报》在川中订阅。锡良任四川总督后,立马创办了《四川官报》。报纸"总例"指出,外界危言不

---

[1] 此条史料初见于 Roger Thompson 的论文 *New-Style Gazettes and Provincial Reports in Post-Boxer China: An Introduction and Assessment*, Late Imperial China, Volume 8, Number 2, December 1987, pp. 80-101 注释24。

236

绝，引发人心慌乱，"（民间）报纸盛行，危言日出，平权自由，各张横议"，为此，《四川官报》旨在"不议论朝政，不臧否人物，惟期扶掖进化，以开风气"，酌情删减其他报纸不实之语，"今备购各华文报，汰其芜累，撷其精华，中间有驳杂之语者，酌为删易，以归纯粹"①。由此可见，锡良政治态度趋向保守，与袁世凯似有分歧。学界一般认为，以袁世凯为代表的北洋系是"利用清末中央政府绌于应付内外危机的时机，凭借小站练兵与新政等合法条件，迅速形成并发展壮大起来的一个以袁世凯为核心的军事、官僚集团"②。然而，出身蒙古镶蓝旗的锡良，代表的旧式贵族势力与北洋集团不合已久，他们试图削弱袁世凯的权力，与之相抗衡。因此，《北华捷报》舆论才会认为，锡良停止订购《四川官报》，此举更是证明其无惧袁世凯的政治权力。

综上，作为新政在各地最有力的施行者和支持者，督抚通过改革，打破了原有政治环境，带来了新鲜血液。享有极大权力的督抚，在新式官报创办之始起到了重要影响。首先，督抚拥有人事裁决权，决定了录用谁担任报纸主笔。因此官报主笔大多与督抚私交甚密，按照督抚意愿行事。其次，督抚可以自行决定官报体例、内容与取向，报纸成为其个人"喉舌"。第三，各省官报能够体现出督抚行事风格，《北洋官报》体现出开明、锐意改革的特质，《湖北官报》则较为保守。督抚之间，保守派和改良派对官报定位则稍有分歧，锡良停订《北洋官报》之举即为典型例证。

---

① 《署四川总督锡良为创办〈四川官报〉请予立案事致外务部咨文》，载《历史档案》2000年第2期。

② 马平安：《袁世凯集团与满洲亲贵之间的冲突和调适》，载中国社会科学院近代史研究所政治史研究室编：《清代满汉关系研究论文集》，北京：社会科学文献出版社，2011年，第467—485页。

## 二、中央权力的集中推动与官报自主性缺失

督抚权力的不断扩张，引起了皇族的警惕。1906年10月3日《北洋官报》第1147期"京师近事"专栏，刊登了五篇涉及官制改革的新闻。内容如下：

《议订阁部大臣官守》：传闻此次议设内阁总理及各部大臣，皆以一人总览内阁各部之庶务，副以二人内阁总理大臣，遇有事故，则以左副总理大臣代行。各部大臣遇有事故，则以左副大臣代行。

《改订户部官制消息》：兹得京中消息，厘定官制，各王大臣近与户部张铁二尚书议及户部官制拟以财政处归并，改名为财政部，设大臣一，左右副大臣二，裁去尚书侍郎名目，满汉不并设，大臣及左右副大臣均归简放，添设左右丞，左右参议，另添参事四缺，以辅助丞参所不逮，即以旧设本部之档房领办各员保升原设十四司，令拟改并十司……

《酌定年限裁撤兼差》：传闻各王大臣当议改官制之初，本拟即将各员原兼差缺一概裁撤，以专责任，现闻此事拟变通办理，兼差各员暂仍其旧，据言须俟十年后察看情形，再议裁撤云。

《限期预算各部经费》：传闻新议添改各部每年支出经费，现经政府拟定，每于九月即须预算来年额支、活支数目条列清单，由该部大臣送呈内阁，经内阁会议核准后，方能旨发云。

《筹议选举议员问题》：改订官制折内闻已奏请将都察院改为集议院，兹闻近日各大臣又经提议以本院奉准设立后，即应添置议员参与新政，惟堪充议员之资格者，颇难其选，仍须宽

筹办法，借资得人，故目下对于此问题颇费踌躇云。

　　这几篇报道都有着明确特征，即消息来源都是"传闻""兹闻"。这一"有闻必录"之举，与官报"实事求是"理念相违背。新闻刊登七天之后，第120期的《山东官报》一字未改转载了五篇报道。①紧接着，御史王步瀛上奏驳斥，指出《北洋官报》所载未经深思熟虑，语焉不详，"臣阅本月十六日《北洋官报》所述京师近事各条，备言官制，不无疑虑，夫报由官出，其言当非无稽，而事有难行，似应熟思审处"。这条奏折驳斥了《北洋官报》的五篇新闻。针对《议订阁部大臣官守》一条，王步瀛并不赞同由一人总览内阁庶务，而应该由三五个大臣担任，"臣伏查当国之才，过人之识，代不多有。……若号为内阁总理，不过近支王公，或者不明无断，名实相违，似转不若现设军机三五臣工参酌办理之为得。至谓各部，亦只应用一大臣总揽，环顾失少此才，即今外务部且有两尚书，是其明证，将来各部恐亦不免事繁才绌"。针对《改订户部官制消息》一条，王步瀛认为报纸所言整改方式过于武断，"今若以满汉司员才具较优者升作丞参及参事，自余印稿各乌布概不作用，另派职事。窃恐已经保送京察一等之员，且有难充郎中、员外、主事之选，遑论其他。若复徇名失实，惟其官不惟其人，何为整顿，况裁革太甚，变故勘虞，案卷错乱，误公滋弊"。针对《酌定年限裁撤兼差》一条，王步瀛认为不可轻易变法，"臣伏查军国事务，胥关紧要，阁部大员，兼顾良难，但愿一事有数人能办，万不可以一人而充数人之役，既乏人才，岂可轻言变法"？针对《限期预算各部经费》一条，王步瀛认为各省财务奇缺，这一改革并非简单，"惟各省征求无艺，百物昂贵，商旅裹足，民不聊生，

---

① 《议订阁部大臣官守》，《山东官报》1906年第120期。

究应如何内外通筹，本末兼顾，恐非内阁二三大臣所能办了"。针对《筹议选举议员问题》一条，王步瀛认为无须添加议员，可以以京官兼任，"即如八旗以及二十二行省，现在京官奚啻千百，每旗每省亦当有德望隆才娴练者数人，可以举令与议朝廷大政，不此之求，而曰天下今尚无合格议员，人谁欺乎"[①]?

清廷预备立宪改革从官制入手，袁世凯便是进京参与改革讨论的重要一员。袁世凯提出以责任内阁制为中心的官制改革方案，意在利用责任内阁来限制君权。[②]这五篇报道究竟是官报局人员自发而为，还是在袁指示下登载出来用以试探政界舆论，目前无从考证。但是，从这场争议可以看出，督抚领导的地方官报步步介入政治事件，试图影响朝中舆论，各级官员们对此多有警惕。王步瀛在奏折中指出的"夫报由官出，其言当非无稽"[③]，明确地表达了不满态度。地方官报虽是官方媒介，但更类似于督抚个人之物。尽管报纸内容以谕旨文牍居多，但在关键事件上依然以督抚利益至上。

面对督抚势力悄然滋生的情况，一些朝中官员便主张中央政府创办官报，引导舆论。赵炳麟在奏请创办《政治官报》的奏折中便写道，"今学部、农工商部暨南北洋、山东、陕西等处，已有官报刊行，惟仅关于一部一省之事。亟应兼综条贯，汇集通国政治事宜，由馆派

---

① 《御史王步瀛奏新定官制多有未妥应饬认真厘定折》，载故宫博物院明清档案部编：《清末筹备立宪档案史料（上）》，北京：中华书局，1979年，第426—429页。

② 李细珠：《地方督抚与清末新政：晚清权力格局再研究（增订版）》，北京：社会科学文献出版社，2018年，第477页。

③ 《御史王步瀛奏新定官制多有未妥应饬认真厘定折》，载故宫博物院明清档案部编：《清末筹备立宪档案史料（上）》，北京：中华书局，1979年，第426—429页。

员专办一报,以归纳众流,启发群治"①。这句话暗示,各地各部官报偏向性较强,为各地方政府服务,唯独缺少一份能够掌控全国官方舆论的官报。

1907年,中央级官报《政治官报》正式成立,报纸专载国家政治文牍,"凡有政治文牍无不详慎登载","将每日发抄咨送到馆文件,依类登录,必详必备"②。报纸内容有谕旨、批折、宫门抄、电报奏咨、折奏等,多为官方文牍。这一时期,官方报纸风格逐渐向"官文书"靠拢,新闻性减弱,议论性内容寥寥无几。如前文所言,这种风格上的改版既与历史传统以及仿学日本有关,又与政治环境相关。官方希望"借官报以为行政之机关"③,不仅仅把报纸视为媒介,这与之前督抚办报理念大有不同。

中央官报发布后,督抚们很快领会了其中含义。袁世凯札饬北洋官报总局,称"此项官报为立法行政之机关,内外官立各报之总汇"④,要求报局贯彻中央理念。北洋官报局总办随后禀告袁世凯,报局将进一步公开各官府机构文牍,"所有各司道局所及府厅州县均有行政之责。凡已见诸施行,有案可稽者,均由职局分别咨行,随时送局择登"。袁世凯批准此议,强调不得泄密机要之件,"须由该道详

①《御史赵炳麟请令会议政务处筹设官报局片》,载故宫博物院明清档案部编:《清末筹备立宪档案史料(下)》,北京:中华书局,1979年,第1059—1060页。

②《御史赵炳麟请令会议政务处筹设官报局片》,载故宫博物院明清档案部编:《清末筹备立宪档案史料(下)》,北京:中华书局,1979年,第1059—1060页。

③《考察政治馆奏办理政治官报酌拟章程折》,《北洋官报》1907年第1342期。

④《督宪袁准考察政治馆咨奏办政治官报情形札饬官报总局查照文》,《北洋官报》,1907年第1353期。

慎择录，以昭机密。其不应公布之件，毋得轻为泄露"①。改版后，报纸特在封面申明性质，"本报为公布政法之机关，取材贵多，征事必实。凡所登载，皆以通德达情为宗旨，现更增加篇幅，组织尤密"，并由袁世凯批准，将文牍逐日发往官报局选择登录，以供读者阅览，"并咨各衙门局所，将一切已见实行各件，随时送局，择要刊布"②。

《政治官报》发行后，其他各省官报纷纷自觉以之参照，进行整改。安徽巡抚冯煦曾云，"《政治官报》大加改良，各省亦多整顿"，为此他重新拟定了本省官报体例。《安徽官报》改版后的条例表明，"《安徽官报》为政学之机关，选录本省各省章奏、文牍、条议及各家政论学说"③。改版的同时，冯煦将安徽官报局归入皖政辑要局内，原因竟在于之前官报局信息闭塞，"该局所偏在一隅，一切因陋就简，未臻完善"④。改版后《安徽官报》的栏目和内容大致如下：

### 表4-3 改版后《安徽官报》的内容与体例⑤

| 栏目 | 具体内容及要求 |
|---|---|
| 第一，上谕、宫门抄、廷寄 | / |
| 第二，章奏 | 本省章奏另为一类 |
| 第三，文牍 | 函电、条议、章程三者内容宜详细；本省交涉科、吏科、民政科、度支科、礼科、学科、陆军科、法科、农工商科、邮传科按科分次登载 |

---

① 《北洋官报局总办禀整顿官报请将公牍分别发登文附清折并批》，《北洋官报》1907年第1360期。

② 《本局广告》，《北洋官报》1907年第1380期。

③ 《又官报归并皖政辑要局札（附简章）》，《安徽官报》1908年第1期。

④ 《又官报归并皖政辑要局札（附简章）》，《安徽官报》1908年第1期。

⑤ 《抚宪冯厘正官报体例札（附抄单）》，《安徽官报》1908年第1期。

续表

| 栏目 | 具体内容及要求 |
|---|---|
| 第四,院抄 | 公出事宜:属吏新到省者、委差者、调署调任者、卸任者、销差者、调查者、请假者、京内外官绅本省绅士来谒者,皆分别按次署名节录 |
| 第五,各省章奏、各省文牍 | 宜要宜简,以系《安徽官报》,不喧宾夺主。附函电、条议、章程等 |
| 第六,内外政纪 | 宜择最要者录入,不易滥载 |
| 第七,政令、学说、章程 | 探其精粹者刊入 |
| 第八,各科讲义、诸家丛录 | / |

改版前《安徽官报》栏目和内容大致如下:

### 表4-4 改版前《安徽官报》的内容与体例①

| 栏目 | 具体内容及要求 |
|---|---|
| 第一,上谕、宫门抄 | / |
| 第二,奏议 | / |
| 第三,政治 | 关税、警察、水利、丁漕、垦务、筹议、词讼、厘金 |
| 第四,学务 | 官立、私立、定名、住址、创立年月、经费、教员职名、管理职名、科目、课本、学生名姓、学生书目、规则、学费、膳食 |
| 第五,商务 | 路矿、工艺、物价、出产、销场、牌号、职业、航路 |

① 囿于史料有限,拙著并未找到《安徽官报》的创刊辞,只能根据前期报纸上出现的栏目进行归纳。有关报纸的内容要求,拙著参考了《官报局调查表》广告中提到的相关要求。详见《官报局调查表》,《安徽官报》1905年第5期。

| 栏目 | 具体内容及要求 |
|---|---|
| 第六,军政 | 水陆营制、将弁职名、勇丁数目、驻扎处所、分防汛地、枪炮名目、饷项数目、练习操法 |
| 第七,外交 | 教士姓名、教堂住址、游历人数、判断案牍、教民数目、新立条约 |
| 第八,杂俎 | / |

可见,改版后的报纸加重了文牍的分量,基本涵盖了从中央到地方所有科层的文牍和奏章。改版前的报纸除了文牍之外,偏重新政改革所涉及的各项行业,如学务、商务、军务之类的事务。

其他官报此时亦加以整改。如,1908年,吉林官书印刷局局长禀请巡抚下令,务必将日行文牍送登官报。"各属局所以后将应行宣布之公牍抄送职局刊登,并每日收发文件所录案由,按日抄送官报局一份,再由职道等斟阅,择其可以登报者,通知该署局所饬司书生抄录原文,再登官报。"吉林巡抚赞成此议,"官报体例谨严,消息固贵灵通,选登尤宜精确"①。改版后的《湖北官报》称,将广泛搜罗文牍,因为"各国政治家往往借报纸宣布政见,本报性质固以存法制代公牍,其有苦心孤诣、关系较大之敷陈或格于部议或碍难急行者,不论何处公牍,均拟酌采",但不妄言政事,"惟妄论朝政得失例不录"②。不久后,该报在封面刊布启事,表明自身政治机关性质,"本报奉督宪札饬改办,并通饬各属局抄送文牍登报,为发表政治机关。承藩学臬三司、巡警、劝业道,武昌府、江夏县各衙门及自治筹办处、调查

---

① 《督抚宪饬各署局所将日行文牍送登官报札文》,《吉林官报》1908年第96期。

② 《改办官报叙例》,《湖北官报》1910年第114期。

局、法政铁路各学堂，均陆续抄送至级公谊"①。这些官报改版后的最大特点即增加了文牍分量，尤其是与"预备立宪"改革措施相关的文牍，自主言论和新学知识等部分相应减少，地方官报失去了原有特色。

《政治官报》改为《内阁官报》后，成为"公布法律命令之机关"②。受其影响，各地方官报再次进行不同程度的整顿，更加强调了报纸作为"组织机关"之性质。1911年，《湖北官报》颁布了《本局改版日报规则》，宣布"仿《政治官报》章程及原来《湖北官报》宗旨，谨遵上谕，使绅民明悉国政预备立宪之意，凡有政治文牍，无不详慎登载"。再次改版后的《湖北官报》将谕旨、电报奏咨、折奏、咨搭文移、法制章程、报告示谕等作为主要内容，"自法制章程以下各条，均全照《政治官报》章程"③。同年，《北洋官报》也宣布为公布法令机关，"《北洋官报》为直隶公布法律命令之机关，凡督署暨司道各局所新订规章、通行文牍，如咨、札、示、谕之类，均发登官报公布，毋庸另文行知，以省繁牍"④。这意味着地方官报与中央官报性质相同，共同负责宣传法令文牍，"各署凡应公布之件，均用印文送局刊布，以为实行之据"，并以官报到达日期作为法令生效期，"各府厅州县对于通行要政即以接到官报之日，作为奉文之期，应举行者即举行，应禀覆者即禀覆，俾收敏捷之效"⑤。

---

①《本报启事》，《湖北官报》1910年第121期。

②《内阁奏改设内阁官报以为公布法令机关折》，《内阁官报》1911年第1期。

③《本局改办日报规则》，《湖北官报》1911年第18期。

④《本局详定改良官报作为公布法令机关简章》，《北洋官报》1911年第2921期。

⑤《本局详定改良官报作为公布法令机关简章》，《北洋官报》1911年第2921期。

综上，中央级官报成立后，报纸"文牍化"倾向加重，地方官报随之向中央官报模式靠拢，"地方性"和"自主性"被逐渐消解，全国官报最终基本形成了整齐划一的样式。中央官报的创设及其带来的体例变更，意味着中央开始加紧管控各级官报。各地方官报言论性内容愈发减少，无法凸显其政治倾向，与督抚的关联越来越少，督抚对地方官报的介入度随之变低。

## 第三节　民间群体对政府官营事业的批评

　　以办报为核心，官报局逐渐将经营范围延伸至印刷事业。较早提出兴办官方印刷厂的督抚是袁世凯和端方。《北洋官报》开办后，报局"自东西洋选购各种机器，聘订日本高等艺师，粤沪石印铅印各匠，雕刻铜版铅版木版，精制写真"①，大力发展印刷业。1903年后，北洋官报局再次向日本购入活版机械，石版、照象版等器械，以扩大其印刷业务。②北洋官报局业务范围广泛，包括印刷书本、钞票等诸多业务。报局广告宣称，"本局代印书籍及制造钢铜铅板、五采石，印商标钞票等件，图画精致、颜色鲜明、工料坚实、出货迅速"。短短数年，北洋官报局成为当时"实力雄厚，首屈一指的印钞大厂家"③，收入颇丰。官报局甚至承接了外省印刷业务，为湖南官钱局印刷官票三十万张。由于技术精湛，被外界评价"与日本印刷官局所制无异，而时日较速，运价复廉，洵为吾华中央印刷事业之滥觞"④，可见北洋官报局的印刷技术相当发达，不输外国。

　　北洋官报局率先兴办印刷事业后，其他官报局也积极行动，将官

　　①《北洋官报总局广告》，《大公报》1902年12月11日。

　　② 侯振彤译：《二十世纪初的天津概况》，天津：天津市地方史志编修委员会总编辑室编印，1986年，第332页。

　　③ 邱思达、赵伊：《天津北洋官报局印制的官报和钞票》，《中国钱币》2004年第3期。

　　④《投交银票》，《大公报》1903年10月20日。

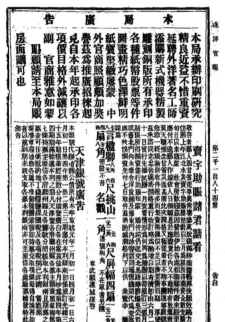

图4-3　1909年第2184期《北洋官报》刊登的"本局广告"

报局扩张成官印刷局。当时，两江总督端方参考日本官报制度，称"日本有国家印刷厂，专属内阁总理大臣管理，凡法令全书、官报印纸、邮便切手证券诸项均归印刷"[1]，由此着手兴办江苏省的官印事业。1907年，南洋印刷厂成立。南洋官报局被归入印刷厂。[2]南洋印刷厂经营业务如下：一是官用品，如粮串、钞票之类是也；二是民用品，如呈词、状纸、契券、合同、婚帖、当票、账簿、经折之类是

　　①《两江总督端方奏筹办南洋印刷官厂大概情形折》,《北洋官报》1909年第2048期。

　　②陈锋主编:《晚清财政说明书(五)》,武汉:湖北人民出版社,2015年,第47页。

也；三是商用品及商民通用品，即托厂代印之件，囊括了官方、民间印刷品。①

看到南洋印刷厂业务模式后，各地方官报局也开始改革。如湖广总督陈夔龙将湖北官报局改为湖北官报刷印局，承办印刷事务。湖北官报刷印局成立不久后，分售官用民用两种印刷品，官用品有粮串票三联、契纸、税捐票等，民用品包括状纸、买卖契纸、婚帖、当票、借券、合同、股票等物，其运作方式与南洋类似。②四川官报局亦将官报局改为印刷局，负责承印各署局官方文件、书报，同时兼任官报编辑发行事务。不久，四川官印刷局负责《四川官报》的印刷与发行。1911年《四川警务官报》成立后，亦由四川官印刷局掌管其印刷业务。

新政后期，各地官报局、印刷局两个部门逐渐合二为一。1903年，云南铅印局创办，承印云南最早的官报《滇南钞报》。1906年改称"云南铅印局"，1908年又改名为"云南官报局"，隶属劝业道。1910年，劝业道集中督练处、财政局、警察公所、官报局几处的印刷机械，通过发售彩票，集资添置设备，成立了"云南官印局"。该局是云南省当时规模最大的官方出版印刷机构，承印云南富滇银行纸币及《云南官报》《云南政治官报》等报。③无独有偶，1910年，《浙江官报》正式开办，浙江官报兼印刷局负责报纸印刷、发行，即"办理《浙江官报》及各官厅应用印刷事宜"④。同年，浙江巡抚要求该局将

①《两江总督端方奏筹办南洋印刷官厂大概情形折》，《北洋官报》1909年第2048期。

②《湖广总督陈夔龙奏筹办刷印官局大概情形折》，《申报》1909年8月24日。

③ 万启盈编：《中国近代印刷工业史》，上海：上海人民出版社，2012年，第254页。

④《浙江官报兼印刷局章程》，《北洋官报》1910年第2550期。

本省现行章程规定修正案刊入官报，以便周知。至此，浙江官报局既负责官方媒介印刷，又承担编辑发行工作。

印刷业与国家资源分配关系甚重。对地方督抚而言，开办印刷事业可以生财盈利（有关官报局印刷业的收入，详见后文）。尤其在经费奇缺的改革时期，依靠印刷盈利的资金能够弥补各项新生事业耗费，甚至可以与民间印刷业争利，官方与民间的印刷业冲突由此爆发。

浙江官纸局与咨议局之争便是典型。1909年，浙江官纸局开办，向藩库借款五万五千元作为经费。官纸局成立后，包揽了众多业务，"凡全省衙署公牍所需纸张，及诉讼状纸、公益禀词皆限令购用官纸"①，以便盈利。为此，浙江省抚衙特通饬各厅州县，凡有告状绅民等人，均须购买官纸局印刷的正副状。②

由于官纸局垄断了地方印刷业，《申报》多次发文斥责其与民间争利。该报定义官纸业为"累民最甚之事业"，称其勒令民众高价买诉讼纸，所谓"浙省自官纸局成立以来，官场视为专门营业，勒令各属概用官物，羽檄纷驰，任情垄断，而尤以民间诉讼纸一种，以三四十文之成本，勒售大洋三角。小民不知禁令，动辄被抑，为累民最甚之事业"③。在另一篇报道中，《申报》称浙江官纸局"违法病民"。文章指出，官方垄断诉状纸为民众生活带来了极大困难，一些人甚至因此自寻短见。报道如下：

---

① 陈明光主编：《中华大典·经济典·财政分典（三）》，成都：巴蜀书社，2017年，第2371页。

② 《抚部院增通饬告状须购官纸局正副状式缮投文》，《浙江官报》1909年第11期。

③ 《通饬停止各属诉讼副呈》，《申报》1910年6月12日。

浙省官纸局成立后以数十文工本之状纸，勒售大洋三角，远道乡愚不知禁令，往往以沉冤巨屈，奔省伸雪，因格于功令摈不得入，进退为难。有因此而自寻短见者，闻见所及不知。凡几大吏为保持营业起见，不得不曲与回护，幸咨议局为民请命，一再抗争，除将官状纸酌中定价每套准售铜币十枚，并请将该局即日裁撤，现已改为官印刷所，名去实存，然已煞费苦心。①

浙江官纸局将成本为数十文的状纸以大洋三角售卖，由于定价过高，导致民众打不起官司，走投无路。为了盈利，地方官吏"曲与回护"，未禁止这些"勒索"现象。咨议局再三抗争，要求重新核定状纸价格。在民间力量的推动下，官纸局遭到裁撤。1910年8月，浙江抚衙公布了裁撤官纸局的议案，将官纸局、官报局两局合并为一，定名为"官报兼印刷局"，但仍然"承办官厅印刷事宜"②。

浙江省官印刷一案闹得沸沸扬扬，同年，湖北省咨议局也提出停止官营印刷业的提案。武汉职商钱良佐、沈春铨、龙长懋、李炎、曹云卿、刘汉澄、朱竹西、汪昌运、蓝希周、黄绍辅、王维全等向总督发出陈情书，声称：

窃商等向营纸业，各谋生理，武、汉两地借资生活者，不下数十万众。自客岁奖进会给奖提倡，而后外帮复纷至沓来，竞争愈烈，利息愈微，有限生机，不绝如线。当此实业振兴，

①《贩卖官纸业违法病民》，《申报》1910年7月18日。
②《抚部院增札饬官报兼印刷局公布裁撤官纸局全案文》，《浙江官报》1910年第2卷第24期。

优胜者尚日事改良，劣败者必须力求进步，以期推广销路，借赡身家。故商等资本劳力在所不惜，其为塞漏卮、祛弊窦计者，已觉困苦不胜。乃本年五月官纸印刷局开办，混合官民用品一律制造，并禀请督宪通饬各署局厂所及军学界支配领购，致商等销售短绌，生计危迫。全部工商呼吁无路，乃于六月间由商会呈请转详改订官纸印刷办法。当蒙督宪批示：官纸印刷办法，业经度支部于本年六月初六日具奏申明，奉旨依议。钦此。将来自应一体遵照办理。在部章未经施行以前，本部堂已确定办法，通饬在案，勿庸复议变通等因。奉此。商等伏查本年七月初一日官报所载度支部申明官纸印刷办法，原为发行纸币及一切有价证券，如邮票、印花票、车票、各项公债票，嗣后概归中央官纸刷印；又如官照、文凭、契尾、粮券、茶盐引、牙贴、联单及各项官用证券，凡所以资信守而防流弊者，概由度支部督饬该局厂择要制造，绝无制造官民寻常用品与各省设局明文，即直隶官报兼印刷局开办，亦分别官中专用品，曰牙税单、曰拘票、曰传票、曰状纸、曰尸格、曰保结者六种，由局精印出售，订价从廉，以维公益。故于政体民生，两无窒碍。湖北、直隶地域虽分，情形则一。况本省非出产之多，贩运匪易。印刷为工人之末艺，辛苦莫堪，加以米珠薪桂，百货沸腾，即使尽纸商纸工之所获，已难敷食用租税之需。乃官纸印刷局不辨官民用品，概行制造，是欲以一局之

设，夺末商末工数万家之生路也……①

从陈情书中可以看出，这些商人认为印刷业、纸业本已竞争激烈，官办印刷业兴办后更加折损了民间商人利益。尽管官纸印刷办法一再改订，但仍包揽了官方、民间两种印刷品的业务，等于强夺了民间纸商纸工的生存来源。与湖北相比，直隶官报兼印刷局则更体谅民众利益。他们专印官方用品，且价格低廉，维护了民间利益。概言之，湖北商人们要求官纸印刷局不涉足民间印刷品，以保证他们正常生计。

随后，经咨议局讨论公决，将提案交付审查。委员会审查报告书称，湖北官纸印刷局的确有损民众利益，影响纸商、工人生存，"湖北官纸印刷局混合官民用品，一律制造，殊于纸业商工人等生计大有妨碍。……湖北官纸印刷局自五月发行制造各件多系官中通用品，而民间用品又复制样印刷；纸业商工人等利权剥夺，失业无依"。咨议局要求湖广总督按照直隶官印局办法，不得印刷除官纸以外的其他用品，"拟请督部堂即日饬该印刷局暂照直隶办法，官纸六种由该局精印，廉价出售；其各州县愿就近自行仿印者听；其余官中通用纸，由该局拟发式样，责令纸业商工人等遵照印刷。庶于官府文件既受（收）划一精美之效，而该纸业人民亦无失所流离之惧"②。这样既能保证官方文件纸张统一，又能维护民间利益。

湖广总督瑞澂对此深表不满，称其无理取闹，"查该职商等陈请

____

①《武汉职商钱良佐等陈请官纸印刷局专印六种官纸案》，载吴剑杰主编：《湖北咨议局文献资料汇编》，武汉：武汉大学出版社，1991年，第519—521页。

②《武汉职商钱良佐等陈请官纸印刷局专印六种官纸案》，载吴剑杰主编：《湖北咨议局文献资料汇编》，武汉：武汉大学出版社，1991年，第519—521页。

书，类以无理之言，强为喧聒，实属不合"。他首先指出，咨议局引用度支部奏议称官印刷局不能印刷寻常用品，纯属荒谬。度支部的规定以中央为基准，各省却有特殊性，所谓"度支部印刷局现在只立一处，所以具奏时专就中央而言；虽无各省设局明文，但部章即为各省模范，既经奏准通行，自可推广设立。各直省多经奏准开办，可为明证"，所以湖北省官印事业经准奏开办，并无违法之处。瑞澂继续指出，政府仅指定官纸须从官方购买，未指定民用品纸张，所以谈不上与民争利，"又谓以一局之设，夺末商末工数万家之生路云云。前指定专用官纸印刷局出品，皆关系公牍、文册；民用品之无关公式者，并未指定专用。该商等之生路，何至被夺"？瑞澂的回复态度强硬，意在继续支持官纸印刷局扩张业务范围，与民间争利，"印刷局既无专卖民用品之说，于纸商之生路不至于绝；则官用之品，非该商等所能借口；官局之范围，更非该商等所能限制"①。

　　一年后，湖北官印刷局与民间印刷商矛盾恶化升级。官方印刷局总办王潜刚将官用纸品外的纸业生意一网打尽，各纸商迭次陈请，咨议局力争，皆无效。媒体声称，王潜刚"恃宪眷优渥，愈敢放手揽夺，鄂垣纸店俱有束手待毙之势"。与此同时，该地学绅界人士，合资设立印刷工厂，用来承印法政学堂校外讲义等物。该印刷厂虽利润微薄，但因常年印刷，解决了不少纸工就业问题，不料竟被王潜刚用强权夺去，导致周转不灵，各股东纷纷要求退股，工厂遂停业。该厂印刷讲义的价格是三百元，而官局的价格比其贵了三十元，且官局不能依期出版，耽误了学堂上课进度，学生对此屡有烦言。②《时报》

　　①《武汉职商钱良佐等陈请官纸印刷局专印六种官纸案》，载吴剑杰主编：《湖北咨议局文献资料汇编》，武汉：武汉大学出版社，1991年，第521—522页。

　　②《官印刷局强权破坏商业之公愤武昌》，《申报》1911年7月5日。

因此讽刺官印局"一网打尽"湖北省的纸业生意，引发众怒。[①]

当然，官报局成为舆论声讨对象之例，不只湖北一例。由于官报局勒令基层官员、机构层层订阅报纸，引发社会各界不满。1910年12月，《民立报》刊登新闻一则，揭露北洋官报局滥用经费现象，全文如下：

> 顺直咨议局有取缔北洋官报局一案。略谓，该局经费每年竟用至十万四千八百九十九两七钱七分五厘之多，内计司员薪水三万四千八十八两零，技师匠徒一万七千七百二十一两零，其他可知。且议及该局饬各州县勒令各富绅购买该报，迹近扰累，亦属不合等语。至此案将来有效与否，尚难预定。[②]

北洋官报局耗费巨资，每年经费有十万多元，而且局内工作人员薪水花费甚多。这些费用皆从地方州县及富绅搜刮而来，令民间不堪重负。又如，清代举人况周颐在《眉庐丛话》中记载：

> 清之季年，财政紊乱。如某省官报局、某省官书局皆冗散之尤，而虚糜绝巨，弊窦甚多。往往盘踞数年，因而致富者有之。某太守起家翰林，为某省官书局总办，而总纂则某绅也。一日，某书刻成，呈样本于总办，甫幡帙，见第一卷弟字，不作"第"，遽加寸许红勒，并于书眉批"白字"二字。总纂大愠，白之中丞。中丞不得已，改委某守某府厘金局总办。约计

---

① 《一网打尽之印刷局》，《时报》1911年7月7日。
② 《官报病民记》，载马鸿谟编：《民呼、民吁、民立报选辑(一)》，郑州：河南人民出版社，1982年，第588页。

每岁所入，视官书局相差五千金，总笑语局员曰："俗云，一
　　字值千金。今吾一白字，乃竟值五千金耶。"①

　　此则笔记可见，一些省的官报局、官书局在运营过程中极为腐败，官员有渎职、私吞钱财等行为。所以，政府引导下的官营事业，成为地方咨议局舆论攻击的主要对象。

　　官报局与官印刷局合并之后，挤兑了民间印刷业生存空间，新兴工商阶层多为不满。一些地方绅士甚至呼吁停办官报局，如湖北咨议局绅士在临时会议上指出《湖北官报》内容陈腐，浪费资金，"凡派销之处，多系勒派，无人愿阅，而每年官报局经费实属冗滥。当此财政支绌，该报既无裨于政治，似应停办，以节靡费"②，要求裁撤官报局。

---

　　① 况周颐：《民国笔记小说大观（第 1 辑）眉庐丛话》，太原：山西古籍出版社，第 49 页。

　　②《鄂议局核减官业支出三款》，《申报》1911 年 1 月 21 日。

# 第五章　创新与束缚：
## 官报传播网络的搭建及其困境

与邸报相比，新式官报在组织设施层面大有进步，开始利用新技术、新方式进行宣传。通过派销，报纸面向全国发行，深入各府州县及政治枢纽。官报局采取新式邮政与传统驿站相结合的运送方式，力图确保信息的时效性与地域覆盖性。借鉴外国、民间的新式舆论动员途径，官报局陆续创办了白话官报、阅报社、宣讲所，有意识地以基层民众为宣传对象，逐步搭建起以官报为核心的传播网络。然而，官僚体制存在的行政惰性、上下级行政动作不一致、地方官僚敷衍了事等问题，让新式官报发行派销、经费安排等层面均与最初的政治构想存在差异。各基层政府拖欠报费早已成为习惯，派销引起的冲突屡见不鲜，导致官报局面临严重的财政危机。传统驿递与新式邮政在运行过程中存在漏发、遗失报纸等问题，也影响了官报的实际传播效果。

# 第一节 派销、邮政与信息传递渠道的快速形成

官报得以大量创办与顺利发行并构成系统化传播网络，主要得益于两点。其一，各级政府部门、官员给予的行政资源支持。官方利用政治动员，饬令基层政府、部门订购官报，按照人口数量分配报纸。更有甚者，将订购官报作为任务强制执行，直接将官员政绩与订报数量多寡挂钩。其二，官报享受新式邮政优惠待遇，官邮减少或免除其邮费。《内阁官报》发行条例写道，"《内阁官报》，即为代达公文之用，凡逐日寄送各省官署之官报，应于封面盖用印铸局印信，交大清邮政局递寄，准免邮费。邮政局凡接有内阁印铸局印信之官报包封，即为免邮费之凭证"①。可见，官方邮局不仅负责报纸发行，也承担其分销业务。凡是经由邮局订阅官报，一律不收邮费。官邮与官报的联合，扫除了发行障碍，免邮优惠凸显出价格优势。

## 一、派销为主、代派为辅的发行方式

新式官报依托派销、代销与私人订购三种方式售报，其中派销占据销售总数的97%左右。据《南洋官报》记载：

> 每期出版四千三百册，内除各省督抚宪、宁苏皖赣藩臬学司，以及道府，至于各报馆交换，各邮局照例送报不收费外，

---

① 《内阁官报条例》，《内阁官报》1911年第1期。

尚有三千七百余册计,分销江西全省每期四百七十六册,分销安徽全省八百七十二册,各镇、道、武营、盐务、厘局每期六百零一册,宁属各州县八百六十二册,苏属各州县八百册,合计每期可售三千六百十一册。[①]

由此可见,《南洋官报》每期出版4300份,除去赠给官府的外,市场上实际流通的约有3700份。在这些报纸中,派销至各镇、道、武营、盐务、厘局、州、县的报纸有3611册,通过私人订购或是报局代销的报纸不到90份。官报主要依靠派销模式得以生存,由派销收回的报费构成了官报局运转的资金来源。

派销,即由上级政府指定下级政府订购一定数量的报纸,利用行政手段,层层分派报纸。譬如,考察政治馆请旨,要求各省府州县认缴《政治官报》报费,每省具体分摊金额为:"盛京、吉林、直隶、江苏、山东、山西、陕西、河南、陕西、浙江、江西、湖北、湖南、四川、广东以上十四省每省每年应分认筹解银三千元;安徽、福建、广西以上三省每省每年应分认筹解银二千元;黑龙江、云南、贵州、甘肃、新疆以上五省每省每年应认筹解银一千元。"[②]这种方式体现出两种特征:

第一,派销借助行政手段得以施行,基层部门、官员以订报为"政治任务",售报并不遵循市场规律,而是依照官方命令。派销主要分为省内上下级派销与各省互相派销两种形式,二者皆依靠行政指令运转。一上下级派销。一省官报创办后,该省督抚会饬令下属机关、

①《南洋官报局移附清理财政局本局收支章程征收惯例及利弊沿革情形说明书》,《南洋官报》1910第83期。

②《考察政治馆请饬各省分认政治官报常年经费折》,《吉林官报》1907年第23期。

学堂、民间绅士订阅报纸，"凡本省各署局、公所、学堂、军营以及绅商两界，概由官家派销官报一份"①。《湖南官报》开办后，湖南巡抚通饬"大中小县酌定购阅，分数由局照发，并令各属分给中小学堂阅看，仍劝谕民间自行定购"②。"预备立宪"后，许多省份开始实行地方自治，呈现出半官治半自治的性质。吉林巡抚仍要求这些新办的自治机构订阅官报，"悉查吉省新设治十五厅州县，除虎林一厅，吴丞士澄尚未到任，应俟到任后派销外，其余十四属既已建官设自治厅……正宜借官报以为之先导，应照所请分饬一体认销"③。只要是处于官府管辖范围内的机构，无论是纯官办性质，还是半官治半自治性质，都将订购官报作为"政治任务"施行。二平行派销。各省级官报创办后，督抚之间会互通情况，要求对方订阅本省官报。《河南官报》开办后，河南巡抚令人将报纸送至两江总督府，希望其饬令下属订报。"应请贵部堂转饬各属购阅，如有愿购若干分者，即径向该馆定议，以便按期分寄。"④两江总督周馥随即批准，要求下属订购《河南官报》。安徽巡抚采取了相同举措，希望江苏省能够订阅部分《安徽官报》，"请仿照《江西官报》之例，分咨送江苏、江西巡抚部院，转饬各属一体购阅"⑤。如果两省都有官报互相派销，那么可以互相抵销报费。如《黑龙江官报》因奉天、吉林两省有印刷物在黑龙江省派销，"即将该省额销物价扣留抵偿，以免彼此汇兑之劳"⑥。当基层政府财政告急时，平行派销政策会取消。如1910年，因各地"财力不

①《黑龙江报刊》，黑龙江省档案馆编印，1985年，第59页。

②《湘抚赵饬属认销官报札文》，《北洋官报》1903年第85期。

③《官报局详为吉省新设治各属拟请通饬认销官报文并批》，《吉林官报》1910年第21期。

④《督宪周准豫抚咨转饬购阅官报札》，《南洋官报》1904年第174期。

⑤《江督周准皖抚咨送官报请饬属购阅札》，《南洋官报》1905年第11期。

⑥《黑龙江报刊》，黑龙江省档案馆编印，1985年，第59页。

及，先不能按期缴纳报费"，《四川教育官报》就停止了与云南、贵州两省的派销协议，只互送一份官报，沟通消息。[1]

当时，官报销量多寡成为衡量官员功过因素之一。《东三省公报》规定："各州县赢销至十份以上者，记功一次；绌销至十份以上者，记过一次。"[2]《吉林官报》也"以销报之多寡明定州县考成"[3]。当报纸销量与政绩直接挂钩时，这种动员更近似"政治强压"，基层官员为了提升政绩，不得不鼓励下属订购官报，所谓"宪台通饬各属广为阅购，且于销数多寡、解费迟速，分别严核功过"[4]。在某种意义上，派销、订购官报这些行为成为了官员之间维系关系、相互奉迎的纽带。如《北洋官报》发行后，袁世凯鼓励下属"务须广为购阅……以代销报数之多寡核定功过，故所属多来购买，以便转派分销"。于是，北洋官报局局长颜世清的父亲颜筱夏"特电谕，寄四百份至湘，札饬各州县分销"，当时舆论评价云"若观察者真可谓乐有贤父兄矣"[5]。

第二，派销模式将资金压力转移到各基层政府，基层政府只能要求学堂、官署等地共同承担报费，最终形成中央政府／部署→地方政府／部署→基层府州县→学堂、官署、士绅的派销链。地方政府会根据各县规模大小制定派销份额，如《四川官报》的派销之法是"全省一百四十州县，系按大缺每期两百分，中缺一百分，小缺五十分，通

---

①《本署司咨云南贵州两省提学司请停派代销教育官报文》，《四川教育官报》1910年第2期。

②《黑龙江报刊》，黑龙江省档案馆编印，1985年，第443页。

③《官报局详为吉省新设治各属拟请通饬认销官报文并批》，《吉林官报》1910年第21期。

④《北洋官报总局详请饬催各州县积欠报费文并批》，《北洋官报》1907年第1362期。

⑤《电购官报》，《大公报》1903年5月15日。

饬遵办，每期可销一万五六千分云"①。《湖北商务报》则规划了更为
详细的安排，如下表所示：

表5-1 《湖北商务报》发行区域（湖北省）②

| 地区 | 数量 | 总计 |
|---|---|---|
| 盐法武昌道 | 三本 | 四十二本 |
| 汉黄德道 | 三本 | |
| 荆宜施道 | 三本 | |
| 安襄郧荆道 | 三本 | |
| 武昌府 | 三本 | |
| 汉阳府 | 三本 | |
| 黄州府 | 三本 | |
| 安陆府 | 三本 | |
| 德安府 | 三本 | |
| 襄阳府 | 三本 | |
| 郧阳府 | 三本 | |
| 荆州府 | 三本 | |
| 宜昌府 | 三本 | |
| 施南府 | 三本 | |
| 武昌府属：<br>大县：江夏县、武昌县<br>中州县：兴国州、大冶县、崇阳县、蒲圻县<br>小县：嘉鱼县、通山县、通城县、咸宁县 | 一百本 | 七百四十五本 |

---

① 《四川官报派销数目》，《北洋官报》1904年第203期。
② 《湖广督宪张派湖北商务报札》，《湖北商务报》1899年第3期。

续表

| 地区 | 数量 | 总计 |
|---|---|---|
| 汉阳府属：<br>大州县：汉阳县、黄陂县、孝感县、沔阳州<br>中县：汉川县 | 九十本 | 七百四十五本 |
| 黄州府属：<br>大州县：黄冈县、蕲水县、麻城县、蕲州<br>中县：黄梅县、广济县<br>小县：黄安县、罗田县 | 一百本 | |
| 安陆府属：<br>大县：钟祥县、天门县<br>中县：京山县、潜江县 | 六十本 | |
| 德安府属：<br>大州县：安陆县、随州<br>中县：应山县、云梦县、应城县 | 七十本 | |
| 荆州府属：<br>大县：江陵县、监利县<br>中县：公安县、松滋县<br>小县：枝江县、石首县、宜都县 | 七十五本 | |
| 襄阳府属：<br>大县：襄阳县、光化县<br>中县：枣阳县<br>小州县：宜城县、南漳县、均州、谷城县 | 七十本 | |
| 郧阳府属：<br>大县：郧县<br>小县：郧西县、房县、竹山县、竹溪县、保康县 | 四十五本 | |
| 宜昌府属：<br>大县：东湖县<br>小州县：归州、巴东县、长乐县、长阳县、兴山县、鹤峰州 | 五十本 | |

续表

| 地区 | 数量 | 总计 |
|---|---|---|
| 施南府属:<br>大县:恩施县<br>中县:利川县<br>小县:咸丰县、来凤县、宜恩县、建始县 | 五十本 | 七百四十五本 |
| 荆门直隶州属:<br>大州:荆门州<br>中县:当阳县<br>小县:远安县 | 三十五本 | |

如此一来,报费负担最终转移到基层行政机构。《浙江教育官报》一处批文云:"即使经费支绌,亦应由县先行筹垫,再令各学堂设法补交。"[①]地方学堂、官署处于官报传播链的最底端,必须支付上级分配的摊派费。再如,上海县强制学堂绅董购阅《南洋日日官报》,"所有报价每月大钱三百文,由县派人收取"[②]。

通过层层派销,新式官报传播网络迅速搭建,深入国家各个角落。如果没有行政力量推动,官报难以远销至偏远地区。官方介入成为官报迅速发展、扩散的推助力之一,由此官报"在地化"取得成效。拙著再以河南省为例,对该省在新政期间自办报纸进行统计:

### 表5-2 河南省自办报纸一览表(1903—1911)

| 报纸 | 创办年份 | 性质 |
|---|---|---|
| 《福音宣报》 | 1903 | 教会报纸 |
| 《河南官报》 | 1904 | 官方报纸 |
| 《与舍学报》 | 1906 | 私人报纸 |

---

①《本司支批平阳县详请减派教育官报文》,《浙江教育官报》1909年第7期。
②《照会派销南洋日日官报》,《申报》1906年11月1日。

续表

| 报纸 | 创办年份 | 性质 |
|---|---|---|
| 《开封简报》① | 1906 | 官方报纸 |
| 《河南白话演说报》② | 1906 | 官方报纸 |
| 《豫省中外官报》 | 1907 | 官方报纸 |
| 《河南教育官报》 | 1907 | 官方报纸 |
| 《开封日报》 | 1908 | 官方报纸 |
| 《河南宪政月报》 | 1909 | 立宪派报纸 |
| 《自治官报》 | 1909 | 官方报纸 |
| 《宪政月刊》 | 1909 | 官方报纸 |
| 《河南自治报》 | 1910 | 立宪派报纸 |
| 《国是日报》 | 1911 | 革命党报纸 |

综上，1903年至1911年期间，河南省共创办十三份报纸。其中八份是官报，可见地方官报垄断性地位，内陆地区官报"在地化"成果显而易见。

经费层面，各级州县、学务公所等机构提供的摊派费，保证了官报局正常运转。比起依靠广告、销售等为生的商业报刊，官僚制度下的分派模式为官报减轻了资金压力，提供了相对固定的经营模式。该模式下，新式官报有了稳定的阅读群体，无需与民间报刊竞争。士绅、学生、政府官员等成为官报主要派销对象。

---

① 《开封简报》1906年8月25日创办于开封，1911年7月10日起改名为《中州日报》，因此拙著将这两份名字不同但本质相同的报纸算为一份。

② 《河南白话演说报》又称为《河南白话报》，1906年创于开封，初为隶属河南官书局的半官方报纸，至1908年7月出版第135期后停刊。1908年8月1日"遵奉抚宪札饬"改名为《河南白话科学报》。考虑到报纸的延续性，拙著将这两份报纸视为同一份。

代销，指的是在本省或外省设立铺保售报，一般是商务局、书局、报馆、学堂。如《南洋官报》在"各阜代派处均须有妥实铺保，报价按月清算，如缴不足数，由保人赔补"①。没有官报局颁发的执照，代派处不得擅自设立分局。所以不少官报在报首封面打广告，招徕代派处，如《吉林官报》登出广告，"如有愿派本报者，请即寄函本局开明册数，当即照寄，惟报价须一月一算结"②。报纸的外地访事也可代销，他们被官方认可。《南洋官报》申明，"本局在外省外埠访事员友均代销本报。惟各友所居不皆近市，俟覆函确定地址后，再行详细登载"③，"如有愿代本局销售者，希即查照第一册刊章，觅保函致本局，并开明住址，以便订定至本局，外埠访事各友愿为代销亦可承认"④。代派处根据报纸的销量赚取提成，如《南洋官报》给与代派处"本埠销报至五十分以上，外埠三十分以上，于报价内酌提二成"⑤作为经费，再如《吉林官报》"按日代派册数在五十册以内者，照报价扣二成，五十册以外扣两成五，一百册以外扣三成，邮费不扣"⑥。

以上可知，派销使用行政手段销售报纸，代销则是仿照商业报刊售报模式，将报纸发行业务承包给私人商贩。一方面，代派处销售官报获取利益；另一方面，官报通过代派处广告宣传扩大影响力，报局和代派处实现"双赢"。为了推销报纸，代派处大肆宣传，对官报进行二次推广。如北京琉璃厂有正书局为《北洋官报》刊登广告，"本报首录宫门抄、上谕……实与各报风闻记录者不同，且卷首用新法精

①《南洋官报发行凡例》，《南洋官报》1904年第2期。

②《代派本报章程》，《吉林官报》1908年第96期。

③《代销本报处》，《南洋官报》1904年第35期。

④《本局广告》，《南洋官报》1904年第10期。

⑤《南洋官报发行凡例》，《南洋官报》1904年第2期。

⑥《代派本报章程》，《吉林官报》1908年第96期。

印照相一页，专印各处风景，此亦本报特色之一端也。间日一出，每月共十五版，价洋七角，要者请至琉璃厂有正书局挂号，定能按期照送不误"①。在这条广告中，有正书局特意强调《北洋官报》的特色，认为该报贵在记录真实而非有闻必录，且使用最新照相技术，印刷各地风景，凸显与其他报纸的区别。可见，为了推销，代派处必须在广告中强调报纸优势，让读者看到官报可取之处。通过全国范围内代派处的销售，新式官报利用广告之宣传，尽可能地扩大自身影响力。现综合各省官报刊登的代派处地址（见表5-3）可以看出，人口稠密、商业繁华的大城市基本都设有官报代派处，如北京、上海、天津等地。一些偏远地区，如云南、新疆，亦能购买到官报。甚至海外也有官报的代派处，如《商务官报》《教育杂志》皆在日本古今图书局售卖。②该书局由华商创办，声称与内地书局联系密切，能够及时寄发杂志，"凡内地各大书坊，本局皆有立约，新书出版尽先寄东，以副学界先睹为快之心；凡中外关于祖国各大报馆，本局立有特约，各种杂志新闻尽先寄卖"③。

　　相比之下，派销模式更为偏重由上自下的垂直覆盖，代派模式则很好地填补了派销模式在发行区域内的疏漏。尤其是，一些大城市，市内设立了不止十处代派点，极大地促进了报纸在同一空间的横向流动。譬如，北洋官报局因原址狮子林"地势偏僻"，"诸君多以往返不便为憾"，特在天津市北马路北海楼西路南设立分局，以便在市内繁华路段销售报纸，扩大影响。④

---

　　①《新出北洋官报广告》，《顺天时报》1903年1月13日。

　　②《本报代售处》，《商务官报》1907年第1期；《本杂志代派处》，《直隶教育杂志》1906年第20期。

　　③《华商古今图书局之六大特色》，《民报》1906年12月1日。

　　④《本局开设分售处广告》，《北洋官报》1911年第2872期。

## 表5-3 新式官报代派处①

| 国家 | 省市 | 地址 |
|---|---|---|
| 中国 | 湖北省 | 老河口：盐局杜鞠如 |
| | | 汉口：招商局轮船码头汉口商务局、黄陂街文明书局、汉口文明书局、汉口商务局徐啸山 |
| | | 沙市：电报局李钟山 |
| | | 宜昌：纱布转运局 |
| | | 德安：纱布分销局 |
| | 北京 | 琉璃厂有正书局、琉璃厂桥西路北公慎书局本分局、琉璃厂翰文斋、海甸第一书局、海甸二西斋浣花书局、沙陀原华北书局、琉璃厂二西堂、琉璃厂文明书局、琉璃厂浣花书局、西单牌楼撒子胡同西刘寓、北京第一书局、北京商务印书馆、北京公慎书局、北京日报馆、西四牌楼高等实业学堂易熙吾君 |
| | 直隶省 | 天津：紫竹林李铁船观察、洪翰香观察、东门内广益书局、城内石桥胡同后乔佐周、城内乡祠南李茂林售报处、机子胡同同文仁、北马路官书局、北马路名贤书画局、城隍庙两等官书小学堂、北马路孟晋书社、北马路民立第一小学堂、北马路东亚公司、北马路西首普及书局、北马路北海楼西路南、东马路教育图书局、锅店街文美斋、锅店街宜阗堂、天津狮子林北洋官报局、宫北津报馆 |

---

① 综合《商务报阅报派报例》,《湖北商务报》1899年第1期；《本报代派处》,《北洋官报》1904年第7期；《本报代派处》,《北洋官报》1906年第904期；《代销本报处》,《南洋官报》1904年第35期；《直隶教育杂志》1906年第20期；《代派处》,《直隶教育官报》1909年第18期；《本报代售处》,《商务官报》1906年第1期；《本报代售处》,《商务官报》1909年第2期；《本报代售处》,《江西农报》1907年第1期；《本报代派处》,《吉林官报》1907年第1期；《分售处》,《山东官报》1910年第39期；《本报代售处》,《江西农报》1908年第11期；《本报代售处》,《商务官报》1907年第1期；《本杂志代派处》,《直隶教育杂志》1906年第20期。

续表

| 国家 | 省市 | 地址 |
|------|------|------|
| 中国 | 直隶省 | 保定:北大街官书局内本分局、西大街宝庆隆、西大街籀雅堂、东大街排印局、城隍庙街西山堂、北关师范学堂图书馆、保定官书局 |
| | 奉天省 | 奉天:振泰报局 |
| | | 锦州:同益分报馆 |
| | | 哈尔滨:远东报馆 |
| | 吉林省 | 吉林:粮米行裕升源洋货店、牛马行聚贤阁照相馆、西街板子胡同振泰报局 |
| | 陕西省 | 西安:总派报处、华洋各报分销局 |
| | 河南省 | 省城益智官书社、开封南书店街本分局、采派图书处、东棚板街官书局 |
| | 山东省 | 济南:官书局、济南报馆、济南启明印书社、济南商务印书馆 |
| | 湖南省 | 长沙:省城饶石顽舍人(南正街竹素书局) |
| | | 湘潭:纱布分销局 |
| | 江苏省 | 江宁:南京东牌楼庆昌、江宁夫子庙明达书庄、江宁东牌楼王庆昌售报处、钟山书院缪筱珊山长、电报局委员廖 |
| | | 苏州:省城发审局刘宣甫大令 |
| | | 上海:胡家宅文明编译局、棋盘街商务印书馆、棋盘街文明书局、棋盘街外交报馆、上海开明书店、金利源码头招商局南栈账房吴颂清、上海文明书局、四马路一新书局、上海中外日报馆、新闻报馆、申报馆、农学报馆、中外日报馆、盆汤巷丝业会馆严筱舫观察、施子英太守、赵惜阴大令、老次谷二尹 |
| | | 扬州:淮南总局、徐宁门内仓巷沈子承分司 |

270

续表

| 国家 | 省市 | 地址 |
|------|------|------|
| 中国 | 安徽省 | 安庆:洋务局周玉菴大令、省城龙门口万卷楼书局 |
| | | 芜湖:淮盐分销局、芜湖商务局 |
| | 浙江省 | 嘉兴:府城报忠堎陶第 |
| | | 湖州:恒有东典沈积夫 |
| | | 杭州:金衙庄洋务局内农工商务局、大方伯养正书塾 |
| | 江西省 | 吉安:开智书局 |
| | | 赣州:开智书局 |
| | | 南昌:普智派报处、商学社派报处、省城六眼井李仲诚二尹、尊业书报公司 |
| | 广西省 | 省城徐固卿孝廉 |
| | 贵州省 | 省城高云石大令 |
| | 甘肃省 | 兰州:藩台岑云阶方伯 |
| | 福建省 | 厦门:道台恽心云观察 |
| | | 福州:省城藩台张小帆方伯、臬台周子迪廉访、菴峰书院山长陈伯潜阁学、福州湖北会馆黄永泉 |
| | 陕西省 | 省城藩台李香远方伯、臬台端午憔廉访 |
| | 四川省 | 成都:省城藩台王芍棠方伯、臬台张小帆廉访 |
| | | 重庆:潘季约中书、夏子飏司马 |
| | 广东省 | 省城藩台丁诚五方伯、王湘岑司马、徐巨卿孝廉、账捐分局岑自銮司马、双门底全经阁书坊 |
| | 云南省 | 省城藩台林赞虞方伯 |
| | 新疆省 | 省城藩台赵次珊方伯 |
| 日本 | 东京 | 东京神田南神保町七番古今图书局 |

271

普通百姓可以通过代派处零售或私人订阅的方式购买官报。如《商务官报》售报条例表示，"北京、上海、汉口三处，均设有总代售所，经理零售及订报各事，凡愿阅本报者，可就近购取"①。若想成为官报代派处，需要先向官报局发行所申明认缴，并付清全年报资。除了代售处外，官报概不零售，私人阅报可以通过代派处预订，也可以经由官报局订，但须以半年起步，且先交付报费。

## 二、新式邮政与传统驿递相结合的运输途径

官报的发行方式主要是派销、代派以及私人订购。无论以何种方式发行，报纸都要借助交通工具运输。与传统邸报依靠驿站发行的运输方式不同，新式官报的传播离不开新式邮政。清末新式邮政逐渐兴起，全国邮政网点增多，邮路拓展，官报开始与邮政合作，派送报纸。具体而言，官报运输方式分为：一邮政，二驿递，三民信局，四自取。基本以前两种为主，后两种仅出现于极少数情况。"邮政"这一词在清末社会语焉不详，包括了传统驿递和新式邮政双重内涵。在此将二者做出明确区分，即以畜力、人力为动力的驿递代表传统驿政；以电报、火车、轮船、汽车代表的现代邮政。②

官报大多通过邮政或是驿站运输，这两者都隶属于官方通信系统。外省通邮口岸、铁路沿线城市依靠邮局运输报纸，如《浙江官报》在章程中明确指出，"本报概由邮局寄递"③。一些腹地、交通不便之处，只能通过驿站收发官报，"邮政未通之处，凡衙署局所及官

①《广告》，《商务官报》1906年第1期。
②王含梅：《"邮政时刻表"的形成与晚清邮政的时效经营》，《南京大学学报(哲学·人文科学·社会科学版)》2019年第3期。
③《售报例》，《浙江官报》1909年第1期。

私学堂，均由本处加封驿递"①。如果一地未设邮局，也无驿站，则须由民信局转寄。除此之外，读者还可前往官报局自取报纸，但这种情况极为少见。②

无论本省外省，官报发行大多都要加收运费，运费一般包含在报费内。《安徽官报》封面写道，"本报五日出一册，每月报资大洋一元，邮费在内"③。代派处要承担运费，以《陕西官报》为例，该报代派处需要支付邮费，且在零售时必须以报纸原价销售，不得加价，"代派处销至十分以上者，报资九折，应缴邮费仍照前例，其派出之报皆照原价，不得多加分文"④。《商务官报》也明确规定，代派处"所有汇寄报资汇费由代售所认付"⑤。尽管代派处售报越多，折扣越大，但邮费并不享受折扣，《直隶教育杂志》曾规定，"代派处凡售出十分以上者，按八折计算，邮费不在折扣之例"⑥。邮费根据距离远近而定，如《四川官报》所云，"本省各州县每册加邮费一分，外洋各国及各省邮费按远近酌加洋元"⑦。《湖北商务报》分得较为细致，北京、江苏、浙江、福建、广东各省城及天津、上海、厦门各处，凡通邮政局，则每份报纸加寄费二分；湖南、江西、安徽省城加二分；东三省、山西、山东、陕西、河南、四川、广西、贵州各省城加四分；甘肃、云南、新疆各省城加六分。⑧如果报纸须经民信局转寄，

---

① 《教育杂志售例》，《教育杂志》1906年第5期。

② 《本报紧要广告》，《安徽官报》1908年第1期。

③ 封面，《安徽官报》1905年第10期。

④ 报纸目录页，《陕西官报》1908年第7期。

⑤ 《附售报章程》，《商务官报》1906年第1期。

⑥ 《教育杂志售例》，《直隶教育杂志》1907年第1期。

⑦ 《本报定价表》，《四川官报》1905年第1期。

⑧ 《商务报阅报派报例》，《湖北商务报》1899年第1期。

费用将由读者自付。①也有一些官报不收邮费，如，《贵州教育官报》在本省内"概由驿递，不加邮费"②。针对前往官报局自取报纸的情况，《并州官报》《安徽官报》都做出相同规定，可以酌情减少部分费用。③

有别于传统邸报，新式官报是官方信息传播系统首次邮发合一的报纸，其发行、拓展依赖新式邮政系统。邮政系统在售报、发行以及时效三个方面对官报发展产生了积极影响。

第一，邮局采用售发一体的方式推销官报，并减免运费，使报纸在价格上占有优势。随着新式邮政的迅速发展，各地邮局纷纷成为官报代派处，既负责运报，也负责售报。1903年，商部开办官督商办的《商务报》时，已与海关总税务司赫德商定，由邮局代为分销，"督宪前准商部来咨，以章京吴桐林奉派办理商务报馆，销售报册已与总税务司赫商定，凡京外各省，有邮局之处，由各邮局代为分销，第恐各省未知其情，禀求咨行到川刻商务总局，接到行知已转饬各府州札，出示晓谕，如愿代为销售，可就近赴邮局一体订购"④。

凡在邮局订报的读者，不收邮费。官报封面大多写着"大清邮政局持准挂号立券之邮件"（见图5-1），声称"各省各埠邮政总局分局均认定代派本报，凡由邮局订购者不取邮费"⑤。南洋官报局与邮局签订协议，享受免邮待遇，报纸自发行第一期起，"凡设有邮局之地，寄售报册一律免收邮费"⑥。读者可以前往邮局订报，"一律认为本官

---

①《本馆告白》,《四川官报》1904年第7期。

②《本报售例》,《贵州教育官报》1906年第1期。

③ 参考《价目》,《并州官报》1908年第3期;《本报紧要广告》,《安徽官报》1908年第1期。

④《邮局销报》,《四川官报》1904年第15期。

⑤《代销本报处》,《南洋官报》1904年第46期。

⑥ 目录,《南洋官报》1904年第6期。

图 5-1　1909 年第 1 期《浙江官报》封面

报分局，代售本报。所有章程已印发各分局，查照邮地购报，诸君可往取阅。至邮政未通处，所寄费应由阅者自理"①（见图 5-2）。1903年 6 月，北洋官报局与天津邮政局签订协议，邮局运报不收邮费，官报内刊登邮局广告与示谕亦不收费，两局互惠互利。②《内阁官报》发行条例称，"《内阁官报》，即为代达公文之用，凡逐日寄送各省官署之官报，应于封面盖用印铸局印信，交大清邮政局处寄，准免邮费。邮政局凡接有内阁印铸局印信之官报包封，即为免邮费之凭证"③。可见，官

① 目录，《南洋官报》1904 年第 6 期。

②《北洋官报局总办详覆邮寄官报自本年春季起按章纳费请转咨饬遵文并批》，《北洋官报》1907 年第 1360 期。

③《内阁官报条例》，《内阁官报》1911 年第 1 期。

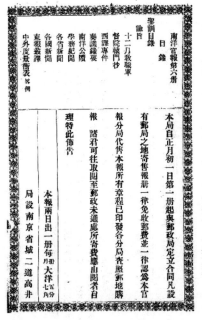

图5-2 1904年第6期《南洋官报》目录

方邮政与官报联合扫除了发行障碍，免邮优惠更凸显出了价格优势。

同时期的商业报刊在外埠发行依靠代派、分馆以及邮局等多种手段相结合的方式，且以前二种为主。报馆利用火车、轮船等交通工具将报纸输送各地代派处或分馆，以确保时效性。尽管它们有时也会使用邮寄的方式，但与民信局合作较多，极少使用官邮。[1]由于不能享受官邮福利，民间报馆负担加重。报界连连呼吁不公，"吾以为不甚公平，因此惟推惠于官报而不能及于商报也"[2]。另有一些民间报馆以"报界艰苦，仰求维持"为由，要求邮传部减少邮费。[3]

第二，新式邮政决定了官报发售系统的纵深程度，邮局分布点与官报发行区域基本吻合。依靠邮政支持，新式官报在地理上全方位覆盖中国各省。以直隶地区周边为例，现将1904年该地所有官方邮局据点统计如下：

---

[1] 有关商业报刊发行的相关研究，参见邵绿：《略论〈申报〉的发行方式》，《新闻记者》2012年第6期。

[2]《赫税务司允准连廉取官报邮费》，《通问报耶稣家庭新闻》1906年第236期。

[3]《税务大臣咨覆邮传部查核报界请减邮费电费文》，《南洋官报》1907年第103期。

## 表5-4 直隶地区官方邮局据点统计表①

| 辖区 | 邮局地点及数量 | 所属邮局 |
|---|---|---|
| 顺天府 | 大兴、宛平、通州、昌平州、良乡、涿州、长辛店、海甸、沙河、蓝靛厂、卢沟桥、琉璃河、周口店(13个) | 北京总局邮政 |
| 保定府 | 安肃、定兴、望都、祁州、高阳、辛集(6个) | |
| 河间府 | 献县(1处) | |
| 正定府 | 获鹿、乐城、元氏、晋州、藁城、新乐、枕头(7处) | |
| 顺德府 | 南和、内邱(2处) | |
| 广平府 | 肥乡、鸡泽、广平、邯郸、磁州(5处) | |
| 大名府 | 开州、龙王庙(2处) | |
| 宣化府 | 怀来、怀安、张家口厅(3处) | |
| 易州 | 易州(1处) | |
| 冀州 | 南宫、新河、枣强(3处) | |
| 赵州 | 高邑、宁晋(2处) | |
| 深州 | 安平(1处) | |
| 定州 | 深济(1处) | |
| 天津府 | 静海、沧州、盐山、庆云、塘沽、汉沽、芦台、北塘、唐官屯、兴济、杨村、泊头镇、杨柳青(13处) | 天津总局邮政 |
| 永平府 | 迁安、抚宁、昌黎、滦州、乐亭、胥各庄、唐山、开平、留守营、北戴河、秦王岛、山海关、古冶(13处) | |
| 遵化州 | 玉田、丰润、鸦红桥、林南仓(4处) | |
| 河间府 | 连窝镇、故城、桑园(3处) | |

---

① 《顺直邮局一览》,《北洋官报》1904年第489期。

与前文所撰官报发行区域表对比，可发现官报所至之处，必有邮局，报纸发行区域与邮政驻点基本保持一致。譬如，南宫县、新河县、枣强县、鸡泽县、邯郸县、丰润县、大兴县、宛平县等地既有邮局，同时也能接收到《北洋官报》。地方官报在本省范围内具有一定的影响力，已辐射至县级区域。与此同时，静海县、大城县、良乡县的县令都曾请示上级，欲开办宣讲所（详见后文所撰），以《北洋官报》等官报作为宣讲内容。[①]新式官报与铁路、邮政形成一整套传播链，让内陆乡镇居民能够接触到报刊这一媒介。凭借官方力量，通过宣讲、演说等方式进行大规模传播，报纸作为一种"新知"才拥有被传播的可能性。正因如此，一些偏僻之处的士绅禀请地方政府增设邮局，以便购阅报纸，"俾士民之购书阅报者，得以就近办妥。庶足以开通民智，裨益新政"[②]。

清末，官方邮政迅速发展，至1904年，除总局、副总局外，诸行省分布有分局352处，代办所927处，总计邮政局所1319处。[③]从上表中北京、天津地区来看，共有79处分局。直隶省所辖顺天、承德、朝阳、宣化、永平、天津、河间、保定、正定、顺德、广平、大名十二府中，除了承德、朝阳两府没有邮局外，其他各府皆有邮局；遵化、易、定、深、赵、冀六个直隶州亦设有邮局，可见官邮覆盖面广，纵深至各地。

第三，与传统驿政系统相比，新式邮政在一定程度上能够保证发

① 参见《静海县吴令增鼎禀开办宣讲所阅报社文附章程并批》，《北洋官报》1909年第1973期；《大城县邱令鸿光禀开办宣讲所阅报社暨试办简章请示遵文并批》，《北洋官报》1908年第1911期；《良乡县惠令年详开办宣讲所阅报社半夜学堂文并批》，《北洋官报》1909年第2243期。

②《增请邮局以开风气》，《北洋官报》1906年第1133期。

③ 张天星：《报刊与中国文学的近代转型（1833—1911）》，上海：复旦大学出版社，2015年，第42页。

行效率。近代邮政运行后，其效率和速度得到民众认可。譬如，张家口原本无邮局，商民信函皆由标局及票号递送，"资费既重，而每多迟滞、舛误、遗失"。设立邮政分居后，"转运妥速，无不称便"①。新政后期，官报多改为邮政寄送，较少使用传统驿递，省时省力。北洋官报局曾强调，报纸大多已采用邮政派报，"本局分发各州县，除未通邮政之处，仍照前寄外，其余均已改归邮局经递，以省周折而免迟延，业经分别通知以后，倘有新设邮局而邮政路表未经注明者，务祈函知本局，以便照寄"②。

　　清末邮路主要有步差邮路、轮船邮路、火车邮路等方式，这些皆用于报纸运输。通商口岸城市主要依靠铁路、轮船传送报纸，时效性由交通而定。《南洋官报》发行条例言明，口岸城市一带出报后，当日可以寄出，"本埠外，下水至镇江、上海一带，上水至芜湖、安庆、九江、汉口一带，皆当日寄发。外府州县之驿寄者，于出版次日寄发。外省及东西洋各国，量路之远近，报之多寡，临时酌定"③。1908年，伴随沪宁铁路全线通车，拙著根据金陵邮政局刊布的时刻表大致推算《南洋官报》的运输历程。该局每日收发邮件安排如下："下水邮件每日清晨七点半钟封固，交由八点二十分钟沪宁慢车寄出。又午后十二点半钟封固，由一点二十分专车寄出，惟快信在下午一点钟续行封发一次，赶随该专车一并寄出。更于晚间八点钟，将当日邮件封固，以便翌晨七点半钟交由沪宁快车寄出。上水邮件每日晚间八点钟封发"④。再根据沪宁铁路的时刻表，可以预估官报抵达各城市的时间（见表5-5）：

　　①《士民愚陋》，《大公报》1902年8月20日。
　　②《本局寄报改章广告》，《北洋官报》1908年1733期。
　　③《南洋官报发行凡例》，《南洋官报》1904年第2期。
　　④《金陵邮政总局 第三次广告》，《南洋官报》1910年第130期。

### 表5-5 沪宁铁路时刻表①

| 由南京开往上海 | | | |
|---|---|---|---|
| 站名 | 慢车 | 专车 | 快车 |
| 南京 | 上午八点二十分 | 下午一点二十分 | 上午七点三十分 |
| 高资 | 上午九点五十一分 | | 上午八点三十八分 |
| 镇江 | 上午十点二十分 | 下午二点四十七分 | 上午九点一分 |
| 丹阳 | 上午十一点十二分 | | 上午九点四十分 |
| 奔牛 | 上午十一点五十六分 | | 上午十点十三分 |
| 常州 | 下午十二点三十五分 | 下午四点十九分 | 上午十点四十二分 |
| 横林 | 下午一点一分 | | 上午十一点四分 |
| 无锡 | 下午一点四十一分 | 下午五点九分 | 上午十一点三十九分 |
| 苏州 | 下午两点五十四分 | 下午六点四分 | 上午十二点三十七分 |
| 昆山 | 下午三点五十二分 | | 下午一点十九分 |
| 安亭 | 下午四点二十三分 | | 下午一点四十四分 |
| 南翔 | 下午四点四十九分 | | 下午二点三分 |
| 上海 | 下午五点十五分 | 下午七点三十五分 | 下午二点二十二分 |

可见，金陵邮局前往镇江、常州、无锡、苏州等长江下游城市的邮件每日有三次寄送机会，分别是早上七点半、正午十二点半、下午一点。对照火车时刻表，可以看出末班车于晚上七点三十五分抵达尾站上海，意味着下午一点之前来自南京的邮件当日内可抵达至所寄城市。下午一点之后的邮件，翌日能够到达长江下游城市。以此类推，当日发行的《南洋官报》最迟在第二天能够到达口岸城市。

再看直隶地区。直隶省铁路网密集，报纸发布效率胜于其他地

---

① 《沪宁铁路行车时刻表》，《申报》1910年7月19日。

区。未与邮政合作之前，官报按期包封汇寄，分发至州县，然后由府州分别转发，但各属收报迟速不一，"偏僻之处，甚有逾月始到，且挤压至十余期者"，报纸时效性被严重耽搁。不久，官报局意识到了这点，强调"报贵敏捷，似此迁迟积滞，即无遗失，已同废纸"①。通过与邮政合作，《北洋官报》依靠关内外铁路在北方地区运输官报。凡是北洋官报局发往车站之报，即刻用火车运输，"天津、北京等处站长以及管守铁路之兵勇等，自西十二月二十五日以后，凡官报局发往车站之报，该站务当从速以火车递送，不得耽延，收报之站长等理应慎重收存，以便官报局派人持取"②。所以，《北洋官报》在当天内可寄发铁路沿线城市，"本埠及京城、保定、正定、塘沽、山海关铁路可通之处，皆当日寄发"③。

通过关内外铁路时刻单以及铁路邮路实际运行情况，我们可以大致推算报纸的运送范围。关内外铁路沿线所经主要城市如下：

北京—山海关段，途经永定门、丰台、通州、黄村、安定、塘沽、郎（廊）坊、落伐（垡）、杨村、北仓、天津、张贵庄、军粮城、新河、北塘、茶定、汉沽、芦台、田庄、塘坊、胥各庄、唐山、开平、洼里、古冶、雷庄、滦州、石门、安山、昌黎、留守营、北戴河、汤河、山海关。

山海关—营口段，途径山海关、前所、前卫、中后所、沙后所、宁远州、连山、高桥、锦州、榆关、太陵河、石山站、沟帮子、双台子、田庄台、营口。④

---

① 《本局寄报改章广告》，《北洋官报》1907年第1443期。

② 《铁路总局处寄官报谕帖》，《北洋官报》1902年第4期。

③ 《北洋官报发行凡例》，《北洋官报》1902年第3期。

④ 《关内外铁路时刻单》，《大公报（天津版）》1902年11月16日；《关内外铁路行车时刻单》，《大公报（天津版）》1903年4月30日。

再根据天津邮界邮务长申玛思签发的邮运时间表（见表5-6、5-7），可以看出，从天津至山海关，最快六小时五十三分钟，最慢十二小时二十六分钟。这意味着，上述铁路沿线城市，最慢可以在次日收到官报。为保证官报运输效率，邮局特意增加班次，每日发送一次"重件"寄运，"天津至济南之间，除了原有的昼夜快班邮运外，现还有一个每日重件邮运。由于官报交寄量增大，重件邮运由原隔日班改为现每日班"。[1]

**表5-6 天津—山海关快车邮运时间表[2]**

| 距离/里 | 距离及所需时间 | | | | | | | | | | |
|---|---|---|---|---|---|---|---|---|---|---|---|
| | 天津 | | | | | | | | | | |
| 82 | 54' | 塘沽 | | | | | | | | | |
| 167 | 1°57' | 53' | 芦台 | | | | | | | | |
| 259 | 2°51' | 1°47 | 54' | 唐山 | | | | | | | |
| 307 | 3°35' | 2°31' | 1°33' | 34' | 古冶 | | | | | | |
| 363 | 4°11' | 3°07' | 2°14' | 1°10' | 36' | 滦州 | | | | | |
| 399 | 4°46' | 3°42' | 2°49' | 1°45' | 1°11' | 35' | 安山 | | | | |
| 429 | 5°13' | 4°09' | 3°16' | 2°12' | 1°38' | 1°02' | 27' | 昌黎 | | | |
| 493 | 5°57' | 4°53' | 4°00' | 2°56' | 2°22' | 1°46' | 1°11' | 44' | 北戴河 | | |
| 537 | 6°23' | 5°19' | 4°26' | 3°22' | 2°48' | 2°12' | 1°37' | 1°10' | 26' | 秦皇岛 | |
| 587 | 6°53' | 5°49' | 4°56' | 3°52' | 3°18' | 2°42' | 2°07' | 1°40' | 56' | 25' | 山海关 |

注：°代表小时，'代表分

---

①《1908年6月10日天津邮界邮务长申玛思送呈邮政总办的节略（天津市档案馆河北邮政管理局全宗第20卷）》，载仇润喜主编：《天津邮政史料（第2辑）》，北京：北京航空航天大学出版社，1989年，第186页。

②具体数据源自：仇润喜主编：《天津邮政史料（第2辑）》，北京：北京航空航天大学出版社，1989年，第177—179页。

# 表5-7 天津—山海关慢车邮运时间表[①]

| 距离/里 | 距离及所需时间 | | | | | | | | | | | | | | | |
|---|---|---|---|---|---|---|---|---|---|---|---|---|---|---|---|---|
| | 天津 | | | | | | | | | | | | | | | |
| 82 | 1°13' | 塘沽 | | | | | | | | | | | | | | |
| 106 | 1°49' | 21' | 北塘 | | | | | | | | | | | | | |
| 149 | 2°36' | 1°08' | 47' | 汉沽 | | | | | | | | | | | | |
| 167 | 3°06 | 1°38' | 1°17' | 30' | 芦台 | | | | | | | | | | | |
| 238 | 4°18' | 2°50' | 2°29' | 1°42' | 1°12' | 胥各庄 | | | | | | | | | | |
| 259 | 4°42' | 3°14' | 2°53' | 2°06' | 1°36' | 24' | 唐山 | | | | | | | | | |
| 279 | 6°03' | 4°35' | 4°14' | 3°27' | 2°57' | 1°45' | 18' | 开平 | | | | | | | | |
| 307 | 6°49' | 5°21' | 5°0' | 4°13' | 3°43' | 2°31' | 1°04' | 46' | 古冶 | | | | | | | |
| 363 | 8°0' | 6°32 | 6°11' | 5°24' | 4°54' | 3°42' | 2°15' | 1°57' | 1°11' | 滦州 | | | | | | |
| 399 | 8°57' | 7°29' | 7°08' | 6°21' | 5°51' | 4°39' | 3°12' | 2°54' | 2°08' | 57' | 安山 | | | | | |
| 429 | 9°30' | 8°02' | 7°41' | 6°54' | 6°24' | 5°12' | 3°45' | 3°27' | 2°41' | 1°30' | 33' | 昌黎 | | | | |
| 461 | 10°04' | 8°36' | 8°15' | 7°28' | 6°58' | 5°46' | 4°19' | 4°01' | 3°15' | 2°04' | 1°07' | 34' | 留守营 | | | |
| 493 | 11°09' | 9°41' | 9°20' | 8°33' | 8°03' | 6°51' | 5°24' | 5°06' | 4°20' | 3°09' | 2°12' | 1°39' | 1°05' | 北戴河 | | |
| 537 | 11°45' | 10°17' | 9°56' | 9°09' | 8°39' | 7°27' | 6°00' | 5°42' | 4°56' | 3°45' | 2°48' | 2°15' | 1°41' | 36' | 秦皇岛 | |
| 587 | 12°26' | 10°58' | 10°37' | 9°50' | 9°20' | 8°08' | 6°41' | 6°23' | 5°37' | 4°26' | 3°29' | 2°56' | 2°22' | 1°17' | 34' | 山海关 |

注：°代表小时，'代表分

---

[①] 具体数据源自:仇润喜主编:《天津邮政史料(第2辑)》,北京:北京航空航天大学出版社,1989年,第177—179页。

铁路运行后，将路上所经城市、乡镇、村庄连成一条直线，缩短了各地之间的距离，也提高了官报运输效率。沃尔夫冈认为，铁路的出现，改变了时间—空间、国家—都市的关系，"空间的缩小（其实是运输时间的缩短），通过把新的区域合并到运输网中来，实现了运输空间的扩展。……国家收缩成一座大城市，反过来也就是都市的扩展：通过建立运输线路，通往很遥远的地区，大都市就能把整个国家都合并进去"[1]。清末，中国东部，火车最快能在当天将官报发往沿线城市，这些地方共享着相同信息，无形之中形成新的认同感。

　　综上，派销、代派的售报方式，一方面将官报发行范围延伸至全国所有基层州县，嵌入政治枢纽，另一方面，为官报提供了固定资金收入和读者群体。近代邮政进入中国后，官报局开始与新式邮政合作，利用邮政发行报纸，与依靠驿传运报的邸报制度呈现出不同特征。以蒸汽为动力的火车、轮船等交通运输工具可以将官报迅速传递到读者手上，逐步建立起规范化、效率化的传播机制。

---

　　[1]（德）沃尔夫冈·希弗尔布施著，金毅译：《铁道之旅：19世纪空间与时间的工业化》，上海：上海人民出版社，2018年，第59页。

# 第二节　白话官报、阅报社与演说：
## 传播路径的拓展

除了各省各部办报以外，依托官报开展的宣传活动也在循序渐进地开展。为了面向底层民众宣传，官方首次创办白话官报，使用白话文作为语体。中国自古便有宣讲圣谕、乡约的传统，随着人们愈发追捧西方文化、制度，官方试图以宣讲报刊、兴办阅报社作为新式传播手段。预备立宪后，各地积极筹建阅报社、宣讲所，受到大众欢迎。各省级官报、专业性官报、白话官报成为阅报、宣讲的主要书目。此一时期，官方宣传手段也在不断创新，官报宣传范围进一步扩大。

### 一、文体创新：筹办白话官报

清末社会，普通民众虽有机会接触官报，但其能否阅读更为关键。据罗友枝统计，"1880 年代清代识字率，男人为 30%~45%，女人为 2%~10%，平均识字率在 20% 左右"[①]。尽管有关清朝民众识字率的问题尚待深入研究[②]，但可以确定，在读写素养整体低下的环境中，阅读报纸大多只能是精英阶层的日常行为，"官报之所及，只在上中

---

① 转引自顾月琴：《日常生活变迁中的教育：明清时期杂字研究》，北京：光明日报出版社，2013 年，第 13 页。

② 相关研究可参考：左松涛：《近代中国的私塾与学堂之争》，北京：生活·读书·新知三联书店，2017 年，第 194—203 页。

等社会之人"①。河南官报局也意识到了这一问题，特指出"汴省普通社会能识字者约不过十之三，阅报者并不及十之一"②，可见报纸在普通民众中影响寥寥。文言类官报创办后，应者稀少。《北洋官报》颁行后，距离北京七十里开外的昌平州，"除州署外无人过问"③。一些官员提出了改进官方传播的建议，如河南官报局指出"官报程度太高不合下等社会"④，要求特批开办白话报。"白话报纸设，尤其为识字而阅报者计也。"⑤1905年，山西晋报局总办程淯向山西巡抚张人骏奏请创办《山西白话报》。他指出，白话报可以疏通风气，"白话报章专为开通风气、激发人心，欲令不识字人普行通晓，尤须注重演说"，所以各地官员应认真派阅报纸，广为演说，便会取得"民德日进，民智日开"⑥的宣传效果。为此，不少县令请求官报局增添白话报，如庆云县令为了"实行新政，开通民智"，要求北洋官报局增编白话报，附于《北洋官报》后，"既可奉为宣讲之资，而官报行销之地咸可借此开通"。袁世凯通饬北洋官报局增编白话报附登报中，并大力赞许庆云县创办宣讲所一事，要求"各村镇一律推行"⑦。警部也高度重视报刊影响，希望"以报纸之感发人心，收效最为迅速"⑧，通饬各省均须添办白话官报，要求地方宣讲所按照报纸演说。在民众普遍识字率低的社会环境下，官方宣传体系只能从基层做起，先创办白话官

---

①《论政府宜利用报馆并推广白话演说》，《东方杂志》1905年第2卷第8期。

②《河南官报局颁发白话演说简章》，《北洋官报》1906年第1144期。

③《开通甚难》，《大公报》1903年10月14日。

④《各省报界汇志》，《东方杂志》1906年第3卷第11期。

⑤《河南官报局颁发白话演说简章》，《北洋官报》1906年第1144期。

⑥《山西晋报局总办程守淯上山西巡抚张遵拟白话报并演说简章禀附批》，《东方杂志》1905年第2卷第8期。

⑦《庆云县请饬官报局增编白话报禀并批》，《北洋官报》1905年第754期。

⑧《警部饬办白话官报》，《北洋官报》1906年1035期。

报，再辅之以演说进行传播，即"尤须浅近白话之报，广为传布"①。创办白话官报，反映出办报者能够审时度势，变更报纸文体，更是新式官报面向大众的具体实践。

在官方倡导下，"预备立宪"前后全国各地逐渐开始兴办白话官报。如1905年，《山西白话报》正式开办，由司库闲杂款内垫拨一千五百两银先行给发，每月逢三出版一次。②这是中国最早的白话官报。白话官报内容与文言官报类似，除了谕旨和国家内政外交等政策恭录原文外，其他内容皆用白话撰写，力求篇幅简洁，易懂通晓，所谓"不涉词藻而篇幅亦概归简括，务令阅者易于记忆，不致因冗长而生厌倦"。白话报内容分为上谕、论说、新闻、新知识、歌谣。报纸仍沿用派销的形式，大县分派150份，中县分派100份，小县50份。③受《山西白话报》影响，河南官报局随后在本省创办《河南白话演说报》，每月发行六期，并"随官报五日一期，递交给各州县散发"。因豫省识字之人较少，报纸到各州县之后，由各乡镇绅耆"照张派发，责人演说，俾得人人领悟，智识宏开，渐趋文明进化之规则"④。

在省级官报中，《北洋官报》添加了"白话"专栏，内容涉及天文学、物理学、生物学、经济学等方方面面。如《说月食》《说微生物》《家庭的职业教育》《论万物有定理》《中国国债纪略》等，用浅显易懂的语言介绍基本常识。为了破除当时人们的封建迷信思想，报纸特用白话撰写《破风水说》一文，指出"凡一国的国民，最要懂得

①《开通甚难》，《大公报（天津版）》1903年10月14日。

②《山西晋报局总办程守清上山西巡抚张遵拟白话报并演说简章禀附批》，《东方杂志》1905年第2卷第8期。

③《山西白话报简章六条》，《四川官报》1905年第13期。

④《河南官报局通饬各属将白话报督同绅耆择人演说以开民智札文》，《北洋官报》1906年第1144期。

文明，晓得公益"。呼吁百姓要有自己的判断，讲常识，不信谬论，"大凡天地的气候，人物的盛衰，一切世界上的动植物，都有阴阳……并不跟那风水先生所讲的阴阳一样"[1]。

县级衙门也开始自办白话报，"开民智"宣传进一步走向百姓。1906年11月，海城县知县管凤和在海城创办了第一份县级白话官报——《海城白话演说报》。该报由海城知县衙门编辑并发行，但同年停刊，主要撰稿人为管凤和。管凤和与创办《东三省公报》的主办人谢荫昌是同乡，均为江苏武进（常州）人。[2]《海城白话演说报》发刊词由管凤和撰写，他说："这个报是唤醒大众，叫大众睁眼向后看……外国人没有三个头六个手臂，都是两个眼睛一个鼻子，合（和）我们是一样的人，他们的能人也没许多，不过寻常的人，个个识字，个个知道看报，不明白道理的胡（糊）涂人比我们少，所以能强。这本报编成白话，是要教大家伙一齐看看，大家伙明白明白。"[3]报纸用白话文点评国内外的时事政治、文化教育、社会动态、风俗习惯等，并刊载一些进步文学作品。《海城白话演说报》不仅是近代东北第一家县报，也是近代东北第一份中文期刊、官报，这份白话官报在一定意义上推进了东北地区新闻事业发展。

除了关照不识字的普通百姓，地方政府还考虑到少数民族语言不通的情况。由此，学部官报特设蒙文报，报纸除奏折、文牍、论说等均用文言翻译外，其余小说、闲评、图画等内容皆用白话进行翻译，出版后按月装订成册，寄往蒙古、青海、新疆伊犁等处，派员分赠，不取报费，并在城乡市镇地方设立讲报处，"遴选熟悉蒙文言语、深

---

① 《破风水说》，《北洋官报》1906年第909期。

② 辽宁报业通史编委会：《辽宁报业通史（第一卷）：1899—1978（上）》，沈阳：辽宁人民出版社，2016年，第47页。

③ 《发刊词》，《海城白话演说报》1906第1期。

通汉文者，分期详细讲解"①。驻藏大臣当时在辖区之内，也开设白话报馆一所，欲开通民智、启蒙社会，"参仿《四川旬报》及各省官报办理"②。

综上，鉴于民众多半是文盲的社会环境，所以地方官员创办了白话报，希望通过读报传播信息。为了照顾不认字的民众，阅报社和宣讲所陆续添置了白话官报，派员演说。如袁世凯曾要求直隶学务处"按期将白话报随同官报分递各州县，转发劝学所，分给劝学员，携赴城乡村镇，随时随地广为讲演，借以开通民智"③。

### 二、大众化传播：宣讲与演说

对于不识字的民众来说，白话官报必须被广泛宣讲才能达到预期效果，所谓"报章之布仅及士流，演说则无智、愚、贤、不肖皆能感动"④，充分体现出大众化特征。清末以降，随着西方"演说"概念引入，人们开始意识到，演说这一形式可以有效地鼓动人心，动员民众——"演说会者，泰西各国之风尚也。上自君主、下至社会个人，苟欲有所运动，必为此会，对聚发表意见，声动人心，以为组织大群之法"⑤。更有人认为，演说与中国明代聚徒讲学类似。⑥由此，不少团体、人士纷纷开演说会，宣讲报纸，传播知识，他们呼吁，"欲兴

---

①《京师近事》，《申报》1910年5月21日。

②《各省报界汇志》，《东方杂志》1907年第4卷第9期。

③《直隶学务处遵饬拟令劝学员宣讲官报局所编白话报呈请核示文并批》，《北洋官报》1905年第877期。

④《山西晋报局总办程守清上山西巡抚张遵拟白话报并演说简章禀附批》，《东方杂志》1905年第2卷第8期。

⑤《论普及教育》，《南洋官报》1905年第11期。

⑥《论普及教育》，《南洋官报》1905年第11期。

学，必宣讲"①。一些民间舆论甚至呼吁政府利用报馆，推广白话演说。言论认为，白话报与演说适宜在下层民众中推广，有助于启发民智，"白话者报纸之先锋"，"演说者又白话之先锋也"。时人认为，日本文明进程迅速的原因，一在于报纸，二在于演说，"上自朝廷内政、外交之大，下至小民、资生日用之征，无不由报纸握其枢，演说尽其利"，所以中国政府应将文牍完全公之于众，并配合白话宣讲，"一切文牍发交官报，无官报则发交民报，并普设白话演说报馆"。通过广泛宣传引导，民众便能理解、支持国家政策，"政策之所在，政府之用意，国民无不咸知。则国家出一令得一法，民无不乐从，亦且调和官民，上下同心，举国一致"②，便于进一步推行新政。

在此影响下，官方开始意识到演说与开启民智的关联。时任湖南巡抚的赵尔巽较早了解到宣讲功效，并为湖南省拟定了详细的宣讲章程。他规定宣讲首要阐明"圣谕广训"，其次是有关新政的各项谕旨，但报纸"须以白话演说"。赵尔巽要求在宣讲时，不论民众是否产生非议，宣讲员都要详细解说。③山西晋报局总办程淯认为，演说可以弥补官方宣传不到位之处，"以白话济报纸之穷，尤当以演说济白话之穷"。推广演说，有助于启发民智，因为"山西不识字人占十之九，若能于白话报纸加以演说，不独三晋愚氓咸蒙乐利"④。1906年，学部颁布《学部奏定各省劝学所章程》，宣布开办宣讲所，并要求各地督抚"一律速设"，力图"首定宗旨以端心术，次启知识以振精

---

①《论普及教育宜先注重宣讲》，《教育杂志》1909年第1卷第1期。

②《论政府宜利用报馆并推广白话演说》，《东方杂志》1905年第2卷第8期。

③《湘抚赵通饬宣讲章程公文》，《秦中官报》1903年第6期。

④《山西晋报局总办程守淯上山西巡抚张遵拟白话报并演说简章禀附批》，《东方杂志》1905年第2卷第8期。

神"①。在官方政策驱导下，官员们纷纷主办宣讲演说活动。吉林劝学所宣讲员认为，当地民众民智不开，皆因教育难以普及。"吉省地处边隅，文化幼稚，下流社会犯法者多，盖由教育未施，百人之中，能读书识字者不得一二"，需要传播知识，变通思想，"拟请于城乡镇等处，札委讲员，按员按月发给《司法官报》一分，逐日当众讲解。参以中外法律，浅而易明者，概为解说"②。吉林提法司允准其请求，札发《吉林司法官报》给吉林劝学所，要求其派员讲解。

逐渐地，演说、宣讲被纳入官方传播体系范围内。报纸这一静态媒介与宣讲、演说等动态过程结合起来，深入了下层社会。

宣讲所既有官办，也有官督商办、绅办等多重性质。宣讲所开办前，须经官方审批，此后，宣讲、演说活动开始逐步制度化、规范化。如，吉林省公署查阅该省三路宣讲所报告记录后，批评该所演讲选题不佳，"演讲各题虽关系世风，尚无一定宗旨，且间有陈义稍高，于吉民不甚迫切之事，应加变通"，即要求选题联系实际，"必使听讲之人，乐而忘疲，以劝其公耻之心，作其爱国之气"③。再如，湖北襄阳府要求学府教官稽查各署州县，责成各学官亲自宣讲，令其劝导地方士绅广设宣讲所。每设一所，便立案记录，"一年内劝设至三十所者，记功一次；六十所记功二次；百所以上，记大功一次。记功至六次，大功至三次者，详请优奖，若设不及三十所者，记过一次；不及二十所者，记过二次；不及十所者，记大过一次。记过至六次，记大过；至三次者，即行撤任"。湖广总督瑞澂批准此项措施，要求"切

①《节录学部咨各督抚开办宣讲所文》,《南洋官报》1906年第60期。

②《吉林劝学所西路宣讲员禀请札发〈司法官报〉以资宣讲文》,《吉林司法官报》1910年第3期。

③《批饬改良宣讲》,《吉林官报》,1908年第2期。

实举办，不得以空言了事"①。这种手法，与派销形式如出一辙。可见，新政后期，创办宣讲所和举行演说已成为一项"政治任务"，各地县令不得不积极筹办。无独有偶，在袁世凯提倡下，直隶省天津县、获鹿县、大城县、景州、吴桥县、巨鹿县、新城县、安平县、新乐县、良乡县、静海县、广昌县、乐亭县、肥乡县、深泽县、望都县十六地皆创办了宣讲所，②官方宣传的效力在物质层面进一步突破。依现有资料，1907至1910年，笔者发现湖北省、福建省、广西省共设有95个宣讲所，拥有212位宣讲员（见表5-8）。

---

① 《请派学官专任宣讲》，《北洋官报》1910年第2412期。

② 参见《大城县熊令济熙禀设立宣讲所请立案文并批》，《北洋官报》1908年第1820期；《获鹿县禀定阅报宣讲所规则》，《北洋官报》1910年第2613期；《景州阅报处宣讲所规则附白活广告》，《北洋官报》1907年第1517期；《天津宣讲所规则》，《北洋官报》1905年第693期；《吴桥县详设立阅报兼宣讲所文并批》，《北洋官报》1911年第2965期；《巨鹿县详第一乡设立宣讲分所文并批》，《北洋官报》1910年第2634期；《新城县禀捐廉创设阅报社宣讲所情形文并批》，《北洋官报》1911年第2722期；《安平县禀捐廉创设宣讲所阅报社情形文并批》，《北洋官报》1911年2771期；《新乐县王令肇洛禀筹设宣讲阅报等所文并批》，《北洋官报》1909年1998期；《良乡县惠令年详开办宣讲所阅报社半夜学堂文并批》，《北洋官报》1909年2243期；《静海县吴令增鼎禀开办宣讲所阅报社文附章程并批》《北洋官报》1909年1973期；《广昌县高令绍陈禀开办自治学社及宣讲阅报所文并批》，《北洋官报》1909年1995期；《乐亭县韩令廷焕禀筹办自治研究所倡办宣讲所情形文并批》，《北洋官报》1909年2080期；《肥乡县孙令德成禀现就城内宣讲所四乡巡警局讲演地方自治情形文并批》，《北洋官报》1907年1362期；《深泽县禀创设宣讲所已历二年请立案批奖文》，《直隶教育官报》1909年第3期；《望都县莫令兰增禀筹办宣讲所阅报社半夜学堂各情形文附简章并批》，《北洋官报》1910年2338期。

## 表5-8 鄂、闽、桂三省宣讲所统计表①

| 地区 | | 所数 | 宣讲员 | | 经费② | |
|---|---|---|---|---|---|---|
| | | | 专任 | 兼任 | 岁入 | 岁出 |
| 湖北省 | 省城宣讲所 | 8 | 14 | / | / | / |
| | 汉阳府黄陂县 | 1 | 1 | 1 | 120 | 120 |
| | 黄州府蕲州 | 1 | 1 | / | 62 | 62 |
| | 黄州府广济县 | 1 | 1 | 15 | 143 | 143 |
| | 安陆府潜江县 | 2 | 2 | 2 | 180 | 180 |
| | 德安府云梦县 | 1 | 5 | / | 25 | 25 |
| | 荆州府枝江县 | 1 | 2 | / | / | / |
| | 襄阳府宜城县 | 1 | 2 | / | 55 | 55 |
| | 襄阳府谷城县 | 10 | 10 | / | 38 | 38 |
| | 郧阳府竹山县 | 2 | / | 9 | / | / |
| | 宜昌府兴山县 | 1 | 1 | / | 18 | 18 |
| | 共计 | 29 | 39 | 27 | 641 | 641 |
| 福建省 | 福州府闽县 | 11 | 19 | 32 | 614 | 614 |
| | 福州府连江县 | 1 | 1 | / | 20 | 20 |
| | 汀州府上杭县 | 4 | 4 | 4 | 43 | 43 |
| | 漳州平和府 | 1 | 1 | / | 20 | 20 |
| | 延平府沙县 | 1 | 2 | / | 20 | 20 |
| | 延平府上洋厅 | 1 | 10 | / | 30 | 30 |
| | 建宁府建安县 | 1 | 2 | 4 | 20 | 20 |
| | 共计 | 20 | 39 | 40 | 767 | 767 |

①《湖北省宣讲所统计表(光绪三十四年)》,《湖北官报》1910年第148期;《福建省宣讲所统计表(光绪三十三年)》,《福建教育官报》1909年第14期;《广西省宣讲所统计表(宣统二年)》,《广西官报》1911年第35期。

②经费单位是元还是两,原史料无记载。

| 地区 | | 所数 | 宣讲员 | | 经费② | |
|---|---|---|---|---|---|---|
| | | | 专任 | 兼任 | 岁入 | 岁出 |
| 广西省 | 兴安县 | 1 | 2 | / | 25 | 25 |
| | 永福县 | 4 | 4 | / | 390 | 390 |
| | 永宁州 | 4 | 4 | / | / | / |
| | 中渡厅 | 1 | 1 | / | 26 | 26 |
| | 平乐县 | 6 | 28 | / | 78 | 78 |
| | 富川县 | 1 | 1 | / | 54 | 54 |
| | 荔浦县 | 1 | 1 | / | 74 | 74 |
| | 昭平县 | 1 | 1 | / | 43 | 43 |
| | 信都厅 | 2 | 2 | / | 19 | 19 |
| | 马平县 | 1 | 1 | / | 53 | 53 |
| | 雒容县 | 2 | 2 | / | 120 | 120 |
| | 柳城县 | 1 | 1 | / | / | / |
| | 思恩县 | 7 | 7 | / | 72 | 72 |
| | 贵县 | 1 | 1 | / | 14 | 14 |
| | 隆安县 | 1 | 1 | / | 43 | 43 |
| | 横州 | 1 | 1 | / | 34 | 34 |
| | 西隆州 | 1 | 1 | / | 20 | 20 |
| | 奉议州 | 5 | 5 | / | 47 | 47 |
| | 郁林州 | 1 | 1 | / | 237 | 237 |
| | 北流县 | 1 | 1 | / | 36 | 36 |
| | 宁明州 | 3 | 1 | / | 46 | 46 |
| | 共计 | 46 | 67 | / | 1431 | 1431 |
| 总计 | | 95 | 212 | | 2839 | 2839 |

宣讲所设宣讲员、监讲员、评讲员、经理员、夫役若干。宣讲员由各学堂、研究所、商务局等公职人员轮流担任，如"劝学所之总董

及书记劝学员、教练所之所长及教员、高等小学堂之堂长司事及教员、警务局之总董教习巡官、自治研究所之所长及讲员、工艺局之局董及筹款局董"①。也有一些地方请专人担任宣讲员；一些是定所宣讲，即在宣讲所所在州县就地演讲；一些是周巡宣讲，即宣讲教员采取巡回演说的方式在省内各地流动。②湖南省宣讲员在每月二十日，分赴城乡各处宣讲，还根据各县乡距离由近及远依次前往，每宣讲十天休息五日，以此周而复始。③这些人员经费或由地方政府垫付，或来自发起人捐款，还有些出于义务，不取薪酬。譬如，直隶省大城县宣讲所"宣讲员由卑职（指大城县县令，笔者注）聘已告退之县视学、卑县教谕步以墉充当，每月薪水酌照县视学薪水银十两，仍由卑职捐廉致送，其余监讲、评讲、经理各员，劝学所诸绅力行担任，甘尽义务，不取薪水"④。再如，获鹿县阅报宣讲所开办经费"即从戏捐项下支发，由发起人经理工务，工毕后，详细开列清单，榜贴所外，以昭大信。常年经费亦从戏捐项下拨充，但须尊节动用，不得漫无限制、致生弊端"⑤。

为规范运行，宣讲所制定了规章制度。演说时间是固定的，每逢宣讲日会挂牌以告知民众。⑥但各地开讲时间不一，早、中、晚皆有。譬如，山东课吏馆周一、周六开讲，从午后一点讲至四点。⑦天津宣

---

① 《获鹿县禀定阅报宣讲所规则》，《北洋官报》1910年第2613期。

② 参见《湘抚赵通饬宣讲章程公文》，《秦中官报》1903年第6期。

③ 参见《湘抚赵通饬宣讲章程公文》，《秦中官报》1903年第6期。

④ 《大城县熊令济熙禀设立宣讲所请立案文并批》，《北洋官报》1908年第1820期。

⑤ 《获鹿县禀定阅报宣讲所规则》，《北洋官报》1910年第2613期。

⑥ 《景州阅报处宣讲所规则附白话广告》，《北洋官报》1907年第1517期。

⑦ 《山东课吏馆宣讲简章》，《北洋官报》1904年第502期。

讲所每晚八点开讲，十点半结束，每讲半小时，休息十分钟。①大城县每月一三五七九等日上午宣讲两小时，下午宣讲两小时。②在宣讲过程中，听众须遵循以下规则：

> 凡听讲人，不得赤身露体，既失雅观且碍卫生；
>
> 凡听讲时，不许喧哗、杂语及咳嗽、唾痰等事，有碍他人听闻；
>
> 听讲人如有不解之处，俟此段讲完许其质问明晰，不得谬执己见，故意挑驳。③

巡警也会到场巡查保护，并有管理人员负责招待，供应茶水。④休息饮茶时，听众应做到敬肃，"不得放言浪笑，随地泼洒吐唾"⑤。听讲人员应尽代表之责任，按期到会，除特别要事以外，均应到场，"如有捏故不到者，每期记过一次，每三期记大过一次，三大过者，禀请拟罚"⑥。

宣讲所以开通风气、增进智识为要务，旨在"破除新政阻力"，使民众"皆知国家之艰难，时势之危迫，办理一切新政原为富强起见，并非扰累"⑦。当时，不仅宣讲白话官报，还宣讲其他官报、专

---

① 《天津宣讲所规则》，《北洋官报》1905 年第 693 期。

② 《大城县宣讲所试办规则》，《直隶教育杂志》1908 年第 18 期。

③ 《获鹿县阅报宣讲所规则（续十月十八日）》，《北洋官报》1910 年第 2614 期。

④ 《景州阅报处宣讲所规则附白话广告》，《北洋官报》1907 年第 1517 期。

⑤ 《大城县宣讲所试办规则》，《直隶教育杂志》1908 年第 18 期。

⑥ 《吉林调查旗务宣讲所章程》，《北洋官报》1907 年第 1513 期。

⑦ 《获鹿县禀定阅报宣讲所规则》，《北洋官报》1910 年第 2613 期。

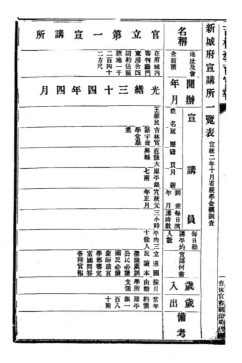

表内竖排内容（自右至左）：

新城府宣讲所一览表　宣统二年十月省视学金镶调查

| 名稱 | 開辦年月 | 宣講員 | 講何書 每日題 講平均宣講 | 歲入歲出 | 備考 |
|---|---|---|---|---|---|
| 官立第一宣講所 地址及會面積 在府城內 諮議局門 東房舍四 額地一千 約合佔面 二百四十 二方尺 | 光緒三十四年四月 | 姓名 王庶民 吉林官 籍貫 直隸大庾 到年月 宣統元年正月 薪月 平銀七兩 小時平均三立逡圓 十餘人民 按月常年 | 立憲國民讀本 由勤約需 聖諭廣訓 學部審定 公民必讀 廉平 國民必讀 蒙師箴言 富國問答 各種官報 支領 | 入歲 出歲 銀一兩 十兩 | |

图5-3　《新城府宣讲所一览表》，《吉林教育官报》1910年第78期

业性报刊等等。如，直隶巨鹿县宣讲所宣讲内容为，"一《北洋官报》；二《法政学报》；三《教育杂志》；四关于警务各报；五《大公报》；六《北方日报》；七学报；八商报；九有关自治各报"①。再如，吉林新城府宣讲所宣讲题目有"立宪国民读本、圣谕广训、公民必读、国民必读、蒙师箴言、学部审定、富国问答以及各种官报"（见图5-3）。宣讲内容有严格规定，京师督学局要求各区所聘宣讲各员必须按照章程，在审定书内认定某一内容，按日宣讲，并将宣讲员所讲各事每月开列清单，送督学局报备审核，督学局随时考察。②演说内

①《获鹿县禀定阅报宣讲所规则》，《北洋官报》1910年第2613期。
②《通饬整顿宣讲事宜》，《北洋官报》1908年第1648期。

容，一方面着重宣讲皇帝谕旨，"首重圣谕广训及近今颁布谕旨"①；另一方面主要讲求新知，"仿泰西泰东通俗演说之例，以开民智，转移风俗，趋进文明为宗旨"②，即以教化为任务。演说者在讲述过程中须注意言论边界，可以就报纸应有之义进行引申，但不准节外生枝，不准"楔入离经叛道有干国宪之语"③，尤其不能触及"一切革命排满、自由平权、新奇悖逆、伤时骂世等书说"④。可见，皇权的威严渗透在整个演说的过程之中。再例如在宣讲圣谕的时候，听者必须"当堂肃立致敬，不得懈怠"⑤，有些地区讲解圣谕的时候，官员得"务必亲临，以肃听众"⑥。

新政实施后，宣讲内容与立宪、地方自治等议题联系更为紧密。为配合预备立宪改革，宪政编查馆通知各省督抚，"先使全国人民各具有立宪资格，请饬属广设立宪政宣讲所，无论绅商士民，均准入所听讲"⑦。民政部因"地方自治为宪政之基础"，为使自治思想家喻户晓，特函通知各地自治研究所、宣讲所，购买自治宣讲读物。⑧在此影响下，专门性宪政宣讲所、自治宣讲所大量涌现，既有官办的，也有民办的，但基本处于官方管控之下。如，苏州地方自治研究所会议长蒋炳章因当地民众对"各项新政，大都皆不甚了然"⑨，特立宪政

①《保定大慈阁阅报社牌示》，《北洋官报》1909年第1993期。

②《大城县邱令鸿光禀开办宣讲所阅报社暨试办简章请示遵文并批》，《北洋官报》1908年第1911期。

③《山西白话报简章六条》，《四川官报》1905年第13期。

④《景州阅报处宣讲所规则附白活广告》，《北洋官报》1907年第1517期。

⑤《天津宣讲所规则》，《北洋官报》1905年第905期。

⑥《河南官报局颁发白话报演说简章》，《北洋官报》1906年第1144期。

⑦《通饬各省广设宪政宣讲所》，《吉林官报》1908年第101期。

⑧《函请购阅自治宣讲书》，《北洋官报》1910年第2347期。

⑨《设宪政宣讲所》，《河南白话科学报》1908年第30期。

宣讲所一处，每星期宣讲两次，借以开通民智。再如，湖南省各处宣讲所为了使人人有自治之心，以备立宪国民之资格，要求"每讲期以一半时间专讲立宪"①。又如，袁世凯特派天津自治局人员编写白话宪法，赴四城宣讲，"以期人人皆有宪政思想"。这些宣讲所明确提出，要培养民众立宪资格，如吉林调查旗务宣讲所以"养成立宪之资格为宗旨"②，广东地区法政宣讲所旨在"储备立宪人才"③。宣讲内容多是城镇乡地方自治浅说、厅州县地方自治浅说、日本自治等内容。④经过宣讲，立宪、新政、自治等诸多观念潜移默化地移植进读者的头脑，配合官方逐步进行思想动员。

综上，宣讲、演说活动的开展，加之白话官报的推广，新式官报读者群逐渐扩大，演说活动受到民众欢迎。当时，官方主导的演说、宣讲活动卓有成效，如四川省各州县宣讲所"高座宣讲，几乎数见不鲜"⑤，吉林调查旗务宣讲所每周宣讲一次，到场者"共二百余人"⑥。再如，《燕都时事画报》记载，北京"阜成门外，公立宣讲取代阅报，自开办以来，每天看报的很多，到了午后宣讲，听讲的全都座满"⑦，这些文字的表述，生动地展现了阅报、宣讲活动所营造的热闹氛围，可见官方宣传活动具有一定的影响力。

### 三、官办阅报社深入基层

阅报社创办时间早于宣讲所、演说社。维新时期，上海、广州、

---

① 《宣讲所注重立宪》，《北洋官报》1906年第1213期。

② 《吉林调查旗务宣讲所章程》，《北洋官报》1907年第1513期。

③ 《通饬设立法政宣讲所》，《北洋官报》1907年1336期。

④ 详见《湖北地方自治宣讲章程(未完)》，《北洋官报》1910年第2475期。

⑤ 《定宣讲书》，《四川官报》1906年第31期。

⑥ 《调查旗务宣讲所开讲纪盛》，《吉林官报》1907年第17期。

⑦ 《宣讲所之进步》，《燕都时事画报》1909年第1期。

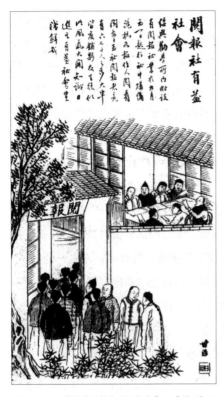

图5-4　《阅报社有益社会》,《神州日报》1909年10月30日

湖南等地出现了面向民众的公共阅报社,读者借此了解时事、接受新知。与宣讲所相同,官方阅报社发轫于新政改革前后。阅报社之目的在于宣传新政、开通民智。官方舆论多次探讨了民众阅报的重要性,如山东诸城县令、《四川教育官报》编辑部等官员曾撰文强调阅报社的作用。这些论撰从三方面阐释了创办阅报社的意义。其一,尽管各种类型的官报已逐渐创办,但偏僻地区仍难以接触,"购报既难,阅报者无一二"。由于时事不通、耳无所闻,人民固守自封。其二,有一定经济实力的人可以阅报熟知国事,然而"有志阅报、无力购报者不乏其人"。倘若公办阅报社,"俾绅商士皆可入而观览,以餍其求通去塞之心",即可以让更多渴望读报的人了解国事、开通智识。其三,阅报社可与图书馆、学堂相辅而行,在更大范围内发挥作用。时人认为,处于列强竞争之下,教育普及成为急务。政府广设各中小学堂,以其为国强、民强的基础。通过阅报社与图书馆、学堂的配合,可以最大

限度地整合社会资源、节省教育经费，形成良性互动。①

　　基于以上原因，利用行政资源，官方逐步创办、推广阅报社。其开办主体为地方县令和各局所。第一，地方县令积极创办阅报社，将其作为新政改革措施加以推广。如，直隶井陉县、浙江平湖县等地县令大力提倡兴建阅报社，声称地方"孤陋寡闻，民智尚未开通，一遇新政，诸多阻滞"②，须组织阅报，以长见闻。以井陉县为例，该地在劝学所内设阅报社，一切事务由劝学员监管，阅报社报费及其他费用由县署筹款拨给。③县署开办的阅报社通常与宣讲所一并成立，分别面向略通文字的民众以及不识字的百姓，二者构成了官方基层宣传机构的重要组成部分。第二，官方局所将其办公地点作为阅报处，便于民众前往。当时，一些官报局在局内添设阅报社，报局既从事报刊编辑、销售，同时还组织民众阅报。如，吉林官报局总办张印之在报局内增设阅报社，阅报社内不仅仅有本地的官报、民报，还订购了天津、上海等地畅销之报，共计四十种，任人入内取阅。④再如，直隶高阳县于巡警总局内设阅报所，订购各种报章供民众阅览，并请巡警总局绅董李秉义等人就近照料所内事务。⑤

　　阅报社开放次数、频率略高于宣讲所。一般来说，阅报社每日对

---

　　① 详见《山东诸城县朱大令设立阅报馆禀》，《南洋官报》1904年第118期；《论广设图书馆及阅报所为预备立宪之要着》，《四川教育官报》1909年第6期；《临清州张直刺创创阅报阅书公所禀附章程》，《广益丛报》1905年第70期。

　　② 详见《井陉县禀设立阅报社情形酌拟守则呈请示遵文并批》，《北洋官报》1911年第2747期；《本署司袁批平湖县详职贡俞福清等设新埭阅报社请立案由》，《浙江教育官报》1910年第24期。

　　③《井陉县禀设立阅报社情形酌拟守则呈请示遵文并批》，《北洋官报》1911年第2747期。

　　④《官报局添设阅报社》，《新闻报》1908年8月9日。

　　⑤《高阳县隆令禀创设阅报所并呈办理章程文》，《北洋官报》1907年第1393期。

外开放，早上八点钟开门，下午五点结束。①以直隶数地为例，读者须遵循如下规定：

> 本社报章阅者宜挨次传观，不许携带出外借，阅毕仍照签牌放置原处，以便检查；
> 本社报章有带图画，阅者概不得裁割携去；
> 阅报诸君偶有异常见解，不得在原报批写涂抹，附加签条为宜；
> 阅报诸君或有未明之处，宜先时呈报，宣讲所讲员俟开讲时详加解说以释厥疑；
> 阅报诸君如有携带之物件，均须自己照料，倘有遗失，与本社无干；
> 饮茶吸烟既特设一桌，阅者不得在阅报桌上随意取用；
> 阅报时不得信口吟哦、高声喧笑；
> 阅报外不得在此久坐闲谈；
> 阅报时钟点已过，如有未完之处，须暂行退出，一俟再阅，如上午未完，下午补阅，下午未完，明日补。②

与宣讲、演说类似，官办阅报社书目大多以官报为主，须宗旨纯正，

①《曲阜昌平阅报公所启并简章》,《济南报》1904年第57期。
②此上所列综合《大城县邱令鸿光禀开办宣讲所阅报社暨试办简章请示遵文并批》,《北洋官报》1908年第1911期;《深泽县阅报室简章》,《直隶教育杂志》1907年第21期;《获鹿县阅报宣讲所守则(续十月十八日)》,《北洋官报》1910年第2614期。

"以输入文明，开发智识为主"①，凡关于各省风俗利弊、中外交涉政治、国计民生的报纸皆广收备载。②如直隶省静海县阅报社有"《北洋官报》《政治官报》《学部官报》《警察汇报》《农务官报》《商务官报》《北洋法政学报》《北洋法政官话报》《白话警务报》《商报》《大公报》《中外实报》《竹园报》《天津日日新闻报》《探新书报》《爱群书报》共十数种"③；再如，高邑县订有"《北洋官报》《北洋法政学报》《商务报》《政治官报》《学报》《农话报》《学部官报》《法政官话报》《警务白话报》《农务报》《顺天时报》《天津日日新闻报》"④，也是官报数量居多。一些学堂、局所会还向阅报社捐赠官报，如直隶农务学堂、直隶警务官报局常年向大城县捐助《农务官报》一份、《警务官报》一份。⑤民间公立阅报社同样将新式官报作为重要阅读书目，如京师公立第一宣讲阅报社的宣讲书籍"由官发给"，其中便包括了《北洋官报》《北洋法政官报》《商务官报》。⑥

阅报社的成立，起到了开通风气的作用。如直隶省静海县县令曾表明，阅报有助于劝导民众，"近来新政迭兴、新学日炽，而欲开通民智，立普及教育之基础，非宣讲不能补其劝导之所不足，非广以阅

①《保定阅报处简章(录北洋官报)》,《教育杂志(天津)》1905年第9期。

②《元氏县创设阅报所并章程禀》,《北洋官报》1905年第801期。

③《静海县吴令增鼎禀开办宣讲所阅报社文附章程并批》,《北洋官报》1909年第1973期。

④《高邑县倪令鉴禀本局设立阅报处情形文》,《北洋官报》1908年第1911期。本处注释依原文摘录。相比上一条注释,《白话警务报》《警务白话版》,《农务官报》《农务报》应为同一刊物。

⑤《大城县邱令鸿光禀开办宣讲所阅报社暨试办简章请示遵文并批》,《北洋官报》1908年第1911期。

⑥北京市档案馆编:《北京档案史料(2000·4)》,北京:新华出版社,2000年,第8页。

报尤不能浚辟其灵明，于是各州县社所林立，风气赖此大开”①，可见阅报活动广为风行，颇有影响。出于推行新政的需要，一些县官亲自开办阅报社，参与宣传活动。一方面，县官们热衷兴办阅报社的目的在于凸显自身政绩，顺应地方督抚政策，塑造“热心公益”的个人形象，并将此作为“邀功”事迹。如直隶省元氏县县令为呼应袁世凯开办官报之意——“宫保奏办《北洋官报》最为醒俗化民之善”，特请筹办阅报处，并强调报费由县府出资，“不取阅者分文”②。再如，高阳县县令在禀请创办阅报社的呈文中，特意强调自身做出的新政改革业绩，“卑职去冬到任以来，将城乡巡警勉为创办，百姓虽不敢公然阻挠而腹诽”，还大加夸赞袁世凯“宪台眷念民生、广开风气之至意”③。另一方面，官方介入更能引起民众关注，引发示范效应。如直隶某官员在城里设立讲堂，亲临演说，数月后，“阅报者已有二十余户”④。以下几篇报道便可佐证：

> 前吉林某观察立一讲报社，近闻又一某观察自购各种新报，在松江第一楼立一阅报社，来者甚众，所愿留心时务，接踵而起，以开风气。⑤
>
> 北洋官报局据枣强张令来牍以额派加派，并先后续购官报共一百零五分，均经随时谕饬县境各村正副绅董劝谕阅，该绅

---

① 《静海县吴令增鼎禀开办宣讲所阅报社文附章程并批》，《北洋官报》1909年第1973期。

② 《元氏县创设阅报所并章程禀》，《北洋官报》1905年第801期。

③ 《高阳县隆令禀创设阅报所并呈办理章程文》，《北洋官报》1907年第1393期。

④ 《开通甚难》，《大公报（天津版）》1903年10月14日。

⑤ 《设阅报社》，《笑林报》1907年2月7日。

民等亦深知所费无几，获益甚大。年余以来，风气大开，争先购阅。①

开通风气，惟报纸为最捷。滋阳县豫幼竹明府因此特在息马地关帝庙内设一阅报公所，捐廉购备各种报章，任人入览，已于八月初一日开馆。近日取阅者颇觉络绎不绝云。②

这些讲报社由官方组织创办，从"来者甚众""争先购阅"等字眼可以看出官方阅报活动引发关注、广受好评。报纸影响力不再局限于官员、士绅，读报、宣讲逐渐成为常规化、大众化活动，普通百姓开始拥有了接触新知、了解时政的渠道。

尽管官报自身形式、内容在当时效力有限，但是围绕官报、官报局引发的读报、阅报等活动，在新政施行过程中却收获成效。可见，清末官方宣传活动不是人们想象中的墨守成规，也能够进行一些变通和创新，创设白话报、宣讲所、阅报社即为重要例证。亦可见，在既有传播体系不受欢迎的情况下，官方能够迎合实际进行调整改造，并学习先进的文化宣传手段。正如一些官办宣讲所所云，"本所仿泰西泰东通俗演说之例"③。此举正是官员们有意识地将外国作为模仿对象，进行本土改造。

---

① 《劝谕阅报》，《济南报》1904年第83期。

② 《阅报踊跃》，《济南报》1904年第113期。

③ 《大城县宣讲所试办规则》，《直隶教育杂志》1908年第18期。

# 第三节　财政危机与官报发行障碍

官报性质虽为公办，但也须盈利以维持报局基本生计，"亦寓有生产性质。兹虽拨款提倡，出版以后，不无收入，非纯粹之消化费也"①。官报局收入来自报费、印刷费、广告费等等，"一曰州县缴报费，一曰零售缴报费，一曰售出书价，一曰售卖铅字价，一曰印刷钞票价"。一般来说，报费是其最主要收入来源。②清政府曾令大小衙门定期上缴报费，维持报局收支平衡。但新政后期，地方政府面对层出不穷的新事业已力不从心，生财之道遥遥无期，更无法按时上缴报费。在此影响下，官报局面临着严重的财政危机，只能依靠地方督抚权威收回报费，但久而久之，报局与地方衙门之间形成了难以消弭的恶性循环。

## 一、报费、印刷与广告：官报局收入的主要来源

官报局开办经费由官方统一拨款。一些由省财政直接拨款，如，河南省藩库拨银四千两作为《河南官报》创办经费；③南洋官报局开办初，月领经费三千三百两，随后由于经费拮据，改为每月领银五百

---

①《黑龙江报刊》，黑龙江省档案馆编印，1985年，第59页。

②陈锋主编：《晚清财政说明书（二）》，武汉：湖北人民出版社，2015年，第88页。

③《各省报界汇志》，《东方杂志》1905年第2卷第4期。

两。①一些由政府部门拨款，一般是学务公所。如《甘肃教育官报》开办经费"归学务公所垫支"②；《云南教育官报》的经费由学务公所拨款，"按月领银捌百两，年合银玖千陆百两。计每年支出之数，尚多不敷，历由该局经收报费项下弥补"③。相应地，官报局盈余一律由官方接管，如《黑龙江官报》所需开办、支出经费，"均由民政司于正款下拨用"，将来报费收入盈绌，"统行归官"。官报开办资金虽仰仗拨款，但拨款是以暂借的形式向中央申请。《黑龙江官报》明确表示，只是暂时挪用官方资金办报，"但甫行开办，必赖官家给款，始克有成，然不过先时挪垫耳"。报纸出版后会陆续归还用款，"俟出版日久，所有用款不难陆续归还矣"④。同样，《政治官报》也是向部库"暂借拨银二万两"⑤，须日后归还。因此官报局需要通过售报、广告、印刷等多种方式盈利。以下为浙江官报局的开办经费：

### 表5-9 浙江官报局开办经费一览表⑥

| 官报局经费 | | 数量 | 月薪/每人 | 年薪共计 | 总计 |
|---|---|---|---|---|---|
| 人员支出 | 总理 | 1 | 150元 | 1800元 | 8400元 |
| | 总编纂 | 1 | 100元 | 1200元 | |
| | 编纂员 | 2 | 60元 | 1440元 | |

---

①《请裁官报刷印局经费》,《新闻报》1910年3月22日。

②《陕甘总督升允奏添办教育官报片》,《北洋官报》1909年第2066期。

③ 牛鸿斌等点校:《新纂云南通志(七)》,昆明:云南人民出版社,2007年,第415页。

④《黑龙江报刊》,黑龙江省档案馆编印,1985年,第60—61页。

⑤《考察政治馆请饬各省分认政治官报常年经费折》,《吉林官报》1907年第23期。

⑥《浙江官报局章程》,《浙江官报》1909年第1期。

续表

| 官报局经费 | | 数量 | 月薪/每人 | 年薪共计 | 总计 |
|---|---|---|---|---|---|
| 人员支出 | 文牍兼收发员 | 1 | 60元 | 720元 | |
| | 会计兼收发员（正） | 1 | 50元 | 600元 | |
| | 会计兼收发员（副） | 1 | 40元 | 480元 | |
| | 核对员 | 2 | 24元 | 576元 | |
| | 书记 | 6 | 14元 | 1008元 | |
| | 公役 | 6 | 6元 | 432元 | |
| | 厨役 | 2 | 6元 | 144元 | |
| 物资支出 | 租赁局所及修缮费 | 1 | / | 800元 | 3200元 |
| | 购置应用器具费 | 1 | / | 600元 | |
| | 笔墨纸张油烛等费 | 1 | / | 1600元 | |
| | 夏季凉棚冬季煤炭费 | 1 | / | 200元 | |

报费是报局最主要的收入来源。为减轻自身负担，官方向各省府州县派销报纸，要求基层政府认缴报费。譬如，考察政治馆给每省规定《政治官报》的分摊金额为，"盛京、吉林、直隶、江苏、山东、山西、河南、陕西、浙江、江西、湖北、湖南、四川、广东以上十四省每省每年应分认筹解银三千元；安徽、福建、广西以上三省每省每年应分认筹解银二千元；黑龙江、云南、贵州、甘肃、新疆以上五省每省每年应认筹解银一千元"①。再以黑龙江官报局为例，该报每月售报收入如下："官报一月三册，每册五百分，合计每月一千五百册。统以一册三角计算，每月可收入银洋四百五十元，约计合银三百一十五两。日报日出一张，每张二千分，统以一月官帖二千五百文计算，每月可收入官帖五千吊，约计合银八百四十余两。以上两项收入每月

---

① 《考察政治馆请饬各省分认政治官报常年经费折》，《吉林官报》1907年第23期。

可得一千一百五十两之多。"①再看该局经费支出，首先花费五百两银作为开办经费，"拟请先给银五百两，购买一切物价"②；其次每月支出一千一百零八两五钱作为日常薪金、伙食以及公费。售报收入基本可以维持报局每月日常开销，除此之外的收入可带来额外盈利。但派销既是稳定收入，也包含着不稳定因素，一旦地方收入奇缺，官报局收入随之减少，难以维持。

当然，还有极少部分报费收入来自私人订购。官报全年报价一般在五至八元左右。《南洋官报》（二日刊）报价为每册五分，每月七角，外省概不零售。③《浙江官报》半年二十二册报价为三元，全年四十五册报价为五元。江西省内订购《江西官报》（每月两册）价格为半年二元一角，全年四元；外省通邮局、民信局处，订报半年二元八角，全年五元四角；外省只通民信局处，愿意订购的读者需要自付邮资，报费照本省价目收取；外省邮局、信局皆不通处，官报可以将报纸交给收发公文所，或托人代寄，报费照本省价目收取。④

官报局与大清邮政局合作，凡本省外省通邮局处的邮费都包含在报费之内。同时期（1906年）的《新闻报》（日刊）报价为：中国境内，逐日寄全年七元二角、半年三元六角；三日寄全年五元四角、半年二元七角。⑤与商业报刊相比，官报在价格上并不占有优势，而且报纸见刊时期较长，难以满足新闻时新性需求。

此外，官报局开办印刷所作为副业，自行盈利。有些官报局由印刷所改建而成，本身具有一定基础。如河南官报印刷所由河南督练公

①《黑龙江报刊》，黑龙江省档案馆编印，1985年，第59—60页。

②《黑龙江报刊》，黑龙江省档案馆编印，1985年，第58—59页。

③《南洋官报发行凡例》，《南洋官报》1904年第2期。

④《江报定阅章程启》，《江西官报》1904年第22期。

⑤《外埠寄报价目》，《新闻报》1906年2月2日。

所石印处改建而成，后因印刷所事物繁多，旧机器既不敷出，特赴上海购买两架铅印机器，以便承担繁忙业务。①印刷，成为官报局有利可图的重要业务。如北洋官报局选购新式机器，聘请日本高等艺师进行指导工作。引进新式印刷机后，官报局承接了大量雕刻铜版、铅版，印刷图书、商标、邮票等业务，以其作为报局收入来源之一。②北洋官报局曾刊登广告，称："本局承办印刷，研究精良……不惜重资延聘外洋著名工师，添购新式机器，精制雕刻铜板，……承印各种纸币、股票等件，图书精巧、色泽鲜明、纸质坚致，屡蒙中外官商照顾，颇加奖誉，兹为推广，招徕起见。自本年起，承印各项价目格外减让，以副官商雅意，如蒙赐顾，请至本局账房面议可也。"③广告试图招徕商家，前来面谈印刷业务。官报局印刷器材费用亦由官方出资购买，如赵尔巽在创办《黑龙江官报》时，学务处"已派员至上海购买机器、铅字、纸张一切应用之件"④。

印刷器材备齐后，有的官报局还不断拓展营业范围，自行开印书籍、台历、纸币、股票等等。⑤如，1910年，北洋官报局开印《畿辅通志》一书，预约发行，以期盈利。"《畿辅通志》一书，兵燹以后，板毁无存，原书流传甚鲜，兹由本局觅得，初印精本付诸石印……是书每部共二百四十册，分装二十四函，纸张洁白，印刷精良，视原书有过而无不及。"⑥官报局预约发行该书，读者须先买预约券，再分两次购买，具体规定如下："发行预约券五百股，每股一部收回工本，

①《官报印刷所之扩张》，《时报》1908年2月9日。
②《北洋官报总局广告》，《申报》1902年12月12日。
③《本局广告》，《北洋官报》1909年第2060期。
④《奉天将办官报》，《北洋官报》1905年第829期。
⑤《本局广告》，《北洋官报》1911年第2656期。
⑥《本局广告》，《北洋官报》1910年第2551期。

库平足银四十两，分作两次交款计。第一次订购时，先交半价银二十两，缮给股券，……全书告竣后，再缴半价，凭券取书，愿购者即函知官报局，以便接洽……全书约于年底告成，分作两批出版，每批装订完竣，先行登报广告，俾购股诸君，可以随时取书，以资先睹为快。以上所订价目格外从廉，系属预约券之特别利益，倘俟书成后，购者每部定价五十两以示区别。"[1]通过预约订书，官报局可以事先集中一批资金投入生产，减轻前期经济负担，后期也便于迅速收回印刷成本，尽快盈利。

广告也是官报局收入之一。官报局接受广告投放，但各局收费标准不同。一些按页数收费，譬如，《浙江官报》半年出版二十二期报纸，刊登广告至少须满两期，页数以半页起算。报纸半年内收费情况如下：

### 表5-10 《浙江官报》广告收费标准[2]

|  | 二期 | 四期 | 六期 | 八期 | 十期 | 十二期 | 十四期 | 十六期 | 十八期 | 二十期 | 二十二期 |
|---|---|---|---|---|---|---|---|---|---|---|---|
| 半页 | 6元 | 12元 | 18元 | 24元 | 30元 | 36元 | 42元 | 48元 | 54元 | 60元 | 66元 |
| 全页 | 11元 | 22元 | 33元 | 44元 | 55元 | 66元 | 77元 | 88元 | 99元 | 110元 | 102元 |

还有一些按字收费，如《并州官报》：

### 表5-11 《并州官报》广告收费标准[3]

| 登一期 | 登一月 | 登半年 | 登全年 |
|---|---|---|---|
| 每字制 | 每字制 | 每字制 | 每字制 |
| 五文钱 | 四文钱 | 三文钱 | 二文钱 |

---

① 《本局广告》，《北洋官报》1910年第2551期。

② 《广告例》，《浙江官报》1909年第1期。

③ 《广告价目表》，《并州官报》1909年第54期。

图 5-5　1911 年 第 2997 期《北洋官报》刊登的广告

　　新政后期，随着官报不断改版，有些官报不再提供广告服务。譬如，1911年，《湖北官报》修订报纸体例，强调"代公牍、存法制"[1]的政治性质。随后，报纸刊登特别声明，"本报奉饬改办，不登商家告白"[2]，即不再刊登广告。也有部分官报一直登有广告，如《北洋官报》《南洋官报》《并州官报》等（见图5-5）。

## 二、派销引起的报费拉据

　　新政时期，中央、地方的支销已入不敷出，各地拖欠报费的新闻比比皆是，官报局与地方政府的财政拉锯已为常态。官报局与基层政府时常处于相互扯皮、对峙的胶着状态，如"南洋官报局以沪道所属

---

①《改办官报叙例》，《湖北官报》1910年第114期。
②《特别广告》，《湖北官报》1910年第142期。

之苏松太二府一州属之各州厅县厅，欠解三十一年起，至本年秋季止，官报费七百余元，屡催未解"①。面对报费之事，地方政府找各种借口拖欠不缴纳，作为反抗手段。譬如，一些地区以前后交接不当为理由推诿报费，"各厅州县当新旧任交替时，往往于任内既不缴解，后任又不列入交代。前任不缴，后任不认"②。为此，河南官报局下发通知，要求各州县在更替过程中必须缴清报费，"本馆报费，各州县遇有交接，前任所欠报资，准归后任列入交代，结算汇解，历经立案办理，倘后任不将前任欠款查清，即归后任清，还免得辗转延欠，贻误库款而滋赔累"③。还有一些官报局直接从官员收入里扣下报费，如《内阁官报》创办后，"预将半年报费先期定汇在省各衙门，随时由经理员向收，掣给收条，省外各属，仿照从前《政治官报》办法，于府县等应领廉银内，照数扣收，关道司法衙门，按季进行"④。

地方政府、官员须按月缴纳报费，提供资金支持官报运作，但还有一些读者试图浑水摸鱼，冒充缴费。湖北官报局因此要求以收条为证，不得谎冒，"本局所收取报费，随时发给收条，盖用关防，编列号数，以示征信。武汉三镇如有购阅本报、按月交费者，当面索取收条以为据，如无此收据，即不得交与报费，以杜冒充司事私收报费之弊"⑤。尽管地方政府为了拖欠报费"奇招百出"，但最终官报局在这一阶段的博弈占据上风。

还有一些地方欠费数年有余，金额庞大，已成积习，以下以安徽

①《催解官报费》，《时报》1907年11月24日。

②《本署司袁通行各府严催各厅州县欠解学部官报及教育官报费勒限扫解并列入交代文》，《浙江教育官报》1910年第28期。

③《本局特白》，《河南官报》1906年第120期。

④《藩司吴详订经理寄送内阁官报及收集报费事宜细则》，《浙江官报》1911年第46期。

⑤《本局广告》，《湖北官报》1910年第152期。

省安庆府为例（见表5-12）。在这种情况下，不是官报局采取措施、制定政策便能轻松了事，往往需要借助官员个人威望才能扭转局面。

**表5-12 安徽省安庆府积欠《南洋官报》金额表（1904—1910年）①**

| 地区 | | 每年欠款金额 | | | | | | | 共计 |
|---|---|---|---|---|---|---|---|---|---|
| | | 1904年 | 1905年 | 1906年 | 1907年 | 1908年 | 1909年 | 1910年 | |
| 安庆府 | 桐城 | 无 | 无 | 四十五元五角 | 五十元四角 | 六十元九角 | 八十九元六角 | 十一元六角七分 | 二百五十八元零七分 |
| | 怀宁 | 十六元六分 | 五十六元二角一分五厘 | 一百二十四元二角七分二厘 | 十八元九角 | 六十元零七分七厘 | 一百八十二元 | 八十四元 | 五百四十二元一角一分四厘 |
| | 潜山 | 无 | 无 | 无 | 二十二元四角 | 三十三元六角 | 一百四十五元六角 | 六十七元二角 | 二百六十八元八角 |
| | 太湖 | 无 | 无 | 无 | 七十四元六角六分六厘 | 一百三十八元六角 | 一百八十二元 | 八十四元 | 四百六十八元六角六分六厘 |
| | 宿松 | 无 | 无 | 一百四十元 | 四十二元 | 一百六十八元 | 一百八十二元 | 八十四元 | 六百一十六元 |
| | 望山 | 二十八元 | 无 | 无 | 无 | 无 | 一百四十五元六角 | 六十七元二角 | 二百四十元八角 |
| 总计 | 两千四百一十二元四角五分 | | | | | | | | |

由表可见，《南洋官报》发行前三年，除个别地区外，安庆府尚无欠费。1907年后，该府积欠报费的金额逐年上升，尤其是新政的最后三

———————————
① 参见《安徽省欠解南洋官报费清单(续)》,《南洋官报》1910年第109期。

年，欠费成为常态，即便官报局多次催缴，地方亦无反应。其中，怀宁县的欠款数额最为庞大，终年欠费不缴，金额高达五百四十多元。当然，安庆府仅是安徽省九府之一，其他各府无一不积欠。截至1910年，徽州府积欠报费九百二十四元七角零三厘，池州府积欠报费二千一百五十四元五角一分三厘，太平府积欠报费一千三百七十九元九角九分二厘，宁国府积欠报费一千八百五十三元四角六分七厘，庐州府积欠报费一千八百七十六元零三角四分六厘，凤阳府积欠报费二千八百八十四元四角三分四厘，颍州府积欠报费一千四百二十六元一角二分一厘。①各州县积欠的数额如滚雪球般累积，最终成为压垮官报局的痼疾。

面对此种局面，官报局只能求助地方督抚。在官方行政手段强压下，才能收回报资。正如南洋官报局向布政使樊增祥求助，表示需要仰仗其威令，"职局现值万分窘迫之际，惟有仰借宪台威令，严行通饬，使各州县破除积习，将报费按期源源解局，毋致拖欠"②。窥测其中，往往能看到多方势力角逐的样态。以《北洋官报》为例，每当遇到各州县拖欠不缴、互相推诿的现象时，官报局只能求助于袁世凯，由其施压，勒令各属缴纳欠款。另外，北洋官报总局曾在报纸发文，请求上级部门通饬各州县缴费，文中写道：

> 宫保锐意提倡，视同要政，检查旧案，通饬告诫不止一次。复经外务部奏准推广，以为转移风气之要图，果使各牧令热心公益，实力奉行，何至区区报费而玩延一至于此。若不申明定章，……惟有仰恳宪恩通饬各属迅将积欠各款扫数清解，

---

① 《安徽省欠解南洋官报费清单(续)》，《南洋官报》1910年第109期。
② 《宁藩司樊奉督宪札转饬所属迅将南洋官报费筹解济用以清蒂欠文(附欠款清单)》，《南洋官报》1910年第107期。

以济要需，并申明旧章，嗣后州县新旧接替应纳报费，务须交代清晰。①

袁世凯进行批复："据详已悉候行府厅直隶州，转饬各州县遵照办理缴。"②此处，官报局在言辞中处处提及袁世凯，希望借袁氏威望名声施加压力，勒令各州县缴纳报费。《南洋官报》亦采取类似方法，寻求樊增祥的帮助。樊增祥在批文中指出，"迨至奉文饬催，即以前任未曾列交或催款另解一复了事，实属不顾大局，深堪痛恨。今核禀叙，绅商学界欠款未缴，与前任已经收款未解，情形不同，自应由该令严催缴解，何得推诿？仰即遵照，赶紧催款，解局济用，倘再置若罔闻，定即详请严惩，决不宽恕，切切"③文中严辞批评不缴费的官员，"不顾大局，深堪痛恨""决不宽恕"更是表明了强硬态度，要求所有地方必须补交报资。

报费冲突更加激烈时，许多州县出现了退还官报、减发官报的呼声，以表明不赞成派销模式的态度。如江苏省扬子县出现了退还官报一案，据《南洋官报》记载，该官报局收到一封署名为徐远的信函，声称该县荒凉偏僻，只需一份官报，剩下的十五份官报不需要派销，要求官报局将十五份官报的报费还给扬子县。布政使樊增祥阅后，令官员"查明徐远系属何人，肆意妄为，何至此极"，"官报系按大中小缺分派，按季缴价，办有数年。此次报章封发到县，自应呈由本官核

---

① 《北洋官报总局详请饬催各州县积欠报费文并批》，《北洋官报》1907年第1362期。

② 《北洋官报总局详请饬催各州县积欠报费文并批》，《北洋官报》1907年第1362期。

③ 《宁藩司樊批铜山县禀南洋官报费欠款未解一案由》，《南洋官报》1909年第71期。

阅后照案分派"①。樊氏的态度表明，官报订阅份额必须以核定为准，未经批准不得擅自变更，必须因循制度分配。最终的结果是，扬子县仍需订阅十六份《南洋官报》，一份都不能缺。无独有偶，浙江平阳县、②四川营山县、③四川筠连县都曾要求减少派销数量。筠连县以"该县地瘠民贫"为理由提出请求，然而四川官报局并未允准，批示云："此禀之失言也，著即广为劝导阅看，毋庸以诉苦浮词晓晓禀。"④官报局的回复颇有深意，"失言"一词直接将错误的帽子扣在了地方政府头上，"诉苦浮词"更表明地方政府无所作为、只知抱怨，不能广泛劝导阅报，导致官报派销不利。

　　尽管地方政府多次以不同方式进行反抗，不愿缴纳报费，但是上级官员会以"民智不开"等为由斥责，将不缴报费的行为直接等同于不办新政、怠慢政令，给下级政府施压。北洋官报局表示，办官报是新政改革的重要环节——"须知报章一项，为目前要政之一端，启发民智则交涉不至棘手，扩充见闻则风气不至闭塞。丕振新犹，此乃基础。有地方之责者"，所以办报更是开通风气之基础。若是三令五申之下依然不缴报费，则是"违背公意""罔顾大体"，将被视为"抗阻风气"⑤，从严记过。湖南洋务局则再三强调，售报数量与国民进化有着重要联系，"报馆之设，原为开通风气、启牖民聪起见，故泰西各国均视销报之多寡，觇国民进化之广狭"。因此，订报阅报成为基

<hr>

　　①《宁藩司樊札扬州府转饬扬子县查明擅修书信封还官报之徐远禀复察办文》，《南洋官报》1910年第91期。

　　②《本司支批平阳县详请减派教育官报文》，《浙江教育官报》1909年第7期。

　　③《官印刷局批营山县禀学务款绌再请减发官报一案文》，《四川官报》1910年第6期。

　　④《本局批筠连县请减发官报十分禀》，《四川官报》1904年第13期。

　　⑤《严催报费》，《北洋官报》1905年第638期。

层官员大力倡导的集体动员行为，所谓"劝谕绅民，广为购阅，以开民智"①。这些言辞潜在地表明，抗缴报费就是搪塞政令，不配合新政改革。在此压迫之下，基层政府不得不及时补缴报费以示支持新政的立场。

综上可见，在既有官僚体制下，官报创办和销售由官方统一安排与分配，较少需要考虑市场因素。充足的资金对于任何报业发展无疑是一剂有效强心药，但是，当订阅官方报纸俨然成为一项"政治要求"时，必将引起社会各界之怨言。不少省咨议局官员深表不满，所谓"稍有价值之报，何至勒令派销"②？"何至"，这一疑问词反映出地方咨议局对派销模式不屑一顾，更昭示了官报无法适应报刊市场的生存境遇。还有舆论反映，各基层资金匮乏，深受派销之苦，"查新闻纸原为开通风气、增益智识而设，然自派销各处以来，颇滋生流弊，计东省全年各署局学堂支出此项报价，月在五万金左右，而受其累者莫如州县"③。种种矛盾反映出，官僚体制的嵌入保证了报纸经费与销量，但是派销模式的举措直接损害了基层政府、机构以及个人利益。当这些群体处于财政紧张或奇缺时，官报发行便陷入了"派销—拒缴报费—强制缴费"的恶性循环，一定程度上导致官方报纸走向灭亡。

---

① 《湘省洋务局批安仁县王令禀该县无人购阅报章及赔垫报费由》，《南洋官报》1904年第29期。

② 《各省开办咨议局》，《申报》1909年11月16日。

③ 陈锋主编：《晚清财政说明书（二）》，武汉：湖北人民出版社，2015年，第300页。

# 第四节 官方驿递、邮政怠惰延误官报传输

新式官报通过传统驿递系统和新式邮政运输，这两种方式皆由政府经营，同属官办通信系统。随着电报、轮船、火车等运输工具的迅速发展，传统驿站既费时又不省力，流弊丛生，几乎成为累赘，驿站撤裁问题被提上日程。沪宁、沪杭以及山海关铁路相继开通后，直隶、江南地区已逐步向现代邮政转型，开始使用轮船、火车运送官报。尽管官方邮政为官报在发行和价格上提供了保障，但深受到官僚积习影响，报纸在运输过程中出现了遗失、延误等诸多问题。官报在享受新式邮政优惠的同时，也一并承担着体制僵化、拖沓的恶果。

## 一、传统驿递积重难改

长期以来，邸报、公文皆由驿站发递。但驿传制度积弊重重，导致运输过程效率低下，驿兵"不以驿务为重，以致迟延、遗失诸弊层见迭出"[①]。历朝各代官员多有批评，认为驿传留害无穷。明朝时期，山东巡抚胡缵宗指出，驿传之设，劳民伤财，"即今海内民穷财尽，日不聊生，大抵驿传之致"。若想治理国家，必先整顿驿传，"如欲平治天下，不于驿传整顿之，民何所措手足耶？此今日之急务也，敢告之加志于穷民者"[②]。直到清末，在铁路网未全方位覆盖中国之前，深

---

① 《整顿驿政》,《大公报》1902年10月8日。

② 《(愿学编)下》,载仇润喜、刘广生主编：《中国邮驿史料》,北京：北京航空航天大学出版社,1999年,第275页。

处内地、交通闭塞的城市只能通过驿站寄发报纸，但难以保证时效性。由此，官报在运输过程中，也备受驿递系统拖累，主要体现在以下两方面。

第一，有些驿站经常延误、推迟运送官报，效率低下。由于驿站迟误，导致官报难以按期抵达，江西官报局为此请求上级规范驿站递送制度，"官报由驿驰送，迟误甚多，现已由总办咨请臬台严饬各州县驿递按期致送不误"①，确保报纸正常准时运送。这种现象并不少见，如1905年，湖南麻阳县县令向端方控诉当地驿递官报"任意延迟"，使"官报积前压后，月余始行寄到，且复缺少不全"。为此，端方下令，要求各厅州县所辖驿站一律将官报视为紧要公文，"通饬各厅州县，严谕所辖各驿，遇有官报到站，与紧要公文一律转递，尚有迟延遗失，定照承递公文迟误例，从严惩处"②。端方的批文给驿站敲响警钟，要求他们将官报与公文同等对待，不得延误。驿传系统的不确定性导致新闻时效性大打折扣，不少官报因此改版。1905年，《南洋官报》由日报改为旬报，原因为"因内地驿递马迟且□□舛汇为□寄，试改旬报"③。改版序言中，编者提及交通对于阅读效果的影响，认为交通运输不畅导致报纸阅读范围愈发狭窄。文中还指出，新式运输工具应用范围有限，偏远地区使用驿递较多，"南洋辖地有数省，而皆派报，其地广袤，何止数千里？邮船之所及者，不逮一半"。由于驿递效率低下，久而久之，读者失去了阅读官报的兴趣，"则由驿递或用马或用夫或用船，初犹递达也，久则阁矣，再久之而日日如是，遂熟视而无睹"。一些读者函告官报局，希望能按时阅报。

---

① 无标题，《江西官报》1903年第7期。

②《整顿驿递官报批词》，《北洋官报》1905年第636期。

③《本局广告》，《南洋官报》1905年第1期。

针对这一问题，官报局只能"以公文亦催"，但并无彻底解决之法。①

从《南洋官报》一例可以看出，即使在富庶的江南地区，铁路、邮船也未完全普及，报纸仍需利用传统渠道运输。由于不能及时传递信息，在读者看来，官报的时效性"形同虚设"，阅报群体渐渐缩小。一些小型城市、农村在报刊的接受层面虽有成果，但实际阅读效果不尽如人意。1909年，《南洋官报》再次改版，成为五日刊。新版序言中，报局主笔茅谦又提到了交通对于报纸样式的影响，"前者《南洋官报》以两日一出版，铁路未兴，驿使稽阁，尝并数期为一递，又大宗文牍，局于幅页，割裂登载，阅者不能尽其词，于是易为旬日一出。今者轨路拓充，东西横经，南北午贯，将四达而无滞焉，是又不可守夫旬报之辙矣"②。由此可知，茅谦认为，铁路未兴时期，因报纸全文刊登大宗文牍，为了避免内容碎片化，只能改为十日一出。交通便利后，信息时效性尤为重要，读者需要了解最新政策、法令，旬报体例不再适合。

《山东官报》出现了同样问题，未通邮之处难以收发报纸，"邮政未通之所，难免迟阁，购者因听睹之后，时病篇章之割裂，此报界所以未见推广也"③，于是导致销量不畅。信息能否准确、及时传递，是衡量报刊好坏的重要因素。信息时效性则有赖于交通便利与否，《南洋官报》《山东官报》的改版，皆因交通而变，运输效率对此影响甚重。

第二，有些驿站存在少寄漏寄、遗失报纸的现象，导致信息传播不畅。如湖南官报局发往本省的官报，经常在运输途中遗失，该报局向上级汇报，报馆虽早早寄出官报，各地却收不到报，"卑职详细考

---

① 《后议》，《南洋官报》1905年第1期。

② 《南洋官报序》，《南洋官报》1909年第1期。

③ 《山东官报丙午年改良叙例》，《南洋官报》1906年第35期。

查，往往经数月之久，各州县忽有索取前数月未到之报者。多或遗失十余日，少亦四五日。及检核簿籍，馆中则早已汇寄。如非中途抽匿□□，何至遗失"。为防止中途丢失现象再次发生，报局请求上级采取措施，整顿驿站，"若不量予整顿，不惟无以重报章，且恐各州县视此为赘物"。官报局希望报纸从报馆发出时，即刻固封，并在封条上注明日期，中途如有遗漏，必须注明，"此站至彼站，亦复照取收条。如有擦损遗失情事，即于发给收条时详细注明"。如无折损，则须写上标记，"仍请查照接递公文办法，由各驿站于封面上盖用'眼同上站，马夫看明，原来并无破损'□记，庶足以资考察而杜抽失"①。在这套流程之下，如果官报还会遗失，一经各州县函知，即可知道在哪一环节出现问题，及时查清。还有一些驿站屡次丢失官报、公文，官员因此被革职。如新疆小草湖（鄯善辖）负责管理驿站事务的驿书因遗失官报，被革职。据官方调查，该地"南北各属驿站，遗失操法书及火票、官报等件，并非一次"。针对小草湖遗失官报案，地方官员要求"不得徒以斥□驿书示儆了案"，所以从严审查，将该驿书革职查处。②

但新政后期，驿站拖延、丢失物件的现象屡见不鲜、愈发严重。如湖北省驿站"传递公文公牍每有延迟，日久及遗失无踪等弊叠"③，分发学务公所的教科书时"漫不经心、任意遗失"，导致基层政府"或仅收到公文并无书籍，或收公文书籍较来文原数短少"④。社会各

---

① 《本馆改良寄报并恳饬属预解报费上学宪禀》，载黄林编：《近代湖南出版史料（二）》，长沙：湖南教育出版社，2012年，第1128—1129页。

② 中国边疆史地研究中心、新疆维吾尔自治区档案局合编：《清代新疆档案选辑（48）兵科》，桂林：广西师范大学出版社，2012年，第29页。

③ 《劝业道整顿驿站之入手》，《申报》1910年8月13日。

④ 《学司饬属整顿驿站原因》，《申报》1909年9月14日。

界抱怨连连，甘肃宁夏府官员赵惟熙说，驿站收入大多归官府腰包，民众享受不到福利，"查各行省所设驿站，岁费帑四百余万金，而课之民间者，尚不在是，其实十之七八，均归冲缺州县腰橐。济公用者，数实寥寥"。正因缺乏监督，驿站管理才会混乱失灵，"以致积压公文、遗失本章者，往往而是"[①]。很多人主张裁撤驿站，清朝著名画家瞿继昌在《申报》发文表示，应裁撤驿站、改设邮局。他表示，传统驿递恒多遗失、民间邮局收费昂贵，"查各省驿站塘铺，每年支销银三百十余万两，而督抚更有提塘折差，每一折差抵京费以百十两计。若寻常马递恒多遗失，民间信局索费亦昂，此公私两困之道也今"[②]，要求推广现代邮政，裁撤驿站、塘铺。

新式邮政迅速发展，给传统驿站、民信局带来巨大冲击。1910年，邮传部请将各省驿站事务，交由劝业道接管。因各省改设文报局，公文交由邮局寄递，已著成效，于是倡议裁撤驿站。1911年7月，邮传部开始接收驿站，同时并改捷报处为邮报处。辛亥之后，北洋政府于1912年6月将邮报处裁撤。所有京署外发公文，改由各置（署）自行送交北京邮局挂号寄递，并行文各省，速裁驿站，官署公文交邮局寄送，各省驿站随后陆续裁撤。[③]

## 二、新式邮政弊端横生

中国新式邮政在海关总税务司赫德主持下起步。1878年春，赫德

---

①《甘肃宁夏府赵太守惟熙上邮传部请建西北铁路条陈》，《东方杂志》1907年第4卷第8期。

②《五续松江瞿塘岑明经继昌创练全国民兵及筹款事宜万言书》，《申报》1904年7月21日。

③交通部编：《中国邮政统计专刊》，出版地不详：交通部总务司第六科编印，1931年，第384页。

命令天津海关税务司德璀琳在天津海关与北京海关总税务司署间开办定期邮递业务，随后开始办理北方各通商口岸与北京、上海等地海关之间的邮递业务。[①]1879年12月，赫德决定在中国推广邮政事务，并逐渐向其他口岸推广。[②]这是中国近代化邮政事业的开始。从此中国邮政开始了官办民享的新式邮政时代，突破了驿站不寄民信、民信局不寄官文的传统格局。[③]

新式邮政兴起挑战了传统交通运输，朝野中要求开办现代邮政的呼声日益强烈。1896年，张之洞奏请开办国家邮政。他指出，邮政事业在西方国家关系甚重，收益颇丰，"泰西各国视邮政一端重同铁路，专设邮政大臣，比于各部尚书，以综厥事，递送官民往来文函，取资甚微，获利甚巨，日盛一日"。通商口岸开放后，英、法、美、德、日本五国先后在上海设立邮局，侵犯中国权利。因此，张之洞请旨中国自设邮局，裁撤各国在华所设信局，以挽利权，并推荐赫德筹办。[④]不久后，总理衙门根据张之洞奏折和赫德所拟邮政章程向朝廷请旨。总理衙门希望自办邮政收回利权，"为遵旨议办邮政，请由海关现设邮递推广，并与各国联会，以便商民而收利权"，并计划由赫德操办。对此，光绪皇帝朱批"依议，钦此"[⑤]。创办新式邮政被提

---

① 中国近代经济史资料丛刊编辑委员会编：《中国海关与邮政》，北京：中华书局，1983年，第3—8页。

② 中国近代经济史资料丛刊编辑委员会编：《中国海关与邮政》，北京：中华书局，1983年，第15页。

③ 《中国经济发展史》编写组编：《中国经济发展史（1840—1849）第2卷》，上海：上海财经大学出版社，2016年，第1050页。

④ 《署江督张之洞奏拟请饬办邮政片》，载王彦威、王亮辑编，李育民等点校整理：《清季外交史料（五）》，长沙：湖南师范大学出版社，2015年，第2367—2368页。

⑤ 中国近代经济史资料丛刊编辑委员会编：《中国海关与邮政》，中华书局，1983年，第79—81页。

上正轨。

1896年3月，大清邮政局正式开办，邮政系统开始脱离海关。海关总税务司赫德兼任总邮政司，英国人葛显礼任邮政总办。但建立初期，邮政仍在洋人把持的海关部门掌管之下。1906年11月，清廷批准成立邮传部，委派张百熙为邮传部尚书。直到1907年8月，邮传部的编制才开始确立，在部以下设承政、参议两厅，分设船政、路政、电政、邮政、庶务五司。①1911年5月28日，邮务才由邮传部接管，改称邮政总局，以左侍郎（副部长）李经芳担任首任总局局长。但当时实权仍操在法国人邮政总办帛黎手中。

新式邮政的发展并不像人们理想中的那般顺畅。近代邮政进入中国后，各地民众对其不甚了解，邮局在运行过程中屡遭骚扰、破坏。一方面，民众对邮政有抵触心理。如广州某地，一吴姓民众前往当地邮局寄信，因收条问题与邮局人员发生武力争执，引发喧闹（见图5-6）。因该人多次骚扰邮局，邮局请求当地官员对其劝导——"邮局旋以吴等屡向该局骚扰，……妥为开导，毋许再生事端"②。另一方面，地方官员不把发展邮政当作任务推进，敷衍了事。1903年，安徽东流县居民故意毁坏该地邮局，邮箱、邮票均被损坏。经邮政总局查处，东流县县令以"设局时未经关照，不能事前保护"为借口，试图推卸责任。县令的话表明，当地积习深重，如若不事先关照，即使是公办邮政，基层政府也不会行保护之责。事发后，芜湖关道斥责了该县令，要求严查滋事之人，命令地方政府对邮局应尽保护之责，"中国国家所设邮政，该令应有保护之责。……嗣后如有人阻挠邮政，惟伊

---

① 邮电史编辑室编：《中国近代邮电史》，北京：人民邮电出版社，1984年，第79页。

②《骚扰邮局》，《赏奇画报》1906年第26期。

图 5-6　漫画《骚扰邮局》

是问，所有邮箱、邮票当即照数赔偿"[1]，并表示对阻挠邮政发展的人严惩不贷。以上两例可以看出，不论是百姓还是官员，对邮政这一新生事务所知甚少。随着邮政逐渐制度化、规范化发展，人们对其态度由最初的抗拒走向了接受。

邮政的出现提升了官报传播的时速与效率，但也带来了负面影响。其一，邮政运行中存在玩忽职守的现象，多省官报都曾被遗失漏递。其二，邮局不久后取消了免费寄送官报的政策，收费七成作为邮费，加重了官报局负担。

尽管邮政局制定了系列章程，不断规范发展，但仍有一些公文遗漏、邮差渎职等现象发生，即使是性质等同于公文的官报也不能幸

① 《邮局被毁》，《秦中官报》1907年第3期。

免。四川官报局官员曾云，"川省交通不便，邮递稽迟，竢京外各种报章到时，计需一月选录，印行又需一月，明为近事，已觉陈陈相因"①。1910年，义乌县劝学所绅董向浙江提学司反映，第十二期《浙江教育官报》无一份到该地。经查，由于邮局延误，遗漏部分报纸。不久，邮局将报纸补齐，转发至义乌劝学所。②同年，浙江临海县声称该地订购的第三十期《浙江官报》被遗失，运输经过的台州邮局、临海县邮局相互推卸责任。③就连中央级《政治官报》在运输过程中同样也存在漏失现象。1908年1月，发往湖南省的第二十一期《中央官报》在运输过程中竟少了三十五份。④为此，宪政编查馆"特咨请各省督抚，饬收报委员立时验明收拆，各有短少，即向邮局追取，勿任混漏"⑤。当然，此类遗失、误送现象较为常见。如南昌邮政局"将信件任意误送"，或信差受私人贿赂，故意"将他处件送至彼处"⑥，此事引起民众不满。如云南邮局创设后，规模狭小，诸多腐败，"近来稍为发达，然弊端甚多。往来信件，投递甚迟……因钱道阻滞，京津来信竟迟至两月之久"⑦。再如，江苏省邮政局"紧要信件时有遗失"，信差玩忽职守，"在小街僻巷访寻无着"⑧，被寄信人屡次诘问。后又有人反映苏垣邮局"信差投递民间信函往往任意延

　　① 无标题，《四川教育官报》1907年第9期。

　　②《署提学司袁批义乌县劝学所总董何贤瑞禀官报遗失请饬查催送由》，《浙江官报》1910年第1期。

　　③《官报兼印刷局札各府转饬各属应令邮政分局嗣后投送官报应备簿据随送盖戳文》，《浙江官报》1910年第49期。

　　④《又咨复湖南巡抚查追中途遗失官报文》，《政治官报》1908年第130期。

　　⑤《咨请勿任邮局漏失官报》，《吉林官报》1908年第125期。

　　⑥《邮局舞弊》，《北洋官报》1903年第70期。

　　⑦《云南交通片》，《申报》1911年10月23日。

　　⑧《苏垣邮局整顿邮务》，《北洋官报》1907年第1354期。

搁，或竟遗失不寄"①，于是苏关税务司特饬各地整顿，并派暗差调查。

为避免报纸遗失、漏发，浙江官报局要求该省各地邮政建立严格的追查流程，"由邮局设立簿据，送到后由本人加盖戳记，以便彼此均有考查"。凭借收据，可以清楚查明报纸在发行中经由哪一邮局转运，以便追究责任。官报局强调"官报为全省政治发行机关，不容稍有失误"②，警告下属不得敷衍了事。再如，北洋官报局请求袁世凯咨明税务大臣，要求"各邮政局嗣后寄递官报务期敏速，毋许积滞迟延，以快先睹"③。

收费方面，邮局取消了免费代寄官报的优惠，官报局运营成本无形中增加。新式邮政运行初期，采取免费派送官报政策，减轻了官报局资金压力。运行不久后，为避免利益折损，邮政局不再免费代寄官报，改为收费七成。1906年，邮政局初步拟定了关于官报的邮费章程，计划1907年施行，章程内容大致如下：

> 兹拟改去免费之暂时办法，将此等官报照立券邮件原包寄报之办法，减成核定额费。据此时各该报数件科算，计《北洋官报》每年应纳六千五六十元，拟减为五千元。《南洋官报》每年应纳一万一二百元，拟减为八千元。《商务官报》每年应纳一千八百元，拟减为一千二百元。将来销报之数递年加增，而此项额定之费，每至三年方察酌情形再定后三年之额费，以符彼此实在情势，并凡有官报均准此办法。于每结首先行交

①《邮局添派查信暗差》，《秦中官报》1907年第58期。
②《官报兼印刷局札各府转饬各属应令邮政分局嗣后投送官报应备簿据随送盖戳文》，《浙江官报》1910年第49期。
③《本局广告》，《北洋官报》1907年第1362期。

清，俟三年再行改定此章，拟于明年正月初一日经始照办云云。①

1907年1月，赫德同意了收费标准，不久，该规定正式实施。当时，邮局认为，免除免费代寄业务，可以争取更多利益，"各项官报向来免费代寄者，现已奉准按七成收费，此事实堪欣幸。缘各项官报年续月增，若竟永行免费，势必一切官版书纸，均归邮局代寄，既占他项邮件之地位，复令邮局受亏，其不可持久，诚可想见"②。但于官报局而言，却大有损失。

因邮局政策改动，《北洋官报》每年多增五千元邮费，《南洋官报》多增八千元，邮费优惠不复存在，办报成本随之加大。新邮费章程实施后，《北洋官报》改变了由府州派送的方式，开始由邮局点对点递送，"现已酌量变通，除无邮各州县，仍照旧递寄，随时由局稽催外，其已设邮局各处，自七月起，统改由邮局经递，以省周折，而免迟误"③。此后，报纸邮费改为由读者支付，但官报局暂垫一段时间，"现因邮政新章，各项官报均须缴纳寄费，核定本报每年应纳四千二百元。此项邮费例应加之阅报之人。本局为疏通销路，维持公益起见，暂拟由局垫缴，不加报费"④。因官报须按章缴纳报费，邮局不得再出现延误递送等差错，"实于官报进步大有关碍"⑤。根据邮政总局颁布的新闻纸章程，官报属于邮局允准挂号之新闻纸，"如经邮

---

① 《官报邮费章程已定》，《申报》1906年12月28日。

② 《光绪三十二年邮政事务总论》，载北京市邮政局史志办公室编：《北京邮政史料》，北京：燕山出版社，1988年，第26页。

③ 《本局寄报改章广告》，《北洋官报》1907年第1443期。

④ 《本局广告》，《北洋官报》1907年第1362期。

⑤ 《北洋官报局总办详覆邮寄官报自本年春季起按章纳费请转咨饬遵文并批》，《北洋官报》1907年第1360期。

局允准挂号之新闻纸，嗣后即将下开字样（大清邮政局特准挂号认为新闻纸类），登于发报日期及号数之同行上，若照以上之章程办理，本总局方准按邮政寄费传递，其余仍按书籍或刷印物类邮费传递"[1]。如有遗失，即按照挂号立券邮件章程办理，以示重视态度。[2]

　　尽管官方运输系统给官报发行带来了便利与优惠，但不论是传统驿递，还是新式邮政，都存在延迟、漏发官报现象，导致发行过程中困难重重，报纸实际阅读效果不如人意。随着新式邮政规模的不断扩大，清政府的邮政系统取消了免邮优惠，官报局运营成本愈发加重。

---

　　①《各省邮政汇志》，《东方杂志》1905年第2卷第5期。
　　②《北洋官报局总办详覆邮寄官报自本年春季起按章纳费请转咨饬遵文并批》，《北洋官报》1907年第1360期。

# 结　语

创设新式官报是清末新政期间的改革之举，也是清廷对原有传播体系的重要调整。新式官报属于新旧交织时代产物，其出现、发展与消亡反映出政治改革的复杂性与多面性。拙著试图从三个层面总结新式官报的历史定位与影响作用：一，新式官报既传承了中国古代政治制度构想的"上下之通"理念，又奠定了官方媒介的基本样态，起到了"承上启下"作用。二，新式官报开创了"媒介+政治体制"的制度化传播模式，并影响着此后的官方传播制度。三，新式官报在运行过程中，融合了新旧制度、势力、人员多重因素。"新"与"旧"在流动中变化，在考察其影响时，不应该以线性的、目的论式的眼光加以评判，更应看到其间往复、顿挫的一面。

## 一、承上启下：新式官报的历史坐标

作为第一批面向所有人开放的官方媒介，新式官报传承了中国古代政治制度构想的"去塞求通""上下之通"理念，具有"承上"的重要意义。新式官报的出现填补了传统官方传播系统难以触及的真空地带。报刊自身具有的大众化、时效性特征，迫使政府将谕旨、奏议、文牍公之于众，为官员、民众提供了讨论公共事务的平台。

黄兴涛指出，中国传统文化精神可以概括为"通"这一理念，体现出"一种生生不已、无所滞碍、万物并育而不相害的自然和谐境界"①。瓦格纳精辟地指出，上下阶层的交流互通对于统治者了解社会尤为重要。②传统文人曾理想化地认为，夏商周三代，上下之间交流顺畅。在此之后，出现了不同程度的交流堵塞。郡县制的普遍实施取代了分封制，这一制度加强了中央集权，却减弱了上下沟通。所以，有学者认为，《申报》出现后，作为一种媒介重新恢复了上下阶层的交流。应该注意到，《申报》主办人为英商美查，主笔多为当时不入流的江浙文人，并不具备官方性质。相比之下，一批由官方主办的报刊媒介更具备恢复上下交流的正当性。受到近代报刊传入影响，政府官员们开始思考创办官方媒介，恢复上下沟通的时代传统。

戊戌时期创办的《官书局报》《官书局汇报》是新式官报的源头。这一时期的办报活动深受政治斗争影响，报纸内容以汇编为主，影响甚微。新政改革实施后，《北洋官报》《南洋官报》等地方官报最先创办，在全国形成示范效应，掀起了创办官报之风潮。新政期间创立的一批新式官报皆以"宣上德、通下情"③为重要宗旨，意在打破官—民、官—官之间的隔阂。

首先，政府需要通过报纸，向民众传达新政政策，沟通上下。御史赵炳麟认为，国人耳目闭塞皆因国家封锁消息，"凡谕旨稍关政法者，多不发抄"④。民众不了解国家政情，自然难以支持改革。其次，民间报刊兴起后，统治者信息掌控能力愈发下降。人们可以通过其他

---

① 《"尚通"：中华文化的基本精神》，载方克立主编：《走向二十一世纪的中国文化》，太原：山西教育出版社，1999年，第10—15页。

② Wagner,Rudolf G:The Free Flow of Communication Between High and Low: The Shenbao as Platform for Yangwu Piscussions on Political Reform, 1872—1895.T´oung Pao,2018.

③ 《官报改良发刊辞》，《江西官报》1906年第6期。

④ 《御史赵炳麟请令会议政务处筹设官报局片》，载故宫博物院明清档案部编：《清末筹备立宪档案史料（下）》，北京：中华书局，1979年，第1059页。

途径探听新闻，因此需要借助官方报刊来重塑统治者权威性。不少官员在提议创办官报时，明确提出与民报抗衡的诉求。如大臣吕海寰和伍廷芳上奏，称上海地区的报纸"未经官为检察，又无《报律》以范围之间"，他们认为《清议报》《新民报》"惑世诬言，实不可不防"①。赵炳麟痛斥民间报刊有闻必录，语焉不详，"乱天下耳目"②，导致民心涣散。在此情况下，外务部认为推广官报"实为转移整顿之要义"③，尤其需要在民间构筑官方传播网络。同时，由于官僚体制内部信息传播不畅，往往"此郡之事，彼郡不知；甲局之事，乙局不悉"④。借由派销的方式，新式官报可以顺畅地在官方内部系统传播，与新政改革相关的信息能够一一宣明刊布，很大程度上解决了官员、部门之间信息壅隔的问题。

1901至1911年间，全国共创办118份官报，上海、武昌、长沙、南京、成都等34地均设有官报，一些县城甚至也创立了地方官报。这些报纸以派销的方式在体制内流传，通过宣讲、演说等方式在民间传播。为了进行大众化宣传，不少官报局成立白话官报，并派人宣讲。与此同时，官报也会刊登读者来稿，展示民众对新政政策的意见和看法。所以，新式官报在一定程度上既向民众宣传了国家政策，又提供了上下交流的媒介平台。

尽管新式官报伴随着清王朝终结而停刊，但从新政的延续性来看，并不能因其形式上的毁灭而否认其历史作用。新式官报运作中的

①《外务部遵议商约吕大臣等奏酌拟近今要务折》，《北洋官报》1903年第146期。

②《御史赵炳麟请令会议政务处筹设官报局片》，载故宫博物院明清档案部编：《清末筹备立宪档案史料（下）》，北京：中华书局，1979年，第1059页。

③《外务部遵议商约吕大臣等奏酌拟近今要务折》，《北洋官报》1903年第146期。

④《南洋官报序》，《南洋官报》1911年第145期。

规则、传播方式仍影响着民国时期的政府公报，甚至奠定了此后官方媒介从内容到形式、销售等方面的雏形。

民国时期的公报依然存留着清末官报的影子，基本承接了后者搭建的官方传播网络。清廷覆灭以后，一些官报随即停办，另一些则顺势改为公报，如《吉林官报》改为《吉林公报》，《北洋官报》改为《直隶公报》。《直隶公报》仍由北洋印刷局发行。政府公报功能、性质，与官报有诸多相似之处。当时，以《政府公报》为首的中央级官方报刊负责登载一切政府文牍；各部门设有专业性报刊，如《司法公报》《教育公报》《交通公报》等；各省设有省级公报，如《奉天公报》《浙江公报》《安徽公报》等；各省下属的分支部门亦设公报，如《吉林教育公报》《河南司法公报》等。其整体格局，依旧形塑了从中央到地方，从部到署的纵横结合的传播渠道。

从经营管理、内容性质和发行方式等细节上来看，民国公报基本上可以被视为清末官报的二次繁衍。民国时期公报局在官报局基础上改建，其经营管理仍依旧例行事——"公报局送阅各报仍照旧例办理"[1]，收费亦"仍依照官报例"。革命党在武昌起义后出版的最早的报纸——《中华民国公报》，便是利用原湖北官报局的设备创办而来。[2]公报内容也与清末《内阁官报》相似。正如当时舆论所言，"公报之作，义同揭示或以布告法令或以发表事由，便人民之观览……"[3]所以，公报作用在于公布信息、法令，以便周知。以《政府公报》为例，其内容设计便包括：

① 《吉林公报发行细则》，《吉林公报》1913年第180期。

② 方汉奇主编：《中国新闻事业通史（第一卷）》，北京：中国人民大学出版社，1992年，第1016页。

③ 《详为拟定公报体例》，《农商公报》1914年第1期。

（一）法律，由国会议决经大总统命令公布之一切法律属之；（二）命令，大总统命令、军令及国务院令、各部院令等属之；（三）布告；（四）公文，京内外各官署呈文、咨文、咨呈、公函等属之；（五）批示；（六）公电；（七）通告；（八）判词；（九）外报，驻外各使署领事馆商务随员等之报告通信属之；（十）附录……①

《政府公报》以法案、命令、文牍为主，基本没有评论，沿袭了《内阁官报》的形式、体制。地方公报内容也大致类似中央公报，《湖北省政府公报》称"本报以公布省政府之命令、法规及关于湖北之兴革大政为主旨"②，设有命令、法规、公牍、议案、报告、党务、丛录等栏目，内容多以文牍为主。

公报发行体制沿用派销形式，连各地拖欠报费的场景也与官报别无二致。《临时政府公报》创立后，随即命令各部署、总督以及督署购阅公报，因为这些官员"咸有购阅该报之义务"③。地方公报亦如此，订阅公报由此成为民国地方政府的一项"政治任务"，如《广东教育公报》要求"各县各督学局、学校均须购阅一份"④。派销对象也与清末官报无异。《中华民国公报》最初一律免费，"分赠各机关阅看（并分寄各省、各县学校与劝学所）"⑤，基本延续了清末官报的

---

① 戈公振：《中国报学史》，上海：上海古籍出版社，2014年，第48页。
②《本公报简章》，《湖北省政府公报》1928年第1期。
③《大总统令各部及卫戍总督暨各都督购阅公报文》，《临时政府公报》1912年第4期。
④《发行简章》，《广东教育公报》1913年第4期。
⑤ 郭学涵主编：《鄂州文史资料·鄂州籍辛亥革命志士》，鄂州市政协文史资料委员会编印，2001年，第111页。

发行模式。与此同时，拖欠报费的情形仍屡见不鲜。自1912年5月1日至1915年1月，直隶、京兆、热河、察哈尔、山东、山西、河南、奉天、吉林、黑龙江、湖北、湖南、江苏、浙江、江西、安徽、福建、四川、广东、广西、云南、贵州、陕西、甘肃、新疆、绥远等地共计拖欠邮资、报费49229463元。[①]上述一幕幕场景，早已在清末官报发展史中频繁出现。

## 二、嵌入政治：新式官报开创制度化传播模式

通过研究新式官报从创办到消失的历史起伏，拙著试图探讨媒介与政治之间的复杂关系。作为技术工具的媒介如何与清末政治力量发生关系，又如何形成一种制度？这一问题，新式官报可谓典型案例。新式官报创办始末展现了媒介转变为国家制度的全过程。官报既是一种技术工具，也是一种制度性存在。不过，从技术到制度的转变，不是同步实现的，它需要将技术工具与官方既有的政治机制勾连到一起，在双向互动中实现自身的转变。

以《官书局报》为代表的第一批新式官报起到了沟通信息的作用，尤其是在翻译西学新知、传播商情等方面，推动着官方信息系统从闭塞走向开放。这一时期的办报活动均夹杂着权力斗争，媒介成为了政治博弈的工具。新式报刊此时并未真正嵌入官僚政治体制，直到新政之后才有新转变。《北洋官报》《南洋官报》在全国形成示范效应后，报刊与官僚制度的结合愈发紧密。地方官报创办后，官方通过内容、行销等多方面的控制，使报纸与地方官僚体制紧密结合。作为官方喉舌，官报广泛宣传、刊登与新政相关的信息与文牍，起到了舆论动员作用。各府州县被上级部门强制勒令订报，派销费用成为地方固

---

① 《印铸局编各省欠解政府公报各款数目表》，《政府公报》1918年第979期。

定的财政支出，为官报提供资金支持。在这一过程中，地方官报被制度化地嵌入地方官僚体制。

新式官报所建构的"官僚体制+媒介"组合形式在《政治官报》改为《内阁官报》后基本成型，从此官方媒介彻底嵌入政治体制，成为行政机关的组成部分。1906年清廷宣布"预备立宪"后，中央级官报《政治官报》成立，成为中央喉舌。1911年，内阁改《政治官报》为《内阁官报》，官报成为"公布法律命令机关"①，其性质由媒介转变为公布政策法令机关，"凡法令除专条别定施行期限外，京师以刊登《内阁官报》之日起，各行省以《内阁官报》递到之日起，即生一体遵守之效力"②。由此，报纸彻底嵌入政治体制。

虽然报刊与政体的结合兴于清末，但这种制度化的官方信息传播模式，却有着持续性影响。制度化后的新式官报奠定了中国历史上政府公报的基本格局，强调报纸的行政机关效力。民国时期，《政府公报》沿袭了清末官报一以贯之的做法——以报刊为行政机关，将报刊嵌入政体。与清末官报相同，公报同样具备行政效力，《政府公报》被认定为政府公布法令机关，"《政府公报》为公布法律命令之机关，凡法令及应行公布之文电等，统由《政府公报》刊布"③，"政府对于各地方所发令示或宣布法律公文未到，以公报之达到为有效"④，其性质等同于重要公文。各省公报也有同样性质，《云南省政府公报》

---

①《内阁奏改设内阁官报以为公布法令机关折》，《内阁官报》1911年第1期。

②《内阁奏改设内阁官报以为公布法令机关折》，《内阁官报》1911年第1期。

③《政事堂印铸局详国务卿谨将修正政府公报条例及发行章程详具草案请鉴核施行文(附条例章程)》，《政府公报》1914年第810期。

④《公报局咨各部、都督饬属购阅公报并派员专理文》，《临时政府公报》1912年第36期。

称"凡经本报刊布之法令规章,与正式公文有同一之效力"①。《四川实业公报》宣布"凡经本报登载之法规及单行章程规则,均于本报发行之日一律发生效力"②。当时办报者也意识到,公报与官报、邸报有着不可分割的延续性,《广州市市政公报》发刊词指出,"广东的官报:如省长公署的《广东公报》,财政厅的《财政月刊》,市政厅的《市政公报》,都脱不掉往时邸抄、辕门抄的本色,所改良的,也不过从前用蜡版排印,现在则用铅字罢了"③。这种"摆脱不了"的本色,最核心的关键在于报纸不仅仅是媒介,更是行政机关。

### 三、在趋新和保守之间:新式官报的运作状态

罗志田曾指出:"近代中国新旧两极之间的过渡地带其实相当宽广,在新旧阵营里通常也还有进一步的新旧之分,对许多人来说亦新亦旧恐怕正是常态。但'不新不旧'的人与事以及新旧各自阵营中表现不那么极端或积极的群体则成为既存近代史研究中的失语者。"④在既有新闻史论著中,新式官报往往被视为守旧代表,鲜有关注。但应该看到,新式官报的发展历程交织着新旧运行模式、官员报人与传播网络等复杂因素多重影响,因此其内容亦相应地呈现出半新半旧的特征。这些特征通常在既有研究中被极大忽视。

当然,任何新与旧都是相对而言,处于不断流动变化的状态。可能某一官报局在某一阶段采用了新式管理方法,而推行办法的人员却是位守旧派人士;又有可能某一思想保守的官员要求某一留学生编纂

---

① 《本报编辑及发行简章》,《云南省政府公报》1932年第565期。

② 《四川实业厅发行实业公报趣旨》,《四川实业公报》1926年第1期。

③ 《本公报继续出版之革新》,《广州市市政公报》1923年第1期。

④ 罗志田:《新旧之间:近代中国的多个世界及"失语"群体》,《四川大学学报(哲学社会科学版)》1999年第6期。

官报，而在留学生主持报务期间，该报积极倡导新思想、新文化。清末社会转型期间，很多人物、事件的立场态度并非泾渭分明，夹在其中的新式官报也游走在趋新与保守之间。

新式官报诞生后，以官报局为采编、发行中心，制定了严格的章程，体现出新型管理方式，摆脱了传统邸报运行模式中公私界线不明、专业模糊的弊端。报局经理、编纂、庶务各有专责，依律遵守其职。在组织设施层面，新式官报大有进步，开始利用新技术、新方式进行报刊宣传。报纸销售发行借助官方行政资源完成，通过派销，报纸面向各地发行，深入各府州县及政治枢纽，从地理空间上完全嵌入中国。新式邮政承担了大部分官报的运输任务，使用新式交通工具传送报纸，力图确保信息时效性与地域覆盖性。与此同时，官报局借鉴国外、民间的舆论动员方式，陆续创办了白话官报、阅报社、宣讲所，在报刊文体和传播渠道层面改革创新。创设白话官报反映出官方顺应读者需求，贴近民众的意图，成立宣讲所和阅报社则凸显了地方政府积极采用新兴传播手段。如山西官报局总办程淯指出，"日本明治维新开通风气有三大端，一学堂二报馆三演说。学堂之设收效最迟，报章之布仅及士流，演说则无智、愚、贤、不肖皆能感动，故日本人民之开化实得力于演说者多"①，可见官员们有意识地学习外国先进传播手段，力求改善官方宣传效果。这些举措表明，新式官报在运行过程中，官方试图与当时被视为先进的、新式的报业管理制度、运输方式以及传播模式接轨，打造出与邸报不同的官方媒介。

面对新生事物，人们往往习惯沿用既有办事思维和方法来应对，难以摆脱根深蒂固的认知惰性。张灏指出，中国传统政治秩序从北宋开始出现，而定型于明清，其核心由传统政治制度的两个基本结构所

---

① 《山西晋报局总办程守淯上山西巡抚张遵拟白话报并演说简章禀附批》，《东方杂志》1905年第2卷第8期。

组成。一个是始于商周而定型于秦汉初期的"普世王权";另一个是春秋战国以来逐渐形成的"官僚体制"。[①]官僚制度在中国社会的影响久久不散。尽管新式官报采用了新的制度与方式,但官僚体制存在的行政惰性、上下级行政动作不一致、地方官僚的敷衍了事等问题,让新式官报发行派销、经费安排等层面均与最初的政治构想存在差异。邮政系统松懈、人员敷衍等积习难以改进,也拖累了官方报纸在全国各地的运送。湖南省、江苏省、浙江省等多地曾反映官报运输过程中存在延迟、遗失报纸的现象,如《南洋官报》甚至因为交通运输不畅而将日报改为旬报。此外,派销模式的举措直接损害了基层政府、机构以及个人利益。当这些群体财政紧张时,官报发行便会陷入"派销—拒缴报费—强制缴费"的恶性循环,导致报纸走向深层困境。

尽管官方通过阅报社、演说等新形式将新知识传播到下层社会,不过,这种推动却停留在内容管理的路径和形式上,而不是文本和内涵上。文牍占据了官报大部分篇幅,读者称"于社会毫无影响"[②]。尽管报刊有一些言论与新知宣传,这些内容在一定程度上产生了开通风气之功效。但是,官报舆论宣传活动中体现的"中学为体"倾向——既要传播新知,亦要维护政权合法性,决定了其只能在特定范围内进行传播。所以,清末新政旗帜下的知识传播实践往往变成"新形式""新知识"与"旧制度"的混杂,难以撼动民间态度。

新制度不可能凭空诞生,旧制度不会无端消失。改革时期,办报的官员与报人便是衔接新与旧传播制度的纽带,他们用实际行动来"破旧立新"。主持办报的官员既有改革派官员,也有保守派官员,但改革派官员的思想不是一直趋新,保守派官员也不总是守旧。如陈旭麓指出"新和旧是对立的,表明了它们的不同一性。但它们互相转

---

① 张灏:《幽暗意识与民主传统》,北京:新星出版社,2010年,第154页。
②《各省报界汇志》,《东方杂志》1905年第2卷第8期。

化，又具备着同一性"①。旧式官员有新的一面，新派官员也有旧的
一面。譬如，支持新政改革最著名的官员当属张之洞，他设计的改革
方针持续影响新政发展走向。张之洞是较早支持办报的一批官员，但
却严格控制报纸内容。他亲自拟定的报例中特别强调报纸"以正人
心、增学识为宗旨，二义并行。凡邪诐悖乱之说，猥鄙偏谬之谈，一
概不录"②，可见张氏过于注重媒介教化功能，而忽视了其自身传播
属性。湖北咨议局评价该报（《湖北官报》）"所载多属无关紧要已
见，他报之陈文"③，亦可见其内容守旧，鲜有新意。山西巡抚张人
骏在政治上较为保守，对新政又不乏非议之词，对于立宪改革更有反
对之处。④然而，这样一位思想保守的督抚，却大力支持官报局创办
白话报并且派人宣讲，称"白话报章专为开通风气、激发人心，欲令
不识字人普行通晓，尤须注重演说"⑤。他命令在司库闲杂款内拨款
办报，要求各州县订阅，派专人演说，随时监督地方是否遵行，并分
别奖惩以示惩劝。这些举措表明，新与旧并非铁板一块、各自为政，
两者在不同环境下可以相互转换。保守派官员可能会采纳新方法改进
传播手段，改革派官员却不敢放手一搏，反而设立种种框架，束缚报
刊发展。官员们对新与旧的界定、认知与态度是流动的，他们在某个
历史阶段的态度、立场往往不经意间影响着官报走向。

　　清末十年，处于世纪之交的转型期，任何新事物的创设、发展势

---

　　① 陈旭麓：《近代中国社会的新陈代谢》，北京：生活·读书·新知三联书
店，2018年，第390页。

　　②《凡例》，《湖北官报》1905年第1期。

　　③《鄂议局核减官业支出三款》，《申报》1911年1月21日。

　　④ 李细珠：《地方督抚与清末新政：晚清权力格局再研究（增订版）》，北
京：社会科学文献出版社，2018年，第348—352页。

　　⑤《山西晋报局总办程守清上山西巡抚张遵拟白话报并演说简章禀附
批》，《东方杂志》1905年第2卷第8期。

341

必经历艰难而复杂的过程。在这一过程中，新式官报在新旧人员、体制变革以及势力博弈等影响下发展。新旧因素之间的冲突与矛盾难以消除或平衡，诸多纠葛构成了晚清官报发展过程中始终存在的"结构性困境"，亦体现出新政改革史上的张力与阻力。

附 录

# 清末新式官报一览表

| 成立时间 | 名称 | 创办主体（或个人） | 刊物形态 | 地点 | 备注 |
|---|---|---|---|---|---|
| 1896年春 | 《官书局报》 | 官书局主办 | 每日一册 | 北京 | 官书局主办，每日一本，黄纸封面。刊载奏折、上谕、路透社新闻、西国近事、本国新闻、外国新闻、先儒格言论说等内容。光绪二十四年(1898)随官书局被裁撤而停。 |
| 1896年 | 《官书局汇报》 | 官书局主办 | 不详 | 北京 | 官书局主办，体例与《官书局报》类似。 |
| 1897年11月 | 《秦中书局汇报》 | 李有棻 | 半月一期 | 西安 | 报纸在陕西布政使李有棻主持下创刊，设有"谕旨""明道""理财""治兵""商务""洋情"六类栏目。 |
| 1898年6月 | 《官报》 | 宋伯鲁 | 初为旬刊，后改为五日刊 | 西安 | 《官报》是《秦中官报》的前身。由宋伯鲁在西安创办，宣传维新变法思想。戊戌变法失败后，宋伯鲁被谪戍新疆，该报随即停刊。 |
| 1898年8月 | 《汇报辑要》 | 河南官书局 | 半月一期 | 开封 | 河南近代报纸的萌芽，河南第一家文摘式的官报。 |
| 1899年4月 | 《湖北商务报》 | 汉口商务局 | 旬刊 | 武昌 | 该报出至163期后停刊，设有局收文牍，局发文牍，本省商情，各省商情，商务专案等栏目。 |
| 1900年3月 | 《江南商务报》 | 江南商务局 | 旬刊 | 上海 | 半官办报刊。每期在江宁布政使司所属各州县转发，江苏、江西、安徽所属州县则由各省布政使司转发，大县12份，中县8份，小县6份，报费由布政使司在所属养廉项上按季扣解总局。每期共发1960份，加上咨送湖广总督衙门及国内外订户，每期发行数千册。 |

| 成立时间 | 名称 | 创办主体（或个人） | 刊物形态 | 地点 | 备注 |
|---|---|---|---|---|---|
| 1901 年初 | 《农学报》 | 湖北农务学堂 | 半月刊 | 武昌 | 在张之洞倡导下创办，同年夏天停刊。光绪二十五年(1899)，张之洞筹办湖北《农学报》，他说："讲明农学，必先开办农报，方足开通见闻，广为劝导，是农报又为农务之根，应即在农务局内，设立湖北《农学报》。" |
| 1902 年4 月 | 《湖南官报》 | 湖南洋务局监督办理 | 二日刊 | 长沙 | 1905年4月19日湖南巡抚端方下令如数退还《湖南官报》的民间资本，将报纸收回，改为官办。另外再出版旬报一种，仍旧沿用《湖南官报》的名称，每月出版三册(期)，每册定价五十文。没过多久，作为旬报的《湖南官报》即被裁撤。 |
| 1902 年8 月 | 《晋报》 | 主笔程清 | 五日刊 | 太原 | 该报采用铅活印刷，为太原铅字印刷之始。 |
| 1902 年12 月 | 《北洋官报》 | 袁世凯 | 初为隔日发行，1904年改为日刊 | 天津 | 报纸"以讲求政治学理，破锢习，瀹智识，期于上下通志，渐致富强为宗旨"。是天津最早的近代官报。 |
| 1902 年12 月 | 《北洋官报汇编》 | 北洋官报局 | 周刊 | 天津 | 不详。 |
| 1903 年 | 《商务报》 | 商部郎中吴桐林"司理商报事"。 | 旬刊 | 北京 | 1903年，商部成立后，清廷认为开通商智需要辅以报纸，"欲使塞通涣聚，首以商律商报两事"，于是饬令商部郎中吴桐林"司理商报事"。根据主编吴桐林回忆，报纸创办初主要依靠商股，"先招商股二万两，俟商部成立，再添官股二万两由庆王面奏，奉旨允准在案"。报纸以派销为发行方式，发行范围为"各省府州县"。 |

续表

| 成立时间 | 名称 | 创办主体（或个人） | 刊物形态 | 地点 | 备注 |
|---|---|---|---|---|---|
| 1903 年 2 月 | 《湖北学报》 | 湖北官书局 | 十日一册（期） | 武昌 | 在张之洞推动下创办。1905年更名为《湖北教育官报》。 |
| 1903 年 4 月 | 《湖南学报》 | 湖南省学报处 | 旬刊 | 长沙 | 分为十编，首录谕旨及奏议关于学务者为统编第一。次录《钦定学堂章程》及各省与学堂章程之条理精审者为章程第二。次本省师范馆经学讲义第三。…… |
| 1903 年上半年 | 《济南汇报》 | 山东巡抚周馥创办 | 五日刊 | 济南 | 济南第一家报纸，山东最早的官报。开办一年后停刊。 |
| 1903 年 8 月 | 《江西官报》 | 江西省署 | 初为半月刊，1906年改为旬刊 | 南昌 | 宗旨在"宣上德而达下情"，"以政教为先，而考求利弊之。所在尤以励官民才识，斥官吏贪残，端学生趋向为要义"。 |
| 1903 年 11 月 | 《滇南钞报》 | 云贵督署 | 日刊 | 昆明 | 1908年改为《云南政治官报》，亦系日刊。1911年改由云贵总督署编印，改名为《云南官报》（旬刊）。 |
| 1903 年 10 月 | 《秦中官报》 | 陕西课吏所 | 五日刊 | 西安 | 前身为《官报》。曾一度改为《秦报》，每月出3期。1904年正式确定为《秦中官报》。1907年改为《陕西官报》。 |
| 1903 年下半年 | 《简报》 | 工艺局坐办李士可创办 | 日刊 | | 由"辕门抄"改办而成。 |
| 1903 年？ | 《北洋学报》 | 北洋官报局 | | | 1906年，北洋官报局奉袁世凯之命，将《北洋学报》与原在日本东京出版的《法政杂志》两刊合并为《北洋法政学报》。 |

| 成立时间 | 名称 | 创办主体（或个人） | 刊物形态 | 地点 | 备注 |
|---|---|---|---|---|---|
| 1904年2月 | 《南洋官报》 | 南洋通商大臣和两江总督衙门主办 | 初为两日刊,1905年改为旬刊,1909年改为五日刊 | 南京 | 1903年,吕海寰、伍廷芳等因上海一隅报纸未经官检查,又无《报律》规范等原因,奏请创办《南洋官报》。该报"照《北洋官报》例,两日出版一次",是南京最早的近代官报。1911年11月辛亥革命后该刊停止出版。 |
| 1904年3月 | 《四川官报》 | 锡良主持开办,陆钟岱任总办 | 旬刊 | 成都 | 锡良任四川总督后,将四川原有官书局改名为官报书局,派陆钟岱创办官报。1911年2月19日,改为五日刊,报名改为《四川五日官报》,出至1911年11月6日停刊。 |
| 1904年3月 | 《济南报》 | 不详 | 两日刊 | 济南 | 同年10月改为《新济南报》。1905年5月,由两日刊改为日刊,报名改为《济南日报》,后改为《山东官报》。 |
| 1904年4月 | 《武备杂志》 | 保定武备学堂 北洋武备研究所,贺忠良任总编辑 | 月刊 | 保定 | 只在军界内部发行,发行数量不大。1906年底停刊,共出25期。 |
| 1904年11月 | 《成都日报》 | 四川官报书局编印发行 | 日报 | 成都 | 成都市第一张近代日报。报纸最初为大化连纸铅字排印,每期用半张裁成四个双折页,可装订成册。中缝内编号为一、二、三、四。1906年,开始分为四版,每版分上下两栏,为成都报纸从书版到报版过渡的开始。1911年底,被大汉四川军政府接收改办《大汉四川军政府官报》 |

| 成立时间 | 名称 | 创办主体（或个人） | 刊物形态 | 地点 | 备注 |
|---|---|---|---|---|---|
| 1904 年12 月 | 《河南官报》 | 豫抚陈夔龙主办 | 五日刊，1911 改为周刊 | 开封 | 据《东方杂志》1905 年 3 月报道，河南省"课吏馆各司道近奉抚札饬办官报，并由藩库拨银四千两以作经费，业已遵照开办"。 |
| 1904 年12 月 | 《蚕学月报》 | 武昌农务学堂创办，赵叔彝主编 | 不详 | 武昌 | 不详。 |
| 1904 年？ | 《汉口日报》 | | 日报 | 武昌 | 1902年《汉口日报》由宁波商人创办。1904年初被张之洞收为官办，同年10月24日停刊。 |
| 1905 年1 月 | 《教育杂志》 | 直隶学务处 | 月刊 | 天津 | 报纸旨在"俾全省学务消息灵通、驯收教育普及之效"，设有"诏令""文牍""纪事""论说"等栏目，每月十五日出版。1906 年 4 月 24 日改名为《直隶教育杂志》，半月刊。1909 年 2 月 20 日改名为《直隶教育官报》，半月刊，但刊眉仍标《教育杂志》或《教育官报》，由直隶学务处（后改直隶学务公所）编辑及发行，为该省的教育行政公报，直至 1911 年 10 月停刊。 |
| 1905 年2 月 | 《四川学报》 | 四川学务处 | 初为半月刊，1906 年改为月刊，1911 年改为周报 | 成都 | 报纸为四川全省劝学而设。意在"开通民智、振兴实业，使人人知力学自强为宗旨"。报纸出版后，"所有派员、编纂及筹垫工料等费，概归学务处经理"。 |
| 1905 年3 月 | 《训兵报》 | 练兵处 | 旬刊 | 北京 | 该刊属于军事刊物，专为训兵而作，多用白话文。报纸每发一册，即令兵中排长讲解。1905 年 8 月停刊。 |

续表

| 成立时间 | 名称 | 创办主体（或个人） | 刊物形态 | 地点 | 备注 |
|---|---|---|---|---|---|
| 1905 年夏 | 《兵学白话报》 | 北京练兵处 | 日刊 | 北京 | 该报用白话撰稿，宣传忠君爱国。 |
| 1905 年3 月 | 《安徽官报》 | 安徽抚署 | 五日刊 | 安庆 | 设有"奏议""政治""学务""商务""军政""外交"等栏目，后期进行改版。1911年6月下旬正式停刊，停刊原因不详。 |
| 1905 年4 月 | 《长沙日报》 | 湖南巡抚端方主持创办 | 日刊 | 长沙 | 报纸采用派销方式发行。1909年增出半张副刊，是湖南报纸有副刊之始。辛亥革命后，《长沙日报》由清朝官报逐步变为同盟会的革命报纸。 |
| 1905 年4 月 | 《湖北官报》 | 张之洞主持开办，总办梁嵩生 | 第一册（期）为旬刊，第二册以后改为半月刊 | 武昌 | 报纸"以正人心，增学识为宗旨"，所录"必有关于政法、学校、兵事、财用及农工商渔各实业"，设有"列朝圣谟""近日邸钞""重要电音""本省公牍""京外公牍"等栏目。 |
| 1905 年8 月 | 《南洋日日官报》 | 南洋日日官报局出版 | 日报 | 南京 | 江苏最早大型日报，舍弃书册式，为对开大报形式。 |
| 1905 年8 月 | 《山东官报》 | 山东巡抚 | 初为日刊，1906年改为两日刊，后改为旬刊 | 济南 | 1905年，山东官报局奉巡抚杨士骧之命，收回《济南日报》，由官报局接办。官报局在首期报纸发布告白："《济南日报》现奉宪谕改归官办，名曰《山东官报》。自本日为始，报资邮费悉照前例，所有各埠交换以及代派各报，均一律照旧办理，特此布告。"1906年1月13日，山东官报局宣布改章为"间日一报"，即《山东日日官报》，另外设旬报。 |

续表

| 成立时间 | 名称 | 创办主体（或个人） | 刊物形态 | 地点 | 备注 |
|---|---|---|---|---|---|
| | | | | | 旬报"意在辅助条教、博通政治"，设有"上谕""论说""内政""外交""学务"等专栏。1907年，《山东官报》正式改为旬报。1909年，报纸改为周刊，"转载谕旨、本省文牍、京外要政、东西译电"。1911年停刊。 |
| 1905年9月 | 《星期公报》 | 贡桑诺尔布郡王创办 | 不详 | 内蒙古 | 内蒙古地区最早的报纸之一。具有政报性质，蒙汉合璧周刊。（具体地点，究竟在察哈尔、绥远，还是热河，因资料所限，不明。见忒莫勒编：《内蒙古旧报刊考录：1905—1949.9》，呼和浩特：远方出版社，2010年，第7页。） |
| 1905年12月 | 《东三省公报》 | 赵尔巽 | 两日刊 | 奉天 | 该报由奉天将军赵尔巽创办，"谨拟招集商股八千两购机器、铅字"，以参照南北洋官报体例，采取派销的形式，"谨参酌湘晋等省官报章程，先拟简章十二条，伏乞批准立案，札饬各厅州县行销外，并恳仿照四川官报兼销云贵两省成例，咨明吉黑两省札饬各厅州县一律行销"。 |
| 1905年冬 | 《北洋官话报》 | 北洋官报局 | 不详 | 天津 | 天津北洋官报局出版的白话附刊。据《北洋官报》记载，"本局丙午年第一册（期）《官话报》现已出版，仍照历次捐送，《官话报》及《国民必读之例》，分发顺直各州县，用作宣讲之资，不取分文。" |

| 成立时间 | 名称 | 创办主体（或个人） | 刊物形态 | 地点 | 备注 |
|---|---|---|---|---|---|
| 1905年？ | 《湖北警务杂志》 | 湖北高等巡警学堂 | 月刊 | 武昌 | 湖北巡警公所发行。赵激宇、张瑞基等任编辑。 |
| 1905年末 或 1906年初 | 《奉天通俗白话报》 | 奉天全省学务处编译科编辑 | 不详 | 不详 | 奉天境内第一本白话期刊。据《北洋官报》记载，1909年，奉天学台出版《奉天学务杂志》，"将原有通俗白话报停办"。 |
| 1906年正月 | 《北洋学报汇编》 | 北洋官报总局 | 周报 | 天津 | 不详。 |
| 1906年5月 | 《学务杂志》 | 两江学务处编辑 | 月刊 | 南京 | 报纸由南京官报局排印，设有"诏令""奏议""公牍""学术""规制"等专栏。"以教育为主，志在普及，故以此为学界交通机关。"报纸月出一册（期），定于每月25日发行。 |
| 1906年7月 | 《河南白话演说报》 | 官报局 | 每月六册 | 开封 | 《河南白话演说报》，简称《河南白话报》。1906年夏季在河南开封创刊，五日一出，系祝鸿元主办，隶属于河南官书局的半官方报纸，由河南官书局同人集资购机印刷，白话报馆编辑发行，馆址附设在官书局内。它是河南早期的白话册报。内容有"圣谕广训直解""演说""法律学""数学""警务""实业""各省新闻""国外新闻""小说""杂俎"等栏目。至1908年7月23日出第135期后停刊。同年8月1日（农历七月初五日）起"遵奉抚宪札饬改名为《河南白话科学报》"，仍为五日刊，期数另起。 |

续表

| 成立时间 | 名称 | 创办主体（或个人） | 刊物形态 | 地点 | 备注 |
|---|---|---|---|---|---|
| 1906 年 8 月 | 《学部官报》 | 由学部编辑、发行 | 第 1、2 期为月刊，第 3 期起改为旬刊 | 北京 | 报纸"仿各国行政衙门刊发公告之意，按期编纂发行，以辅行政之机关"。报纸分为八个栏目，分别是：谕旨、奏折、文牍、报告、京外奏稿、审定书目、选译书报、附录。1911 年停刊。 |
| 1906 年 8 月 | 《开封简报》 | 河南学务公所主办 | 日刊 | 开封 | 河南出版的第一家单张日报。1911 年改名为《中州日报》，1912 年停刊。 |
| 1906 年 9 月 | 《南洋兵事杂志》 | 南洋两江督练公所教练处总发行 | 月刊 | 南京 | 杂志每月出版一期，专为军职人员提供，军人以外人员概不出售。《南洋兵事杂志》自我定位为"学报之一种，为军人智识上之交通机关，学业经验之发达端赖"。报纸意在"以普及军界为贵"。内容共计九类，分别是诏令、公牍、通论、学术、经历、问答、见闻、通信、广告。 |
| 1906 年 8 月 | 《北洋法政学报》 | 北洋官报总局 | 旬刊 | 天津 | 由原来的《北洋学报》以及在东京出版的《法政杂志》合并而成。1910 年改为《北洋政学旬报》。 |
| 1906 年 9 月 | 《南洋商务报》 | 江南商务局 | 半月刊 | 南京 | 江苏最早的专业性官报，每月出版两期，全年共计 24 期。报纸体例分为谕旨、论说、译录、奏议、文牍、规律、记事、群议、杂俎。除此之外，该报另外附出《商学报》。 |

续表

| 成立时间 | 名称 | 创办主体（或个人） | 刊物形态 | 地点 | 备注 |
|---|---|---|---|---|---|
| 1906 年9月 | 《贵州教育官报》 | 贵州学务公所 | 月刊 | 贵阳 | 每月一册（期），每月 16 日发行。旨在"收罗关于全学务及本省教育之事件，以便教育界中人有所考查及取法"，报纸体例分为八类，"诏令""奏议""公牍""规制""论说""学术""纪事""别录"。省内各府厅州县及各局所各派销一份，同时派销至四川一百份，云南一百份。 |
| 1906 年11月 | 《海城白话演说报》 | 海城县知县管凤和 | | 海城 | 近代东北第一家县报，也是近代东北第一份中文期刊。同年停刊。 |
| 1906 年？ | 《山东日日官报》 | 山东官报局 | 两日刊 | 济南 | 1906年，山东官报局将原有《山东官报》更为"间日一出"，"纪闻告事，以辅旬报所不及"。 |
| 1906 年？ | 《劝学报》 | 广丰县署 | 不详 | 江西省广丰县 | 据《申报》报道："署理广丰县邵莲士大令近拟设立劝学所，并仿照各省章程选刊《劝学报》，已禀奉赣抚批示，略谓该县遵照部章设立劝学所，分划学区，派委绅董劝谕兴学并稽查课程，所办甚是。附呈《劝学报》，理明词达，足开锢蔽，仰学务处即饬督率绅董认真妥办，务期学校遍设教育普及，是所厚望云云。" |

续表

| 成立时间 | 名称 | 创办主体（或个人） | 刊物形态 | 地点 | 备注 |
|---|---|---|---|---|---|
| 1906年底 | 《山西白话演说报》 | 山西晋报局 | 不详 | 太原 | 由山西晋报局总办程淯请求创办，他上奏山西巡抚张人骏指出："以晋省民智不开，于晋报之外，亟宜另设白话报以资普及。"张人骏批准创办，"即由司库闲杂款内垫拨报纸价银一千五百两，先行给发，一面由洋务局分别州县大小，派定报数通行遵照，俟出报后，即同晋报按期饬发，收回报价，如数归还以清公款"。因以演说为重，所以定名为《山西白话演说报》。报纸每期出版后，须迅速递送各州县，派人分送月刊，定期演说。 |
| 1906年？ | 《陕西农报》 | 陕西省学务公所 | 不详 | 西安 | 不详。 |
| 1906年？ | 《陇右报》 | 兰州官报局 | 五日刊 | 兰州 | 设有"谕旨""史政""学务""外务""财务""商务""工政""刑政""兵政""杂录""陇事汇录""又电"等十几个栏目。 |
| 1906年？ | 《宪政日报》 | 宪政编查分馆 | 不详 | 南昌 | 南昌第一张铅印报纸，现已轶。 |
| 1906年？ | 《白话报》 | 遵义府学务局 | 不详 | 遵义 | 由遵义的知府袁玉锡倡导创办。 |
| 1907年2月 | 《奉天教育官报》 | 谢荫昌参与创办 | 月出一册（期），后改为月出二册 | 沈阳 | 1907年冬，谢荫昌参与创办《奉天教育杂志》月刊，又称《奉天教育官报》。《奉天教育杂志》是当时极少数以"杂志"冠名的刊物之一。在《奉天教育杂志》的栏目中有章奏、公牍、报告、学术、时闻、广告等。 |

| 成立时间 | 名称 | 创办主体（或个人） | 刊物形态 | 地点 | 备注 |
|---|---|---|---|---|---|
| 1907 年 3 月 | 《甘肃官报》 | | | | 甘肃最早的官办报纸。每月出版六期。设有"谕旨""邸抄""陇政汇编""奏议辑要""直牍选记""专件""外报摘抄""新政杂志""省抄附录""广告"等十余个栏目。 |
| 1907 年春 | 《江西日日官报》 | 主持人李之鼎 | 日报 | 南昌 | 前身为李之鼎私营的《江报》，后改为官商合办的《江西日日官报》。据《东方杂志》报道，"……近经职员李君之鼎禀请，洋务局设法改良，略仿《南洋日日官报》体裁，改名《江西日日官报》"。1911年停刊。据《新闻报》报道，该报"系官商合资开办，有官办之名而无官办之实"。 |
| 1907 年 4 月 | 《西藏白话报》 | 最后一位驻藏大臣联豫和帮办大臣张荫棠 | 旬刊 | 拉萨 | 以汉藏两种文字出版。我国最早的藏文报纸，也是西藏历史上最早的报纸。以"爱国尚武，开通民智"为宗旨。 |
| 1907 年 5 月 | 《江西农报》 | 创始人傅春官 | 初为半月刊，1909年改为月刊 | 南昌 | 江西省首家面向农业的报刊，以"研究农术，发达全省农业"为目的，设有"论说""公牍""报告""学术""专件""来稿""问答""编译"等栏目。 |
| 1907 年 5 月 | 《警察报》 | 不详 | 不详 | 天津 | 据《北洋官报》报道，"传闻外城警察界中人在石头胡同择地开办警察日报，股已招齐，不日即将出报，其主义专为各省开通警察事务及释解立宪宗旨云"。 |

续表

| 成立时间 | 名称 | 创办主体（或个人） | 刊物形态 | 地点 | 备注 |
|---|---|---|---|---|---|
| 1907年5月 | 《营口官报》 | 营口官报局 | 不详 | 营口 | 据《东方杂志》报道，"营口创设官报局，以开通社会政治上之智识为宗旨。其内容以折奏文件为正格而于中外新闻、私家论说间行选录，已于五月间出版"。 |
| 1907年7月 | 《农工商报》 | 主编江宝珩，由广东农工商总局出版 | 旬刊 | 广州 | 广东农工商总局主办，江宝珩（侠庵）主编，专为"开通风气，挽回利权"而创办，设论说、新闻、新法、学理等栏目。报纸出版后，广东农工商局将该报札发各府州县，以期推广，"穷乡僻壤借此以扩见闻"。 |
| 1907年7月 | 《云南教育官报》 | 云南学务公所编辑发行 | 初为月刊，1911年6月改为半月刊 | 昆明 | 不详。 |
| 1907年7月 | 《广西官报》 | 广西巡抚部院署 | 旬刊 | 桂林 | 初为旬刊，后改为周刊、半月刊、月刊、五日刊，1911年9月停刊。 |
| 1907年8月 | 《河南教育官报》 | 河南提学司 | 月出二册（期） | 开封 | 河南省最早的教育专业报刊。 |
| 1907年8月 | 《吉林官报》 | 吉林官报局 | 两日刊 | 吉林 | 设有"本省新闻""京师新闻""各省新闻""各国新闻""专件"等栏目。1912年改为《吉林公报》。 |
| 1907年8月 | 《吉林白话报》 | 吉林官报局主笔安镜全 | 两日刊 | 吉林 | 该报为吉林的第一张白话报，"以宣上德通民隐，开通风气，改良社会，俾一般人民咸具普通之知识，以预备立宪国民之资格为宗旨"。<br>1909年9月停刊。 |

续表

| 成立时间 | 名称 | 创办主体（或个人） | 刊物形态 | 地点 | 备注 |
|---|---|---|---|---|---|
| 1907 年 10 月 | 《政治官报》 | 北京考察政治馆主办 | 日刊 | 北京 | 1911年8月停刊，改为《内阁官报》共出版1370期。 |
| 1907 年？ | 《济南官报》 | 主笔李明坡 | 不详 | 济南 | 据《东方杂志》记载："济南官报馆主笔李明坡征君，现于布政大街设一阅报馆，各报具备，任人往阅，不取分文。" |
| 1907 年 12 月 | 《安徽学务杂志》 | 安徽学务公所 | 月刊 | 安庆 | 该报内容以学务类奏折文牍为主，设有"章奏""文牍""译述""编辑""选录"等栏目，是安徽省杂志的滥觞。三年后停刊。 |
| 1907 年 12 月 | 《两湖官报》 | 两湖官报局编辑，两湖官署发行 | 月刊 | 武昌 | 该刊主要刊载《内阁官报》公布的政令、公文和两湖督院发布的批文、奏呈、示谕、公函等，其内容涉及外交、民政、财政、吏治、教育、军事、法律和实业等诸多方面。 |
| 1907 年？ | 《蒙文报》 | 主办人蒙古喀喇沁亲王，主笔雍和宫喇嘛罗子珍 | 不详 | 总馆在北京，内外蒙古奉天吉林黑龙江等地设有分馆 | 报纸用蒙文出版，总馆在北京，内外蒙古、奉天、吉林、黑龙江等地也设有分馆，以"开通蒙人风气，以期自强"为宗旨。 |

| 成立时间 | 名称 | 创办主体（或个人） | 刊物形态 | 地点 | 备注 |
|---|---|---|---|---|---|
| 1907年？ | 《天津警务官报》 | 不详 | 不详 | 天津 | 曾附出白话报一种。该报由官方命令各州县派销。 |
| 1907年？ | 《江宁学务杂志》 | 江宁学务公所 | 月刊 | 江宁 | 1911年停刊，共51期。其为清末江苏省教育行政机构江宁学务公所的机关刊物，为中国近代最早的省级教育行政机关刊物之一。报纸设有谕旨、奏议、公牍、学说、论说、编辑、选载、杂录、别录等栏目。 |
| 1908年1月 | 《黑龙江公报》 | 官报局 | 先出旬报，1908年夏又出白话报日刊 | 齐齐哈尔 | 黑龙江的第一家官报。全属官股。据《东方杂志》报道，"前署将军程云帅以黑省风气未开，特在齐齐哈尔创设官报局，略设官报局，略仿《北洋官报》办法日出一纸，聘前《满洲日报》主笔韩君文杰为总理"。旨在"开通本省风气，俾官绅士民明晰要政，内地各省借以洞晓边情"，设有谕旨、本省辕钞、本省章奏、本省文牍、报告、译述、成案、专件、要政附录和边事别志等栏目。 |
| 1908年2月 | 《吉林教育官报》 | 吉林提学司主办 | 半月刊 | 吉林 | 据《东方杂志》报道，"吉林提学司以吉省学务幼稚，特照部章编辑教育官报，以为开通风气之机关"。报纸由吉林提学使司编辑，吉林教育官报编印局发行，设有诏言、奏议、论说、译述、讲义、学制、调查、时闻、杂录等栏，"为代表吉林教育行政方法之机关，以期教育改良进步，使全省学务日臻完备为宗旨"，1911年停刊。 |

续表

| 成立时间 | 名称 | 创办主体（或个人） | 刊物形态 | 地点 | 备注 |
|---|---|---|---|---|---|
| 1908 年2 月 | 《白话报》 | 黑龙江行省公署 | 周三刊 | 齐齐哈尔 | 《黑龙江公报》第一期出刊后，曾仿照《北洋官报》附出《白话报》，单张，周三刊，按月汇集成书。《白话报》由赵秉璋一人编辑，因稿源少，大量抄袭各报。赵于 3 月 31 日上书辞去编报兼职，《白话报》随之停刊。 |
| 1908 年3 月 | 《直隶农务官报》 | 直隶农务总会 | 《北直农话报》时期是每月两册(期)，随后不详 | 保定 | 1902 年 5 月，直隶总督袁世凯奏请清政府在保定设立"直隶农务学堂"，1904 更名为"直隶高等农业学堂"。1905 年 11 月，《北直农话报》由直隶高等农业学堂创办，半月刊，每月出版两册，暑假停刊两月，全年 20 册，每册 50 页。报纸由学堂同人集资二百余元本金开办，一切庶务、执笔、会计、书记均由同人承担，概不付资。每本定价大洋一元八角，概不零售。1908 年，奉农工商部批文，直隶农务总会变更《北直农话报》体例，将其改为《直隶农务官报》。 |
| 1908 年4 月 | 《湖南教育官报》 | 湖南学务公所教育官报处 | 月刊 | 长沙 | 体例"仿学部官报"，分为六类，"首恭录谕旨，次章奏，次文牍，次本省学务报告，次京外学务丛录，次选录东西各国书报。将来搜辑日富，再议续增子目"。 |

续表

| 成立时间 | 名称 | 创办主体（或个人） | 刊物形态 | 地点 | 备注 |
|---|---|---|---|---|---|
| 1908 年 4 月（一说 5 月） | 《蒙话报》 | 负责人马浚年 | 月刊 | 吉林 | 又名《吉林蒙文报》。蒙文汉文对照合刊。吉林省调查局总办学部郎中马浚年在奏折中称："开通风气，莫如报纸，而白话体裁，尤为浅而易人。……参仿丛报体裁，约同局员分类编辑。先以汉文演成白话，继以白话译成蒙语，以便汉蒙对照，取名曰《蒙话报》，月出一册，是请鉴核立案，并请分咨京外各衙门查照。"东三省总督徐世昌、吉林巡抚朱家宝对此批复"本大臣、部院据此查该报汉文与蒙文并列，既能以蒙话开通蒙智，复能使汉人通晓蒙情，沟通障阻，输入文明，询属一举两得，应予照准。特事属创办，命意遣词，容有未尽妥协之处，应饬该编辑员等随时改良，此期完备"。 |
| 1908 年 5 月 | 《并州官报》 | 负责人李庆芳 | 五日刊 | 太原 | 据《新闻报》记载，"晋省当道以报纸一物，最足以开通风气，增长官民知识，当此预备立宪时代，尤宜赶紧组织，以期助进文明，爰议设官报局，采集谕旨、章奏暨关系宪政一切要件，归辑成册，逢一六出报，月出六册，名曰《并州官报》，已于本月十六日开办"。报纸设有宫门抄、谕旨、论说、政法等栏目，是太原最早的官方报纸。报纸发行后，"一切现系仿照《政治官报》办理，纯属官报性质"，实行派销。 |

续表

| 成立时间 | 名称 | 创办主体（或个人） | 刊物形态 | 地点 | 备注 |
|---|---|---|---|---|---|
| 1908 年5月 | 《陕西官报》 | 学务公所编辑 | 旬刊 | 西安 | "《秦报》停办略久，挤压文牍甚多"，"本报借续《秦报》办理，广加归辑，内容丰富，定名《陕西官报》"。《陕西官报》设有"谕旨恭录""要电摘登""政治文牍"等专栏。 |
| 1908 年7月 | 《山西教育官报》 | 山西学务公署 | 不详 | 太原 | 不详。 |
| 1908 年7月 | 《福建教育官报》 | 福建提学使署 | 月刊 | 福州 | 设有诏令、文牍、章奏、报告、论说等栏目。 |
| 1908 年8月 | 《浙江教育官报》 | 浙江学务公所 | 五日刊 | 杭州 | 报纸为"浙省教育行政之机关"。初为月刊，每月逢十出版，每期70页左右；第二十二期后改五日刊，逢五、十出版，每期约十页，设有谕旨、文牍、章奏、学制、科学、图书等专栏。 |
| 1908 年11月 | 《浙江禁烟官报》 | 浙江省禁烟公所编纂 | 旬刊 | 杭州 | 报纸注重"浙江禁烟事务"，刊发有关禁烟的谕旨、论撰、文牍、新闻等内容，采用派销形式，"由禁烟公所札发各州县，转派商绅学界"。 |
| 1908 年？ | 《吉林实业官报》 | 胡总瀛 | 周刊 | 吉林 | 一说名为《实业官报》。据《新闻报》报道，"吉林农工商局局长胡主政宗瀛以吉省风气未开，振兴实业不得不借助于报纸之力为鼓动，特禀准抚宪创办《实业官报》，按星期出报一次，专载关于实业界上之公牍文件……" |

续表

| 成立时间 | 名称 | 创办主体（或个人） | 刊物形态 | 地点 | 备注 |
|---|---|---|---|---|---|
| 1908年 | 《武昌日报》 | | 日报 | 武昌 | 1907年，赵尔巽以"鄂省向无报纸"为由，委任王仁俊"就湖北官报局附出《武昌日报》，力除官报积习，为代表舆论之机关"。《武昌日报》多由官方派送，仅向湖北、湖南两省所派，日达2000份。《武昌日报》曾云："本报以通达下情，增广见闻为旨，记载确速，持论平正，于本省政界、学界、商界最为着重，以期机关灵捷，足餍阅者之望，并逐日附送官报数页，专以宣布长官法律命令。奉督宪谕准，凡登载官报者，即以登报之次日作为施行之期，尤为官民不可不读之报。每月大洋五角，全年五元，外埠六元，官报附送不取分文，出版之日送阅三日，不收报价。特此广告。" |
| 1909年2月 | 《江西学务官报》 | 江西学务公所出版 | 月刊 | 南昌 | 该报为"江西教育总机关，以正人心，增学识为主，凡属教育要件，无论本省外省国内国外，必加采录"，设有"谕旨""章奏""文牍""学制""论说""报告"等栏目。1911年3月停刊。 |
| 1909年8月 | 《浙江官报》 | 浙江省官报局 | 周刊 | 杭州 | 设有谕旨、奏折、文牍、函电、法令、论著、调查、表式等栏目，1911年改为《浙江军政府官报》，后改为《浙江公报》。 |

续表

| 成立时间 | 名称 | 创办主体（或个人） | 刊物形态 | 地点 | 备注 |
|---|---|---|---|---|---|
| 1909 年8 月 | 《交通官报》 | 邮传部图书通译局官报处 | 前七期为月刊，后为半月刊 | 北京 | 《交通官报》为我国历史上第一份邮电类期刊。该刊意在"齐一官民意志，发达交通学术，增进交通事业，以官报而兼学报之任务者也"，报纸"登载关于交通之事件及学理"，设有"图画""谕旨""论述""折奏""公牍""法制"等栏目。开始为月刊，从第 8 期起改为半月刊，共出版30 期，每月 15 日出版，大 32 开本，50 余页，每册售价银元 3 角。停刊时间和原因不详。 |
| 1909 年8 月 | 《甘肃教育官报》 | 甘肃官报书局 | 月刊 | 兰州 | 设有"奏议""文牍""报告""讲义"等栏目，停刊时间不详。 |
| 1909 年8 月 | 《贵州官报》 | 贵州官报局 | 不详 | 贵阳 | 不详。 |
| 1909年？ | 《自治官报》 | 河南地方当局 | 不详 | 开封 | 为筹办地方自治而设，一般不向群众销售。 |
| 1909年？ | 《宪政月刊》 | 河南巡抚吴重憙 | 月刊 | 开封 | 河南巡抚吴重憙，在河南筹备地方自治时所办。地址设在抚署内，专供政序公布法令之用，群众不能购买，较《河南官报》控制为严。 |
| 1910 年2 月 | 《黑龙江官报》 | 黑龙江官报局 | 旬刊 | 齐齐哈尔 | 由黑龙江巡抚周树模请奏创办。"江省僻处边荒，民风朴塞，教育甫有萌芽，政治素少研究，当此修明宪法，规制日新，……参酌本省情形，手订规章，名为《黑龙江官报》，派通晓时务人员专司编辑"。 |
| 1910 年正月 | 《江西实业杂志》 | 江西劝业公所 | 月刊 | 南昌 | 设有"论说""公牍""学术""专件""编译"等栏目。 |

362

| 成立时间 | 名称 | 创办主体（或个人） | 刊物形态 | 地点 | 备注 |
|---|---|---|---|---|---|
| 1910年2月 | 《福建农工商官报》 | 福州农工商局 | 月刊 | 福州 | 设有谕旨、奏折、公牍、报告、论说、译丛、附录等栏目。 |
| 1910年2月 | 《广东教育官报》 | 广东学务公所 | 月刊 | 广州 | 报纸性质为"全省官民讨论学务之公报"，非寻常官报性质可比"，设"谕旨""章奏""文牍""报告"等栏目。 |
| 1910年3月 | 《吉林司法官报》 | 吉林提法司官报局 | 半月刊 | 吉林 | 报纸旨在"促成吉林全省司法前途之进步，并普及法律知识于人民"，报局附设于吉林提法司署内，设有"谕旨""章奏""公牍"等栏目。 |
| 1910年4月 | 《江南警务杂志》 | 江南警察总局 | 月刊 | 南京 | 是中国最早的警察杂志之一，设有"诏令""论说""学术""纪事"等栏目，停刊于1911年6月，停刊原因不详。 |
| 1910年5月 | 《湖北农会报》 | 湖北农务总会 | 月刊 | 武昌 | 湖北全省农务总会主办，吕瑞廷主编。第七期起改为半月刊，"以研究农学、改良农业、补助农政"为宗旨，专刊有关农务的章奏、公牍、论说、科技知识、农林新闻等内容。停刊时间不详。 |
| 1910年6月 | 《北洋兵事杂志》 | 北洋陆军主办 | 月刊 | 天津 | 又名《兵事杂志》。专刊军事论说、公牍，兵学、见闻、调查等内容。同年停刊。 |
| 1910年7月 | 《广东警务官报》 | 广东警务公所 | 半月刊 | 广州 | 设有"谕旨""章奏""文牍"等栏目。 |
| 1910年8月 | 《奉天劝业报》 | 奉天劝业公所 | 月刊 | 奉天 | 报纸发刊词指出："省中大吏有鉴乎，是乃谋，所以提倡实业发行《劝业报》一种，月出一册，……非实业固不足以强国，尤非实业不足以振兴奉天"。该刊停刊于1911年，停刊原因不详。 |

| 成立时间 | 名称 | 创办主体（或个人） | 刊物形态 | 地点 | 备注 |
|---|---|---|---|---|---|
| 1910年8月 | 《江宁实业杂志》 | 江宁劝业公所 | 月刊 | 南京 | 江宁劝业公所主办，曹赤霞主编。设奏议、文牍、规章、调查、附刊、小说等栏目。1911年停刊。 |
| 1910年9月 | 《直隶警察杂志》 | 直隶警务公署 | 半月刊 | 天津 | 不详。 |
| 1910年11月 | 《陕西教育官报》 | 陕西学务公所 | 月刊 | 西安 | 该报"以教育为主"，设有"谕旨""教育""文牍""报告""论著"等栏目，"重在提倡教育普及，各项宪政亦择要选录"。辛亥革命爆发后停刊。 |
| 1910年？ | 《福建官报》 | 福建官报局 | 旬刊 | 福州 | 设有宪政、吏政、财政、教育、民政等栏目，停刊时间不明。 |
| 1910年？ | 《山东教育官报》 | 山东学务公所 | 不详 | 济南 | 1911年7月停刊。 |
| 1911年2月 | 《四川警务官报》 | 四川警务官报事务所 | 旬刊 | 成都 | 报纸"以促四川全省巡警之进步并普及巡警法令知识于人民为宗旨"，记载注重"巡警一切事宜"，设有"谕旨""奏议""法令""文牍""讲演"等栏目。 |
| 1911年2月 | 《安徽司法月报》 | 安徽提法司署 | 月刊 | 安庆 | 安徽提法司署负责该刊的编辑与出版，设有"章奏""法令""公牍""杂志"等栏目，停刊时间不详。 |
| 1911年4月 | 《吉林警务官报》 | 吉林民政司署 | 半月刊 | 吉林 | 吉林民政司署主办，吉林印书局代印，半月刊。主要内容是有关治安和警察方面的谕旨、章奏、公牍、地方治安要件、匪情及警察守则等。 |

续表

| 成立时间 | 名称 | 创办主体（或个人） | 刊物形态 | 地点 | 备注 |
|---|---|---|---|---|---|
| 1911 年6 月 | 《两广官报》 | 两广总督 | 周刊 | 广州 | 报纸在两广总督张鸣岐支持下开办，只"登载官文书，不论新闻，不撰论说，亦不转载别报论说，刊录诗词及无关政事文件以符官报名义"，设有"电传""宪政""外务""吏政"等栏目。 |
| 1911 年9 月 | 《正俗新白话报》 | 成都官印刷局 | 不定期刊 | 成都 | 由四川总督赵尔丰主持创刊，由官书局编辑，不久停刊。 |
| 1911 年9 月 | 《奉天官报》 | 奉天官报局 | 二日刊 | 沈阳 | 1912年改为《奉天公报》，继续出版。 |
| 1911 年10 月 | 《吉林民政官报》 | 吉林民政司署 | 每月出版两册 | 吉林 | 不详。 |
| 1911 年？ | 《劝业公报》 | 甘肃劝业道署 | 不详 | 甘肃 | 辛亥革命后停刊。 |
| 不详 | 《学务日报》 | 甘肃学务公所 | 不详 | 甘肃 | 不详。 |

# 参考文献

## 一、报刊类史料

1. 《安徽官报》，1905—1911

2. 《安徽学务杂志》，1907—1911

3. 《北洋兵事杂志》，1910—1911

4. 《北洋法政学报》，1906—1911

5. 《北洋官报》，1902—1911

6. 《并州官报》，1908—1911

7. 《大公报（天津版）》，1902—1911

8. 《东方杂志》，1896—1911

9. 《福建教育官报》，1908—1911

10. 《福建农工商官报》，1910—1911

11. 《贵州教育官报》，1906—1911

12. 《黑龙江官报》，1910—1911

13. 《河南官报》，1904—1911

14. 《湖北官报》，1905—1911

15. 《湖北商务报》，1899—1904

16. 《湖南官报》，1902—1905

17. 《江宁实业杂志》，1910—1911

18. 《江宁学务杂志》，1907—1911

19. 《江西官报》，1903—1911

20. 《江西实业杂志》，1910—1911

21. 《江西学务官报》, 1908—1911

22. 《交通官报》, 1908—1911

23. 《教育杂志》, 1905—1911

24. 《吉林官报》, 1907—1911

25. 《吉林教育官报》, 1908—1911

26. 《吉林警务官报》, 1911

27. 《吉林司法官报》, 1910—1911

28. 《两广官报》, 1911

29. 《南洋兵事杂志》, 1906—1911

30. 《南洋官报》, 1904—1911

31. 《南洋商务报》, 1906—1911

32. 《秦中官报》, 1903—1908

33. 《山东官报》, 1905—1911

34. 《商务官报》, 1906—1911

35. 《陕西教育官报》, 1910—1911

36. 《申报》, 1896—1911

37. 《时报》, 1904—1911

38. 《四川官报》, 1904—1911

39. 《四川警务官报》, 1911

40. 《四川学报》, 1905—1911

41. *The North-China Daily News*, *1903*

42. 《新闻报》, 1896—1911

43. 《学部官报》, 1906—1911

44. 《学务杂志》, 1906—1907

45. 《云南官报》, 1911

46. 《云南教育官报》, 1907—1911

47.《浙江教育官报》，1908—1911

48.《浙江禁烟官报》，1908—1911

49.《浙江官报》，1908—1911

50.《政治官报》，1907—1911

51.《直隶农务官报》，1908—1911

## 二、文集、回忆录以及资料汇编等史料

1. 北京大学、中国第一历史档案馆编：《京师大学堂档案选编》，
北京：北京大学出版社，2001年。

2. 北京市邮政局史志办公室编：《北京邮政史料》，北京：燕山出
版社，1988年。

3. 曹聚仁：《上海春秋（修订版）》，北京：生活·读书·新知三
联书店，2016年。

4. 陈锋主编：《晚清财政说明书（二）》，武汉：湖北人民出版
社，2015年。

5. 陈锋主编：《晚清财政说明书（五）》，武汉：湖北人民出版
社，2015年。

6. 陈明光主编：《中华大典·经济典·财政分典（三）》，成都：
巴蜀书社，2017年。

7. 刘晴波、彭国兴编校：《陈天华集》，长沙：湖南人民出版社，
1958年。

8. 董丛林选编：《曾国藩督直文选》，秦皇岛：燕山大学出版社，
2017年。

9. 中国史学会主编：《中国近代史资料丛刊·义和团（三）》，上
海：上海人民出版社，1957年。

10. 故宫博物院明清档案部编：《清末筹备立宪档案史料（上

册）》，北京：中华书局，1979年。

11. 贵州省文史研究馆编：《续黔南丛书·第1辑上·平播全书》，贵阳：贵州人民出版社，2012年。

12. 顾廷龙、戴逸主编：《李鸿章全集·奏议六》，合肥：安徽教育出版社，2008年。

13. 黑龙江省档案馆编：《黑龙江报刊》，哈尔滨：黑龙江省档案馆编印，1985年。

14. 侯振彤译：《二十世纪初的天津概况》，天津：天津市地方史志编修委员会总编辑室编印，1986年。

15. 黄林编：《近代湖南出版史料》，长沙：湖南教育出版社，2012年。

16. 中国史学会编：《戊戌变法（四）》，上海：上海人民出版社，1957年。

17. 蒋廷黻编：《近代中国外交史资料辑要（中）》，北京：东方出版社，2014年。

18. 赖骏楠：《宪制道路与中国命运·中国近代宪法文献选编：1840—1949》上，北京：中央编译出版社，2017年。

19. 杨家骆编：《戊戌变法文献汇编（第二册）》，台北：鼎文书局，1973年。

20. 辽宁报业通史编委会：《辽宁报业通史（第一卷）：1899—1978》上册，沈阳：辽宁人民出版社，2016年。

21. 刘望龄编：《辛亥首义与时论思潮详录》上卷，武汉：华中师范大学出版社，2011年。

22. 刘望龄：《黑血·金鼓——辛亥前后湖北报刊史事长编：1866—1911》，武汉：湖北教育出版社，1991年。

23. 黎难秋主编：《中国科学翻译史料》，合肥：中国科学技术大学出版社，1996年。

24. 林则徐全集编辑委员会编：《林则徐全集·信札卷》，福州：海峡文艺出版社，2002年。

25. 李文治编：《中国近代农业史资料：1840—1911（第1辑）》，北京：生活·读书·新知三联书店，1957年。

26. 马鸿谟编：《民呼、民吁、民立报选辑（一）》，郑州：河南人民出版社，1982年。

27. 马模贞主编：《中国禁毒史资料：1729—1949年》，天津：天津人民出版社，1998年。

28. 南京市地方志编纂委员会编：《南京报业志》，上海：学林出版社，2001年。

29. 倪延年主编：《中国新闻法制通史（第5卷）史料卷上》，南京：南京师范大学出版社，2015年。

30. （清）黄濬：《花随人圣庵摭忆（一）》，太原：山西古籍出版社，1999年。

31. （清）贾桢等编辑：《筹办夷务始末·咸丰朝》，北京：中华书局，1979年。

32. （清）王韬：《韬园尺牍》，北京：中华书局，1959年。

33. （清）魏源：《魏源全集十三》，长沙：岳麓书社，2011年。

34. （清）魏源：《海国图志四》，长沙：岳麓书社，2011年。

35. （清）载振、唐文治著，李文杰、董佳贝整理：《中国近现代稀见史料丛刊 第4辑·英轺日记两种》，南京：凤凰出版社，2017年。

36. （清）曾国藩：《曾国藩全集·奏稿五》，长沙：岳麓书社，2011年。

37. （清）张孝谦：《印刷局问答》，直隶：北洋官报局，1903年。

38. （清）张元济：《读史阅世》，北京：新世界出版社，2012年。

39. 周伟民、唐玲玲选编：《张之洞经略琼崖史料汇编》，海口：海南出版社，2015年。

40. 刘泱泱校点：《左宗棠全集·书信三》，长沙：岳麓书社，2014年。

41. 齐思和等编：《第二次鸦片战争（四）》，上海：上海人民出版社，1978年。

42. 中国史学会主编：《中国近代史资料丛刊·鸦片战争二》，上海：上海人民出版社，1957年。

43. 仇润喜、刘广生主编：《中国邮驿史料》，北京：北京航空航天大学出版社，1999年。

44. 上海商务印书馆编译所编纂：《大清新法令：1901—1911（第1卷）》点校本，北京：商务印书馆，2010年。

45. 上海市工商业联合会、复旦大学历史系编：《上海总商会组织史资料汇编（上册）》，上海：上海古籍出版社，2004年。

46. 上海通社编：《上海研究资料续编》，上海：上海书店出版社，1984年。

47. 上海图书馆编：《近代中文第一报——申报》，上海：上海科学技术文献出版社，2013年。

48. 《上海新闻志》编纂委员会编：《上海新闻志》，上海：上海社会科学院出版社，2000年。

49. 陕西省地方志编纂委员会编：《陕西省志·报刊志》，西安：陕西人民出版社，2000年。

50. 山西省山右历史文化研究院编：《山右丛书初编五》，上海：上海古籍出版社，2014年。

51. 宋原放编、汪家熔辑注：《中国出版史料·近代部分（第二卷）》，武汉：湖北教育出版社，2004年。

52. 胡问涛、罗琴校注：《文同全集编年校注下》，成都：巴蜀书社出版社，1999年。

53. 汤志钧、陈祖恩、汤仁泽编：《中国近代教育史资料汇编：戊戌时期教育》，上海：上海教育出版社，2007年。

54. 汤志钧：《戊戌变法人物传稿（增订本）上》，北京：中华书局，1982年。

55. 天津市档案馆编：《袁世凯天津档案史料选编》，天津：天津古籍出版社，1990年。

56. 天津图书馆、天津社科院历史出版社研究所编，廖一中、罗真容整理：《袁世凯奏议》，天津：天津古籍出版社，1987年。

57. 王云五主编：《万历朝明会典（二）》，北京：商务印书馆，1935年。

58. 王彦威、王亮辑编，李育民等点校整理：《清季外交史料（五）》，长沙：湖南师范大学出版社，2015年。

59. 万启盈编：《中国近代印刷工业史》，上海：上海人民出版社，2012年。

60. 武汉地方志编纂委员会主编：《武汉市志·新闻志》，武汉：武汉大学出版社，1991年第1版。

61. 吴剑杰主编：《湖北咨议局文献资料汇编下》，武汉大学出版社，2017年。

62. 吴寿彭等编：《帝国主义侵略中国史》，南京：军政部总务厅，1930年。

63. （元）脱脱：《宋史三》，北京：中华书局，2000年。

64. 熊向东主编；《江西省出版志》编纂委员会编：《江西省志·江西省出版志》，南昌：江西人民出版社，1998年。

65. 徐秀丽编：《中国近代乡村自治法规选编》，北京：中华书局，

2004年。

66. 徐载平、徐瑞芳主编：《清末四十年申报史料》，北京：新华出版社，1988年。

67. 姚继荣：《清代历史笔记论丛》，北京：民族出版社，2014年。

68. （英）李提摩太著，李宪堂、侯林莉译：《亲历晚清四十五年——李提摩太在华回忆录》，天津：天津人民出版社，2005年。

69. 张百熙撰，谭承耕、李龙如校点：《张百熙集》，长沙：岳麓书社，2008年。

70. 张本政主编：《〈清实录〉台湾史资料专辑》，福州：福建人民出版社，1993年。

71. 张之华：《中国新闻事业史文选》，北京：中国人民大学出版社，1999年。

72. 中国边疆史地研究中心、新疆维吾尔自治区档案局合编：《清代新疆档案选辑·兵科》，桂林：广西师范大学出版社，2012年。

73. 中国第一历史档案馆编：《光绪宣统两朝上谕档》第二十六册，桂林：广西师范大学出版社，1996年。

74. 中国第一历史档案馆编：《鸦片战争档案史料（二）》，天津：天津古籍出版社，1992年。

75. 中国近代经济史资料丛刊编辑委员会编：《中国海关与邮政》，北京：中华书局，1983年。

76. 中华全国妇女联合会妇女运动历史研究室编：《中国妇女运动历史资料：1840—1918》，北京：中国妇女出版社，1991年。

77. 中山市档案馆编：《中山香山明清档案汇编》，上海：上海古籍出版社，2006年。

78. 朱移山编：《中国新闻传播史文选》，合肥：合肥工业大学出版社，2016年。

79. 周正云辑校：《晚清湖南新政奏折章程选编》，长沙：岳麓书社，2010年。

## 三、中文学术专著

1. 白文刚：《应变与困境 清末新政时期的意识形态控制》，北京：中国传媒大学出版社，2008年。

2. 陈昌凤：《中国新闻传播史：传媒社会学的视角》，北京：清华大学出版社，2009年。

3. 程丽红：《清代报人研究》，北京：社会科学文献出版社，2008年。

4. 程曼丽：《〈蜜蜂华报〉研究》，北京：清华大学出版社，2015年。

5. 陈旭麓：《近代中国社会的新陈代谢》，北京：生活·读书·新知三联书店，2018年。

6. 陈玉申：《晚清报业史》，济南：山东画报出版社，2003年。

7. 迟云飞：《清末预备立宪研究》，北京：中国社会科学出版社，2013年。

8. （德）韦伯原著，张登泰、张恩富编译：《儒教与道教》，北京：人民日报出版社，2007年。

9. （德）沃尔夫冈·希弗尔布施著，金毅译：《铁道之旅：19世纪空间与时间的工业化》，上海：上海人民出版社，2018年。

10. 邓文锋：《晚清官书局述论稿》，北京：中国书籍出版社，2011年。

11. 丁文：《"选报"时期〈东方杂志〉研究（1904—1908）》，北京：商务印书馆，2010年。

12. 方汉奇、李矗主编：《中国新闻学之最》，北京：新华出版社，

2005年。

13. 方汉奇：《新闻史的奇情壮彩》，北京：华文出版社，2000年。

14. 方汉奇：《中国近代报刊史（上册）》，太原：山西人民出版社，1981年。

15. 方汉奇主编：《中国新闻事业通史（第一卷）》，北京：中国人民大学出版社，1992年。

16. （法）魏丕信著，徐建青译：《18世纪中国的官僚制度与荒政》，南京：江苏人民出版社，2003年。

17. 高俊：《清末劝学所研究：以宝山县为中心》，上海：上海辞书出版社，2013年。

18. 关晓红：《晚清学部研究》，广州：广东教育出版社，2000年。

19. 戈公振：《中国报学史》，湖南：岳麓书社，2011年。

20. 黄瑚：《中国近代新闻法制史论》，上海：复旦大学出版社，1999年。

21. 胡春惠、薛化元：《近代中国社会转型与变迁》，台北：政治大学历史学系，2003年。

22. 胡太春：《中国近代新闻思想史》，太原：山西教育出版社，1987年。

23. （加）哈罗德·伊尼斯著，何道宽译：《帝国与传播》，北京：中国传媒大学出版社，2013年。

24. （加）季家珍：《印刷与政治〈时报〉与晚清中国的改革文化》，桂林：广西师范大学出版社，2015年。

25. （加）马歇尔·麦克卢汉：《理解媒介 论人的延伸》，南京：译林出版社，2019年。

26. 贾小叶：《晚清大变局中督抚的历史角色》，上海：上海书店出版社，2008年

27. 孔祥吉：《惊雷十年梦未醒 档案中的晚清史事与人物》，广州：广东人民出版社，2017年。

28. 连振斌：《锡良与清末新政研究》，北京：中国社会科学出版社，2014年。

29. 李彬：《唐代文明与新闻传播》，北京：新华出版社，1999年。

30. 李滨：《中国近代新闻思想的嬗变》，北京：人民出版社，2017年。

31. 李礼：《转向大众：晚清报人的兴起与转变（1872—1912）》，北京：北京师范大学出版社，2017年。

32. 李仁渊：《晚清的新式传播媒体与知识份子：以报刊出版为中心的讨论》，台北：稻香出版社，2005年。

33. 刘大明：《宋代新闻传播与政治文化史稿》，北京：中国传媒大学出版社，2017年。

34. 刘丽：《中国近代报业采访史论：以〈申报〉为中心的考察》，合肥：安徽大学出版社，2014年。

35. 李卫华：《报刊传媒与清末立宪思潮》，北京：中国社会科学出版社，2013年。

36. 李孝悌：《清末的下层社会启蒙运动（1901—1911）》，石家庄：河北教育出版社，2001年。

37. 李细珠：《张之洞与清末新政研究》，北京：中国社会科学出版社，2015年。

38. 李细珠：《地方督抚与清末新政：晚清权力格局再研究（增订版）》，北京：社会科学文献出版社，2018年。

39. 李泽厚：《说西体中用》，上海：上海译文出版社，2012年。

40. 卢宁：《早期〈申报〉与晚清政府：近代转型视野中报纸与官吏关系的考察》，上海：上海科学技术文献出版社，2012年。

41. 马光仁主编：《上海新闻史（1850—1949）》，上海：复旦大学出版社，2014年。

42. 马建标：《权力与媒介：近代中国的政治与传播》，北京：北京师范大学出版社，2018年。

43. 茅海建：《从甲午到戊戌：康有为〈我史〉鉴注》，北京：生活・读书・新知三联书店，2009年。

44. 茅海建：《戊戌变法的另面："张之洞档案"阅读笔记》，上海：上海古籍出版社，2014年。

45. （美）杜赞奇著，王宪明等译：《从民族国家拯救历史：民族主义话语与中国现代史研究》，南京：江苏人民出版社，2009年。

46. （美）杜赞奇：《文化、权利与国家：1900—1942年的华北农村》，南京：江苏人民出版社，2018年。

47. （美）蒲乐安著，刘平、唐雁超等译，刘平、孙昉校：《骆驼王的故事：清末民变研究》，北京：商务印书馆，2014年。

48. （美）任达（Douglas R. Reynolds）著，李仲贤译：《新政革命与日本：中国（1898—1912）》，南京：江苏人民出版社，2006年。

49. （美）斯蒂芬・R.麦金农著，牛秋实、于英红译：《中华帝国晚期的权力与政治：袁世凯在北京与天津（1901—1908）》，天津：天津人民出版社，2013年。

50. （美）司昆仑（Kristin Stapleton）著，王莹译：《新政之后：警察、军阀与文明进程中的成都（1895—1937）》，成都：四川文艺出版社，2019年。

51. 潘祥辉：《媒介演化论：历史制度主义视野下的中国媒介制度变迁研究》，北京：中国传媒大学出版社，2009年。

52. （日）佐藤仁史：《近代中国的乡土意识：清末民初江南的地方精英与地域社会》，北京：北京师范大学出版社，2017年。

53. 桑兵：《清末新知识界的社团与活动》，北京：生活·读书·新知三联书店，1995年。

54. 桑兵：《晚清学堂学生与社会变迁》，桂林：广西师范大学出版社，2007年。

55. 邵志择：《近代中国报刊思想的起源与转折》，杭州：浙江大学出版社，2011年。

56. 史媛媛：《清代前中期新闻传播史》，福州：福建人民出版社，2008年。

57. 孙藜：《晚清电报及其传播观念（1860—1911）》，上海：上海书店出版社，2007年。

58. 苏艳：《从文化自恋到文化自省：晚清中国翻译界的心路历程》，上海：华中师范大学出版社，2018年。

59. 汤志钧：《戊戌变法史》，上海：上海社会科学院出版社，2015年。

60. 童兵、林涵：《20世纪中国新闻学与传播学（理论新闻学卷）》，上海：复旦大学出版社，2001年。

61. 涂凌波：《现代中国新闻观念的兴起》，北京：中国传媒大学出版社，2016年。

62. 王天根：《清末民初报刊与革命舆论的媒介建构：中国近代报刊史探索》，合肥：合肥工业大学出版社，2010年。

63. 王天根：《晚清报刊与维新舆论建构》，合肥：合肥工业大学出版社，2008年。

64. 王晓秋、尚小明主编：《戊戌维新与清末新政：晚清改革史研究》，北京：北京大学出版社，1998年。

65. 王晓霞：《纲维国本：晚清官书局研究》，南昌：江西高校出版社，2018年。

66. 吴春梅：《一次失控的近代化改革：关于清末新政的理性思考》，合肥：安徽大学出版社，1998年。

67. 武志勇：《中国报刊发行体制变迁研究》，北京：中华书局，2013年。

68. 萧功秦：《危机中的变革：清末现代化进程中的激进与保守》，上海：上海三联书店，1999年。

69. 徐斌：《明清鄂东宗族与地方社会》，武汉：武汉大学出版社，2010年。

70. 杨天石：《晚清史事》，北京：中国人民大学出版社，2007年。

71. 尹韵公：《中国明代新闻传播史》，重庆：重庆出版社，1990年。

72. 张海鹏、李细珠：《中国近代通史（第五卷）：新政、立宪与辛亥革命（1901—1912）》，南京：江苏人民出版社，2009年。

73. 张灏：《幽暗意识与民主传统》，北京：新星出版社，2010年。

74. 张华腾：《北洋集团崛起研究（1895—1911）》，北京：中华书局，2009年。

75. 章清编：《学术与社会：近代中国"社会重心"的转移与读书人新的角色》，上海：上海人民出版社，2012年。

76. 章清：《清季民国时期的"思想界"》，北京：社会科学文献出版社，2014年。

77. 张天星：《报刊与中国文学的近代转型（1833—1911）》，上海：复旦大学出版社，2015年。

78. 张小莉：《清末"新政"时期文化政策》，北京：人民出版社，2010年。

79. 赵建国：《分解与重构：清季民初的报界团体》，北京：生活·读书·新知三联书店，2008年。

80. 赵效宣：《宋代驿站制度》，台北：联经出版事业公司，1983年。

81. 曾虚白：《中国新闻史》，台北：三民书局，1966年。

82. 左松涛：《近代中国的私塾与学堂之争》，北京：生活·读书·新知三联书店，2017年。

## 四、中文论文

1. 卞冬磊：《"打探"西方：新闻纸在晚清官场的初兴（1850—1870）》，《新闻与传播研究》2019年第1期。

2. 卞冬磊：《为致用而读：新闻纸在晚清官场的兴起（1861—1890）》，《新闻大学》2019年第5期。

3. 操瑞青：《"益闻"与"风闻"：19世纪中文报刊的两种新闻观》，《国际新闻界》2018年第11期。

4. 操瑞青：《早期〈申报〉"体例"与19世纪新闻人的伦理观》，《国际新闻界》2020年第7期。

5. 程丽红：《"言语"文化兴起与清末社会之变——以口语传播为中心的思考》，《学术月刊》2017年第8期。

6. 程丽红：《意识形态的征战：清末官方政治传播之困》，《现代传播（中国传媒大学学报）》2015年第10期。

7. 程曼丽：《文化政治视角下清末西方传教士及其报刊出版活动》，《现代传播（中国传媒大学学报）》2018年第3期。

8. 池翔：《林业何以成"局"：清末新政视野下的吉林全省林业总局》，《清华大学学报（哲学社会科学版）》2019年第3期。

9. 丁捷：《"官"、"报"之间：清末新政中的〈北洋官报〉研究》，华中科技大学博士论文2018年。

10. 丁进军：《晚清创办报纸史料二》，《历史档案》2000年第5期。

11. 丁进军：《晚清创办报纸史料四》，《历史档案》2001年第1期。

12. 丁之方：《清代的公文制度及其演变》，《史林》1989年第4期。

13. 杜恺健、王润泽：《进入"旧世界"的通道：近代宗教报纸〈中国教会新报〉发行网络研究》，《国际新闻界》2020第10期。

14. 杜丽红：《近代北京公共卫生制度变迁过程探析（1905—1937）》，《社会学研究》2014年第6期。

15. 黄旦：《耳目喉舌：旧知识与新交往——基于戊戌变法前后报刊的考察》，《学术月刊》2012年第12期。

16. 黄旦：《媒介就是知识：中国现代报刊思想的源起》，《学术月刊》2011年第12期。

17. 姜海龙：《〈北洋官报〉与晚清〈京报〉、〈申报〉关系述论》，《新闻与传播评论》2016年。

18. 姜海龙：《从文牍到新闻：早期〈北洋官报〉中的新政展示》，《中国社会历史评论》2014年。

19. 姜海龙：《"官纸印刷"：清末北洋官报局与咨议局的"印刷"之争》，《人文论丛》2013年。

20. 姜红：《"黄帝"与"孔子"——晚清报刊"想象中国"的两种符号框架》，《新闻与传播研究》2014年第1期。

21. 姜红：《"想象中国"何以可能——晚清报刊与民族主义的兴起》，《安徽大学学报（哲学社会科学版）》2011年第1期。

22. 蒋建国：《清末士绅的报刊阅读与观念世界》，《学术研究》2019年第9期。

23. 蒋建国：《甲午之前传教士中文报刊的传播、阅读及其影响》，《新闻与传播研究》2019年第8期。

24. 江沛：《留日学生、东游官绅与直隶省的近代化进程（1900—1928）》，《史学月刊》2005年第5期。

25. 孔正毅、王书川：《清代"邸报"版本问题初探》，《新闻与传播评论》2015年第1期。

26. 孔正毅、王书川：《试论清代邸报的发行体系》，《南昌大学学报（人文社会科学版）》2015年第2期。

27. 孔正毅、张露：《清代邸报文献的系统考察》，《新闻与传播评论》2014年第1期。

28. 廖基添：《邸报是古代报纸吗？——中国古代报纸发展线索再梳理》，《新闻与传播研究》2010年第1期。

29. 李斯颐：《清末10年官报活动概貌》，《新闻研究资料》1991年第3期。

30. 刘望龄：《张之洞与湖北报刊》，《近代史研究》1996年第2期。

31. 刘增合：《"舆论干政"：〈申报〉与同光之际的西征新疆举债》，《新闻与传播研究》2015年第7期。

32. 刘伟：《官治与自治之间：清末州县劝学所述评》，《近代史研究》2012年第4期。

33. 李卫华：《简论官报与清末立宪思想的传播》，《信阳师范学院院报（哲学社会科学版）》2011年第5期。

34. 李细珠：《晚清地方督抚权力问题再研究——兼论清末"内外皆轻"权力格局的形成》，《清史研究》2012年第3期。

35. 李志茗：《袁世凯幕府与清末新政》，《史林》2007年第6期。

36. 罗志田：《革命的形成：清季十年的转折上》，《近代史研究》2012年第3期。

37. 罗志田：《新旧之间：近代中国的多个世界及"失语"群体》，《四川大学学报（哲学社会科学版）》1999年第6期。

38. 间小波：《20世纪初中国传媒媒介的繁荣与人的现代化》，《新闻与传播研究》1996年第1期。

39. 马维熙：《清雍乾之际驻京提塘泄密问题研究》，《内蒙古大学学报（哲学社会科学版）》2016年第6期。

40. 宁树藩：《〈东西洋考每月统记传〉译述》，《新闻大学》1982年第5期。

41. 潘祥辉、白华康：《百年"公报"史：概念、源流与历史演变》，《新闻大学》2019年第1期。

42. 邱思达、赵伊：《天津北洋官报局印制的官报和钞票》，《中国钱币》2004年第3期。

43. 单波、王嫒：《跨文化互动与西方传教士的中国形象认知》，《新闻与传播研究》2016年第1期。

44. 邵绿：《略论〈申报〉的发行方式》，《新闻记者》2012年第6期。

45. 邵志择：《机事不密则殆：京报、新闻纸与清政府保密统治的式微》，《新闻与传播研究》2018年第5期。

46. 王汎森：《启蒙是连续的吗？——从晚清到五四》，《近代史研究》2019年第5期。

47. 王润泽、谭泽明：《〈时务报〉属权之争：报刊、权力及现代化政治源起》，《兰州大学学报（社会科学版）》2018年第5期。

48. 王润泽、谭泽明：《〈戊戌政变记〉与政变图像建构：从个体想象到集体记忆》，《新闻与传播研究》2018年第8期。

49. 王天根：《晚清幕府纷争与舆论精英的媒介话语选择》，《厦门大学学报（哲学社会科学版）》2010年第1期。

50. 王天根：《晚清维新舆论的媒介建构与报刊命运的考量》，《新闻与传播研究》2010年第6期。

51. 王维江：《"清流"与〈申报〉》，《近代史研究》2007年第6期。

52. 徐明涛、周光明：《"文本中的文本"：晚清时期新报中的京报》，《编辑之友》2021年第2期。

53. 杨莲霞：《媒体视野下的清末阅报社：以〈北洋官报〉为中心的考察》，《史学月刊》2018年第2期。

54. 杨莲霞：《清末官报的白话风格与社会启蒙——以〈北洋官报〉为中心的考察》，《安徽大学学报（哲学社会科学版）》2018年第1期。

55. 尹韵公：《论明代邸报的传递、发行和印刷》，《新闻研究资料》1989年第4期。

56. 翟砚辉：《〈北洋官报〉与直隶新政》，河北师范大学硕士论文，2011年。

57. 张国刚：《两份敦煌"进奏院状"文书的研究——论"邸报"非古代报纸》，《学术月刊》1986年第7期。

58. 中国第一历史档案馆：《晚清创办报纸史料一》，《历史档案》2000年第2期。

59. 周光明：《日本〈官报〉的设计理念》，《新闻与传播评论》2008年刊。

60. 朱至刚：《跨出口岸：基于"士林"的〈时务报〉全国覆盖》，《新闻与传播研究》2017年第10期。

61. 朱至刚：《戊戌时期的四川士林与本省维新报刊——以宋育仁为切入点的考察》，《新闻大学》2019年第7期。

62. 朱至刚：《"西国"映像：近代中国报刊理念的一项生成因素》，《新闻与传播研究》2014年第9期。

63. 朱至刚：《"阅报"何以能成为中国人的日常行为：对清末新式中文报刊空间分布的社会学考察》，《学术研究》2018年第9期。

## 五、外文文献

1. Mokros E C: Communication, empire, and authority in the Qing gazette, Johns Hopkins University, 2016.

2. Thompson, Roger: New-Style Gazettes and Provincial Reports in Post-Boxer China: An Introduction and Assessment, Late Imperial China, vol. 8 no. 2, 1987.

3. Wagner, Rudolf G: The Free Flow of Communication Between High and Low: The Shenbao as Platform for Yangwu Discussions on Political Reform, 1872-1895. T'oung Pao, 2018.

4. Roger Thompson: Statecraft and Self-Government Competing Visions of Community and State in Late Imperial China, Modern China, Vol. 14, No.2, 1988.

# 致　谢

　　相比于网络上那些广为流传的致谢，我30岁之前的人生经历则较为顺心，并无坎坷曲折可言。当然，个人幸运的背后离不开家人、师长的支持，这些善意往往因不知不觉渗透到生活中而被忽视。

　　感谢我的导师，张晓锋教授。从小到大，我向来不是老师们喜欢的那种机灵学生，在班上默默无闻。深受初高中老师打压性话语影响，也一度认为自己较为愚钝，甚至接受了"女孩不如男孩聪明"这类说辞的规训，直到有幸成为张老师的学生。他的谆谆教导让我觉得自己并非想象中的笨拙，更意识到女生可以凭借自身韧性发挥所长。至今仍记得，硕士入学时，导师耐心地抽出一下午时间，指导我读本科时写的一篇小论文。张老师逐步分析论文的框架和逻辑，让我对怎样做学问有了初步体验。更要感谢导师愿意收留我这个天分不高的学生读博，让我的人生增添了许多可能性。从导师身上，我学到了做事须尽善尽美的人生哲学。跟随导师，常能发现，无论是学术，还是生活，他都是从小事着手，细心处理，哪怕面对的是非常简单的事情，都会尽百分之百的努力。申请读博士时，导师在电脑上帮我修改申报书上的每一页内容，告诉我如何在细节上发挥自己的所长。读博期间，每当论文被拒而感到沮丧时，导师总会教导，努力终究有所回报，鼓励我大胆地投稿。当我不知如何拟定博士论文的框架时，是导师建议以"新""旧"矛盾为主线，串起全文写作。

　　《指环王》重映时，其中一幕尤为触动心弦。当弗罗多一行人即将踏上摧毁魔戒的险途时，精灵女王将闪闪发光的宝物赠予他，称"当所有的光亮在黑暗中熄灭时，愿它成为你的光明"。正是这件宝物，在弗罗多每一次几近失败的时候发挥了作用，战胜了那些强大的对手。我始终相信，张老师乐观、积极的精神将永远是点亮黑暗的明灯。

感谢尹韵公教授、方晓红教授、倪延年教授、程丽红教授、潘祥辉教授、胡正强教授、王继先教授在本人博士论文开题、预答辩、答辩时的悉心指导。感谢刘发群老师耐心处理毕业季中复杂繁多的毕业材料。感谢南京师范大学新闻与传播学院所有老师的关心和帮助。

2021年年初，博士毕业前的最后一个寒假，曾在校园里偶遇倪延年老师，倪老师在寒风中与我聊了许久今后的就业问题。尽管精神上的迷茫、无助是临近毕业时挥之不去的阴霾，但与倪老师的谈心却给我带来莫大的宽慰。预答辩前夕，王继先老师因论文修改给我打了许久电话，他从结构、标题、字句等各方面给予指导，细致到个别错字，让我既感动不已，也为自己的粗心大意而惭愧。

本书得以顺利出版，离不开中国人民大学新闻学院邓绍根教授的支持、帮助。感谢邓老师在百忙之中阅读书稿，并以个人之名对拙著大力推荐，本人倍感荣幸。

感谢家人们营造的温暖港湾。父母对我的爱，永远是一生无以回报的恩情。每次一回家，父亲总会清早出门买好新鲜的菜，用一上午的时间烹饪，只为让我吃上自家的饭。母亲也会提前备好我喜欢的零食，把被子晒出阳光的味道。对于他们来说，发了多少论文，取得了怎样的成绩并没那么重要。父母永远关心的，就是子女衣食无忧，生活幸福。

拙著基于本人的博士论文修改而成。本人对所有内容文责自负。再次翻开博士论文时，心情已由当初的愉悦满足变为五味杂陈。自博士毕业后，原本平静的生活无端遭受了翻天覆地的变故，我的头顶上似乎悬着一把不知何时会下落的剑，痛心无奈，却必须直面命运。当然，所有的苦难不应该成为抱怨的理由——life still goes on，就像某句歌词唱的那样，"拭干眼泪回去，亦算节省一晚"。

曾经，无数次幻想过自己撰写致谢的场景，行笔至此却最能感受到，任何语言在感情面前都是苍白无力的，只能将这些年来接收到的爱与善意化为日后前进的动力。最后，要感谢操瑞青（拙著出版时，他终于从男朋友变成了丈夫），是他让我不再畏惧——不管外面的世界如何嘈杂纷乱，总有一个人会平复我焦躁不安的内心。

初稿2021年5月写于随园
定稿2024年7月写于合肥